सात सुरों के बीच

सात सुरों के बीच

सुनीता बुद्धिराजा

वाणी प्रकाशन

प्रकाशन के उत्कृष्टतम 63 वर्ष

पेपरबैक पहला संस्करण : 2014
पेपरबैक दूसरा संस्करण : 2026

vaniprakashan.com

वाणी प्रकाशन

4695, 21-ए, दरियागंज, नयी दिल्ली-110 002

फ़ोन : + 91 11 23273167, 23275710

शाखाएँ

अशोक राजपथ, पटना-800 004, बिहार

कॉफ़ी हाउस कैम्पस, महात्मा गांधी मार्ग, प्रयागराज-211 001, उत्तर प्रदेश

महात्मा गांधी अन्तरराष्ट्रीय हिन्दी विश्वविद्यालय, वर्धा-442 001, महाराष्ट्र

sales@vaniprakashan.in
vaniprakashan@gmail.com

Saat Suron Ke Beech
by Sunita Budhiraja

ISBN : 978-93-5072-682-2
Musicology

मूल्य : ₹625

जी.एस. ऑफ़सेट, दिल्ली-110 095 में मुद्रित

वाणी प्रकाशन का लोगो मक़बूल फ़िदा हुसैन की कूची से

अपने सारे चौपाली
मित्रों के नाम...

आमुख

पंडित बिरजू महाराज जी ने समुद्रतट पर आयोजित एक कार्यक्रम में कहा —कि ये लहरें मात्राएँ हैं और किनारा है सम, जब तक लहरें हैं, जब तक किनारा है, जब तक ये दोनों हैं, मैं नाचूँगा। यह है कलाकार का अपनी कला के प्रति समर्पण, उसकी प्रतिबद्धता। 50 वर्ष से भी अधिक हो गये है संगीत को सुनते-सुनते। फिर भी ऐसा लगता है कि सुरों को महसूस करने में मुझे कई युग व्यतीत हो गये। फिर जो कुछ महसूस किया, उसे आप तक पहुँचाने में कुछ और युग व्यतीत हो गये। इतने सारे युग कि इस बीच उन सुरों के प्रभाव को मुझे महसूस कराने वाले कुछ कलाकार भी व्यतीत हो गये।

मुझे कहाँ पता था कि मुझे ऐसी अकिंचन, जिसे न गायन का पता, न वादन का, जिसने न गाना सीखा न कुछ बजाना, जिसे कुछ पता है तो उस अतींद्रिय अनुभव का, उस रोमांच का जो संगीत से जन्मता है, ऐसी अकिंचन से सुरों का रचयिता कुछ ऐसा काम करवाएगा, कि मुझे स्वयं से पूछना पड़ जाएगा, 'अरे, यह तुमने लिखा है?'

बचपन में जाने कितनी-कितनी बार मेरी माँ मेरे छोटे भाई और मुझे खींच कर दिल्ली में रात-रात भर चलने वाले संगीत-समारोहों में ले जातीं, वहाँ कुछ 'गवैये' और कुछ 'बजैये' क्या-क्या तो गाते-बजाते थे। छोटी उम्र की ऊँघ, रात शुरू होते ही जो लगती, फिर नींद बन जाती और तालियों की गड़गड़ाहट से खुलती, और यदा-कदा 'आह' और 'वाह' से। लेकिन माँ चाहती थीं कि 'सुर' कानों में पड़ना चाहिए, वरन् 'संतन को कहाँ सीकरी सों काम?' उसी झपकी और ऊँघ के बीच, 'वाह-वाह' और 'ताली' के बीच मुझे थोड़े-से सुर, सम और खाली की पहचान होने लगी। धीरे-धीरे वे सुर मन के किसी कोने को छूने और काल-क्रमानुसार मेरी आँखों से आँसू बनकर बहने लगे। अकसर कंठ अवरुद्ध हो जाता। रेडियो, टेलीविज़न तथा मंच पर संगीत के कार्यक्रमों का संचालन करते समय, जब मैं कलाकारों को प्रस्तुत करती तो उनके गायन-वादन का स्वर मुझे अभिभूत करता और मैं किसी अतींद्रिय सत्ता की उपस्थिति का अनुभव करती। तब कलाकारों का परिचय मैं मात्र उनका 'बायोडाटा' पढ़कर कैसे देती? मुझे लगता कि कहीं मैं उस संगीत-जनित भावभूमि के साथ अन्याय करूँगी।

और फिर, उन कलाकारों का परिचय देते समय अचानक याद आने लगीं मुझे वे कविताएँ, किंवदंतियाँ और भावविभोर, कभी मन्त्रमुग्ध कर जाने वाली

वे कहानियाँ जिनके शब्द किसी अनन्त सत्ता के साथ मेरा परिचय करवाते थे। जब-जब मुझे उन कलाकारों के स्वरों में उस अनाम-आध्यात्मिक सत्ता का बोध होता, मैं स्वयं श्रोताओं के साथ भी कलाकारों का परिचय उसी बोध के साथ करवाने लगी। वहाँ मुझे हरदम यही महसूस होता था, कि कोई है, कहीं है, जो मुझसे कुछ कहलवा रहा है। हाथ में बिना किसी बायोडाटा को पकड़े, मैं कलाकारों के सम्बन्ध में ऐसे बताती जैसे उनका और मेरा जन्मों का नाता हो और मानो उनका संगीत मेरे लिए ही बना हो।

लेकिन संगीत, वह तो किसी एक का नहीं होता, एक के लिए नहीं होता। स्वर्गीय उस्ताद बिस्मिल्लाह खाँ साहब से जब-जब मिलती, वे कहते, 'सुर महाराज किसी एक के नहीं, और सुर महाराज सबके हैं।' तो सुर महाराज अकेले मेरे कहाँ थे, वे तो आपके थे, हैं और हमेशा रहेंगे। जब भी इन सुरों के साथ अन्तरंगता का अवसर आया, उनके साम्राज्य में बैठने का अवसर आया, मैं अभिभूत होती गयी। लेकिन, उससे भी कहीं अधिक अभिभूत मैं हुई उनके सान्निध्य में, सुरों के साथ-साथ 'सुरवालों' के सान्निध्य में।

मैं स्वयं को सौभाग्यशाली मानती हूँ कि इतने महान और बड़े कलाकारों के साथ एक ही जीवन-काल में परिचय और उनके साथ मधुर सम्बन्ध बनाने का अवसर मुझे मिला है। उनके स्वरों का स्पर्श मुझ जैसी व्यक्ति को अपने ही ऊपर गर्व करने का लालच देता है।

सचमुच, जब ऐसे में वर्षों के जुड़ाव में उन सभी कलाकारों के साथ किया गया सुर-संवाद, मैं काग़ज़ पर उतारने बैठी तो वह कैसा रूप लेगा, मुझे पता न था। उसका कारण था कि यह बातचीत, यह संवाद कभी इस भाव से नहीं किया गया था कि इसे पुस्तक रूप देना है, बस, मैं तो कुछ क्षणों को सँजोना चाहती थी, मन की सुगन्ध में उतारना चाहती थी। किन्तु फिर ऐसा लगा कि जैसा जो कुछ मेरे साथ बँट गया है, स्वरों और शब्दों के माध्यम से घट गया है उसे यदि मैं आप सबके साथ नहीं बाँटूँगी तो अपनी ही दृष्टि में बहुत छोटी पड़ जाऊँगी। इन कलाकारों ने, विभूतियों ने, अपने संगीत को सबके साथ बाँटा है, तो मैं उस सुर-संवाद को, अपने अनुभव को, आपके साथ क्यों नहीं बाँट सकती? तो वही कर रही हूँ।

इस सुर-संवाद में मैंने कलाकारों की बानगी को, उनकी अभिव्यक्ति को उन्हीं की शैली, उन्हीं के शब्दों में रखने का प्रयास किया है। केवल उनका खाका मेरा है। आप उनके स्वरों के साथ-साथ उनके शब्दों की सुगन्ध को भी वैसा ही महसूस कर सकें, जैसा मैंने किया था, यह इच्छा रही और इस सारी प्रक्रिया में लगभग 15 वर्ष लग गये। यह संवाद कोई एक बार का या एक स्थान का नहीं है। इसमें बहुत सारे वसन्त आये और चले गये, ऋतुएँ बदल गयीं। हर बार एक नयी बात, एक नया अनुभव इस यात्रा में मुझे हुआ है। लेकिन कभी तो इसे समेटना था। इस समेटने में कुछ विभूतियाँ ब्रह्मलीन हो गयीं। उस्ताद बिस्मिल्लाह खाँ जिनके साथ यह सुर-संवाद आने वाली पीढ़ियों के लिए भी महत्त्वपूर्ण होगा, पंडित किशन महाराज जिनका नाम लेकर और जिन्हें मन-ही-मन प्रणाम करके

सभी तबला-वादन मंच पर बैठते और उस्ताद विलायत खाँ साहब और पं. भीमसेन जोशी जिनकी चर्चा इनमें अनेक बार हुई है, इनमें सम्मिलित हैं। इस समेटने में और भी बहुत कुछ घटित हो गया जैसे कि यह मालूम होना कि किस कलाकार को अपने संगीत का सम्पूर्ण समर्पण कब मिला, कब हुआ उनका 'सुरों के साथ साक्षात्कार', वे किन से प्रभावित हुए, किनके स्वर उनके अपने स्वरों के माध्यम से खिल-खिल गये। यह पता चलना कि ये सभी बड़े दिग्गज कलाकार जैसे उस्ताद बिस्मिल्लाह खाँ साहब, पंडित भीमसेन जोशी, पंडित जसराज, पंडित हरिप्रसाद चौरसिया, बेगम अख़्तर के 'दीवाना बनाना है तो दीवाना बना दे', के दीवाने थे और उनके स्वरों पर सौ-जान से न्यौछावर थे। इसे बहुत प्यारी तरह से मित्र और प्रसिद्ध तबला वादक विजय घाटे ने कुछ यूँ कहा, 'सुनीता जी, वो (बेगम अख़्तर) न मारवा गाती थी, न दरबारी गाती थी, न बिहाग। लेकिन ये सारे मारवा, दरबारी, बिहाग गाने-बजाने वाले उनके दीवाने थे। क्या था उस गायकी में?'

उन्हीं बेगम अख़्तर की गायी एक बंदिश है, 'तुम्हारी याद आँसू बन के आयी चश्मे वीरां में। ज़हे-क़िस्मत कि वीराने में बरसातें भी होती हैं।' तो बेगम अख़्तर की गायकी उन कलाकारों की गायकी को बरसात बनकर भिगो देती है। बिस्मिल्लाह खाँ साहब हों या जसराज जी, किशन महाराज जी हों या शिव जी, हरि जी हों या बालमुरली जी या बिरजू महाराज जी। इनके संगीत और सान्निध्य में मेरा समूचा अस्तित्व भीग-भीग गया। इनके संगीत की भक्ति ने आपका परिचय बार-बार एक अलौकिक सत्ता के साथ करवाया है, इनके साथ यह संवाद भी उसी भक्ति का परिणाम और प्रसाद है, आप ग्रहण करें।

–सुनीता बुद्धिराजा

आभार

कथाकार-लेखक मित्र जितेन्द्र भाटिया तथा सुधा अरोड़ा ने आग्रह किया कि मैं वर्षों में संजोए हुए संगीतकारों के साथ अपने संस्मरणों तथा वार्तालाप को लेखनीबद्ध करूँ। उन्हीं के चलते इन लेखों को लिखा गया।

पंडित दिनकर कैंकिणी, पुष्पा भारती, दिनेश ठाकुर, शेखर सेन, अतुल तिवारी, राजेन्द्र गुप्ता, अशोक बंठिया, अशोक बिन्दल, अदिति उपाध्याय, अशोक डरबल, रवि उपाध्याय, विजय घाटे, तृप्ति मुखर्जी, रतन मोहन शर्मा, ललिता शंकर तथा पं. जसराज के अनेक शिष्यों और बहुत से मित्रों ने समय-समय पर इन लेखों को सुना, जब ये लेख लिखे जा रहे थे अथवा लिखे जा चुके थे।

चित्र : के. आर. विनयम, कमल सहाय, श्यामला राजेन्द्रन, सुनीता बुद्धिराजा, तरुण कुकड़ेजा, नागभूषण, विजय भास्कर, सुरसागर तथा कलाकारों के सौजन्य से।

इन सभी के प्रति आभार।

और सबसे अधिक आभार मेरे पूरे परिवार के प्रति विशेष रूप से मेरी माँ के प्रति, जिनसे मैंने लिखना घुट्टी में पाया।

आभार वाणी प्रकाशन के प्रबन्ध निदेशक अरुण माहेश्वरी जी तथा उनकी बेटी अदिति के प्रति जिनके कारण पुस्तक प्रकाशित हो रही है। पुस्तक की सज्जा-में अरुण के बहुत सारे सुझाव आये, उनसे यह पुस्तक निखर पायी है। सज्जाकार गणेश ने इसकी सज्जा की और पुस्तक को सुन्दर रूप दिया है। इन सभी के प्रति आभार।

अनुक्रम

॥ उस्ताद बिस्मिल्लाह खाँ ॥

बीती विभावरी जाग री
    अम्बर पनघट में डुबो रही
    तारा घट उषा नागरी।
खग कुल-कुल-कुल सा बोल रहा,
किसलय का अंचल डोल रहा,
    लो यह लतिका भी भर लाई
    मधु मुकुल नवल रस गागरी
अधरों में राग अमन्द पिए
अलकों में मलयज बन्द किए
    तू अब तक सोई है आली
    आँखों में भरे विहाग री।

–जयशंकर प्रसाद

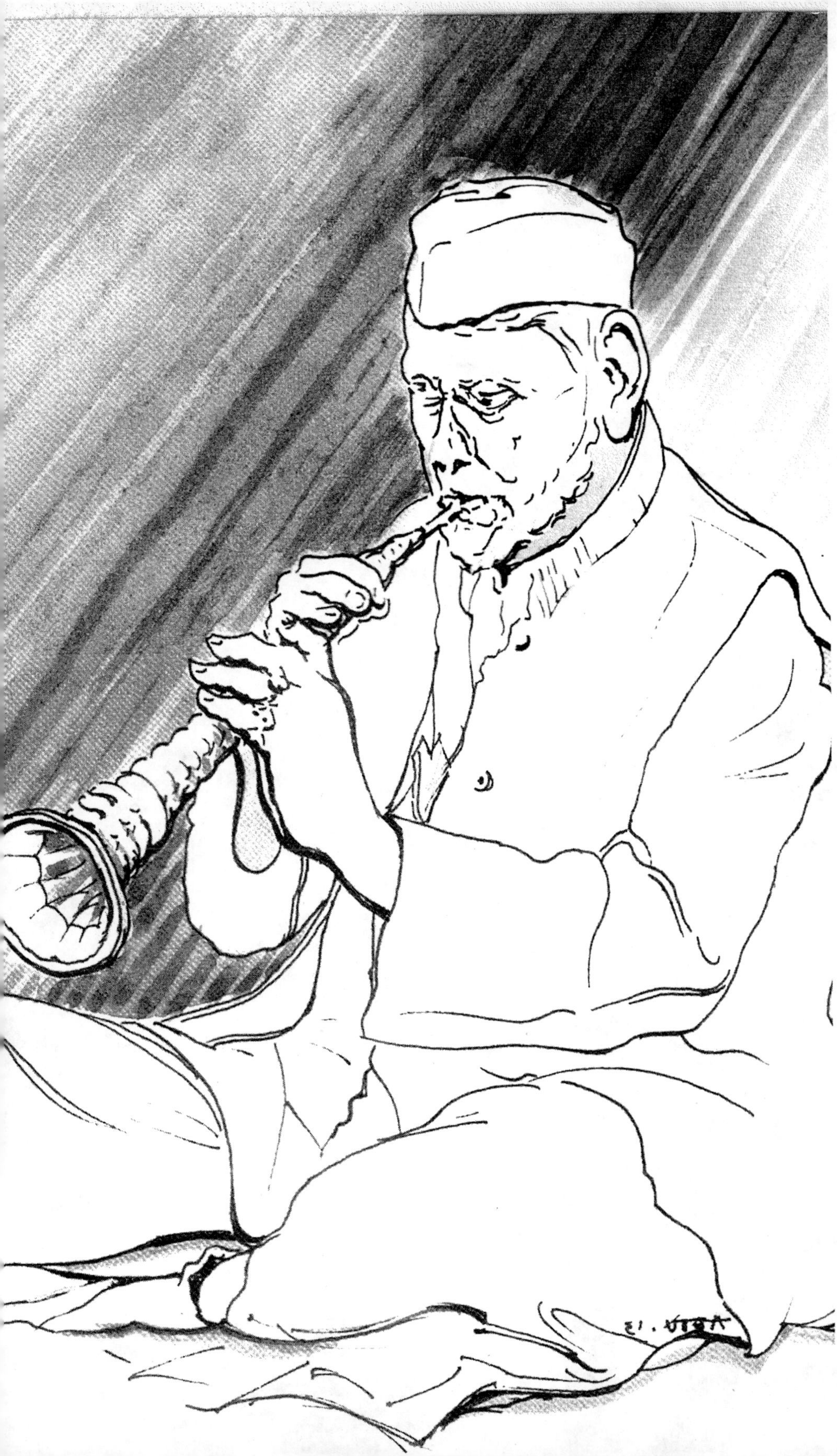

उस्ताद बिस्मिल्लाह ख़ाँ

उस दिन सवेरे से ही बरसात हो रही थी। यूँ भी बंगलौर में तापमान 32^0-33^0 तक पहुँचा नहीं कि पानी बरसने लगता है। पिछले दिन बहुत गर्मी थी। और सुबह-सुबह जब झड़ी लग गयी तो समझ में नहीं आया कि स्पिक मैके के आयोजक वाणी महाविद्यालय के खुले ग्राउंड में उस्ताद बिस्मिल्लाह खाँ का कार्यक्रम किस तरह रखवाएँगे। लेकिन पिछले दिन की भीड़ को याद करते हुए मैंने सोचा कि वहाँ पहुँचने की एक कोशिश तो करनी ही चाहिए। आगे सब ऊपरवाला जाने। तेज बरसात में शायद आज कुछ कम लोग हों और खाँ साहब से बातचीत का एक और मौका मिल जाए। यूँ तो दिन में करीब तीन घंटे उनके साथ बैठकर ढेर सारी बातें उनसे सुन चुकी थी लेकिन प्यास अभी भी वैसी ही थी, जैसी उनसे न मिलने पर बरसों पहले से हुआ करती थी। 'बादल भी है बिजली भी है पानी भी है सामने। मेरी प्यास अभी तक वैसी जैसी दी थी राम ने!' उस तेज बरसात में लोग कहाँ बैठेंगे, कहाँ खड़े होंगे, खाँ साहब कैसे बजाएँगे! याद आया मुझे रमानाथ अवस्थी जी का गीत!

वाणी विद्यालय के बाहर पानी जमा हो गया था। ऊपर से लगातार बारिश। बिस्मिल्लाह खाँ साहब एक कजरी बजा रहे थे और भीगी कुर्सियों पर भीगते हुए हजारों लोग बैठे, उनकी कजरी सुन रहे थे। मैं, जो कुछ कम लोग होंगे, ऐसा सोचकर गयी थी, ढूँढ़ रही थी कि वहाँ कहीं खड़े होने की जगह तो मिल जाए!

बिस्मिल्लाह खाँ साहब 90 पार कर चुके हैं, चल नहीं सकते। व्हील चेयर पर उन्हें लाया जाता है और मंच पर दो लोग कुर्सी से उन्हें उठाकर नीचे बिठाते हैं, लेकिन खाँ साहब जब अपनी 10 लोगों की मंडली के बीच, अपनी शहनाई को फूँक देते हैं, तो मन से सिर्फ दुआ निकलती है, 'भगवान आपको सलामत रखे खाँ साहब, भगवान आपके सुरों को सलामत रखे।'

कजरी खत्म करके खाँ साहब श्रोताओं के साथ थोड़ी बातचीत शुरू करते हैं, ''आप सोच रहे थे कि इतनी बारिश में कैसे बैठेंगे और कैसे हमें सुनेंगे? मगर देखिए उसका करम! अब फिक्रमंद होने की कोई जरूरत नहीं। बारिश रुक गयी है।'' उनके मुँह में सिर्फ सामने के दो दाँत दिखाई देते हैं वे भी टूटे हुए, कभी बातचीत करते हुए वे ऊपर के दाँत मालूम पड़ते हैं और कभी

लगता है कि ये नीचे के जबड़े के दाँत हैं! लेकिन खाँ साहब को कोई फर्क नहीं पड़ता कि उनके टूटे दाँतों की वजह से उनका 90 साला मासूम चेहरा और भी ज्यादा मासूम दिखने लगता है। दोनों कानों में सोने की छोटी-छोटी मुरकियाँ, सफेद कुर्ता-पायजामा, सिर पर टोपी, दाढ़ी हलकी बढ़ी हुई। "अरे भई पसन्द आये तो दाद दीजिए। ऐसा मत कीजिए! अच्छा लगे तो अमाँ तारीफ करो। रुपये-पैसे की भूख नहीं है हमें। किसी ने लाख दिए, दो लाख दिए। अमाँ सारा खर्च हो जाएगा। जरा ताली बज गयी, वाह-वाह हो गयी, हो गया काम। रुपया-पैसा सब खर्च हो जाएगा। मगर संगीत चल रहा है। तारीफ करने से क्या खर्च होगा? कुछ नहीं। उसका—कलाकार का सीना चौड़ा हो जाएगा। ये बात हम सिर्फ अपने लिए नहीं कह रहे। कोई गाने वाला है (गायक), सितार वाला है, सरोद वाला है, संतूर वाला है, ये सब चीजें हैं। भई इतनी मेहनत से आपके सामने गाते हैं, बजाते हैं, जरा 'वाह-वाह' तो कर दो। ऐसे नहीं बैठो—'कूढ़' पब्लिक की माफिक। अगर एक बार फिर हमने तय कर लिया कि नहीं सुनाएँगे, तो फिर आप चाहे बाद में कितना हाथ जोड़िए, कुछ नहीं सुनाएँगे। प्रोग्राम हम करेंगे अपनी मरजी के मुताबिक। अल्लाह सलामत रखे आप सबको।"

गा रहे हैं बिस्मिल्लाह खाँ साहब। 'दन न दन दन, दन न दन ऽऽऽ।' बजाना शुरू करते हैं—राग-बिहाग। उधर हल्की बौछार हो रही है, इधर बिस्मिल्लाह खाँ साहब की शहनाई के सुर एक-एक करके सभी के दिलों में उतरते जा रहे हैं, बार-बार तालियों की गड़गड़ाहट गरजते बादलों की गड़गड़ाहट को पीछे छोड़ देती है। उनकी आँखों की सफेद होती हुई पुतलियाँ जाने क्या देख पाती हैं, क्या नहीं, लेकिन वहाँ बैठे श्रोता निश्चय ही देख पाते हैं और समझ पाते हैं उन आँखों की, शहनाई के स्वरों की और सफेद कुर्ते-पाजामे में लिपटे हुए उस नब्बे साला शख्स की बातों की सच्चाई। बिस्मिल्लाह खाँ साहब जिन्दगी के ऐसे मोड़ पर हैं जहाँ उन्हें संगीत के अलावा किसी चीज की, किसी आदमी की परवाह नहीं है। इसीलिए, वही एक ऐसे कलाकार हैं जो बेखौफ, बगैर किसी

की परवाह किए, बेखटके सामने बैठे हुए हजारों श्रोताओं को 'कूढ़' कह सकते हैं और श्रोता बिना किसी नाराजगी के, उनके संगीत में उतरते हुए यह सोचने पर मजबूर हो जाते हैं, कि उनकी बात में दम तो है। बेझिझक जब वे

सिर हिलाकर, वाह-वाह करते हैं और जहाँ शहनाई के स्वर थोड़े से भी उन्हें रोमांचित करते हैं, वहीं उनके दोनों हाथ आपस में जुड़ जाते हैं, ईश्वर का धन्यवाद करने के लिए, ताली बजाने के लिए।

शहनाई के स्वरों के साथ-साथ बीच-बीच में खाँ साहब की गुफ्तगू भी चलती है और लोग उनकी बातों को सिर माथे लेते हैं वैसे ही, जैसे अपने घर के किसी बड़े-बुजुर्ग की बातों को लेते हैं। "कलकत्ते में प्रोग्राम हो रहा था। बड़ा अच्छा प्रोग्राम हो रहा था। करते-करते कोई तारीफ नहीं कर रहा है। यूँ भी बंगाली जितने हैं, तारीफ नहीं देते। गायक ने कहा, 'ये क्या कूढ़ौं बसौं?' सब चुप। सब को कूढ़ बना दिया। उसके बाद कोई छोटी चीज थी, मगर वो कलाकार क्या बढ़िया गा रहे थे! हमें कोई फर्क नहीं पड़ता। न तो आपके तारीफ करने से हमारा नाम कुछ बढ़ जाएगा, हम कोई नामी नहीं हो जाएँगे। न ही तारीफ न करने से हम कोई घट जाएँगे। ये जरूर है कि ये मेहनत का काम है इसलिए भी कि जितना साज मिलता है—सितार है, सरोद है, वायलिन है—बहुत-सा साज है, सिर्फ हाथ का है। और यह, शहनाई? यह फूँक का काम है। इसमें कितनी देर प्रोग्राम हुआ, इतना ही हुआ बस? आप कहेंगे। ऐसा नहीं है भई, हम जितना कर सकते हैं अब उतना करेंगे, ये नहीं कि साज पर तार चढ़ा लिया और बजाते जाओ। यह शहनाई है, मालिक की मेहरबानी से यह बजती है। शहनाई पूरे हिन्दुस्तान में बज रही है। हर जगह। मगर माफ कीजिएगा महाराज, बनारस कुछ अलग है। (तालियाँ) ये तारीफ हो गयी है? नहीं, ये है ही ऐसा! 'ए गंगा द्वारे बधइया बाजे, गंगा द्वारे, हे गंगा द्वारे (गाते हैं)' गंगा जी में पंजा भिगोए हैं और सुनने वाले कोशिश कर रहे हैं, 'अरे वाह मलिक, वाह हीरा, कइसन बजावत हौ गंगा कसम!' ये, वो बनारस है साहब। कुछ भी हो, तमाम हिन्दुस्तान का कितना-कितना करैक्टर है, बनारस अलग है।"

अगले दिन बातचीत के दौरान मैं बिस्मिल्लाह खाँ साहब से पूछती हूँ, 'आपको बनारस बहुत पसन्द है। बनारस ही क्यों?' "हाँ सब बनारस। बनारस है ही बनारस। सोंचो तो सही जरा। गौर करो, हम जितने भी हैं इंसान, सुर की तलाश में हैं न? रस की तलाश में हैं? अरे यार, कहीं मत जाओ, बनारस चले जाओ। वहाँ बना रस है। रस बना-बनाया है। जाओ, और पी लो। लोग सुनते हैं, हमारी बात को सुनकर कि खाँ साहब भी क्या-क्या बात कहते हैं। अमाँ यार, हम खुद बनारसी आदमी हैं, बनारस की तारीफ नहीं करेंगे? कुछ भी हो, बनारस जो है पहले से ही उसमें अल्लाह रक्खा ने बना रस दिया है। हमने बनाया नहीं है। पहले

ही से तैयार कर दिया है उस सुर के रस को। पीना हो तो चले आओ वहाँ।"

बिस्मिल्लाह खाँ साहब बनारस को बहुत प्यार करते हैं। इज़्ज़त करते हैं गंगा माई की। "अब लीजिए, दुनिया जहान घूम कर आते हैं। कहाँ-कहाँ के म्लेच्छों से वास्ता पड़ता है। लौट कर आता हूँ तो पहला काम ये करता हूँ कि गंगाजी में शहनाई को डुबकी लगाता हूँ। शहनाई खाली नहीं, खुद भी। शहनाई ली हाथ में और कई गज तैर के चले गये आगे। गोता मारकर फिर तैरते हुए वापस चले आये। अलबत्ता कपड़ा तो हम हमेशा गंगा जी में धोया हुआ ही पहनते हैं। धोबी के हाथ का धुला कपड़ा नहीं पहनते। हमारा एक ही धर्म है—सुरःसंगीत। उस मालिक के करम से जो होगा, हम और आप उसे देखेंगे नहीं, वह हो जाएगा। ये काम कैसे होगा, बाज दफा पता भी नहीं होगा, बस हो जाएगा, बस, गंगा जी में विश्वास रखिए, अपने करम में विश्वास रखिए और मालिक में विश्वास रखिए। देखिए न, इनका खत आया, किसे क्या लिखा था, कैसे क्या होगा पता नहीं था। कहाँ बनारस और कहाँ यह आपका बंगलौर। न मालूम कितना दूर है ये। देखिए, हम यहाँ चले आये और आके आपसे बातचीत भी हो रही है। किसे मालूम था, इतने दिनों के बाद यहाँ आपसे मुलाकात होगी!"

खाँ साहब का बनारस और गंगा जी के प्रति प्रेम चाँदनी रात में खिली कुमुदिनी की तरह पाक है। उसमें किसी मिलावट की बू नहीं आती। उनकी बात सार्वभौमिक, शाश्वत सत्य की तरह प्रतीत होती है। मन होता है कि कहूँ उन धर्म के खिलंदड़ महानुभावों से कि गंगा जी सिर्फ तुम्हारी नहीं हैं, बनारस और बाबा विश्वनाथ का मन्दिर सिर्फ तुम्हारा नहीं है। ये मन्दिर की घंटियाँ, ये गंगा जी की लहरें, ये कच्ची-पक्की गलियाँ, हर उस इंसान की हैं जो यहाँ बसता है, जो इन्हें प्यार करता है। यहाँ की सुगन्ध बिस्मिल्लाह खाँ साहब की साँसों में बसती है। गंगाजल से उनकी शहनाई के स्वर पवित्र होते हैं। अपने देश को, अपनी जमीन को, अपनी मिट्‌टी को चाहने के लिए किसी धर्म विशेष को मानना आवश्यक नहीं है।

यही कारण है कि बिस्मिल्लाह खाँ साहब को स्वरों के अतिरिक्त और कुछ भी छूता नहीं है। क्योंकि वही तो जीवित रहेगा न! "आप हमें क्या दे सकते हैं? हमारा यदि 10 रुपया है तो हम वही लेंगे, 11 नहीं लेंगे। हमें नहीं चाहिए कुछ भी उसके ऊपर, जो हमारा नहीं है। हम तो इस तबीयत के आदमी हैं। क्या मिलेगा लालच करके, ये करके, वो करके? धत्, हमें वो नहीं चाहिए। हम क्या किसी से कम हैं? वहाँ पर तुम सम्राट हो, यहाँ हम भी किसी से कम नहीं हैं। कितना लाख है तुम्हारे पास? बताओ हमें। कोई आदमी तो होगा जिसके पास कुछ नहीं होगा? जाओ यार! इतनी

बड़ी दुनिया है, फिर सबके सब चले जाएँगे। कोई नहीं रहेगा। बस, सुर जो हैं, सुर देवता रहेंगे। यह आवाज, देखिए जिसको तुम आवाज कह रहे हो, उसी को हम सुर कहते हैं। है न! और सुर है न, दिखाई नहीं देता महाराज। हम कह रहे हैं कि सुर दिखाई नहीं देगा, सुना जा सकता है। कहिए तो सुर महाराज सबके हैं, और किसी के भी नहीं हैं।"

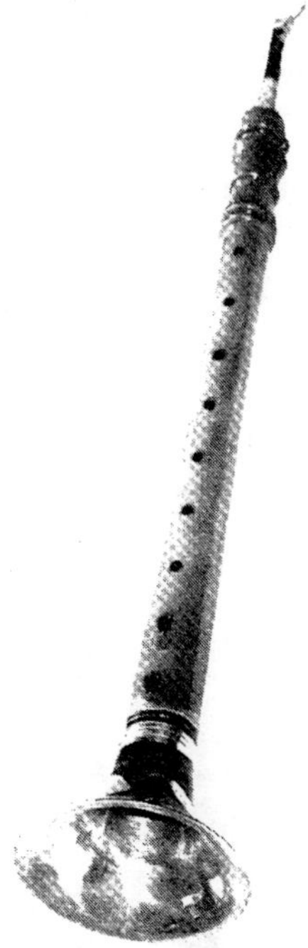

बिस्मिल्लाह खाँ साहब दुनियावी तौर-तरीकों से अभी भी इतना वाकिफ नहीं हैं जितना कि वाकिफ हैं वे सुरों की उपज से। "हम और कुछ नहीं जानते। आप हमसे पूछिए कि गांधार कैसे उतरा है, धैवत कैसे लगाना है, हम वो जानते हैं। गांधार चढ़ी है कि उतरी है, आप नहीं बता पाएँगे। (गाते हैं...) क्या समझा आपने? बताइए हमें? संगीत वाला वो है, जो वह सवाल कर रहा है, तो उसे जवाब भी मिलेगा। और नहीं तो सब बकवास करेंगे। अरे यार इतने हजारों आदमी आते हैं, बात करते हैं और कुछ नहीं सीख ले गये। सुर क्या है, वो चीज किसी के पास नहीं है।" उसे पहचानने के लिए एक बहुत सुरीला कायनात चाहिए, सुरीला कान, सुरीली आँख, सुरीली जिन्दगी, खाँ साहब गा रहे हैं, गुनगुना रहे हैं।

गुनगुनाते-गुनगुनाते बिस्मिल्लाह खाँ साहब अपनी कुल परम्परा को याद करने लगते हैं। उनके नाना थे—रजब अली खाँ साहब। हमेशा बनारस में बालाजी मन्दिर में शहनाई बजाते थे। उनके वालिद मियाँ इतने बड़े कलाकार नहीं थे, लेकिन नाना साहब अच्छी शहनाई बजाने लगे। गाते भी थे, "माई जोगी आए द्वारे, होये रस पीवो। माई जोगी आए द्वारे। होये रस पीवो..." (बिस्मिल्लाह खाँ साहब गा के सुनाते हैं।) हमारे नाना की बंदिश है ये। चलते-चलते एक दिन बालाजी मन्दिर के सामने पहुँचे। हमारे मामू, बड़े मामू, छोटे मामू रियाज कर रहे थे। एक बाबा थे स्वामी जी। उनके यहाँ कोई औलाद नहीं थी। मामा को जब उन्होंने सुना, तो बोले, अरेऽऽऽ। आओ, आओ, आओ। यहाँ भी थोड़ा बजा दिया करो। दूसरी जगह, मन्दिर के करीब ही चबूतरे पर, जहाँ से बालाजी का दर्शन साफ होता था। अच्छा बाबा! तो उसी दिन से हमारे नाना और फिर मामू वहीं बजाने लगे। महीने में सात रुपया देते थे, चाँदीवाला। आजकल के 35 रुपया, 40 रुपया बराबर। रुपये खातिर नहीं, मगर मामू जबान दे दिए इस खातिर और गा रहे हैं वे बाबा—'अवगुन को गुन न कीजिए। अवगुन को गुन न कीजिए। क्या जाने गुनियन की रीत। अवगुन को...' हमने तो एक दो-चार मिनट ही गाया अभी। लेकिन बाबा ने महीनों-महीनों एक-एक सुर की हरकत बताया। तो बाबा ने मामू को ऐसे तैयार किया, हाँ बेटा, ऐसे नहीं यूँ। ऐसे नहीं नहीं, यूँ। बहुत दिन तक सिखाए, ऐसा नहीं कि साल-दो साल। छः बरस! क्या-क्या बंदिशें थीं उन बड़े लोगों की! एक महराजिन थी जो खाना पकाती थी। बाबा कहें, महराजिन! हाँ बाबा! ले आओ तो! तो महराजिन दो थाल लगा दे। एक थाल बाबा को और एक हमारे मामू को।

आमने-सामने बैठे हैं दोनों। और खा रहे हैं। जो भी है, पुलाव, पूरी, फलाना, ढिमका। लड्डू है, मगदल है, आधा खाया बाबा ने और कहें ले बेटा। मामू कहें 'लाओ बाबा', और लेकर खा गये। मामू सोंचते थे कि इनकी दुआ हम ले लेंगे तो जन्नत मिल जाएगी। दुनिया जहान का खजाना फिर हमारे पास है। सोंचे कि इनको मान लिया है, ये हमारे गुरु हैं, हमारे बाप हैं। उनकी पूरी दुआ मिल गयी थी। बस संगीत का सारा खजाना वहीं से मिल गया।

"ऐसे तो हमारे उस्ताद थे। मुहम्मद हुसैन खाँ साहब। ताज खाँ साहब के भानजे। वो हमारे मामू के उस्ताद थे, लेकिन सिद्ध कराया उन्होंने। बाबा ने नाम नहीं लिया उनका कभी। बस बाबा ही कहा हमेशा। ऐसे नाम नहीं लिए जाते कभी। इसी से हमारे संगीत में कहा है, जाँत नहीं, पाँत नहीं। कोई भी हो, कहीं का भी हो। अगर शरीफ है, अगर उसमें लगन है तो सीख जाएगा। मगर शर्त यह है कि उसे खर्च करना है। उनका कहना है कि इसे खर्च करो तो बढ़ेगा, ये तो ऐसी दौलत है संगीत की। दूसरी दौलत को खर्च करो तो कम होती है, मगर संगीत की दौलत को जितना खर्च करो, वो उतना ही बढ़ती है।"

अपनी उम्र के सारे बच्चों की तरह बिस्मिल्लाह खाँ को भी मुश्किल का काम पसन्द नहीं था। तबीयत मचल जाती कि दोस्तों का साथ है, खुशी का आलम है, पतंग उड़ रही है, उनके साथ थोड़ी चुहल हो जाए। कहाँ वो हँसी, ठट्ठा, खेल और कहाँ ये गाना-बजाना। लेकिन नहीं। मामू कहें कि तुम्हें बैठना है। उसमें जरा सी चूक हो जाए तो मार भी खाते थे। ये आयें घूम-घाम के। "मामू पूछें, रियाज किया था? हम कहें—हूँ-हाँ। मामू कहें रियाज नहीं किया? बेवकूफ झूठ बोलता है?"

"पहले मजबूरी में और फिर खुशी से बजाने लगे। अब उसी से हम शुरू हो गये। घंटों रियाज करें। दो-चार राग बजाने लगे। ये चीज ऐसी है कि इसको अपने दिल में खुशी से मंजूर करके लेना पड़ेगा कि भइया, ये हमको करना है! उसके बाद हमारे मामू कहते थे कि कोई अस्थान लेना पड़ेगा, कोई मजार-शरीफ है, या कोई मन्दिर है, या कोई ऐसी जगह है जहाँ एकान्त हो और पता चले कि यह किसी बुजुर्ग की जगह है, या शाह साहब फलाने यहाँ दफन हैं। तो उसे चुनो, तुम्हें उनकी दुआएँ मिलेंगी। मन्दिर है तो देवताओं का आशीर्वाद मिलेगा। तो वो बालाजी मन्दिर लिया उन्होंने। महाराज साहब ग्वालियर के थे, हमारे नाना, हमारे मामू के भी बाप! वहाँ आरती होती थी, बाला जी मन्दिर में, और उस पर शहनाई बजती थी। 15 मिनट। तीन-चार घंटा रियाज होता था उसके लिए। उसके अलावा भी 12-15 घंटे और रियाज। हमारे मामू करते-करवाते थे। अब जो आदमी 18 घंटे रियाज करे और सिर्फ 6 घंटे सोने-खाने और बाकी अपने निजी काम के लिए दे तो वो कुछ होंगे कि नहीं? वहीं मन्दिर के पास।"

बिस्मिल्लाह खाँ साहब के मामू जान को तो शहनाई बजाते-बजाते तरह-तरह

के अनुभव होते थे। अब उनकी बात वही जानें। लेकिन जब भानजे साहब का रियाज शुरू हुआ तो बराबर वे इन पर नजर रखते कि कहीं इधर-उधर न निकल जाएँ, बच्चे ही तो हैं आखिर।

विशाखापट्टनम में स्टील प्लांट के हिल टॉप गेस्ट हाउस, गंगावरम गेस्ट हाउस (समुद्र तट पर) और शहर में स्पिक मैके के प्रोग्राम के बीच-बीच, बम्बई के साहिल होटल में या फिर बंगलौर में उस येलहंका के निकट वाले रिजार्ट में, अलग-अलग समय और स्थान पर बातचीत के दौरान, बिस्मिल्लाह खाँ साहब अपनी सुरीली बातचीत से जरा भी नहीं भटके, जहाँ से बातचीत का सूत्र पिछली बार छूटा था, वहीं से अगली बार शुरू हुआ, इतने वर्षों के अन्तर ाल के बावजूद, तो फिर रियाज करते समय कैसे भटकते? मामा को थोड़े ही दिन में पता चल गया कि लड़का 'ठहर' गया है और अब रियाज में बैठेगा कि नहीं, इसकी फिक्र करने की जरूरत नहीं है।

"हमारे ख़याल में 10-12 साल की उमर रही होगी हमारी तब। अब हमारी लगन हो गयी, तो खुद जा रहे हैं। क्या है, कि शाम को एक राग लेते थे। 'नी रे गा ऽऽऽ' करते मामू बताते कि एकदम से जाना है बीच में साँस लेकर नहीं। जब ये सध गया हमको, तब तक साल डेढ़-साल गुजर चुका था। मामू कहें, यहाँ आओ। और हम डरते थे उनसे। जरा-सा कहीं गड़बड़ हो गया तो ऐसा जोर से थप्पड़-धाड़। कहें कि कुछ देखना तो किसी से कुछ कहना मत। 10-12 बरस के हम, पूछें कि क्या देखें तो किसी से नहीं कहें? तो मामू कुछ बोले नहीं। लेकिन हमारी आदत है, हम रियाज कर रहे हैं। एक दिन, महीने-दो महीने के बाद—वहीं बालाजी मन्दिर में हमारा रियाज चल रहा है। वो ऐसा अस्थान है कि वो बालाजी का मन्दिर, इधर मंगला मैया का मन्दिर, उधर जड़ाऊ का मन्दिर, उधर गंगा मैया जी। चारों तरफ ये सब। और बीच में हम बैठे हैं। छोटी-सी जगह है और हम बजाने में ही डूबे हुए हैं। 'देऽऽ ऽऽ दंग दंग दंग दंग दिंग ऽऽऽ' हम लगे हैं उसी में, कि मैया हो, हमारे नाक में खुशबू आयी। हम दरवाजा बन्द किए हैं। खिड़की है, दरवाजा है, दो-चार सीढ़ी है, उसके बाद गली आ जाती है। मंगला मैया का मन्दिर सामने है। और इधर भी रास्ता है उधर भी रास्ता है। खुशबू आ रही है। हम सोंच रहे हैं कि हम तो इतर नहीं लगाये हैं। बाहर आवा-जाही है। फिर हमने सोंचा गंगा मैया की तरफ कोई आया होगा। उसने शायद इतर लगाया है, और सुरों और खुशबू में हम झूम रहे हैं। आँख बन्द

है हमारी। दरवाजा-खिड़की भी बन्द है। 'दंग दंग दिंग ऽऽऽ' अब हम बढ़ रहे हैं। और आँख खुलने पर देखते क्या हैं कि सामने से कोई चले आ रहे हैं। ये दाढ़ी, ये हाथ में कमंडला, दूसरे में छड़ी लिए हैं, कपड़ा खुला, दृष्टि बाँधी है। और हमारी साँस ऊपर की ऊपर, नीचे की नीचे। डर के मारे हमारे हाथ काँप रहे हैं। वो कहें, बजा बेटा, बजा बेटा। अरे बेटा बोल तो सकता नहीं, बजाएगा क्या? वो कहें, हा, हा, हा, बजा। मजा करेगा। मजा करेगा, बजा। हमारे हाथ काँप रहे हैं मगर जहन फौरन काम कर रहा है। यार, इनसे दुआ लेना है। और दरवाजा बन्द ही है, बन्द दरवाजे के बीच से वो जो गये हैं, हम भी दरवाजा खोल कर निकले। इधर देखा, उधर देखा, कोई नहीं है। घड़ी देखा, करीब साढ़े दस। उस वक्त लालटेन जलती थी, बिजली नहीं थी। हम भी जल्दी से अपना साज लिया और एक-दो-तीन।

"वहाँ रास्ते में एक सरदार जी थे, वो मलाई और दही बेचते थे। हमारी जान साँसत में! हमें घबराये हुए देखकर पूछें, क्या बचवा? हम कहिन–तनिक रंगील दास के फाटक-तलक पहुँचाए दियो। बहुत डर लग रहा है। कहिन बचवा–जाय के हो? पहुँचाए देत हैं। अब वो पहुँचाए दिहन रंगील दास के फाटक तलक, वहाँ आये तो एक-आध दुकान खुली थी। इधर-उधर देखा, घर आये, खाना खाया, सो गये। और सुबह उठ जाते थे, 3.30, 4.00 बजे। हमारे कान में सुर पड़ा, 'भैरव' या 'रामकली' कुछ बजा रहे हैं मामू। सुन रहे हैं हम। देख लिया कि जब वो बजा चुके, उसके बाद नाश्ता-वाश्ता कर लिया, उसके बाद हम उनके पास गये, घबराहट के मारे कि 'मामू, मामू।' वो देखते ही समझ गये कि हो गयी मुलाकात। कहें 'तनिक सुनो, देखो तुम वहाँ चले जाना, इतने की तरकारी है, इतने की लौकी है, इतना वो है, लेके चले आना।' और हम जो कहना चाहते थे, न कहने पाये। 'अच्छा मामू, मामू, मामू।' 'अरे तुमसे कहा नहीं कि वहाँ चले जाना? आठ आना पैसा है और देखो ले लेना अपनी मुमानी से।' और हम तीन बार ऐसे ही किया, 'मामू, मामू, मामू'। 'क्या है?' हमने बता दिया कि ये हुआ। तो मारा थप्पड़ धाड़। 'अर्रे मरदूद, मना किया था न कि कुछ कहना मत!' अरे ऽऽऽ यार, ये बात है! हम कहें ओ हो हो हो। फिर चुप, कान पकड़े। मामू बोले, 'अब देखना तो तब कुछ कहना मत। खबरदार, किसी से न कहना।' उसके बाद दो वाकया हुए, लेकिन क्या ओय, होय।

कुछ नहीं कहें हम!"

हिन्दुस्तान में जितने वाद्य कलाकार हैं, उन सभी को उनके वाद्यों के कारण जाना जाता है। लेकिन दो कलाकार हैं, जिनके साजों को उनके नाम के कारण जाना जाता है। पंडित शिवकुमार शर्मा का 'संतूर', बिस्मिल्लाह खाँ साहब की शहनाई। बिस्मिल्लाह खाँ साहब के अलावा और किसी का नाम शहनाई के साथ जुड़ा हुआ नहीं है। ऐसा लगता है कि दोनों ही जैसे एक-दूसरे के लिए बने हों। एक-दूसरे की पहचान हों।

"ये शहनाई जो है, हमारे बुजुर्गों ने—हमारे मामू, हमारे नाना, मामू के वालिद, उनके वालिद, ये सब गाते थे। गवैये थे। जैसे सब गाते थे। लेकिन उनके दिमाग में आया कि यार, राग तो हमें याद हो गया है, गाने में तो वो (कलाकार) भी अच्छे हैं, वो भी अच्छे हैं। वो अच्छे हैं, सारंगी में भी ये हैं, वो हैं। तबला में इन लोगों ने बड़ा नाम कर लिया है। सितार बजाने वाले ढेरों हैं। और गायकी तो भरी हुई है। जब सब आजमा लिए, तब पाया कि सबसे कंडम साज यही है, शहनाई। तो फिर ये साज लिया। उसमें अस्थायी, अंतरा सब करने लगे। प्रेक्टिस करते-करते उसमें कुछ तानें भी आ गयीं। जो राग का दस्तूर है, उसी में सब कुछ करने लगे। नाना के पुराने लोग हमारे! उसके बाद नाना आये, मामू आये। हमारे मामू बड़े तगड़े आदमी थे। ओये, होये, होये। उनका यकीन था कि जो कहते हैं, फलाँ राग से बारिश हुई है और फलाँ राग से दीया जलता है बिल्कुल सच है। यह गलत नहीं है। लेकिन आजकल, बेवकूफ लोग मन्त्र पढ़ते ही नहीं हैं। वैसा अन्दाज ही नहीं है। तुमको आएगा कहाँ से? अब हमारी उम्र नहीं है ऐसी कि ये सब करें। लेकिन हाँ, जब चाहेंगे तुम्हें हँसा देंगे। जब चाहेंगे तुम्हें रुला देंगे, ऐसा तो हम अब भी बजा ही लेते हैं।"

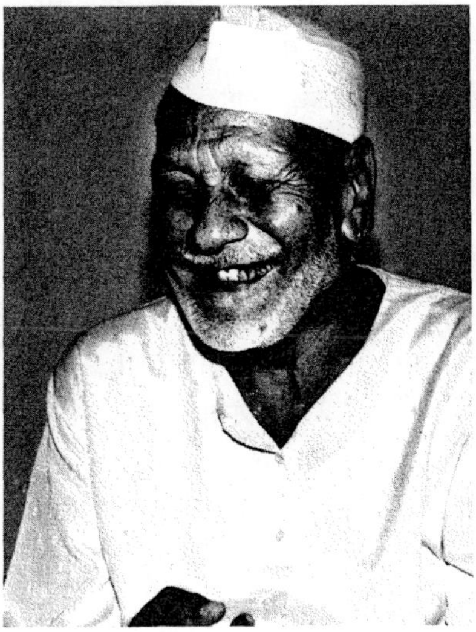

बचपन में 15 अगस्त, 26 जनवरी को अकसर बिस्मिल्लाह खाँ साहब को टेलीविज़न पर सुबह-सुबह शहनाई बजाते हुए देखा। रोज सवेरे आकाशवाणी पर भी कार्यक्रमों का प्रारम्भ शहनाई वादन से ही होता था। घरों में शादी-ब्याह और हर खुशी के मौके पर या तो बिस्मिल्लाह खाँ साहब की शहनाई का रिकॉर्ड बजता या फिर कुछ शहनाई बजाने वालों को लोग बुलवाकर मंडप के पास बजवा लेते। शहनाई की पहचान ही हो गयी शुभ-काम के साथ जुड़े साज की।

"पुराने जमाने में बादशाह लोग थे, नवाब लोग थे, राजा थे। उनका एक बड़ा फाटक होता था, उसके ऊपर नक्कारा बजता था। और वो नक्कारा बहुत बड़ा-बड़ा होता था। एक सील होती थी, छोटी-सी धिन धिन ना-धिन-धिन

ना...। एक होता था पहलूदार। दूसरा होता था मुरसिल। मुरसिल क्या करता था? खाली उड़ान भर रहा है। पहलूदार खाली ठेका लगाता था। 'धा धिन धिन ना धा धिन धिन ना धिन धिन ना' खाली ठेका लगा रहा है। और वो मुरसिल खाली उड़ रहा है साथ में। ये सब होते थे। साथ में एक सुरवाला होता था, एक शहनाई बजती थी। उस जमाने में इसका रियाज होता था। दूर से बड़ा मजा आता था सुनने में। शहनाई सुनने में बड़ा अच्छा लगता था। तो बादशाहों में, राजाओं में, नवाब साहबों में ये था कि अब जब वे सवेरे सलामत उठे तो शहनाई बजी। उस वक्त ये मन्दिर-वन्दिर के लिए नहीं था। वो वहाँ शहनाई बजी और सबको मालूम हो गया कि बादशाह सलामत उठ गये। अब उसके बाद 10-15 मिनट, थोड़ी देर बजाकर रोक दिया। थोड़ी देर के बाद फिर शहनाई बजी तो सबको मालूम हुआ कि अब वो नहाने चले गये हैं। थोड़ी देर के बाद फिर शहनाई बजी तो पता चला कि हुजूर अब नाश्ता कर रहे हैं। 10-15 मिनट के बाद मालूम पड़ा कि दरबार में आ गये हैं। तो उस जमाने में ये रिवाज था कि राजा-महाराजा-बादशाहों की सलामती का पता चलता था जनता को शहनाई बजने से। पता चलता था कि इस वक्त वे क्या कर रहे हैं, क्योंकि आम लोग तो यूँ भी उन तक पहुँच नहीं पाते थे। इसी तरह जब उनके यहाँ भी कोई शादी-वादी रही होगी तो उनका हुकुम हुआ कि अब शहनाई बजवाओ! तो शहनाई बज गयी। इसी तरह कभी-कभी जब खुशी में शहनाई बजी तो लोगों ने पूछा कि बादशाह सलामत नहा चुके, खाना खा चुके, दरबार लगा चुके, ये बेटाइम शहनाई क्यों? पता चला कि उनके यहाँ शादी है, या बच्चे का जन्म है या बेटी की सगाई है। इससे पता चला कि शुभ-मंगल का कोई काम हो रहा है। तो यूँ भी बादशाह सलामत जब सो के उठे तो ये भी खुशी का मौका है, कि ठीक-ठाक हैं, नाश्ता कर लिया तो भी खुशी है कि तन्दुरुस्त हैं, दरबार लगाया तो भी खुशी का मौका है कि दिमाग उनका ठीक-ठाक है और शादी-ब्याह भी खुशी का मौका ही है तो इस तरह जब खुशी का माहौल हुआ शहनाई बजने लगी। जिसके यहाँ शादी-ब्याह हो, कुछ नहीं रखेगा, गवैया नहीं बुलाएगा, फनकार नहीं रखेगा, लेकिन सस्ती ही सही, शहनाई जरूर बजाएगा।

"गरीब आदमी है, 20 रुपये की शहनाई बजाएगा, लेकिन बजाएगा। शहनाई बजी, और दुनिया भर को मालूम हुआ कि खुशी है। क्या अल्लाह का करम है! हम पर तेरी मेहरबानी, परवरदिगार! हमको वो साज़ दिया है, कि जब हमारी शहनाई बजेगी तो सब समझेंगे कि खुशी का काम है।"

बिस्मिल्लाह खाँ साहब की आँखें भीग आयी हैं, मालिक का शुक्रिया अदा करते-करते। उस वक्त मेरे साथ कमरे में और भी कई लोग बैठे हैं जो उनकी बातों को सुन रहे हैं। हम सब भी अपनी आँखें पोंछ रहे हैं। जैसे कि जब भी हमने ईश्वर को धन्यवाद देते समय अपनी आँखें पोंछीं, तो पता चल गया,

बिस्मिल्लाह खाँ साहब की शहनाई बजी है।

यही बिस्मिल्लाह खाँ साहब अपने साज़ पर बहुत नाज करते हैं। "सब कहते हैं, सितार बहुत मुश्किल है। सब कहते हैं गाना मुश्किल है। सरोद मुश्किल है, सारंगी मुश्किल है। जी! बस हर एक कहता है कि उसका साज़ बहुत मुश्किल है। अरे बहुत मुश्किल है तो इतने सारे हो! कितने हैं, गिन लो! सरोद में देखो, सितार में देखो, गायकी में देखो। बहुत मुश्किल तो है, लेकिन इतने (सारे) हो! शहनाई में कौन है? हा हा हा। मुश्किल तो ये हुआ! सबसे ज्यादा मुश्किल तो ये है, इसमें आगे बढ़ ही नहीं सकता। षड्ज का षड्ज, षड्ज का पंचम, इतनी दौड़ है बस। कुल डेढ़ सप्तक का साज है और सारा कमाल इसी में दिखाना है। खाली शुरुआत करना है। एक सितार है, उसमें बोल रहा है, डेंग डेंग डेंग ऽऽऽ (गाते हैं)। कई जरब लगाएँगे एक नहीं। यहाँ ये नहीं है। हेंऽऽऽ ऽ आ ऽऽऽ न ऽऽ न ऽऽ दिया ऽऽ न ऽऽ। एकदम जाएगा। यह एकदम वाला साज़ है। इनसे कहिए कि एकदम लगाएँ किसी साज़ में। तीन-चार जरबें लगेंगी। कम-से-कम।"

शहनाई में गमक किस तरह से ले पाते हैं, प्रश्न है।

"ये बड़ी मुश्किल है", बिस्मिल्लाह खाँ साहब कहते हैं। "डागर खानदान में गाने में ये लोग करते थे। गमक हम नहीं लगाते, सच बात है ये। डागर खानदान के भाइयों को सुना हमने, सन् 30 में। (ध्रुपद सुनाते हैं थोड़ा-सा) ये साधना शुरू किया। करते-करते थोड़ी आ गयी। गोविंद साहब कलकत्ते में कांसर्ट करते थे, ऑल बंगाल। उसके बाद गमक का काम हमारे एक भाई साहब थे दोनों भाई एक के बाद दूसरे, थोड़ा करने लगे। वो पूछें, अच्छा, गोमोक चढ़ाया है? गोमोक चढ़ाया है? बहरहाल, ये है मुश्किल। सब शहनाई वाले नहीं कर पाएँगे।"

बिस्मिल्लाह खाँ साहब की ढेर सारी कांसर्ट्स सुनी है। आँख बन्द करके बैठते हैं तो कई बार महसूस होता है कि वायलिन बज रहा है, बहुत बार उसमें सितार की झंकार सुनाई देती है। कभी गायन सुनाई देता है तो कभी तबले की थाप सुनाई देती है। हर एक साज को बिस्मिल्लाह खाँ साहब शहनाई के माध्यम से कैसे पहुँचा पाते हैं? क्या यह अल्लाह की मेहरबानी से होता है या कुछ कोशिश करते हैं कि लोगों को महसूस करा दें कि शहनाई में हर साज़ छुपा है?

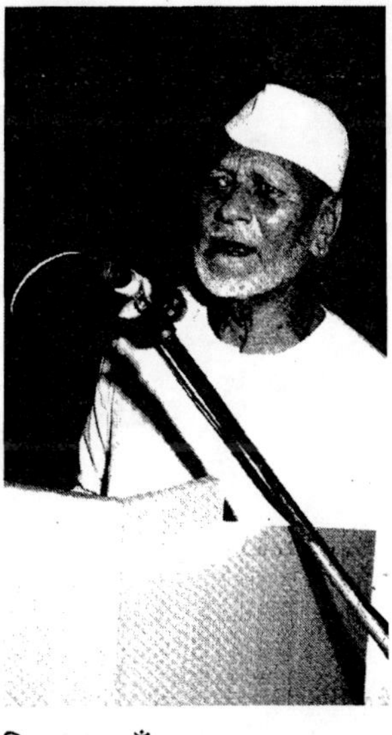

"हम ये कोशिश तो करेंगे कि इतना टुकड़ा जो है वो सितार मेल का है, इतना टुकड़ा गायकी मेल का है। इतना टुकड़ा जो है, वो गमक मेल का है, लेकिन भरोसा उसका है, उस मालिक का। अगर वो चाहेगा तो हम कर सकते हैं वरना हमारे बस की बात नहीं है," बिस्मिल्लाह खाँ साहब कहते हैं। वे जानबूझकर करते हैं या अपने-आप हो जाता है, जिज्ञासा है। "नहीं नहीं पहले दिमाग में

आता है कि इसको ले के चलेंगे लेकिन आखिर ये दिल में आता है कि तू चाहेगा तो होगा। अभी सोचा नहीं है, एक बार चलते-चलते एक तरफ इसे बजा रहे हैं (गाते हैं) लेकिन इसके बाद क्या आएगा, ये वो ही जानता है, और जो वो चाहेगा, वही बजेगा। जब वो चाहेगा, तभी कुछ हो सकता है, वरना नहीं। और फिर सम्भल-सम्भल के सोंच सकता है। घबरा के नहीं। गायकी में, चाहे शहनाई में, या किसी भी और साज़ में घबरा के नहीं चलना चाहिए। बड़े इत्मीनान से जाना चाहिए। तभी रौशनी पैदा होती है, दिखाई देता है कि क्या करें। लेकिन उसकी (अल्लाह की) तरफ ज्यादा ध्यान देना चाहिए। कर तो रहे हैं, रियाज हम कर रहे हैं, आगे उसका करम। 'दन दन दन दान दान दान ऽऽऽ ऐ ऽऽऽ', ये है। (गा रहे हैं) ये ले के चले। लेकिन सोंच रहे हैं कि तू चाहेगा, तभी होगा, अपने से नहीं होता।"

कभी-कभी शहनाई लोक संगीत के निकट भी प्रतीत होती है। उसमें धुन बहुत बजाई जाती है, सम्भवतः यह कारण हो। "लोक-संगीत? दुनिया भर की जितनी चीजें होंगी लोक-संगीत की, वो हम कर लेंगे। कोई भी फिल्मी धुन हो, हम दन के दन सुना देंगे, लेकिन हम करते नहीं हैं। 'गूँज उठी शहनाई' में जरा दे दिया था। करामत अली खाँ साहब ने कहा, तो मजबूर होकर 'दिल का खिलौना हाय टूट गया', जरा कर लिया। अब चूँकि एक बार बजा चुके हैं इसलिए ये नहीं कहते कि बिल्कुल नहीं करते, क्योंकि अच्छा नहीं लगेगा। मजबूरी हो तो जो बजा दिया है, उसी को बजाना पड़े तो बजा लेते हैं। लेकिन हमारी रोटी उसके ऊपर है ऐसा नहीं है। असल तो है हमारा शास्त्रीय संगीत। यही ले के चले हैं हम और यही ले के चलेंगे। अमरीका हो, फ्रांस, लन्दन सब जगह यही किया है हमने। शास्त्रीय संगीत ही ले के चलेंगे। जिसको सौ

दफे गरज हो सुनो। हमें परवाह नहीं। लोग कहते हैं कि खाँ साहब, ये अमरीका है, लन्दन है, हम कहते हैं कुछ भी हो। हमारे पास इतनी जमीन है चलने के लिए। हमारे पास पूरा हिन्दुस्तान है, हिन्दुस्तान में चल लेंगे। हमारा यहीं पेट भर जाएगा। हम सुनाएँगे वही जो हमने रियाज किया है। हाँ लोक-संगीत (सुगम संगीत) में कुछ चुनी हुई चीजें हैं जो हमें पसन्द हैं। बहुत अच्छी चीजें हैं, जैसे लता गाती है, और उसकी आवाज में कशिश पैदा है, मालिक की मेहरबानी है। उसके कहने में कुछ कुदरत के करिश्मे हैं। अब वो कौन-सी चीजें हैं, बोल-वोल याद नहीं है, ज्यादा धुन याद है। (गुनगुनाते हैं) 'आ जा तू आजा धीरे से आना री अँखियन में निंदिया आ जा तू आ जा धीरे से आ जा' हमें पसन्द है। वो गाना नहीं है। उसमें कुदरत के करिश्मे नजर आ रहे हैं, वो सुर बोल रहा है।"

बिस्मिल्लाह खाँ साहब को शहनाई बजाते समय कभी ऐसा महसूस नहीं होता कि ये मैं कर रहा हूँ। "यह जो मैं कर रहा हूँ बात है न, यही दूसरे तरफ पलट जाती है। तेरी मेहरबानी से चलते हैं मालिक। तुम्हीं ने हमको दिया है। क्या करेंगे। थोड़ा और? प्रोग्राम करते-करते तेरी मेहरबानी से थोड़ा मूड बनने दे। जरा हमारी तबीयत लग जाती है। उस वक्त दुआ करते हैं कि थोड़ा मूड बनाने दे। उस वक्त दुआ करते हैं कि थोड़ा और मेरे मालिक! अलबत्ता रियाज बहुत जरूरी चीज है। ये नहीं कि हम बकवास कर रहे हैं, सुन लिया और हो गया। तमाम शासतर भरा पड़ा है, पारिजात है, रत्नाकर है, जरा देखिए उठाके, आगे-आगे क्या अमल है, वैसे करना पड़ेगा। सब तैयारी करके आइए और फिर कहिए कि नहीं हुआ। तब अलबत्ता सोंचेंगे कि क्यों नहीं हुआ? सब हीरा जवाहरात भरा पड़ा है, मालिक की मेहरबानी तो तब होगी, जब खुद कोशिश करेंगे, जी जान से रियाज करेंगे। वरना अल्लाहताला भी क्या करेंगे?", कहते हैं बिस्मिल्लाह खाँ साहब।

मैंने अधिकतर कलाकारों को सुना है, यह कहते हुए कि वे अपने लिए बजाते हैं या ईश्वर की प्रार्थना के लिए गाते या बजाते हैं। अधिकांश कलाकार यही कहते हैं कि संगीत उनके लिए साधना है, भगवान से मिलने का रास्ता है। लेकिन बिस्मिल्लाह खाँ साहब! वे तो सबसे अलग हैं। इस सवाल पर कि वे किसके लिए बजाते हैं, वे कहते हैं, "अरे, हम वो नहीं हैं जो कहें कि हम अपने दिल को खुश करने के लिए शहनाई बजाते हैं। अरे बजाएँगे नहीं, तो रोटी कहाँ से खाएँगे? कुछ करना है, दुकान क्यों खोलते हैं? दफ्तर क्यों जाते हैं लोग? पूछिए, मिल में काम कर रहे हैं, न जाओ, किसके लिए कमा रहे हैं? हम किसके लिए कर रहे हैं? अमाँ बच्चों को पालने के लिए कर रहे हैं। दो पैसे मिलते हैं, इसलिए कर रहे हैं। हाँ ये बात दुरुस्त है कि हमारे खानदान में बड़े बुजुर्गों ने सोचा कि ऐसा कौन-सा साज़ लो कि हम एक हो जाएँ अकेले! इधर वो तबीयत है। शहनाई तो बज रही है पूरे हिन्दुस्तान में। लेकिन खाली तुम्हारी फूँक कुछ ऐसी आये कि सुनकर लोग कहें कि बिस्मिल्लाह खाँ है और कोई नहीं है। हा, हा, हा।"

शहनाई कहाँ से आयी, बिस्मिल्लाह खाँ साहब ने इसे क्यों चुना, इस पर पहले-पहल संगीत कैसे उतरा, यह भी अपने आप में एक कहानी है। शहनाई पर सबसे पहले स्वरों को निकालने वाले थे—बू अली सेना। ये दो जगह के रहने वाले थे, या तो ईरान के और या फिर यूनान के। इन्हीं दो जगहों में से एक जगह रहने वाले थे हकीम बू अली सेना। यूँ उनका नाम बहुत लोग नहीं जानते। उन्होंने ही इस साज को सबसे पहले ईजाद किया और अपने नाम के पीछे इसका नाम रख दिया, 'सेनाई।' वहीं 'सेनाई' वक्त के चलते 'शहनाई' बन गयी क्योंकि बड़े-बड़े नवाबों, शहनशाहों के यहाँ बजाई जाती थी, इसलिए बाद में यह 'सेनाई' से 'शहनाई' हो गयी। हकीम बू अली के माने है जिसमें

अली की बू यानी खुशबू हो। जिस साज़ को सुनकर मौला अली की याद हो आये, वो है 'शहनाई'।

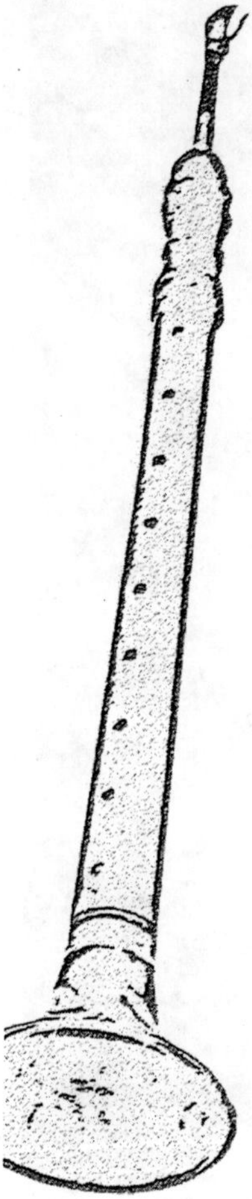

"शहनाई ईरान में थी, यूनान में थी," बिस्मिल्लाह खाँ साहब बताते हैं, "पर उसे उन लोगों ने 'कंडम' कर दिया था। डेढ़ ही सप्तक का साज़ है यह। दूसरे बजाने-गाने वाले तीन सप्तक तक ले जाते हैं। कहाँ-से-कहाँ पहुँच गये उनके साज़। सितार कहाँ पहुँच गया, वीणा कहाँ पहुँच गयी। लेकिन मालिक की मेहरबानी से हम दो सप्तक तक लगा देते हैं। दिखा देंगे कि दो सप्तक हो गयी। लेकिन, ज्यादा नहीं चल पाएँगे। फूँक से तीन-चार स्वर हम लगा लेंगे। पूरा सुनो—गांधार। फूँक से, कोमल अति कोमल। तीवर, अति तीवर हो जाएगा। वही श्रुति वाला हिसाब आ जाएगा। उसको हम लगा लेते हैं। मगर ये सब चीजें होती ऐसी हैं कि रियाज करना पड़ेगा और करना पड़ेगा मालिक पर भरोसा। यदि दिमाग में ये बात आ गयी कि हम इसलिए कर रहे हैं कि हम ऐसे हैं, वैसे हैं तो नहीं नहीं, तब सब गड़बड़ हो जाएगा। ये नहीं कि मैं कुछ हूँ। नहीं, तब तो अपने आप तुम ओइम् बन जाओगे। कहो, तेरी रज़ा है मालिक, तू दे देगा तो हो जाएगा।"

विशाखापट्टनम में बिस्मिल्लाह खाँ साहब से बातचीत करते वक्त कुछ और मित्र भी वहीं हैं। एक मित्र पूछते हैं, 'दक्षिण भारत में 'नादस्वरम्' होता है—क्या नादस्वर और शहनाई का उद्‌भव एक ही जगह से है?' "वो बड़ा साज़ है, बड़े जोर से बोलता है", खाँ साहब बताते हैं। "वो अपने यहाँ की गायकी भी करते हैं, लेकिन उनकी गायकी और हमारी गायकी में बहुत अन्तर है। हम कहते हैं कि हमारी शहनाई उनको दे दीजिए, तब फिर देखिए कि क्या होता है। ये फूँक का काम है। वो (नादस्वरम्) दबा के बोल ही नहीं सकती। रंग भर के दाबेंगे, तार की तरह चाबेंगे, वह है, 'नादेस्वरम्'। ऊँचे बोल नहीं बोलते, मालिक की मेहरबानी है, लेकिन ये शहनाई है। नफीरी, दिल्ली में बोलती है, वह शहनाई है। खाली नाम बदल गया है। अच्छा भइया, बकवास बहुत हो गयी, अब चलें, खाना खाएँ", बिस्मिल्लाह खाँ साहब कह रहे हैं।

स्पिक मैके के कार्यक्रम के लिए बिस्मिल्लाह खाँ साहब आये हैं और स्टील प्लांट में हमारे मेहमान हैं। खाने के लिए उठ ही रहे हैं कि एक मित्र पूछ लेते हैं, 'खाँ साहब आपके शिष्य भी हैं क्या?' "हाँ शिष्य, हम बात ही भूल गये। किसी ने हमारे नाना से पूछा, तो उन्होंने कहा, अल्लाह चाहेगा तो निकलेगा, हम किसको कहें। वही बात किसी ने हमारे मामू से भी पूछी, उन्होंने कहा कि अल्लाह चाहेगा तो निकलेगा, अब वही बात आप हमसे भी पूछ रहे हैं। हम भी वही कह रहे हैं कि अल्लाह चाहेगा तो निकलेगा, हम नाम क्या बताएँ? आ हा हा, मालिक तेरा करम।"

शहनाई फूँक का काम है। ज्यादातर फूँक से, और फेफड़े से, पेट से। लेकिन खाँ साहब सिगरेट पीते हैं, तो इससे कोई अन्तर नहीं पड़ता?

"अगर बोतल पिएँ तो असर पड़ता है, नुकसान नहीं करेगा? गाँजा, चरस,

बोतल, लेकिन, पीते हैं लोग। हम तो सिर्फ सिगरेट पीते हैं। वो भी जैसे अब ये बकवासबाजी हो रही थी, तो ऐसे में हमारा मूड बनता है। प्रोग्राम के वक्त आप हमको सिगरेट पीता हुआ नहीं देखेंगे। नहीं, अब प्रोग्राम खत्म हो गया, बकवास हो रही है...तो लाओ जरा एक कश लगा लें। एक दफे ऐसा हुआ कि अखबार वालों ने लिखना शुरू किया कि खाँ साहब सिगरेट पीते हैं, उन्हें सिगरेट नहीं पीना चाहिए, वगैरह वगैरह। तो हमारे दोस्त साहेब आदमी हैं। जैसे आपके दोस्त हैं, हमारे भी दोस्त हैं। अपने दोस्तों में बैठ के हमने कहा, कि यार हमने अब छोड़ दिया। सारे दोस्त हैरान, कहें कि खाँ साहब आपने सिगरेट पीना छोड़ दिया? हमने कहा, अमाँ नहीं यार, हमने अखबार पढ़ना छोड़ दिया।"

बिस्मिल्लाह खाँ साहब की छोटी-छोटी चुटकियाँ बातचीत में और हाजिरजवाबी ने हमेशा से ही उन्हें लेखकों का प्रिय बनाया है। उनके पास किस्से-कहानियों का अम्बार है, ऐसे किस्से-कहानियाँ जो बहुत बड़ी सीख दे जाते हैं। संगीत का बहुत बड़ा मर्म बता जाते हैं। जैसे 'सतसइया को दोहरा, जस नावक के तीर। देखन में छोटे लगे, घाव करें गम्भीर।' उनकी बातें भी उनकी शहनाई की ही तरह उसमें घुली हैं।

उस बार बिस्मिल्लाह खाँ साहब अमरीका में कहीं बजा कर चुके थे। शहनाई का कार्यक्रम सम्पन्न हुआ, बाद में काफी लोगों ने घेर लिया। सवाल पूछ रहे हैं कि खाँ साहब ये राग कैसे और वो धुन कैसे? "तो हम बोले, खूब बोले। अपनी जबान बोले। हमारे वहाँ एक अपनी जबान बोलने वाले दोस्त हैं, सैयद हाशिम हुसैन रिज़वी। तो वो लोग सवाल करें और रिज़वी साहब उसका तर्जुमा करके हमको बतलावें। फिर हम उनके सवाल का जवाब दें और रिज़वी साहब वापस तर्जुमा करके उन्हें बतला रहे हैं। तो हमने फिर उनसे कह दिया कि हाशिम भाई, आप इन्हें बतला दीजिए कि अगर संगीत सीखना है और हमसे लेना है, तो भइया हमारी जबान सीखिए! हा हा हा! हम डायरेक्ट बतलाएँगे आपको!"

तो क्या संगीत की भी कोई अपनी जबान है?

"हाँ, है। संगीत की अपनी जबान है, और वो हर जबान में है। संगीत की कोई खास जबान भी नहीं है। जैसे पुराने जमाने की किताबें देखें तो वो संस्कृत में आती थीं। अब उसको आप अपनी जबान में ले के चलना चाहें तो तर्जुमा करना पड़ेगा, वो है तो, चाहे तो। लेकिन हम अपनी जबान में ले के चलते हैं उसे सहल करने के लिए, समझने के लिए।

संगीत की कोई एक जबान नहीं है कि बस यही ऐसा। न! आप देखें, अस्थायी अंतरा बना है न? तो एक अस्थायी ये है, 'प्रथम सुर साधे ऽऽऽ' फिर 'दिर दिर दिर तूम...ताहे तासूम चश्मे सब दा नूम...नसीबन नूम।' अब ये दूसरा वाला फारसी में है लेकिन आपकी समझ में आता है। चीज यह फारसी में है, फिर भी आपको समझ में आती है क्योंकि यह सुरों की जुबान है। तब किसकी जबान लें? गाने में हमारे बुजुर्गों ने इकट्ठा किया सब, तो उसमें मत जाओ कि ये फारसी में है, कि ये हिन्दुस्तानी है या ये संस्कृत में है। है तो वो संगीत है, है तो वो सुर, तो सबको लेना चाहिए। हमने एक बार आपसे पहले भी कहा था कि सुर महाराज सबके हैं, और किसी के भी नहीं हैं। तो संगीत भी सबका है, और किसी का भी नहीं है।"

जब सुर सबका है और संगीत सबका है और दोनों ही किसी के भी नहीं हैं फिर घराना क्या होता है? बिस्मिल्लाह खाँ साहब खुद किस घराने के हैं? "हमारा? ये जो घराना ले के आये हैं, ये घराना कब से निकला? घराना, हम लोग तो यही जानते हैं कि स्वामी हरिदास जी थे। वो गुरुओं के गुरु थे। उनके शागिर्द हुए तानसेन, बावरा हुए, ये हुए, वो हुए। सब चले आ रहे हैं। ये तो वो जमाना है—अकबर बादशाह के जमाने का। वहीं से सब चले आ रहे हैं। तो घराना कब से निकल आया? क्या किराना घराना है, क्या आगरा घराना है, क्या ग्वालियर घराना है? गायकी का अंग है—ठीक! लेकिन उसी घराने का आदमी जो है, गायकी नहीं गाता, और कहेंगे हम उस घराने के हैं। हम सुनते जाएँगे कि किराने का है, लेकिन गायकी ही नहीं है उसके पास। और वो कह रहे हैं कि हम किराने के हैं। हम फय्याज खाँ की गायकी सुनते जाते हैं, भई कैसे हैं वह, 'झन झन झन झन पायल बजे, जागे मोरी सास ननदिया, और मोरी देवरनिया जेठनिया। झन झन झन झन....ए ए ए ए....झन झन झन।' (गाकर सुनाते हैं) ये गायकी है। किराना, आगरा, ये सब घराने निकल आये हैं, लेकिन उन्हीं घरानों के लोग गायकी छोड़ कर कुछ और करने लगे हैं। घराना-वराना कुछ नहीं है। सब स्वामी हरिदास के शिष्य हैं।" एक बार फिर से खाने के लिए गुहार लगती है। 'साहब खाना तैयार है, खाने के लिए चलेंगे?'

"जी? अब बासी हो जाने दीजिए उसको," बिस्मिल्लाह खाँ साहब चुटकी लेते हैं।

खाने का दौर और बातचीत का दौर, दोनों ही खूबसूरत गंगावरम् तट पर बने गेस्ट हाउस में चल रहे हैं। "बात ये है कि हमारे एक किलोमीटर सामने ही समंदर था। विदेश में कहीं। सिर्फ एक किलोमीटर, जी! हम नहीं गये। लड़के बच्चे सब गये। वहाँ जा के उतर पड़े सब लोग। बस इतनी दूर और इतना पानी। ये क्या है? मालूम हुआ कि बहुत से लोग यहाँ आते हैं और आके नहाते हैं। बहुत दूर, हरा समंदर पता नहीं कितना पानी है वहाँ पर। और

वहाँ पर एक दरख्त है, पेड़ हैं, लाल रंग के बगुले हैं बीर-बहूटी की तरह से। बगुले जो हैं, लाल-लाल-लाल। लेकिन ऑर्डर है कि उनको पकड़ नहीं सकता कोई। तो ये हो गया। लेकिन हमको इधर थोड़ा एहतरामी हो गया पानी से, अब नहीं बैठते हैं समंदर के नजदीक। पहले नहाया है, लेकिन अब नहीं। अब हम समंदर देखते भी नहीं। दूर-दूर रहते हैं। आपने कहा यहाँ समंदर है, समंदर है, तो हमने सोच लिया कि वहीं किसी कमरे में चलके बैठ जाएँगे।"

एक बार खाँ साहब को किसी दूसरे देश में सड़क से एक लम्बी यात्रा तय करनी थी। सड़क घुमावदार, कभी ऊपर जाती हुई, कभी नीचे, सुरंग की माफिक बत्तियाँ जग-मग जग-मग। बिस्मिल्लाह खाँ साहब ने सोचा कि ये कैसा रास्ता है, चक्कर पे चक्कर, चक्कर पे चक्कर, घुमाता ही जा रहा है। दिल पर हाथ रखकर बैठ गये कि कहीं धड़क ही न जाए, आखिर दिल ही तो है। "वो तो बाद में हमें पता चला कि समंदर के बीच से रास्ता है। ऊपर समंदर और नीचे गाड़ी-वाड़ी जा रही है। हमें कुछ पता नहीं कि हमारे ऊपर पानी है। हमें पहले पता नहीं था, बताया नहीं, वो तो जब हम वहाँ से बाहर निकल आये। तो मगर क्या समंदर! अर्रे, हम कहाँ ये तो नजदीक में ही समंदर है तो जो ले के जा रहे थे हमें अपने साथ, बोले कि खाँ साहब आप इसी के नीचे से तो निकल कर आये हैं। अरे यार, पहले से बता देते तो हम कह देते कि नहीं जाएँगे इधर से। खुदा न खास्ता इतना बड़ा समंदर, कहीं कुछ हो गया?...हाँ, हाँ, खाँ साहब क्या हो गया? लेकिन साहब वह रास्ता और समंदर, दोनों ही क्या लम्बे-चौड़े, गहरे, ऐसी-ऐसी लहरें उठती हैं जिनके बारे में कुछ पता ही नहीं, बिल्कुल संगीत की तरह।" अब समझी, बिस्मिल्लाह खाँ साहब समुद्र से जुड़ी इतनी घटनाएँ क्यों सुना रहे हैं। असल में बताना चाह रहे हैं, बिल्कुल दुनियावी तरीके से कि संगीत अथाह है, गम्भीर है, गहन है। उसकी गलियाँ, उसके रास्ते, उसके मोड़, सभी कुछ डरावने लग सकते हैं, कठिन, विषय लग सकते हैं, किन्तु अन्ततः जब सम पर पहुँचते हैं तो महसूस होता है, अरे, यह तो यहीं था, हरा समंदर, हमारे आस-पास, हमें घेरे हुए, और हम उसका पता भी नहीं चला पाये।

"Music of Peace"

कितनी ही बार गये, घूमे, मजा लिया। कनाडा, अमरीका, लन्दन, खूब घूमे-फिरे। सब अच्छा है, सड़कें इतनी अच्छी, और कितनी बढ़िया, तीन-तीन लाइन बनी हैं। एक जा रहा है 70-80 मील पर, दूसरा निकला 90-95, तीसरा आएगा 120! इधर

से निकला, फिर उसी लाइन पर आ गया (किशन महाराज की तिहाई की तरह)!

बिस्मिल्लाह खाँ साहब बातों में आनन्द देने के साथ-साथ आनंद लेकर भोजन भी कर रहे हैं। एक-एक चीज का नाम पूछ कर थोड़ा-थोड़ा चखते हैं।

"वैसे खूबसूरत स्विट्ज़रलैंड है। बहुत खूबसूरत है। ये क्या है भइया? अवियल? इसको क्या कहते हैं, पोंगल? रख दो भइया जरा-जरा। हालैंड देखा आपने? समंदर—वहाँ देख रहे हैं, लड़के-लड़कियाँ समंदर में कूद रहे हैं। भई हमारी तहजीब नहीं कहती। अच्छा लग रहा है, तो तुम्हें लगता होगा। हमारे यहाँ के लिए नहीं है। पेरिस में लड़के-लड़कियों का जो चलन है, उसे देखकर हम सकते में आ गये। एक दिन हम वहाँ घूम रहे थे शेरवानी-पाजामा पहन कर। तो लोग हमें ऐसे घूर रहे थे जैसे न जाने कहाँ से छुट्टे खुल कर आ गये हों। पाजामा, ऊपर से काली शेरवानी। हाँ कुछ चीजें हमें वहाँ की पसन्द हैं जैसे वहाँ की साफ-सफाई। तो उस दिन क्या हुआ है कि हम खरीदने गये थे सामान, ट्रांजिस्टर और क्या-क्या। एक सरदार जी हमें दीख गये जी! वाह, वाह, वाह। हम कहा यार, ये तो हमारे हिन्दुस्तान के ही हैं। तो हमने वहीं से आवाज दी, सत सिरी अकाल, सरदार जी। सरदार जी बोले, 'ओ सत सिरी अकाल जी। पर माफ करना खाँ साहब, मैं आपको पहचान नहीं पाया। आप करते क्या हैं जनाब?' तो हमारे साथियों में से एक बोले कि खाँ साहब शहनाई बजाते हैं। इस पर सरदार जी कहें, अजी ये क्या शहनाई बजाते हैं! शहनाई तो बजाते हैं हमारे हिन्दुस्तान के बिस्मिल्लाह खाँ जी! हमारे साथी बोले, ये वही बिस्मिल्लाह खाँ साहब हैं। 'बिस्मिल्लाह खाँ, बिस्मिल्लाह खाँ, ये वो बिस्मिल्लाह खाँ साहब हैं? अरे बिस्मिल्लाह खाँ साहब, कमाल हो गया, मेरा तो जनम सुधर गया। फिर तो इतनी मुहब्बत, कि हमारे घर आइए रात को खाना हमारे घर में खाइए। ये खाइए, वो खाइए। पकाया भी उनकी बीवी ने, बहुत पकाया और बहुत अच्छा पकाया। हमें मालूम हुआ उस दिन कि हिन्दुस्तान में बैठकर खाना खा रहे हैं। देखिए न, संगीत कहाँ-कहाँ आपको अपने लोगों से मिला देता है! उस दिन वहाँ पेरिस में, और आज यहाँ।"

"ये क्या है भइया? केला है? दे दो, थोड़ा-सा। किस इस्टाइल में पकाते हैं, केरला इस्टाइल में? हाँ भिंडी है? अच्छा दो। अचार लेंगे आप? हाँ, सब लेंगे, थोड़ी-थोड़ी चीज सबका जायका लेना है। काहे का अचार है आम का? हाँ, आम का ठीक है। रख दीजिए, इतना बड़ा नहीं, छोटा-सा टुकड़ा। थोड़ा-थोड़ा खाएँगे, और खुराक भी है हमारी बहुत कम। ये क्या है पालक-पनीर, अच्छा-अच्छा, थोड़ा-सा पालक दे दो। शुक्रिया, इन्तजार करके हम यहाँ खाने वाले हैं क्या? ये क्या है? बेक्ड सब्जी? अच्छा। अरे खाने की चीज तो अब लाए हो! भइया दाल दो हमें! हाँ, तो पंडित जसराज का रिकॉर्ड है आपके पास, वही जो कार में बजा रही थीं आप? इसमें तो बागेश्वरी है, भटियार और मधुमाद सारंग। भटियार दो किस्म का है। (गाकर सुनाते हैं)

एक वो है, दूसरे महाउऽऽ, भई पूरी ले आओ, खाली तरकारी खाएँगे। ये क्या मशरूम, शिमला मिर्च, अच्छा-अच्छा, थोड़ा-थोड़ा रख दो अच्छा। तो ये साग लाओ, पालक वाला।"

बिस्मिल्लाह खाँ साहब एक बच्चे की तरह पुलकित हैं। हर सब्जी को चख रहे हैं, उनकी मेजबान का मन रखने की कला भी उनकी शहनाई के स्वरों की तरह ही अनछुई है। बाहर थोड़ी-थोड़ी फुहार पड़ रही है। समुद्र-तट पर लहरों की टकराहट सुनाई दे रही है। खाँ साहब बनारस की यादों में खो गये हैं। "धीरे-धीरे सब कुछ खत्म होता जा रहा है। सावन-भादों है। सावन और भादों में कजरी चलती है बनारस में। रसूलन भी हैं, सिद्धेश्वरी भी हैं। बहुत अच्छी-अच्छी गायिका हैं। काशी जी में झिमिर-झिमिर पानी बरस रहा है। बाप रे! और झूला पड़ा है। बड़े-बड़े उस जमाने के रईस। राजा मोतीचंद, हरीराम सिंह जी, कालो जी। बड़े-बड़े सब उस जमाने के पैसे वाले रईस। पूरी छन रही है, हलुवा बन रहा है तरकारी बनी है। आम का पेड़ लगा है। उसके नीचे एक तरफ भाँग घोटी जा रही है। कजरी हो रही है। उसमें हमारे मामू भी शरीक हैं। झूला पड़ा है और कम-से-कम 25-30 गायिका हैं। 2-3-4 तो बैठी हैं और 2-3 पेंग चला रही हैं। और शहनाई लेकर हम लोग बैठे हैं, हमारे मामू के साथ। और राजा लोग उधर बैठे हैं, रईस। और क्या हो रहा है, 'सिया संग झूले बगिया में राग ललना। अरे राम ललना, अरे राम ललना ऽऽऽ। सिया संग ऽऽऽ।' और यों कहके जो मारा है पेंग—वो चढ़ा जा रहा है झूला। हम शहनाई बजा रहे हैं। क्या आनन्द आता है कि वो ऐसे बना रही है। ये ऐसे बना रही है। वो चीज अब नहीं होती। अब हिन्दुस्तान में कहीं नहीं होती। अब बनारस में भी नहीं होती। गाना जैसे सब ने बन्द ही कर दिया।

"एक रोज बेगम अख्तर बैठी थीं लखनऊ में। प्रोग्राम हो चुका था। हम गये वहाँ। हम कहा, सलाम वालेकुम। बोली 'क्या अमाँ खाँ साहब', मर्दाना बोली बोलती थीं, 'क्या अमाँ खाँ साहब, कैसे चले आये?' हम कहें वो तुम्हारी 'चीं' सुनने आये हैं। उनके गाने में एक 'चीं' ऐसी, आवाज आती थी। यूँ गाने में उसे बेसुरा ही समझा जाएगा, मगर कहिए तो वही बेगम अख्तर के गाने की जान थी। हमें बहुत पसन्द थी। बेगम कहें, 'अमाँ हटिए मियाँ, मसखरी करते हैं आप भी खाँ साहब।' हम कहें, नहीं बेगम, वही सुनने आये हैं। दीवाना बनाना है तो दीवाना बना दे, वरना कहीं तकदीर तमाशा न बना दे। जैसे ही वो सुनाएँ, हम कहें, आ हा हा, आ हा हा। क्या गाती थी वो। एक रोज

आधी रात का वक्त है, हम लेटे हैं। हमारी बेगम भी बगल में लेटी है और कहीं रिकॉर्ड बज रहा है, दीवाना बनाना है तो दीवाना बना दे, वरना कहीं तकदीर तमाशा न बना दे। एक बजा है कि डेढ़, और हम कर रहे हैं आ हा हा, आ हा हा। हमारी बेगम कहती हैं, यह क्या आ हा हा, आ हा हा कर रहे हैं? हम कहें, कमाल हो तुम, कूढ़ हो। चुप रहो तुम। हम कह रहे हैं कि तुम कूढ़ हो तो ऐसा सुनकर हमारी बेगम के कान भी उसी तरफ लग गये। हम कहें कि बेगम अख्तर गा रही है। इसको सुनो। वो चुप। बेगम हमारी गाना वगैरह तो नहीं जानती थीं, लेकिन सुर तो जानती थीं। आखिर बोली, कौन हैं ये! हम कहा, हम जिसको इतनी देर से कह रहे हैं, उसको अब पूछ रही हो तुम? बेगम अख्तर हैं ये! सुबह उठकर पता लगाया, रात-बेरात एक बजे किसने रिकॉर्ड बजाया था! मालूम हुआ कि नहीं, बेगम अख्तर का प्रोग्राम हो रहा था। वही गा रही थी।"

बिस्मिल्लाह खाँ साहब बेगम अख्तर को याद करके आँखें भी पोंछते हैं और उनके गाने को याद करके खुश भी बहुत होते हैं। "फिर तो धीरे-धीरे करके उस जमाने के सारे लोग रुख्सत हो गये। बिट्टन थीं, उधर रसूलन थीं। उधर शैल कुमारी थीं। भरी पड़ी थीं उस जमाने में। एक से एक जगह जा के खड़ी हो जाती थीं। हम दूर से देखते इधर देखा, उधर देखा, किसी की निगाह में तो नहीं आ रहे। हम देखते-सुनते छुप-छुपकर कि कोई देखने न पाये। एक तरफ रसूलन गा रही हैं और दूसरी तरफ बिट्टन गा रही हैं। आ हा हा। कौन-कौन भरी थीं बिल्कुल। क्या लाजवाब गायकी सुभान अल्लाह। बिट्टन अच्छा गाती थीं, और रसूलन किससे कम थीं! हमारे मामू भी कमाल के आदमी थे। खाना खाते थे, दोपहर में। उधर हम बालाजी के मन्दिर से रियाज करके चलते थे, डेढ़ घंटा। डेढ़ बजे घर पहुँचे। मामू ने घड़ी में टाइम देखा, 'क्या अमाँ, कहाँ रह गये इतनी देर?' हम कहें, जी वो रसूलन गा रही थीं। कहें, 'अच्छा, अच्छा। क्या गा रही थी?' हम कहें 'शंकरा गा रही थी। शंकरा गा रही थी?' कैसा गा रही थी? जिस वक्त पूछें हमसे तो बताएँ। दोनों की आवाज सुन रहे थे। बिट्टन भी है इधर, उधर रसूलन भी है। एक मकान इधर था एक मकान उधर भी, दोनों की आवाज चल रही है। वो रसूलन भी अच्छी थी। बता देते हैं, हाँ, देखने में कुछ नहीं, मगर क्या अच्छा गाती थी। उधर बिट्टन, 'रसिया आ हो न!' चमक के गा रही है। हम किसी से कुछ नहीं पूछते थे, बस सुनते थे। भई बालाजी मन्दिर में हम रियाज करते थे। वहाँ जाकर रोज प्रैक्टिस चलती हमारी। हमारे मामू बैठे रहते थे। वहीं, कहीं सामने। अन्दाजा लगा लेते कि हम कब खत्म करेंगे तो उठके चले जावें। मुमानी हमारी बैठी रहें खाना लगा के। बेटा खाना लग गया है। हमारे मामू समझ जाएँ कि खाना रात को वहाँ से आने के बाद अब ही खा रहे हैं, सवेरे से कुछ नहीं खाया। कहें चुप रहो, और फिर हमारे सात सुरों का रियाज शुरू

कर दें। एक ही स्वर को कहते रहें।"

बिस्मिल्लाह खाँ साहब की बातें अब ऐसे मोड़ पर पहुँची हैं, जहाँ ईश्वर और संगीत एक हो जाते हैं। आपको जिन्दगी में सबसे ज्यादा पसन्द क्या है? "सबसे ज्यादा? सबसे ज्यादा पसन्द है, वो है मालिक। वो एक है। जब हमारी लगन चलती है इसके साथ तब और कुछ बाकी नहीं रहता। 'तू ही निरंकार। तू ही निरंकार' निरंकार कौन है, वही न? तू ही निरंकार, रच्यो सब संसार। तू ही निरंकार। एक दफे, दो दफे, चार दफे चला जा रहा है, इस सब के अन्दर कि क्या बताएँ। कब शुरू करें? इसको शुरू करने का दिन है, शबे पंचमवार। जुमे रात आयी नहीं है, उसके एक दिन पहले की रात लगेगी। वक्त, अगर शाम को शुरू करना है तो चाँद रात है, उरूज यानी चाँद निकल आया है। ये नहीं कि 15 तारीख के बाद। वो तो अवरोही में हो जाएगा। आरोही में होना चाहिए। तो शुरू चाँद अगर निकल रहा है, तब आप शुरू करें। एक अस्थान लेना पड़ेगा। घर में या बगीचे में, या कहीं जगह बना लें, फिर वही पढ़ना पड़ेगा। जरा चालीस रोज उसको पढ़िए। गिनके। तारीख ले लीजिए। आज से शुरू किया तो 40 रोज बाद देखिए। जिस वक्त 'तू ही निरंकार' कहा तो कहने के बाद सोचिए कि हम किससे कह रहे हैं, वो अपने मालिक से कह रहे हैं। 'तू ही निरंकार रच्यो सब संसार। तू ही निरंकार।' जैसे छोटा बच्चा अपने माँ-बाप से लाड़ करता है, दुलार मना रहा है, हम तो ये करेंगे, हम ये करेंगे। तो माँ-बाप उसको फुसलाया करते हैं कि भई लो, ये ले लो, वो ले लो। मगर बच्चा कह रहा है कि न हम तो यही लेंगे। बच्चे की तरह उससे माँगो। दुलार करो कि हम तो यही लेंगे। हम तो यही चाहते हैं। वह बड़ा दयालु है। बड़ा करम करता है कि माँग रहा है, चलो ले लो। थोड़ा और सच्चाई ये है कि अगर उसने थोड़ा भी करम किया, थोड़ा भी दे दिया तो हम कामयाब हो गये।

"बहुत-सी चीजें हैं भाई, क्या-क्या अमल थे।" बिस्मिल्लाह खाँ साहब आगे बढ़ते हैं। "हिन्दी में क्या कहते हैं? यानी करना। कई तरीके हैं। एक तो यह कि घर में बैठे हैं, अस्थान बना दिया, बगीचा हो जाए या और कोई दूसरी जगह। लेकिन हाँ, वहाँ कोई दूसरा आदमी न जाए! एक ये तरीका है। और एक दूसरा तरीका है कि अगर और भी शक्ति चाहते हैं तो 'अब मोरी प्यास ऽऽऽ आ।' गंगा जी में जाइए, और दिन है इसका इतवार या मंगल। ये दो दिन, इसमें से सुबह के वक्त, जब सूरज न निकला हो, और गंगा जी में जाने पर जब आधी कमर डूब जाए पानी में। तब खड़े हो जाइए। सूरज नहीं निकला है और खड़े हो जाइए। अब इसको भी 40 रोज तक करना पड़ेगा। इसमें ऐसा होता है कभी कि जाड़े का दिन है, शुरू तो किया था पहले, लेकिन करते-करते जाड़ा पड़ने लगा। फिर भी करना पड़ेगा। वो वहाँ 40 मर्तबे पढ़ना पड़ेगा। अपनी तबीयत को समर्पित कर दीजिए कि हम इसको

लेंगे, छोड़ेंगे नहीं। तो इसको करते-करते आप देखिएगा कि क्या किया था शुरू और 40 दिन के बाद देखिए उसको, फर्क मालूम पड़ेगा। और यूँ करने के बाद कहते हैं कि 'सुर के साधे सब सधे-साधे सब सध जाए।' तो ज्यादा राग नहीं, एक-दो राग में ही फैसला हो जाएगा। चार राग काफी हैं। पहले इनको तो कंट्रोल कर लीजिए। एक सुबह का, एक 10-11 बजे दिन का, एक 3-4 बजे दिन का, एक 7-8 बजे रात का। चार हो गये?—इसकी प्रैक्टिस कर लीजिए। चलते-चलते इस कदर आगे आ जाएँगे कि अपने आप दूसरे-दूसरे राग गाने लगेंगे। बड़ी मुश्किल-मुश्किल बात है ये, लेकिन यह नहीं कि हमारी बकवास है, सब लोग सुन रहे हैं और हो गयी। नहीं! करना पड़ेगा। इसका जिन्दा मिसाल ये है कि इतने लोग बैठे हैं, रईस भी हैं, गरीब भी हैं, हाकिम भी हैं, हुकूमत भी है, कुर्सी भी है, सब है। सोने का ढोका भी है और आप एक झोंपड़े में रह रहे हैं। फूँस का झोपड़ा है और सोने का ढोका आपके पास है। लेकिन क्या बन जाएगा मकान सबका? आपको चलना पड़ेगा नहीं। सोना कुछ नहीं कर सकता। पहले उसको बेचो, मजदूर बुलाओ, ईंटा खरीदो, ये करो, सब करना पड़ेगा न? तो सोना कुछ नहीं कर पाएगा। काम लेना है तो आपको दौड़ना पड़ेगा। यही है दौड़ हमारी संगीत की।"

संगीत और संगीत-साधना के सम्बन्ध में इतनी सीधी-सच्ची बातें कम सुनने को मिलती हैं। इतनी खरी बात वही कलाकार कह सकता है जो बहुत बड़ा साधक हो और जिसने अपना समूचा जीवन सुरों की पहचान उनकी पकड़ में ही निकाल दिया हो। बिस्मिल्लाह खाँ साहब ने अपने जमाने के कलाकार भी देखे हैं और उनकी कला को भी निकट से जाना है। आज भी वे नयी पीढ़ी को जाँचते-परखते हैं और उनकी कला के भी द्रष्टा हैं। 'उस जमाने के और आज के लोगों के व्यवहार में आपको क्या अन्तर महसूस होता है?' मैं पूछती हूँ।

"है, गायकों में, फनकार में, ये सब उसी में हैं न! जैसे सितार में लीजिए, गायकी में लीजिए। उस जमाने में वो लोग बड़ी साधना करके आते थे। आजकल नहीं हो रहा। बहुत तो हम नहीं जानते, लेकिन कुछ को जानते हैं। तस्बीह हाथ में है। नमाज पढ़ रहे हैं। कोई नशा नहीं है। तब उनके सुरों में तासीर थी। 'एऽऽऽ दइया मैं देखूँ ऽऽऽ। ये नहीं खरज-खरज से ऊपर निकल आये। अभी दो ही सुर हैं। फिर देखो कि क्या-क्या निकलता है। भाग के क्यों जाएँगे? एक राग तीन घंटा हम लोग गा-बजा लेते थे। ये मतलब! नहीं-नहीं खरज के साथ-साथ ऋषभ-गांधार भी ले आएँ तो देखिए कितना निकल रहा है! उसमें फिर कितना आएगा! फिर उसके बाद पंचम है, धैवत है। चलते जाएँगे। तो एक राग पौने तीन, तीन घंटा होता था। यही तो बात होती थी, जी, वो करके आये हैं न, सुरों का कंट्रोल! सारे गा मा पा धा नी सा! उसको लिए हैं न, ये सब, फिर बाकी आ गये। हर जगह चैन मिलेगा।

तबीयत को चैन मिलेगा। पहले के लोग ये करते थे रियाज, कोई नशा-वशा नहीं। जैसे ग्वालियर के पंडित कृष्णराव जी कोई नशा नहीं। ऐसे बहुत से लोग, बहुत पुराने-पुराने। आजकल क्या है? व्हिस्की नं. वन। और ये करो, वो लाओ, अमाँ मुर्गा लाओ। वो करो, सब ठीक है, अहा हा हा, अहा हा हा, बस 'हाय' नहीं हो रही है। 'हाय', हम लोग उसके चक्कर में रहे हैं। अब वहाँ वाह-वाह-ये नहीं होगी। चू चू चू चू, सुर में फर्क है। मगर ये कब तक? कोई नशा नहीं करते थे। आज मालिक का शुक्रिया अदा करते हैं। 15-20 साल की बात तो हम नहीं कहते।

"पुरानी बात है ये खूब। उस वक्त दोस्त हमारे सहबाब में घूम रहे हैं, और गंडेदार नमाज थी हमारी। कभी पढ़ा, कभी नहीं पढ़ा। लेकिन उसके बाद से जो हमारे उस्तादों ने, हमारे गुरुओं ने कहा कि नहीं, अगर तुम शक्ति पैदा करना चाहते हो, अगर संगीत में रहना चाहते हो तो जरा नमाज भी पढ़ो। उसकी इबादत करो। इतनी बार सुभान अल्लाह, सुभान अल्लाह, सुभान अल्लाह, सुभान अल्लाह कहिए। सौ बार पढ़ने के बाद क्या मिलेगा? आप इसे करते जाइए तो हफ्ते-दो हफ्ते में पता चल जाएगा, दिखाई नहीं देगा, लेकिन काम बनेगा। आप हैरान होंगे कि अरे यार, ये कैसे हो गया? जो करके आ रहे हो वो, और ये। दोनों चीजें साथ चली हैं। अल्लाह का करम अभी आपसे कहा था न कि हम जाएँगे तो जरूर आपके यहाँ, मगर नमाज पढ़के जाएँगे। बात ये है कि नमाज नहीं छोड़ेंगे। तो ये सब चीजें हैं जो आजकल लोग नहीं कर रहे हैं, संगीत के लिए न ही उसकी साधना है और न ही इबादत, जबकि अच्छे कलाकार के लिए ये दोनों ही बहुत जरूरी है।"

अब बिस्मिल्लाह खाँ साहब की यादों की कुछ और परतें खुल रही हैं। और उसमें सबसे ऊपर हैं, पंडित भीमसेन जोशी। उनसे खाँ साहब की दोस्ती सन् 1939 से है। "सन् 39-40 में यह आया था लखनऊ। हमारा प्रोग्राम चल रहा था। हमने सन् 38 में प्रोग्राम करना शुरू किया। और लोग सारे हमारे स्टूडियो में आर्केस्ट्रा बजाने वाले सब थे। कहें—यार एक गवैया आया है। बड़ा अच्छा है, नाम है भीमसेन जोशी। हम कहें, कहाँ के हैं? कहें पूना के, पूना गायकी है उनकी। तो हमने सोचा कि ठीक ही मराठा में कोई पूना गायकी होगी! हमने कहा यार हम भी जाकर सुनें। तो हम भी जाकर बैठ गये वहाँ। हमारा प्रोग्राम कोई घंटे-डेढ़ घंटे के बाद था। और उसका प्रोग्राम होने वाला था। हम पहुँच गये। उससे कोई जान नहीं, पहचान नहीं। बैठे-बैठे, बैठे-बैठे शुरू किया उसने। शुरू ही से, जब उसने सुर लगाया, मैं चुप बैठा हुआ था। सोंचूँ कि ये पूना अंग की गायकी नहीं है। दिल में कह रहा हूँ। उसके बाद चलते-चलते जब तानें बनना शुरू हुई तो हम कहा, वाह! प्रोग्राम खत्म हुआ। 20 मिनट

का प्रोग्राम था। हम कहा, यार जोशी साहब बहुत उम्दा। 'वाह जोशी साहब वाह', ऐसा नहीं। हमने पूछा कि आप शागिर्द किसके हैं? बोले, 'सवाई गंधर्व के शागिर्द हैं।' हम कहा, सवाई गंधर्व के? अरे, सवाई गंधर्व तो अब्दुल करीम खाँ के शागिर्द हैं। तो ये तो किराने की चाल है! हमने कहा कि आओ यार, गले से मिल जाओ तुम! तो उस वक्त से अब तक हमारी उसकी दोस्ती है। उसमें फर्क नहीं आया ज़र्रा बराबर। एक प्रोग्राम उसने कराया, कहा यार चला आ तू। तुझे आना है। हम कहा, आएँ कैसे, बहुत से प्रोग्राम हमको करना है। उसने कहा कि तुझे आना है। पैसे भी कम हैं। हमने कहा कि यार, इसी से तो कह रहे हैं, कि न तो पैसा है, और क्या यूँ ही प्रोग्राम छोड़ दें? मगर उसने कहा कि जो भी हो तुझे आना है। तो बस हम कहा चल, अब आएँगे, कुछ दे या न दे। चले गये। और अभी तक हमारी दोस्ती कायम है। लेकिन एक चीज की हिदायत उसे दिया। जब बहुत करीब हो गये तो हम कहा जोशी, संगीत को बरकरार रखना है तो ये बोतल-बोतल छोड़ दे। हा, हा, हा। अल्लाह अच्छा रखे उसे, हम यही दुआ करते हैं परवरदिगार से। अल्लाह ताला उसे सलामत रखे।"

बिस्मिल्लाह खाँ साहब स्व. एम.एस. सुब्बुलक्ष्मी के साथ अपनी मुलाकात को याद करते हैं। "हुआ था ऐसा, मास्को में। उनका एक आदमी था साथ में, आगे दौड़ के आया, 'खाँ साहब सुब्बुलक्ष्मी हैं।' हम कहा वो गाएँगी? वो कहा, हाँ खाँ साहब। हम पूछा, कहाँ हैं? बोले, वो खड़ी हैं। एक अदब है, तो हम गये। आदाब बजा लाता हूँ, आदाब बजा लाता हूँ। बड़े प्यार से बोलीं अरे खाँ साहब, अरे खाँ साहब। उन्हें पता चल गया था कि खाँ साहब हमारे बाद में बैठेंगे, और यदि ऐसा हुआ तो क्या नतीजा निकलेगा इसका भी उन्हें अन्दाजा था। हम कहा, सुनो! बोली क्या खाँ साहब? हम कहा, हम तुमसे पहले बजाएँगे। बोलीं, अरे नहीं-नहीं खाँ साहब, आप बड़े हैं। हम कहा न न, हम पहले बजाएँगे। हम दोनों ही समझते थे कि अगर हम बाद में धमक गए तो उनके गाने का असर गड़बड़ा जाएगा। तो हमने इसरार किया कि नहीं, ये हिन्दुस्तान की मल्लिकाए तरन्नुम हैं, इन्हें ही बाद में बैठना चाहिए। ये सब लयदारी की बातें हैं, सुरों की बातें हैं। जो लोग खुद सुर में होंगे, वही इन बातों को समझ सकेंगे वरना नहीं। अब इस वक्त याद नहीं है कि उन्होंने क्या गाया, लेकिन जो भी हो, क्या खूब गाया। 'नन हह हा... आ नदिया द द न..... ल।' (गाते हैं) सब बचपन से चला आ रहा है। हमारे मामू के पास बहुत बड़ा खजाना था। मगर माली हालत कुछ ऐसी थी कि बस, खस्ता। ऐसे तो मकान था, दालान था, उस पर छप्पर पड़ा हुआ था। उसमें से पानी टपक रहा है, तब भी कोई फिक्र नहीं है। मामू ने भी कहा—जाओ तुम खुद सुर में रहो, और पूरे हिन्दुस्तान को

भी सुरीला बनाओ। सुब्बुलक्ष्मी ने यही काम किया, हम तो यही कहते हैं।"

उनके नाना गाते थे। शहनाई भी बजा लेते थे। मामू भी गाना और शहनाई दोनों ही सीखे थे। लेकिन उन्होंने कहा, गाना है तो, लेकिन उतना नाम नहीं हो सकता। शहनाई में भी जैसी वह थी, उस स्वरूप में उतना नाम नहीं हो सकता, इसलिए बिस्मिल्लाह खाँ साहब के बड़े-बुजुर्ग शहनाई में गायकी संग को ले आये। "और जब गायकी को शहनाई में मान लिया तो हमरे मामू जो थे वो बड़े दिलेर थे। बड़े तगड़े। ओ हो हो हो (गाते हैं) देवी दुर्गे सदा। देवी दुर्गे सदा। संतुर कृपालिनी। देवी दुर्गे सदा। एक दफे, दो दफे, चार दफे। उसी एक लाइन को बार-बार कहते जाएँ तो आँख में आँसू आ जाएगा। आँख में आँसू आएगा ही, ये दावा करते हैं। आँख में आँसू आ जाएगा और आप तारीफ नहीं करेंगे। तारीफ नहीं होगी, आप चुप रह जाएँगे। लेकिन यह सब पुरानी बातें हैं। संगीत का ऐसे असर भी कुछ और ही होता था। जो वहाँ के राजा थे, आगरे के, कहें कि बड़ी गरमी हो रही है, कुछ ऐसा करो कि पानी बरसे। उन्होंने कहा अजीम बख्श मौला बख्श से। तो उन्होंने इनको देखा और इन्होंने उनको देखा, बोले, अमाँ अभी आते हैं। चले गये अजीम बख्श मौला बख्श अपने यहाँ और जाय के नहाय लिया। धोती बाँध लिया। आधी धोती बाँधे हैं और आधी धोती ओढ़े हैं, आ हा हा। अब आ के बैठ गये। बस एक-दो-तीन-चार, एक-दो-तीन-चार तानपूरा छेड़ रहे हैं। होते-होते एक छोटा-सा बादल था और वह सिर पर आ गया। बैठे हुए हैं। जमीन पर। राजा वहाँ के भी जमीन पर बैठे हैं, आँख बन्द करके। गाना शुरू हुआ, ये लोग भी नहाए हुए हैं, खाली अभी धोती बाँधे हैं, तो उसके बाद अब धीरे-धीरे कहीं-कहीं बूँद पड़ी। ऐसा होता है न कि बूँद पड़ते पड़ते भड़-भड़ भड़-भड़ पड़ता है। और ये लोग उसी तरह बैठे हुए हैं। कौन-सा राग शुरू किये हैं। और ऐसा वहाँ कि बादल आ गये हैं और भड़भड़ाय के बूँद पड़ने लगी। उसी तरह से बादल बरस रहे हैं बरसते-बरसते इतना बरसे कि पानी वहीं जमा हो गया—जहाँ बैठे हैं। लेकिन वहाँ इशारा कर रहे हैं कि हरगिज हटो मत। राजा वहाँ के बैठे हैं और भीग रहे हैं। इधर से इशारा कर रहे हैं कि जाना मत ऐसे ही, जाना मत। अब महाराज को ठंड लग रहा है, पानी है—नीचे बह रहा है तब उसके बाद महाराज ने वहीं से हाथ जोड़े। राजा हाथ जोड़े हैं, तब इन्होंने वही कुछ उलटा पढ़ा। उलटा पढ़ा तो कट्ट से बादल जो हैं, वो गायब। सूरज निकल आया। सब जल्दी से वाह-वाह कर उठे। उस जमाने में जो हार होता था सोने का, सोने का कड़ा होता था, महाराज ने इनाम में दिया। वह सब तब था, अब नहीं है भाई। लेकिन ऐसा हो चुका है।"

बिस्मिल्लाह खाँ साहब ने यह नजारा नहीं देखा। उनके मामू बतलाते थे। अजीम बख्श मौला बख्श एक थे, दूसरे थे अब्दुल्ला अब्दुल मजीद। "सोंचने की बात है कि उस जमाने में ये तासीर जिनकी गायकी में थी कि वे पानी

बरसा दें। मुसलमान ही क्यों हुए, और कोई क्यों नहीं हुए। दूसरे लोग भी बड़े-बड़े गायक हुए हैं, लेकिन इबादत में कोई सुर ऐसा निकलता था जो उसी जगह पहुँचता था, जहाँ उसका असर होता था। कुछ अल्फाज थे, ऐसे कह जाते थे जिनकी तासीर ऐसी थी कि भई पानी बरसा, उसे उलटा पढ़ दिया तो धूप निकल आयी। पानी बह रहा है, महाराज हाथ जोड़ रहे हैं, उलटा पढ़ा कुछ धूप निकल आयी। लेकिन हर वक्त ऐसा नहीं होता था। और इनाम क्या मिलता था? अमूनन, धोती। मर्दाना धोती—हर एक को। और देखिए उस वक्त की बातें हो रही हैं, कौन-सी? गाने-बजाने की उसके असर की।"

खाँ साहब गा रहे हैं, "देवी दुर्गे सदा। देवी दुर्गे सदा ....संतुर कृपालिनी। देवी दुर्गे सदा। कैसे-कैसे ढंग से यह कहते थे। हमारे मामू बतलाया करते थे।" बिस्मिल्लाह खाँ साहब की आँखों की पुतलियाँ करीब-करीब सफेद हो गयी हैं, उम्र के कारण। लेकिन संगीत-प्रेमी का चेहरा वे अभी भी पढ़ सकती हैं। उनके कमरे में उनसे मिलने आये कम-से-कम 15-20 लोग हैं वहाँ बंगलौर के संभ्रम रिजार्ट में, लेकिन वे पिछले करीब दो घंटे से मुझ हीं से बातें कर रहे हैं। पलँग पर बैठे हैं, सिर पर इस वक्त टोपी नहीं है। बाल बिखरे हुए। आधी आस्तीन की बनियान, गंगाजल में धुली हुई और हरी-नीली धारी वाला लम्बा जाँघिया। यह है इस वक्त सारी दुनिया में सिर्फ एक शहनाई वादक, 90 साला, भारतरत्न उस्ताद बिस्मिल्लाह खाँ की पोशाक। जाँघों को सामने से ढँकने के लिए उन्होंने हल्के हरे रंग की एक छोटी तौलिया उनके ऊपर रख ली है, बस। बिस्मिल्लाह खाँ साहब बातें चाहे बता रहे हों। सोने के हार, सोने के कड़े और राजे-महाराजों से मिली धोतियों की, संगीत के असर की, लेकिन वो खुद उन सारी दुनियावी बातों से कहीं बहुत ऊपर चले गये हैं। उन्हें इस बात की कतई परवाह नहीं है कि उनसे मिलने इस वक्त कौन-कौन लोग आ रहे हैं, वे उन्हें देखकर क्या सोचेंगे या नहीं। बिस्मिल्लाह खाँ साहब तो बस उस वक्त गा रहे हैं। 'देवी दुर्गे सदा। देवी दुर्गे सदा ऽऽऽ।'

"तो हम आपको बतला रहे थे कि हमारे मामू की बड़ी अच्छी गायकी थी। वही बालाजी मन्दिर में, बनारस में अभी भी है। मंगला गौरी मन्दिर। मंगला गौरी मन्दिर में होता ये है कि जो पत्थर वहाँ लगा है, वहाँ जाकर गंगाजल चढ़ा रहे हैं। वहीं फूल चढ़ा रहे हैं, पत्थर ही तो है, हमने उसी पत्थर पर बाहर हाथ रख दिया और जो कुछ कहना था, उसी को कह दिया। है किसी की मजाल जो रोक ले? नहीं रोक सकता। उसी पर हाथ रखा। क्योंकि असल बात ये है सुर-संगीत जात-पाँत नहीं मानता। हम कहा या हो गया। हमारी साधना हो गयी। क्योंकि सुर देवता किसी के नहीं हैं और सबके हैं। जब अपनी हस्ती को मिटा दोगे तो सुर देवता तुम्हारे हो जाएँगे। तब हाथ

क्या आएगा, ये भी बता देते हैं उन्हें 'देवी दुर्गे सदा। देवी दुर्गे सदा। संतुर कृपालिनी। देवी दुर्गे सदा ऽऽऽ।' "

सुर जाति, समुदाय, छुआछूत नहीं मानता। जिसने स्वयं को उसको समर्पित कर दिया, सुर उसी का हो जाता है। बिस्मिल्लाह खाँ साहब भी जात-पाँत नहीं मानते। उनके लिए सबसे बड़ा है सुर। "कोई भी हो, बात ये है कि अगर सुरीला है तो हम तो मानेंगे ही। हम तो मानेंगे ही उसको। वह फिर चाहे बामन हो चाहे चमार। वो हमको खिला दे कुछ, पिला दे कुछ, कुछ मीठा खिला दे, हम छुआछूत और ये सब नहीं करेंगे। लेकिन यदि बेसुरा है, कम सुरा है या लयदार नहीं है तो हम कहेंगे अमाँ तुम जाओ। वरना जहाँ हमारा सुर है, वहीं एक जज्बा आ जाता है। जहाँ हमारा सुर है, वहीं मिलाओ, नहीं तो जाओ।"

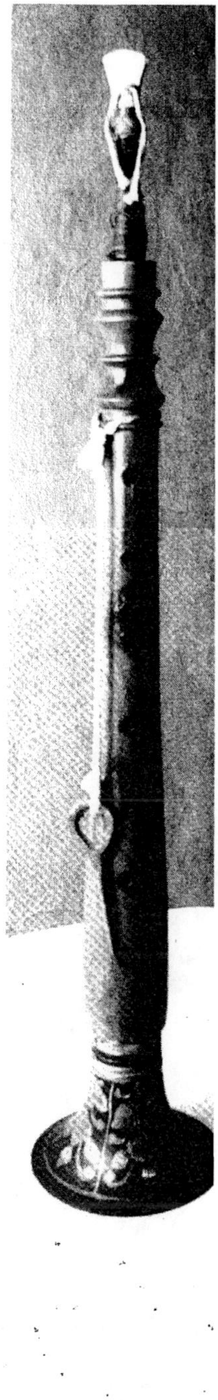

"विलायत खाँ के साथ हमने बहुत जुगलबंदियाँ की हैं। बहुत सुर में है वो" बिस्मिल्लाह खाँ साहब को अब याद नहीं है कि विलायत खाँ साहब भी रुखसत हो चुके हैं। "रवि हैं, विलायत हैं, क्या सुरीले हैं। एक हिन्दू हैं, एक मुसलमान और दोनों ही एक से बढ़कर सुरीले हैं। एक बार की बात। विलायत खाँ बजा रहे हैं और हम उन्हें सुन रहे हैं कि एक आलाप और करो यार। और पब्लिक ये सोंच रही है कि हम नरवस हो रहे हैं। और हम कहते हैं, कर तो ले, कर तो ले, माशा अल्लाह क्या बजा रहे हैं। फिर हम उठाते हैं अपना साज-सुर में—दा दा दा दा न जा रे जा न दियांऽऽऽ। कहाँ छोड़ना चाहिए। यह मुश्किल है। (गा रहे हैं) सामने हमारे आठ-दस लड़कियाँ बैठी हैं। 11-12 बरस की, जब सम आये तो वो सिर को यूँ करें। यूँ करें। कहें कि लयदार तो जरूर हैं ये। हमने उन्हें अपने पास बुलाया। डर के मारे आ नहीं रही हैं। जाहिर है, हमें जानती तो थी नहीं, खैर जब आयी पास में तो हम सब के सिर पर हाथ रखा और कहा—बेटा हम तोहरे बाप हैं, तुम बच्चियाँ हो। जब तुम लय में हो, खुश रहोगी इंशा अल्लाह। दूसरे के बच्चे हैं कि हमारे, लेकिन सुर-लय में हैं तो ऐसी सूरत में मुहब्बत पैदा हो जाती है।"

साथ में जो उनके गण इत्यादि हैं वे कहते हैं कि खाँ साहब अब आप आराम कर लीजिए, सुबह से बैठे हैं। तो उन्हें टका-सा जवाब मिलता है, "ये सब तुम्हारी समझ में आता है? तुम लोग कूढ़ हो, ये सब संगीत की बात है। तो संगीत जात-पाँत, उम्र कुछ नहीं देखता, कुछ नहीं मानता। हमारी लड़कियाँ हैं, नवासियाँ हैं। हम उनसे भी कहते हैं कि बेटा एक दफे, दो दफे, चार दफे, 30-35 दफे करके देखो। एक ही सुर को। जब तुम उस सुर के बहुत करीब आ जाओगे, तब तुम चुप हो जाओगे और तुम्हारे पास में, अगल-बगल जो लोग बैठे होंगे, उनकी आँख में तरावट आने लगेगी। बोलेंगे नहीं ज्यादा। 'न न ना ऽऽऽ' क्या है ये सारंग— आऽऽऽ आऽऽऽ ऐंऽऽऽ। और जब उसमें बैठोगे तो दिल में कुछ होने लगेगा। दिल की बात एक है। दिल तो एक ही है, कोई अलग नहीं है। कोई हिन्दू है, कोई मुसलमान है, कोई ये है, कोई वो है अमाँ

जाओ। अपना काम करो। कोई जूता सीने वाला है, चमार है, अगर सुरीला है तो हम अपनी बगल में बैठा के उससे बात करेंगे।"

संगीत की पहली सीढ़ी है उसके प्रति रुचि, और दूसरी सीढ़ी है उसके प्रति समर्पण। बिस्मिल्लाह खाँ साहब उदाहरण देते हैं, "रैदास तो चमार थे। अगर वो जूते का टाँका लगा रहा है तो इतना सुरीला टाँका लगा रहा है कि देखते रह जाएँगे आप। आप कहेंगे कि वाह, क्या सुर में टाँका लगाया है। उधर आप अच्छे खानदान के हैं, रईस हैं लेकिन सुर में नहीं हैं, तो फिर हमारे किस काम के? जूता फट चुका है, उधर टाँका लग रहा है, तो टाँका सुरीला लगना चाहिए, अमाँ टाँका भी सुरीला कैसे होगा? अलबत्ता ये समझने की बात है। अगर समझ में आये तो ठीक, वरना नमस्कार महाराज। तशरीफ ले जाइए। कई बार बात संगीत की हो रही है और बीच में कोई कुछ और बात करने लगे तो लगता है कि क्या बेसुरी बात कर रहे हैं। हमारे अपने सभी, भाई, भतीजे, भतीजियाँ हैं। इधर हम बात कर रहे हैं उधर वो इतना ऊँचा बोल रहे हैं, तो हम उनसे कहते हैं कि भइया इतना कूढ़पने की बात क्यों कर रहे हो? जरा आवाज तो कम कर दो। अच्छा मालूम पड़ेगा। सुरीला बोलोगे तो बनारसी में हम कहेंगे वाह भैया वाह! गंगा कसम, कइसन सुर लगावत हो, कइसन मजा आवत हो। गंगा कसम यार, मालिक तोहका तन्दुरुस्त रखें।"

भतीजे-भतीजियों, नवासियों के बचपन को याद करते-करते बिस्मिल्लाह खाँ साहब एक बार फिर अपने बचपन में पहुँच जाते हैं। बालाजी मन्दिर में एक पंडित जी थे जिन्होंने अपने घर में ही पूजा-उपासना के लिए एक छोटा-सा मन्दिर बना लिया था। मन्दिर से बाहर भी नहीं निकलते। उसके घर और बालाजी मन्दिर के बीच लकड़ी का एक छोटा-सा दरवाजा था। बिस्मिल्लाह खाँ मन्दिर के भीतर से उठते गायन और मन्त्रोच्चार के स्वरों को सुनते। थोड़ी देर के बाद बालाजी मन्दिर का घंटा बजता और जिज्ञासु बच्चा बिस्मिल्लाह इधर-उधर झाँकना शुरू करता। "हमने देखा कि पंडित जी के हाथ में एक बड़ी-सी कटोरी है और उसके अन्दर चुंगरवा भी है, बताशा भी है, और क्या-क्या चीज है। फल भी है, सब थोड़ा-थोड़ा। पंडित जी हमें इशारे से बुलाकर कहें कि ले बेटा। हम कहें लाओ महाराज। खा गये सब बिल्कुल। किसी को नहीं दिया, खा गये। ये सब हमने खुद किया है। वो भी हमें शहनाई पर सुर लगाते हुए सुनते थे। हमें, हमारे मामू को, हमारे नाना को भी उन्होंने सुना था। और ऐसा नहीं कि हमारा सुर मिलने पर कोई हर एक दिन वो हमें बुलाते हों और इनाम दे देते हों। लेकिन एक ही सुर को हमें महीनों लगाना पड़ता और उसका रियाज करना पड़ता। अरे, सुनके देखो, महीने भर में हमने यही तो किया और तब कहीं जाके हमें कटोरी भर चुंगरवा-बताशा

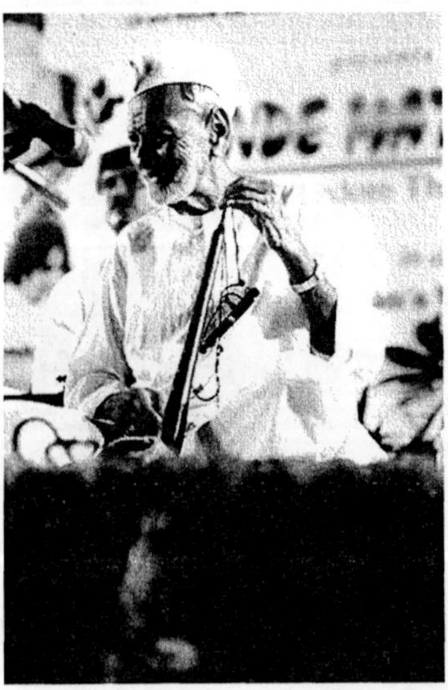

मिलता। क्या बताएँ, बालाजी मन्दिर के पंडित जी के हाथों से मिलने वाला वह चुंगरवा-बताशा हमारे लिए बहुत कीमती था।"

"वहाँ बजाने के लिए मामू को मिलता क्या था, चाँदी के 7 रुपये, 35-40 रुपये। आज के 30 रुपये महीना उसमें हमारी नानी और मुमानी खाना पकाने का सामान लाती। खाना, खाना भी था। अरे इतना सामान 17 आना 18 आना में कि उठता ही नहीं था। इतना सामान इतना अच्छा खाना, लाजवाब कि ओ हो हो हो है। अल्लाह के करम से हमने बना लिया फिर सब। मकान है। और कई बीघा जमीन है हमारी तरैया में। इतनी बड़ी जमीन है, इस सब मकान से कहीं बड़ी। लेकिन इतना जरूर है कि कोई आदमी कारखाना-दुकान बीच में नहीं खोल सकता। नहीं, हम लोग कभी जाएँ तो अपनी जगह है। चद्दर बिछा दिया, चारपाई बिछा दिया, खटिया बिछा दिया। जो सिगरेट पीने वाले हैं, मिठाई खाएँ। हलवाई की दुकान भी बगल में है। वो पेड़ा भी बना रहा है। मीठा भी बना रहा है, मलगज भी बना रहा है। जिसे जो करना है करो, मगर शर्त यह है कि सब सुर में करो। अब क्या बताएँ, पहले तो खूब जाते थे लेकिन अब चलने-फिरने से लाचार हैं, मगर 'सा' अगर हाथ में रह गया तो फिर 'दन दन दनन दन दन...।' करते हुए सालों निकल जाएँगे। जिन्दगी सुरीली होनी चाहिए, जी! वरना कौन मजहब हैं, ये कौन जात हैं, वे कौन हिन्दू हैं कि मुसलमान हैं कि ईसाई—कोई फर्क नहीं पड़ता। क्योंकि सबका एक ही मजहब है, संगीत, सबकी एक ही जात है, सुर। सबके सब सुर को मानने वाले हैं।"

यहाँ संगीत एकमात्र कारण है कि दुनिया के वे सब लोग बिस्मिल्लाह खाँ साहब को ऐसे मानते और पहचानते हैं कि खुद खाँ साहब दाँतों तले उँगली दबा लें। खाँ साहब मास्को का एक किस्सा सुनाते हैं। "मास्को में हम लोग ऐसे होटल में ठहरे जो आठ मंजिला था। एक...दो...तीन...आठ। हर मंजिल में एक हजार कमरे। मास्को होटल। अरे बाप रे बाप! उसमें हम भी गये थे, इमरत खाँ भी गये थे, परवीन सुलताना भी गयी थी और सुब्बुलक्ष्मी भी गयी थी। हम सब उसी में ठहर गये थे। अगर कमरे का नम्बर याद नहीं है तो फिर ढूँढ़ते रह जाइएगा कि कहाँ है। उसमें एक कोने से दूसरे कोने तक जाने के लिए गाड़ी में जाना पड़ता है। उसमें हर थोड़े कमरे के बाद कैंटीन बनी हुई है। एक लेडी बैठी रहती है। तो हमने वहाँ धुन बजाई, 'रघुपति राघव राजा राम पतित पावन सीताराम'। धुन ऐसी बजी कि दूर से जो बैंड वाले हैं वे भी ऐसा कर रहे हैं। कितना अच्छा, आहा कितना अच्छा। उनको भी अच्छा मालूम हुआ। इन्दिरा जी को भी ये चीज हमने सुनाई थी कई बार। बड़ी पसन्द थी उनको वह धुन। तो प्रोग्राम हो चुका था। तो हमने देखा कि गोर्वाचोव वहाँ है। बड़े ऊँचे तगड़े। वो आगे बढ़े हमारी तरफ तो हम भी थोड़ा बढ़े उनकी तरफ। तो हमारा तवारूख करवाया गया उनसे। अंग्रेजी में दूसरे साहब कुछ

बोले जो हमारी समझ में नहीं आया। इतना जरूर समझ में आया कि हमारे बारे में कुछ कह रहे हैं। तो हमने गोर्वाचोव से कहा कि साहब आज बड़ी खुशी का दिन है कि आपके दर्शन हो गये। हम तो ये बोल रहे हैं उधर वो जवाब देते हैं, वाह, वाह, वाह, क्या शीन-काफ, देखिए क्या कहते हैं, 'खाँ साहब, मैं आपसे मिलके बड़ा खुश हुआ।' हमने कहा यार, क्या शीन काफ, इतनी साफ-साफ बोल रहा है।"

"तो ये संगीत क्या है, अब यही सोंचना पड़ता है। कहाँ हम गरीब आदमी और कहाँ हमसे ये इतने बड़े आदमी मिल रहे हैं और खुशी महसूस कर रहे हैं। वाह मेरे मालिक क्या चीज बनाई है तूने ये संगीत। कहीं-कहीं प्रोग्राम होता है। मूड बना है, लोग सुन रहे हैं, खुश हैं। अपनी बम्बई में भी बोलते हैं। बड़े खुश हुए लोग। हम कहा सुनो, दुनिया नारा लगाती है न, फलाना जिन्दाबाद, ढिमाका जिन्दाबाद। ये सब करते हैं आप लोग। अब आप हमारा नारा सुन लीजिए। पहला नारा है, हिन्दुस्तान जिन्दाबाद। दूसरा नारा है, संगीत जिन्दाबाद। तीसरा नारा है, कलाकार जिन्दाबाद। सब लोग तालियाँ बजाते हैं। हम और किसके लिए जिन्दाबाद कहें भई? कलाकार जो है, वह जिन्दाबाद। हिन्दुस्तान हमारा अपना जिन्दाबाद।"

शहनाई बजाने के लिए स्वयं को स्वरों में साधना आवश्यक है। यह अन्य साज़ों से भिन्न है क्योंकि अन्य साजों में अधिकतर तार होते हैं। उन पर आघात होते ही सुर उपजता है। किन्तु शहनाई चूँकि फूँक का साज़ है, इसलिए उसके लिए एक दूसरे तरह की साधना आवश्यक है। वही शहनाई में रियाज भी है। "हम कहते हैं कि जो भी काम करो, उसे पूरा दिल लगाकर करो। दो घंटा, तीन घंटा, पाँच घंटा। जो काम करते हो या करने वाले, उसके बारे में आँख बन्द करके सोंचो—2-5 मिनट। बस फैसला करो, और ईमान से फैसला करो कि यह अच्छा है या नहीं। अब फैसला कर लिया तो फिर जो कर रहे हैं, हम जान के कर रहे हैं। अच्छा काम किया तो फिर उसे बार-बार करो और गुनाह का काम किया तो फिर उससे तौबा करो। अच्छी चीज है है तो फिर खुशी है क्योंकि दुनिया वाले कहेंगे कि वाह-वाह क्या बात कही है। लोग बच्चों को तालीम देते हैं। बच्चों को तालीम देने का मतलब है कि हम तो पहले उस पर अमल कर लें। हम खुद ही यदि वही कर रहे हैं और दूसरों को सिखलाना चाहते हैं तो उस बात का असर दूसरों पर नहीं होगा। सुरों को जानने के लिए पहले अपने आप को सुरीला बनाइए। हमारे पास सब शागिर्द आए। हिन्दू, मुसलमान, बंगाली, हम ये नहीं देखेंगे को किस धर्म या जात के हो। हाँ शरीफ हो तो आओ। खिलाएँगे अपने घर में, ठहराएँगे, अपना कपड़ा पहनाएँगे, सिखाएँगे और जब तैयार हो जाओ तो फिर जाओ। हम शागिर्दों का नहीं खाते। तैयार हो जाओ तो 20-25, 30 हजार रुपया बना ही लोगे। हमारी तसल्ली है। लेकिन इसकी शर्त यह है कि अपने आप को पहले खूब

तैयार करना पड़ेगा, माँजना पड़ेगा। फिर देखा कि प्रोग्राम यहाँ किया, हैदराबाद में कि विजयवाड़ा में, रूस में कि अमरीका में किया, कहाँ-कहाँ वहीं आपकी शहनाई की गूँज गूँजती रहेगी।"

इसी बात पर बिस्मिल्लाह खाँ साहब एक घटना सुना रहे हैं, "जब ये बिरजू नाचता था। उसके बाप नाचते थे। अच्छन महाराज। चचा-शंभू महाराज, लच्छू महाराज सब नाचते थे। मगर हम बिरजू की तारीफ करेंगे, तो क्यों नहीं करेंगे? एक बार किसी प्रोग्राम में शंभू महाराज गाली दिया तो हम कहा—क्या बेसुरी बात करते हो? लेकिन तभी बिरजू भी नाचा और इतना सुन्दर कि हम रो पड़े। हम शंभू महाराज से कहा—महाराज, हम तुमको देखा, अच्छन महाराज को देखा, लच्छू को देखा। लेकिन किसी का नाच देखकर हम रोए नहीं। लेकिन इस लड़के ने (बिरजू ने) हमको रुला दिया। ऐसी आमद कि क्या बात। किशन महाराज तबले पर थे। पीछे बैठे हम, कुर्सी डाल के नाच देख रहे हैं, पीछे ही से देखेंगे हम, आगे नहीं बैठेंगे ऐसा हमने सोचा। ऐसी आमद हुई उसकी, ऐसे खूबसूरत कि आँख में आँसू आ गये। वाह, वाह, वाह! बस हम कुछ कह नहीं सकते। हम कहा महाराज हम कितना तुम्हारा नाच देखा, लेकिन किसी ने हमारी आँख में आँसू नहीं लाया, इस लड़के ने आँख में आँसू निकलवा दिया। ये है—राग, रागिनी, नाच। ये हमारे किये नहीं होता। ये खुद-ब-खुद बनेगा। रोज नहीं बनेगा, लेकिन एक दिन ऐसा बनेगा कि खुद कलाकार कह उठे कि क्या बात है। इस तरीके से बिरजू कितनी बार नाचे हैं, लेकिन वो नाच जो था उसका इलाहाबाद में, या कलकत्ते में वैसा कहीं नहीं हुआ। किशन महाराज से हमने कहा, महाराज तुमने संगत भी खूब किया। ये आमद जो आया था, उसी हिसाब से मिले हो तुम उससे।"

कलाकार जब स्वयं स्वरों में खोया हुआ हो तो श्रोताओं पर भी उसका प्रभाव उतना ही गहरा पड़ता है। सैनफ्रांसिस्को की पहाड़ियाँ। एक बार आयोजकों ने बिस्मिल्लाह खाँ साहब को वहीं एक हिन्दुस्तानी सज्जन के घर में ठहरा दिया। उधर घर में खाना तैयार हो रहा था और इधर बिस्मिल्लाह खाँ साहब घर के बाहर की पहाड़ी की एक चट्टान पर बैठ गये—अकेले और शहनाई बजाने लगे। प्रकृति का दृश्य इतना सुन्दर था कि शहनाई के स्वरों में खुद ही डूब गये। थोड़ी ही देर में वहाँ से जो मोटर-गाड़ियाँ जा रही थीं, रुक गयीं वहीं, शहनाई के सुरों को सुनकर। खाँ साहब को मालूम भी नहीं पड़ा कि आस-पास कितने लोग, कितनी मोटर-गाड़ियाँ जमा हो गये। यह होता है कलाकार का कला की हदों को पार करना।

लेकिन अपनी ही कला की हदें पार करने वाला यह दुनिया का सबसे बड़ा कलाकार कभी-कभी उदास भी हो जाता है। कभी-कभी अफसोस भी करता है वह। "खूब घूमे साहब हम। कनाडा भी घूमे, अमरीका भी घूमे। हर तरफ घूम-घाम के अन्दाजा लगा लिया कि दुनिया क्या चीज है। तब ये फैसला

किया हमने, और खूब समझ-बूझ के किया, कि संगीत सब जगह है, ऐसा कोई मुल्क नहीं है जहाँ संगीत नहीं। इटली में देखिए, जापान में देखिए, सऊदी अरब, टर्की, सब जगह है संगीत। लेकिन जो हमारे यहाँ का शास्त्रीय संगीत है, वो तो कुछ और ही है। और ये फर्क हुआ कि अमरीका, लन्दन के लोग हमारे शास्त्रीय संगीत को समझने की कोशिश करने लगे और वहाँ जा-जाकर बताने लगे हमारे संगीत के बारे में। खूब मजे में बताया। अब हालत ये है कि वहाँ जाओ तो संगीत का मजा आता है। लोग सच्ची दाद देते हैं और खुशामद करते हैं। हम कहें कि कुछ दिन के बाद क्या हिन्दुस्तान वाले यहाँ आएँगे संगीत सुनने? सोचिए, जब ये हालात हो जाएँगे, तब क्या जो हमारे आज के लोग जो सब संगीत मिला-जुला (फ्यूजन) कर रहे हैं, तब उसे सुनने आएँगे क्या लोग? कभी-कभी अफसोस होता है। लेकिन क्या करें, संगीत में यह मिलावट, यह तो आज से नहीं, परम्परा से चला आ रहा है। शास्त्रीय संगीत तो यूँ भी हमेशा से कम रहा है। पहले जितने कलाकार थे, कोई कौन राजा-महाराजा के यहाँ जाके टिक जाते थे, आज के कलाकार फॉरेन में जा कर टिक जाते हैं। बस, अपने लोग भी अपनी कला और अपने देश को छोड़ कर जब पराये हो जाते हैं तो अफसोस तो होगा ही।"

बिस्मिल्लाह खाँ साहब के एक खालाजाद भाई हैं उनके साथ। एक घटना सुनाते हैं। अमरीका में कहीं पर खाँ साहब का प्रोग्राम हो रहा था। वहाँ के लोगों ने तय किया कि इंडियन क्लासिकल म्यूजिक नाइट मनाई जाए। खाँ साहब को वापस आना था। तब उन्होंने कहा कि खाँ साहब आप वापस न जाएँ, यहीं रहें। 15 दिन के बाद प्रोग्राम था और आयोजकों ने वहीं एक बड़े होटल में सब लोगों के रहने की व्यवस्था करवा दी। चारों तरफ पहाड़ और बीच वादी में बैठक, यह था कार्यक्रम का स्वरूप।

"हाँ ऐसे हैं, बिल्कुल पहाड़, बहुत अच्छी चीज है," बिस्मिल्लाह खाँ साहब बता रहे हैं, "माइक ऐसा फिट था कि आवाज गूँज रही थी। और उस दिन प्रोग्राम था रविशंकर जी का। अल्ला रक्खा तो तबले पर उनके साथ। प्रोग्राम वालों ने कहा कि भई मिला लीजिए साहब। हम गये स्टेज पर—ऐंऽऽऽ। 5-7 सेकंड मिलाया। बहुत उम्दा। रविशंकर आये बोले भइया आओ साज़ देख लो, हम कहा हम देख लिया। हम जानते थे, वहाँ उनके सब मानने वाले थे, किसी ने कुछ गड़बड़ कर दिया तो। वही सब लड़के थे वहाँ पर। मजा ये हुआ कि पहला प्रोग्राम था हमारा। ठीक है साहब, भर गये सब, अमरीकन, कनेडियन, इंडियन। कुछ नहीं किया हमने शुरू में—जरा-सा ऐंऽऽऐंऽ। करके छोड़ दिया। और वो आवाज रस रही है। अब जब ज्यों रस रही तो जम के बजाया। सन्नाटा भरा है। सब चुप। चौकस प्रोग्राम हुआ। और ज्यादा टाइम नहीं, बस 50 मिनट या 45 मिनट। फिर उसी में आलाप हुआ, तान हुआ, गायकी अंग भी हो गया। ये जम के। उसके बाद चले अली अकबर। उसने

मुझे देखा कि इसने सुर का काम किया तो वे निकल गये ताले पर। द्रुत पर, और ताम-झाम ये-वो। उसने भी बहुत अच्छा काम किया। उसके बाद आये रविशंकर। उसने भी क्या बढ़िया बजाया। बड़ा मजा आया। बस अब उमर हो चली है। सेहत ठीक नहीं रहती। सब तन्दुरुस्त रहें भइया। परवरदिगार अच्छा रखे, दुआ करना चाहिए। अब हैं दो अच्छे कलाकार, इनका जवाब वो और उनका जवाब ये। अब एक न रहें तो कौन किनका जवाब हैं फिर? सोचने की बात है। जिन्दा रहो, तभी तो मजा आएगा।

"एक बार गये हम लन्दन। वहाँ पहले हमने बजाया और उसके बाद फिर विलायत खाँ ने बजाया। अगला उन लोगों ने झट से डुएट रख लिया विलायत खाँ और हमारा। बहुत पसन्द किया लोगों ने। उसके बाद बातचीत हुई। हमने कहा कि कितना अच्छा होता कि एक तरफ विलायत खाँ बैठ जाते, एक तरफ रविशंकर, एक तरफ हम बैठ जाते, तब प्रोग्राम होता तो क्या बात थी। लोगों ने खूब ताली बजायी और कहा कि खाँ साहब बहुत अच्छा, कोशिश करेंगे हम। हमने कह दिया कि ठीक है, कोशिश कीजिए आप। ऐसा हो गया तो फीस भी अपनी आधी ही लेंगे हम। ऐसा हुआ नहीं मगर। लोग कभी-कभी इतनी देर क्यों कर देते हैं कि बाकी सिर्फ अफसोस रह जाता है?"

संगीत-साधना के बारे में चर्चा अभी भी जारी है। बिस्मिल्लाह खाँ साहब वापस उसी जगह लौट आये हैं। "उस दिन आपने इतना खाना खिलाया, अच्छा है। ये अच्छा है, वो अच्छा है। मीठा है, उसका अपना खाना है। उसी तरह से संगीत का भी अपना खाना है। संगीत शुरू होता है, न द द द द न द न दन—ये तो कहा हमने, चुप मारे बैठे हैं सब और उन्होंने कहा, वाह-वाह, बढ़ गयी तबीयत, ऐसा है संगीत। पहली बात तो यह है कि संगीत सुरों को साधना है और स्वर क्या चीज़ है? षड्ज्, ऋषभ्, गांधार, मध्यम, पंचम, धैवत, निषाद। है न? दो ऋषभ, दो गांधार, दो मध्यम, दो धैवत, दो निषाद् और पंचम और षड्ज्। यही बारह स्वर हैं न दुनिया में? कोई 13 मान के बताये तो मानें या फिर कोई 11 मान के दिखाये। अरब का हो या फिर अमरीका का, या जापान का हो, कहीं का भी हो, उसे ये 12 सुर ही मानना है और ये 12 सुरों का मेल कुछ इस तरह का होता है कि तासीर पैदा करता है, शक्ति। और अगर शक्ति पैदा कर लिया तो तमाम राग जो आएँगे, इन्हीं सुरों में से तो आएँगे न? आपने कंट्रोल कर लिया है कि ऋषभ् कैसे बोलेंगे, गांधार कैसे बोलेंगे, मध्यम कैसे और धैवत कैसे? इन्हीं में से तो राग आएगा न। सुर तो आपने ले ही लिया है। जब वो लगेगा तब आनन्द आएगा। श्रुतियाँ हैं। किसी में दो हैं, किसी सुर की तीन, किसी की चार। पूरे सुर केवल 12 हैं। कोमल तीवर मिला कर। 'ऐ बारे सईयाँ, तोहे शकल बिना लो ऐ बारे सईयाँ (गा कर सुनाते हैं अलग-अलग

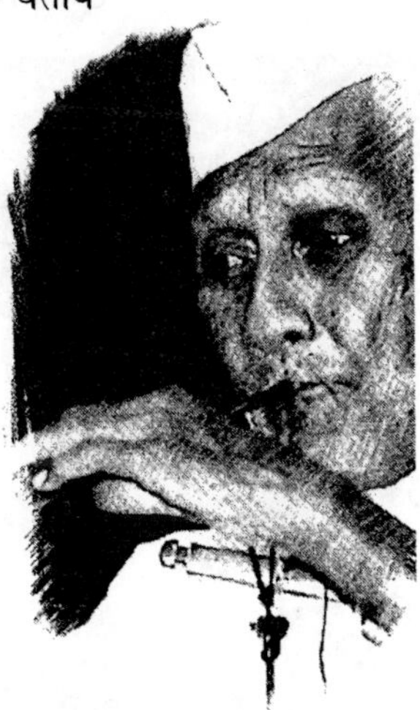

स्वरों पर रुककर)' गांधार पर रुकना हुआ, ये ऋषभ् पर। ये हुआ। हर एक सुर पर पहले कब्जा करता है। सा रे गा मा पा ध नी सां। सा नी ध पा मा गा रे सा। ये एक रियाज़ है जो रट रहा है धीरे-धीरे। सा रे गा मा पा धा नी सां (धीरे-धीरे) फिर चलेगा सारेगामापाधीनीसां। फिर जल्दी-जल्दी सारेगामापाधानीसा बहुत जल्दी, जल्दी तो तान बन जाएगी। सुर को बुलाना, सुर को कंट्रोल करना होगा, जितने भी गाएँगे, बजाएँगे रागों में इसी मेल में गाएँगे। औड़व-षाड़व है, षाड़व-औड़व है, औड़व-औड़व है, षाड़व-षाड़व है, जितना भी है, सब इसी मेल में, कुछ और है तो हमें बताओ और अगर नहीं बता पाएँगे तो वही है जो हम कह रहे हैं।"

संगीत उस्ताद बिस्मिल्लाह खाँ साहब के लिए इबादत है। "संगीत कहें, या नमाज कहें, दोनों एक हैं। दोनों ही पाक हैं। नमाज में क्या पढ़ते हैं, कोई गाली-गलौज करते हैं? बिस्मिल्लाह-उल रहमान रहीम। यही तो कहते हैं न। यही इबादत है। यही संगीत है। अरे कुछ जाके सीखो। और कुछ भी नहीं है भाई। वो मालिक एक अकेला है। उसकी इबादत खुद करो। जैसे दूसरे के पकाए खाना नहीं पकाना नहीं आएगा, वैसे दूसरे के इबादत किये न आपकी मालिक से मुलाकात होगी, न सुरों से पहचान होगी। और एक बार हो गयी उनसे मुलाकात, फिर देखिए दुनियावी चीजें सब पीछे छूट जाती हैं। हमारे दोस्त हैं। बनारस में, सुन कर कहें, अबे वाह, क्या बात है, क्या गा रहे हैं, क्या बजा रहे हैं। और हम उसी में खुश हैं। पद्मश्री, पद्मभूषण, पद्मविभूषण, भारतरत्न हो गये, और ये हमें 'अबे' कह रहे हैं। हमें मजा आ रहा है। वो कहें, 'गंगा कसम, कइसन मजा आवत हो', तो उसमें एक खुलूस पैदा होता है। खुलूस पैदा होता है कि वो अपना है, गैर नहीं है किसी गैर को नहीं पुकार सकते इस तरह।''

कुछ साल पहले मैंने बिस्मिल्लाह खाँ साहब और विलायत खाँ साहब की जुगलबन्दी सुनी थी मुम्बई में। उसमें विलायत खाँ साहब ने कहा कि अब

हम लोगों की उमर हो गयी बैठने की कि ये भी बैठें, और हम भी बैठें, और हम लोग सुना करें—बच्चों को। लेकिन हमारे बड़े बैठे हैं बिस्मिल्लाह खाँ साहब। जैसा आप बजाते हैं, हम पीछे-पीछे चलने की कोशिश करते हैं। उस्ताद बिस्मिल्लाह खाँ साहब ने उस वक्त कहा कि 'ये जरूर कह रहे हैं कि ये हमसे छोटे हैं लेकिन ये कैसे भूल गये कि ये सितार बजाते हैं मैं शहनाई बजाता हूँ। इस नाते विलायत खाँ साहब हमारे बड़े हैं।' दोनों ही महान कलाकार विनम्रता की एक से एक ऊँची

सीढ़ी पर चढ़ रहे थे उस दिन। कलाकार में इतनी विनम्रता कैसे आती है?

"राग का रस ही मानो कलाकार का रस है। दिल से वह बातचीत करेगा जब, तब वह प्यार और रस ही है लेकिन असलियत ये है कि वह सारी मुहब्बत बातचीत में ही है। जब आमने-सामने साज़ लेकर बैठेगा तो मानो दुश्मनी हो जाएगी। हा हा। बस साज़ लेके बैठा, कोई सरोद लिये है, कोई तासीर लिये है, जरूर दुश्मनी हो जाएगी। और यही नहीं कहे, क्या यार, बड़ा मजा आ रहा है। अरे यार क्या-क्या बजाने वाले थे साथ भी। ये किशन महाराज ही क्या बजाता था। अब खत्म हो रहा है। भई तुम्हारे हाथ में अब तबला नहीं रहा, बोतल है। बोतल खत्म कर रही है। ये तो समझो! क्या करोगे ऐसे में? अनोखे लाल होता था, या बीरू मिसर। आहा हा हा। अरे वाह वाह। कितना अच्छा तबला, दूसरे लोग भी हैं जो बजा गये, ये बजा गये, वो बजा गये। एक तारीफ हो रही है। बीरू मिसर आये हैं। साफ—एक पतला-सा पहने हैं। एक कपड़ा था—हल्का-सा, मेडल लगा। इधर-उधर सब उतार दिया, ऐसी बजाई कि आ हा हा (ताली बजाते हैं) सबसे अलग हैं बीरू मिसर, वो सबसे अलग हैं। करते चले गये और कोई नहीं है। बीरू मिसर के हाथ में क्या तासीर थी, ध्यान करके हाथ रखें तबले पर तो लगे इसमें से आस निकल रही है। तबले में से आस निकल रही है! क्या करें, ऐसे अन्दाज़ से हाथ रखा कि भई वाह वाह! 'आ ऽऽ जाने जाने ऽऽ न छोड़ो,' उसको लगाये जा रहे हैं—'मत छोड़ो,' लगाये जा रहे हैं। बड़ा मजा आ रहा है, लोग झूम रहे हैं। अमाँ टाइम कितना हो गया? सवा घंटा। लोग कह रहे हैं और बजाइए। हम भी कहते हैं कि भइया, बीच में दो-ढाई घंटे का टाइम दीजिए, हम फिर चले आएँगे। राग का यही रस, कलाकार का रस है।"

बिस्मिल्लाह खाँ साहब गाते हैं, एक बधाई, "गंगा द्वारे ऐ गंगा द्वारे, बधाईया बाजे। गंगा द्वारे।" गंगाजी में पंजा भिगोए हैं। और साथ-साथ एक नहीं, कई-कई कजरियों की लाइन लगी हुई है मगर हम ये बात बार-बार कहते हैं कि सुर महाराज सबके हैं और किसी के भी नहीं हैं। जो सुरों को अपना लेगा, ये सुर महाराज उसके हो जाएँगे, उसके साथ-साथ चल देंगे। जो सुरों को नहीं अपनाएगा, सुर महाराज भी उसे छोड़ देंगे। गाना-बजाना तो मुश्किल है ही सुनना तो और भी मुश्किल काम है। तब कम-से-कम इतना तो करें कि सुनना ही सीख लें। ये नहीं कि प्रोग्राम हो रहा है और सारी-की-सारी लाइट अपने कलाकार के ऊपर ही डाल दी। भई खुद तो हमें देख रहे हैं। हम किसी को देख नहीं सकते। अरे संगीत तो दो तरफ चलता है। कलाकार से सुनने वाले तक और सुनने वाले से कलाकार तक। अगर सुनने का ठीक से शौक पैदा हो गया तो धीरे-धीरे करते-करते पूरी तरह ताल भर जाएगा। यदि गाने-बजाने का रियाज करना पड़ता है तो भई सुनने का रियाज भी इतना ही जरूरी है।

श्रोताओं की मनःस्थिति पर, कलाकार का कार्यक्रम कैसा रहेगा, यह बहुत

निर्भर करता है। बिस्मिल्लाह खाँ साहब को सारे ही राग तब प्रिय हो जाते हैं जब उनके और सुनने वालों के बीच बढ़िया ताल-मेल हो जाए। यदि कभी वह तालमेल न पैदा हुआ तो मूड बिगड़ा और सबके सब राग खुद उन्हीं के दिल को नहीं छू पाएँगे। तो दिल को छूना बहुत बड़ी बात है। और कलाकार के जीवन में बहुत महत्त्व रखती है।

बिस्मिल्लाह खाँ साहब एक बार फिर से अतीत के झरोखों में झाँक रहे हैं। "ये दशहरा है। दशहरे में कोई राजा का दरबार ऐसा नहीं जो खाली रहे। कलाकार पहुँच जाते थे सब। बगैर बुलाये भी पहुँच जाते थे। अब खाने का इन्तजाम वगरैह सब वहीं पर। हाथीखाना रहता था। हाथीखाना को साफ किया और सब जमा वहाँ पर, फिर दरबार में गाना-बजाना हो रहा है। अब नहीं, लेकिन हुआ है ऐसा, हम छोटे थे तब। एक बार का किस्सा सुनावें आपको। लखनऊ एक ऐसी जगह थी, बड़ी खूबसूरत जगह हिन्दुस्तान में मानी गयी। कोई पूछता लखनऊ में क्या है? कुछ नहीं मियाँ, तवायफ बैठती थी चौक में। खाली जायका लेने के लिए एक बार हम भी निकले। हमारे साथ दो-तीन आदमी और चले आये। टुंडे का कबाब खाने के लिए चले आये। वहाँ जा के देखें, कि वहाँ एक से आँख मिल गयी। हमने कहा कि ये आँख से देखती नहीं, तीर मारती है। बगल में से टुंडे का कबाब लिया और उधर उन्होंने सुर लगा दिया 'द न द न दन दन न दन दन।' अर्रे-बाप रे बाप! अरे खाँ साहब, अरे खाँ साहब! हम कहिन, भागो यहाँ से। एक तो खूबसूरत, ऊपर से आँखों से तीर चलाए और तीसरे सुरीली भी। और जो हम भागे वहाँ से कि क्या बताएँ। तो हमने कहा न कि सुर महाराज सबके हैं, और किसी के भी नहीं। सुर, जात-पाँत, ऊँच-नीच नहीं देखता। आप कोशिश कीजिए कि भारतीय शास्त्रीय संगीत को आप लोग जिन्दा रखें। अब यह विरासत आप लोगों के हाथ में है।"

इस बीच एक साहब वहाँ आते और गुजारिश करते हैं, खाँ साहब आपकी तसवीरें उतारना है। खाँ साहब कहते हैं, "उतार लो बेटा। टाइम कम है, काम ज्यादा है, हाँ क्या नाम बताया (वहाँ एक बच्ची भी बैठी है) बागेश्वरी? एक और लड़की है बनारस में। उसका नाम भी बागेश्वरी है। इससे बड़ी है। हमारे एक शागिर्द हैं दिल्ली में, उसकी शागिर्द है। अच्छा बजाने लगी है। लड़कियाँ गाती हैं, सितार-सरोद बजाती हैं, लेकिन शहनाई। फूँक का साज है यह। आएगी, उतरेगी मैदान में। पहले भरा हुआ था बनारस। बहुत गाने वाली थीं दाहिने-बायें दोनों तरफ। अब रसूलन है, न वकूलन है, न बिट्टन हैं। भई हाँ, गिरिजा देवी जरूर है, लेकिन बुढ़ापा तो सब पर आ रहा है न। कहाँ से आएगी वह आवाज। ताकत की जरूरत होती है। परवरदिगार सलामत रखे। कभी-कभी दुआ-सलाम होती है, कभी-कभी हँसी-मजाक भी हो जाता है। प्रोग्राम वो भी कम ही करती है।"

एक बार खाँ साहब का कहीं प्रोग्राम हुआ। रात ढाई बजे वहाँ से अपने कमरे में लौटे। सोचा कि थोड़ा-सा सो लें, तो फिर चार बजे उठ ही जाएँगे नमाज पढ़ने के लिए। "अभी उठते हैं, अभी उठते हैं और अजान हो गयी। इतने में दो अधेड़ औरत आयीं, नकाब ओढ़ा हुआ। ओए होए, जैसे सदा हमारे पास में आयी। उसने कहा सो रहे हैं, हमने कहा हाँ। और कह रहीं बहुत कुछ, लेकिन हमें याद नहीं बस इतना-सा, 'काली कमली वाले तुझको लाखों सलाम, तुझको लाखों सलाम।' दूसरी कहती क्या है, हमें नहीं मालूम, बस 'ददियाऽऽनजरियाऽऽ द्वार न जा।' इधर पहली कहती है, 'काली कमली वाले...' हम कहा आ हा हा, क्या जुगलबन्दी है, हमारी पॉकेट में जो था, सब निकाल के दे दिया। तो लो बाबा, ये है संगीत। कंठ में एक सुरीली-सी हरकत। हम इसी को जानते हैं, और इसी को मानते हैं। हम कहा वाह वाह-वाह!"

एक साहब आते हैं, अपनी ऑटोग्राफ बुक ले कर, 'जी इस पर कुछ लिख दीजिए।' "क्या लिख दें भइया? क्या लिखवा रहे हो हमसे? सोंचो। हम सिर्फ तीन किताब पढ़े हैं और वो भी उर्दू की। लेकिन अल्लाह का करम है कि बहुतों से हमारी उर्दू ठीक है। बचवा, हम पढ़ा-लिखा नहीं, सुर सीखा है। ये नहीं कि हम पढ़े-लिखे ज्यादा हैं। चौथे दरजे में गये हैं—बनारस में। राजा दरवाजे के चौक में। तो वहाँ इम्तहान में ही नहीं बैठे हैं। हम चले गये मामू साहब के यहाँ। फेल हो गये। जब फेल हो गये तो हम कहे, जाओ हम फेल हैं, नहीं पढ़ेंगे। और जिसको आता है, हमारे पास आओ जवाब देंगे। हाँ संगीत की क्लास में हम कोशिश करेंगे कि अव्वल रहें। कोई पूछे—शहनाई सुन लिया, कहें हाँ सुन लिया। क्या सुन लिया भई, नाम तो याद ही नहीं है, सुर का भी पता नहीं है, संगीत कुछ नहीं जानते, उसमें रुचि कतई नहीं, गाना नहीं जानते, बजाना नहीं जानते और हमसे बात करना चाहते हैं और कहते हैं, लाजवाब, लाजवाब। क्या लाजवाब भई पहले सवाल क्या है वो तो पता करें! नहीं ऐसे लोग बेसुरे होते हैं। और बेसुरों से हमें बड़ा डर लगता है।"

बिस्मिल्लाह खाँ साहब कई घंटे से मुझसे बातें कर रहे हैं और मैं मन्त्रमुग्ध-सी, जिज्ञासु-सी उनके एक-एक शब्द को, एक-एक स्वर को अपने भीतर समाने की चेष्टा कर रही हूँ। बिस्मिल्लाह खाँ साहब तो स्वरों का अथाह समुद्र हैं और मेरी प्यास भी अनन्त है। वह किसी भी तरह कम होने में नहीं आ रही। जितनी-जितनी बार उनसे भेंट होती है, उतनी-उतनी ही बार उनसे कुछ बातें, कुछ संगीत चर्चा और सुनने की इच्छा प्रबल हो जाती है। "हमने इतनी देर में अन्दाजा लगा लिया कि आप लयदार

हैं, सुरीली भी हैं। इतनी ही देर में अन्दाजा लगा लिया हम। खुद नहीं गाया, खुद नहीं सुनाया, सिर्फ सुना, लेकिन हम इतनी ही देर में अन्दाजा लगा लिया कि आप हैं। बस, ऐसे में सुर बनाये रखें आप। अल्लाह करे आप हमको ऐसे सुनें, बस, अपनी सेहत बनाये रखें, सुरीली ही रहें। कोशिश करें कि आप दूसरे सुनने वालों को भी तैयार करें। लड़के हैं, लड़कियाँ हैं, बच्चे हैं, उनको कुछ समझा दिया, बाकी और हम अब समझा नहीं सकते भई। नहीं, नहीं वो हमारे बस की बात ही नहीं है, समझाएँगे क्या आप सुरीली हैं। आप ये काम करें। ऽऽ नजरिया लगा ले न रहे आ। हमारी नवासियाँ हैं, लड़कियाँ हैं नौहा वगैरह पढ़ती हैं। हम पूछे जरीन। कहें जी अब्बा जान। पूछें कौन-सा नौहा पढ़ रही हो? कहे अब्बा जान फलाँ नौहा पढ़ रही हूँ। हम कहिन अरे सुर में तो पढ़ो। कूढ़ हो तुम सब की सब। तो अल्लाह आपका ये सुर बनाये रखें। हँसी-खुशी में सबको गाना बाँटती रहिए। सुर बाँटती रहिए। बस यही सच्चा काम होगा। और आप भगवान का नाम तो लेती होंगी न?" बिस्मिल्लाह खाँ साहब पूछते हैं। 'जी', मेरा जवाब है। "तो आप जिस भी भगवान को मानती हैं, उनकी पूजा करती हैं, या माला फेरती हैं, तो उसके आखिर में हमारा नाम भी जोड़ दीजिए। जो भी दुआ आप करें, उसके आखिर में हमें भी अपनी दुआओं में शामिल कर लीजिए। पता नहीं परवरदिगार कौन-सी जबान, कौन-सा मन्त्र, कौन-सी दुआ कुबूल कर ले। हमें यकीन है, कि आपकी दुआ कुबूल होगी जरूर।"

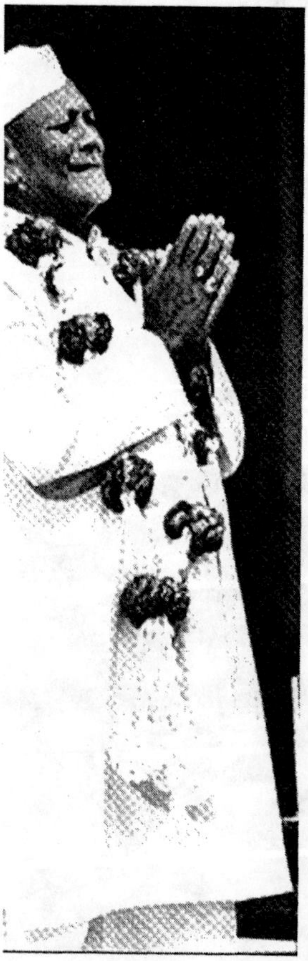

आमीन। सुम्मामीन। आप हमारी दुआओं में शामिल हैं बिस्मिल्लाह खाँ साहब। आप इस दुनिया के सुरों को मानने वाले हर आदमी की दुआओं में शामिल हैं। हमारी दुआ कुबूल हो कि आप बरसों बरस इसी तरह से दुनिया को और सुरीला बनाते रहें। बहुत से लोगों को जीने का मकसद मिल जाएगा।

॥ पंडित किशन महाराज ॥

कड़ धेत्त् तान् धित्ता धित्ता कड़धान धान धगिन धिन

धिन धान धगिन धिन धिन धा कतेटे धींगिन नगतेटे

कड़धान धा ता धीं धीं ना गेड़नग तिरकिट तक तिरकिट

तक धा धेड़नक तिरकिट तक तिरकिटतक न धेत्ता नकिट

नत्ता नकिट तान तान ता तान तान ता तान तान

ना धी धीना, ता धी धी ना, ना ती ती ना, ता

धा धा ना, ना धी धी ना, ना धा धा नां, ना

ता ता ना ना धी धी ना, ना धी धी ना

ना धा धा ना ना ती ती ना ना धी धी ना

~~पांचवे मात्रा से :— किड़नक तिरकिट धेत्ता धी धी देत्त् धेतान~~

~~तिट्टों कतिटि कत गिदगिन धा ता धा ती धागे नागे दीं~~

नत धिं तिरकिट तक धा

रुकसान महाराज

पंडित किशन महाराज

बनारस में बाबा विश्वनाथ का दर्शन करके आने के बाद मन में एक चाह रह गयी-कबीरचौरा में जाकर पंडित किशन महाराज से भेंट करने की। मन में सफेद लम्बे बालों वाले, बड़े-बड़े हाथों से तबले पर थाप देते, माथे पर लाल रंग का बड़ा-सा तिलक लगाये, भारी आवाज और ऊँचे-ऊँचे कद के एक व्यक्ति की छवि थी। रिक्शावाले से मैंने कहा, 'पंडित किशन महाराज' कबीरचौरा। पतली गलियों में से होता हुआ रिक्शा लकड़ी के दरवाजे और ऊपर चौखट पर लगी पुराने जमाने की जंजीर की साँकल वाले एक घर के सामने खड़ा हो गया। साँकल बजायी, बिजली की घंटी बजी नहीं, और भीतर से एक गण ने आकर पूछा, 'जी आप?' 'मैं पंडित किशन महाराज से मिलने आयी हूँ। फोन पर बात हुई थी।' एक कुर्सी मेरी ओर सरका कर उस पर बैठने का इशारा करके गण अन्दर सूचना देने चला जाता है। मैं कुर्सी पर बैठकर सामने बने ऊँचे बगीचे को देखती हूँ, बनारस में किसी गली के अन्दर, मकान के भीतर पहली मंजिल जितनी ऊँचाई पर बगीचा हो सकता है (मुम्बई के टैरेस गार्डन जैसा), इसकी कल्पना मैंने नहीं की थी। बगीचे में कुछ कुर्सियाँ बिछी हैं, एक झूला, लैम्प की हल्की रोशनी में पौधों का रंग ठीक से दिखायी नहीं देता कि पंडित किशन महाराज सामने से आते हैं, "नमस्कार।" वैसा ही स्वरूप जो पिछले कई वर्षों से मेरे मन में अंकित है। होठों के दोनों किनारों पर पान की लाली है। पंडित जी मुझे अन्दर ले जाते हैं।

भीतर के कमरे में भी ज्यादा रोशनी नहीं है। एक ट्यूब लाइट जल रही है। लकड़ी का थोड़ा-सा फर्नीचर। थोड़ी-सी किताबें और तस्वीरें। एक तख्त भी बिछा हुआ है। "आइए बैठिए।" मैं तब तक पंडित जी की भव्य मुद्रा को निहार रही थी। इसी व्यक्ति को, मैंने पहली बार सन् 60 और 65 के बीच दिल्ली के शंकरलाल म्यूजिक फेस्टिवल में मॉडर्न स्कूल के उस शामियाने वाले संगीत समारोह में सवेरे 5-6 बजे उस्ताद विलायत खाँ साहब के साथ तबला बजाते हुए देखा था। मैं बहुत छोटी थी और मेरी माँ हम बहिन-भाई को कान से पकड़कर मॉडर्न स्कूल के संगीत समारोह में हर साल ले जाती थीं। हम रात में बीच-बीच में सो जाते थे, लेकिन माँ को इससे कोई अन्तर नहीं पड़ता क्योंकि उन्हें लगता कि बच्चों के कान में 'सुर' पड़ना चाहिए। तब से

जो सुर कान में पड़ना शुरू हुआ, आज वही सुर कानों में अमृत घोल जाता है। संगीत की सबसे पहली याद मुझे वही है, उस्ताद विलायत खाँ ने राग 'बसंत मुखारी' बजाया था, और तबले पर पंडित किशन महाराज संगत कर रहे थे। तब न पता था कि सितार क्या होता है, न पता था तबला क्या होता है, बस स्वरों की कुछ झंकार मन में बस गयी और याद रह गया, अधपके लम्बे वालों वाला चेहरा, लाल तिलक वाला मस्तक, और खुली उँगलियों वाला पंजा, तबले पर थाप देता हुआ। वही थाप सालों बाद मेरे दिल के दरवाजे पर एक दस्तक बन गयी और इसीलिए बनारस की गलियों में बसी बनारसी खास खुशबू के बीच मुझे उस दरवाजे को खोलने की इच्छा पैदा हो गयी। अधमुँदी आँखों से बचपन में जो अधपके लम्बे बाल देखे थे, वे अब पूरे पक चुके हैं, और कोई विशेष अन्तर मुझे दिखाई नहीं दिया। इस बीच कितनी ही बार, कितने आयोजनों में, कितने दूरदर्शन कार्यक्रमों में, कितनी रिकार्डिंग्स में पंडित किशन महाराज को जाने कितने लोगों के साथ और कभी अकेले, तबला बजाते हुए सुना और देखा, इसकी कोई गिनती नहीं है। लेकिन बचपन की वही छवि उस दिन जीवित हो गयी, मन ने कहा, दो दस्तक, दस्तक दो।

"अरे, आप बैठिए न! कहिए, आप कुछ पूछना चाहती थीं? आपको देखने से तो लगता है कि 10-15 साल तो हो गये होंगे आपको संगीत सुनते-सुनाते।" 38 साल? "अरे बाप रे! इतने सालों तक सुनना भी एक साधना है। ऐसा लग रहा है कि अपने ही जैसे किसी साधक से मिल रहे हैं।" पंडित जी की आँखें किसी अदृश्य को देखती हुई प्रतीत होती हैं। वह व्यक्ति जिसकी आत्मा संगीत में बसी है। 75 वर्ष से अधिक समय हो गया, उनकी उँगलियाँ तबले पर थिरक रही हैं।

उन दिनों घर में लड़का पैदा होने पर प्रसूति के ऊपर एक चादर ओढ़ा दी जाती। दाई बच्चे को यूँ ही गोदी में उठा लेती। रक्त में सना बच्चा, अभी नाड़ भी नहीं काटी गयी और घर के बड़े-बूढ़ों को गुहार लगायी जाती। बड़े-बूढ़े अन्दर जाकर बच्चे के कान में कुछ गा देते और एक-आध टुकड़ा पढ़ देते। पैदा होते ही स्वर और लय दोनों से परिचय तो पहले ही करवा दिया जाता, उसके बाद बच्चे को साफ करके नाड़ वगैरह काटी जाती। सुनते-सुनते दिमाग में कुछ बोल बैठ जाते। छः वर्ष की अवस्था से बाकायदा विद्याभ्यास। ऐसा था नियम उनके घर का। बच्चा किशन कुछ अलग नहीं था। उसी नियम के अनुसार उसने भी पहला स्वर सुना—'धा'।

ताऊजी—'कंठे' महाराज—का लाड़ला था तो तीन वर्ष का होते-होते वे किशन को अपने साथ ले आये। माँ-बाप को छोड़ कर ताऊजी के घर में प्रवेश किया तो उन्हें ही फिर पिता मान लिया। "माँ-बाप के साथ तो घटना नहीं, दुर्घटना याद है। हमारी माँ मरी, हमारी आँख में एक बूँद आँसू नहीं था। हमारे पिता गये, हमारी आँख से एक बूँद आँसू नहीं छलका। ताऊजी जिस

दिन स्वर्गवासी हुए, उनके पैर पर हाथ पड़ गया तो हम कितना रोए कि हम क्या बताएँ, कि ये चरण हमसे छूट रहा है। एक बच्चा पैदा चाहे किसी के घर में हो, आप उसे किसी दूसरे के यहाँ पाल-पोस दीजिए, तो उसका लगाव उसी व्यक्ति के साथ हो जाएगा, जिसने उसे पाला-पोसा है। हमारे घर में भी यही कांड चल रहा है। हमारे ताऊ जी—कंठे महाराज जी को कोई बाल-बच्चा नहीं था। हम ही को वे ले लाये। हम अपने पिता को छुटका बाबू और उनको बड़का बाबू कहते थे।"

किशन महाराज जी के यहाँ बच्चों के मामले में एक परिपाटी ही चल निकली। उनकी बड़ी बिटिया का बेटा पैदा होने के बाद साल-डेढ़ साल तक कलकत्ता (कोलकाता) में अपने माता-पिता के पास रहा और फिर बहुत बीमार हो गया। नाना जाकर नवासे को ले आये बनारस। तब से उन्हीं के पास है। उसके पिता ने उसका नाम ही रख दिया 'समर्पित' यद्यपि उसका नाम किशन महाराज जी ने बाद में रख दिया है 'शुभशंकर'। अब बड़ा हो गया है। कभी शरारत करता है तो किशन महाराज जी झट से कहते हैं, 'चलो तुम्हें कलकत्ता वापस छोड़ आएँ', तो झट से पैर पकड़ लेता है, उन्हीं के पास रहना चाहता है।

वह किशन (महाराज) जिनका पहला परिचय लय से हुआ, ताल से हुआ, कभी-कभी दार्शनिक हो जाते हैं। संगीत पर विचार करते समय उनका स्वर बनारस की गंगा की लहरों की शान्ति में मानो खो जाता है। किसी क्षितिज को देखती हैं उनकी आँखें। संगीत उनकी आत्मा है। लय से वह जुड़ाव महसूस करते हैं। उनके लिए संगीत का अर्थ है—

'त्रयो संगीतमुच्यते—नृत्यं गीतं वाद्यम्।' जब तीनों का संगम होता है तो संगीत बनता है। आप जो चीज मिला रहे हैं—वह है स्वर। स्वर-लय संगीत प्रधान है। हमारा विचार है—कि लय ज्ञान है और स्वर भक्ति है। यह ब्रह्म है और स्वर शक्ति है। भक्ति के बिना ज्ञान की प्राप्ति नहीं होती। और जब तक ज्ञान की प्राप्ति नहीं होगी तब तक भक्ति नहीं मिल सकती। तो दोनों अन्योन्याश्रित हैं। तो शब्द अलग-अलग हैं, मगर एक नाद ब्रह्म है और दूसरा नाद शक्ति है। आप इसे संगीत के दो मित्र कह लीजिए।

कोई बहुत अच्छा गाने वाला हो, सितार बजाने वाला हो, नर्तक हो, कुछ हो मगर सब जगह से स्वर का अच्छा काम करते-करते ठीक समय पर बेताला आ जाता है तो उसका सारा मजा चौपट हो जाता है। कोई कितना भी बड़ा कलाकार हो, लयदार हो, किन्तु उसके बजाने का ढंग बेसुरा हो तो उसे सम्पूर्ण कलाकार नहीं माना जा सकता। संसार में कुछ ऐसे कलाकार पैदा हुए जिन्हें लोग सम्पूर्ण कलाकार मानते हैं। उनका

लय का हिसाब भी बहुत अच्छा था और स्वर का भी हिसाब बहुत अच्छा था। इसके बाद तैयारी वगैरह आती है।

पंडित किशन महाराज तैयारी को महत्त्वपूर्ण मानते हैं किन्तु स्वर और लय की समझ उनकी दृष्टि से सर्वाधिक महत्त्वपूर्ण है। "किसी ने बहुत तैयार करके 'ना धिं धिं ना' बजाना शुरू किया अथवा किसी सितार वादक का झाला इतना तीव्रगति का हो गया कि उसका जवाब नहीं। जैसे स्वर और लय का सम्बन्ध हुआ तो प्रभावोत्पत्ति में उसकी गिनती है। उसमें कला क्या है, यह विचारणीय है। यह तो सहज प्रभाव है। किन्तु लोग ऐसे भी हैं जो सब कुछ बजाने के बाद कहाँ समापन करते हैं, इतनी तैयारी और इतनी गति कि उन्हें यह स्मरण ही नहीं रहता कि वे कहाँ समापन कर रहे हैं, तराना गा रहे हैं कि झाला फेंक रहे हैं, स्वर में हैं कि नहीं, इसकी चिन्ता उन्हें नहीं है। उन्हें चिन्ता है तालियों की गड़गड़ाहट की। इसी का नतीजा है कि वे बेसुरे हो जाते हैं क्योंकि तैयारी केवल लय की है, स्वर की नहीं। भारत के भवभूति? संगीत की पद्धति आज भ्रष्ट होती जा रही है।

"कुछ-कुछ ऐसा ही तबला-वादन में भी हुआ है। बनारस के तबले में पहले उठान था, फिर 'धा' की चमक थी, फिर आलाप था, फिर जोड़ था, फिर झाला था। उसके बाद फिर बाँठ वगरैह बजता था, तब फिर कहीं गत बजता था, रेला बजता था, मोहरे बजते थे। यह पद्धति थी। ऐसे ही सितार और सरोद में भी है। पहले आलाप होता है, फिर जोड़-झाला बजाते हैं। किन्तु आजकल के कई बच्चे, बल्कि, कई उम्र-दराज कलाकार भी, ताली बजवाने के लालच में अपनी पद्धति को नष्ट कर देते हैं। इसीलिए आजकल जब उद्घोषणा की जाती है कि यह बनारस घराने का तबला बजा रहे हैं, या दिल्ली घराने का, अब पंजाब घराने का तबला बजा रहे हैं, तो उस पर किसी को विश्वास नहीं होता क्योंकि उद्घोषणा करेंगे कि हम बनारस घराने का बजा रहे हैं और शुरू करेंगे पेशकार से जो दिल्ली घराने की खास चीज है। इसीलिए आजकल यह जो क्लैपिंग वग़ैरह का हौसला जो है, उसने कलाकारों को थोड़ा-सा भ्रष्ट कर दिया है, अन्यथा पद्धति तो बहुमूल्य चीज़ है।"

किशन महाराज जी को पद्धति के खो जाने की पीड़ा है। वह पीड़ा जो एक साधक को साधना में विघ्न पड़ने से होती है। वही पीड़ा जो एक समग्र कलाकार को स्वरभंग होने पर होती है। 'पद्धति' की बात पर जब श्रोताओं की समझ और ज्ञान की चर्चा होती है, तब वे बरबस कह उठते हैं, "इतने दिनों से आप संगीत सुन रही हैं, किन्तु क्या कह सकती हैं कि आपको संगीत का ज्ञान सम्पूर्ण रूप से है? हम तबला बजाते हैं न, सितार और सरोद के साथ, तो हमें इसका सम्पूर्ण ज्ञान नहीं है कि इसका मध्यम सही लग रहा है या कौन-सा पंचम सही है। तो हम सब अपूर्ण हैं। माँ सरस्वती ने कहा कि हम अपूर्ण हैं। भगवान शंकर ने कहा कि हम अपूर्ण हैं। तब किसी कलाकार अथवा श्रोता की क्या हस्ती है कि वह कहे कि वह सम्पूर्ण है। यह नाद का समुद्र इतना अथाह है कि विद्वानों ने इसके विषय में लिखा है कि 'नाद वेद पार न पायो', इसका पार कोई आज तक पाया ही नहीं। माँ सरस्वती आखिरी में कहती हैं 'न जानामि सरस्वती' मैं खुद नहीं जान सकी कि कितना लम्बा, गहरा और विस्तृत ज्ञान है। इसका आदि-अन्त क्या है, अब तक हमारे समझ में नहीं आया। हम भारत के श्रेष्ठ तबला वादकों में आते हैं। दो ही तबला वादक इधर भारत में श्रेष्ठ माने गये हैं अल्ला रक्खा और किशन महाराज। आज तक अल्ला रक्खा या किशन महाराज को पता नहीं लगा कि तबले में कितना मर्म बाकी है, तो श्रोता बेचारों को क्या समझ में आएगा जो बैठकर-टिकट खरीदकर या निमन्त्रण पत्र पाकर कार्यक्रम सुन लेते हैं। हाँ इतना जरूर है कि कुछ-कुछ श्रोता ज्यादा सुनते-सुनते तानसेन नहीं तो 'कानसेन' जरूर बन गये हैं। जैसे महाराष्ट्र, बंगाल, गुजरात में हैं। अब थोड़ा-थोड़ा दिल्ली में भी लोग संगीत सुनने लगे हैं किन्तु जहाँ रात का साढ़े नौ बजा नहीं, श्रोता घड़ी देखना शुरू कर देते हैं, चाहे कितना ही बड़ा कलाकार क्यों न बजा रहा हो।"

पंडित किशन महाराज श्रोताओं की बात करते-करते मानो क्षितिज के उस पार चले जाते हैं। उनकी आँखों के सम्मुख बहुत पुराने संगीत के वे दृश्य तैर आते हैं, जिनकी आज कल्पना करना भी कठिन हो गया है, "कभी-कभी हम कंस्टीट्यूशन क्लब में रात-रात भर प्रोग्राम करते थे। एक बार विलायत खाँ, रविशंकर जी और अली अकबर तीनों ने बजाया था और अकेले हम तबले पर थे। रात भर बजाया और सुबह उठकर हम लोग वहाँ से सीधे हनुमान मन्दिर गये दर्शन करने। पहले ये बात थी। हमारे बनारस के श्रोता भी सुनते हैं, रस लेते हैं, थोड़ी कमजोरी यह है कि थोड़ा हलकेपन से लेते हैं। जहाँ संगीत का कार्यक्रम हो रहा हो, वहाँ गम्भीरता बहुत जरूरी है। मर्यादा का पालन करना बहुत जरूरी चीज है, कलाकार को भी और श्रोता को भी। मगर हमने यहाँ पर भी देखा है कि किसी का लय का टुकड़ा अच्छा आया तो पीछे से दो आदमी सीटी भी मार रहे हैं। शास्त्रीय संगीत के लिए ये सब

हल्कापन माना जाता है।"

बात कलाकार की साधना से शुरू होकर श्रोताओं की समझ और ज्ञान तक आ पहुँची है, बनारस से शुरू होकर दिल्ली के कंस्टीट्यूशन क्लब और फिर बनारस के श्रोता तक जा पहुँची है। पंडित किशन महाराज की बात करने की शैली में बनारसी रंग साफ दिखाई दे रहा है। उसमें गंगा की लहरों की सी शीतलता और बनारस की गलियों की मिट्टी की सुवास है। श्रोताओं की बात भी कुछ ऐसी ही है। असली दाद तब होती है जब आदमी मौन रह जाए, दाद देना भूल जाए, आँखों से आँसू बहने लगें। "ऐसा श्रोता आपको हजारों में एक ही मिलेगा कि संगीत सुनकर उसके आँसू बहें लेकिन मुँह से कुछ बोले नहीं। अब ऐसे श्रोता नहीं मिल सकते आपको। जैसे रामायण, श्रीमद्भागवत या गीता को लीजिए। कोई-कोई पढ़ने वाले ऐसे हैं कि पढ़ते चले जाते हैं और श्रोता की आँख से आँसू की धारा बहती चली जाती है। मगर सब कोई तो ऐसे नहीं पढ़ता। इसी तरह संगीत सुनने वाले भी तरह-तरह के होते हैं। कोई उसे सौ प्रतिशत सुनता है, कोई नब्बे प्रतिशत सुनता है। जिनका मन जितना परिपक्व हो। एक पुरानी कहावत है—जाकी रही भावना जैसी, प्रभू मूरत देखी तिन तैसी।"

पंडित किशन महाराज को तबला बजाते हुए लगभग 75 वर्ष हो गये हैं। इतने वर्षों में उन्होंने अनेक कलाकारों के साथ संगति दी है और स्वयं अपनी कला को भी विकसित होते हुए देखा है। संगीत को उन्होंने लय के माध्यम से गति दी है। पूछने को मन होता है कि क्या ऐसे भी क्षण आये हैं जब वे तबला बजाते-बजाते उस संगीत में खो गये हों अथवा उनका मन स्वयं अपने तबला वादन पर गद्गद हो आया हो! पंडित जी मेरे मन की बात पढ़ लेते हैं और कहते हैं, "हमारे में यह कमजोरी है कि दुपहर में किसी के साथ प्रोग्राम करते हैं तो उससे आग्रह करते हैं कि मेहरबानी करके मधुवंती या मुल्तानी राग मत छेड़ना। न जाने हम इन रागों को सुनकर इतना क्यों खो जाते हैं कि हमें नींद आने लगती है। तन्द्रा लग जाती है। इसी तरह शाम के वक्त हमें पूरिया से बहुत लगाव है। जहाँ किसी ने पूरिया में आलाप शुरू किया, हमको नींद आने लगती है। तबले पर बैठ नहीं पाते। कभी दाहिना हाथ, कभी बायाँ हाथ लगा के बड़ी मुश्किल से बैठते हैं। इसी तरह रात के वक्त कोई सोहनी छेड़ देता है तो हमारे भीतर एक अजीब-सी चेतना शून्यता आने लगती है। कुछ चीजों से हमें बड़ा लगाव है।"

किशन महाराज जी अपनी स्मृतियों में खो जाते हैं, "बनारस के एक हरिशंकर मिश्रा थे। उनके साथ हम छपरा में बजा रहे थे। वे गा रहे थे, 'जननी मैं न जिऊँ बिन राम'। वो भजन सुनते-सुनते हम रोना शुरू कर दिये। बजाते-बजाते आँखों से आँसू की धारा बहने लगी। इसी तरह ओंकारनाथ (पंडित ओंकारनाथ ठाकुर) जी का अभी जब रिकॉर्ड सुनते हैं, 'मैया मैं नहीं

माखन खायो', तो जब वे कहते हैं, 'ले-ले अपनी मोर मुकुटिया'—जब यह भाव आता है तो फट से आँख से आँसू टपकने लगता है। ऐसा बहुत-सा चांस हुआ है हमारे जीवन में कलाकार की कला का इतना अच्छा प्रभाव पड़ता है पूरे ब्रह्मांड पर कि आँख से बरबस आँसू ही छूट जाते हैं।

''अपने बजाने में? अपने बजाने में आँसू तो नहीं आता मगर मन कभी-कभी इतना ज्यादा गद्गद हो आता है कोई उस वक्त हमारे ऊपर करोड़ों रुपये की भी वर्षा कर दे तो वह हमको धूल-मिट्टी के बराबर लगेगा। जितना उस वक्त हमारी आत्मा को सुख मिल जाता है कि अरे, यह तो सोचा ही नहीं था कि यह तिहाई सम पर आ जाएगी। न जाने कैसे माँ की कृपा से, गुरु-चरणों की कृपा से इतना बढ़िया तिहाई बनकर आ गया। यह सब कलाकार का लाइफ में एक चीज होता है।"

पंडित जी एक और याद को ताजा कर लाये हैं, मेरे लिए, "दिल्ली में कुछ साल पहले बिरजू महाराज के साथ बजा रहे थे, उन्होंने माइक पे ये एनाऊंस कर दिया कि कुछ चीज हम अब ऐसा करेंगे कि उसका आधा हिस्सा करके छोड़ेंगे। उसकी तिहाई का पहला खंड हमारे चचा किशन महाराज करेंगे और दूसरा भाग हम करेंगे और तीसरा भाग ये करेंगे। ऐसे हमारा सवाल जवाब होगा। तब पता नहीं एक जगह जा के हमने ऐसा छोड़ दिया कि एक बार तो बिरजू महाराज सन्न से रह गये कि ये किस जगह पर तबला बन्द हुआ। मगर वहाँ से जब उसने तिहाई बनाया तो इतना गद्गद हो गया कि माइक पे जाके उसके मुँह से स्वयं निकल पड़ा कि बरसों के बाद ऐसी तिहाई हमारे भाग्य से आज बनके आयी है कि जिस जगह चचा ने छोड़ा था, हमको उम्मीद नहीं थी कि तिहाई ऐसी बन पाएगी।"

पंडित किशन महाराज जब कलाकार पर ईश्वर कृपा की बात कर रहे हैं, जब वे उपज की चर्चा कर रहे हैं, तब भी कोई दैवी शक्ति ही उनसे कहलवा रही है बहुत-सी बातें। उन्हें अतीत में ले जा रही है। वे स्वयं अब भी गद्गद हो रहे हैं, "एक पुरानी कहावत है—अपुवै कोहरा बनावै, अपुवै लुटि-लुटि जावै। कुम्हार एक मूर्ति बनाता है तो उसको देखकर आप ही लोटने लगता है, प्रसन्न हो जाता है। तो कभी-कभी ऐसा ही हमारे जीवन-काल में भी होता है। कोई तिहाई ऐसी बन जाती है, कोई टुकड़ा ऐसा बन जाता है कि हम मस्त पागल की तरह झूमने लगते हैं। वह वहाँ बैठी पब्लिक को चाहे बुरा लगे चाहे भला लगे, कोई उस वक्त चाहे क्लैपिंग हमें चाहे न दे, हम

इतना मस्त हो जाते हैं कि हमारी साक्षात मुलाकात इस वक्त सच पूछिए, तो साक्षात ब्रह्म से हो जाती है।

"यह संगीत का प्रभाव है और संगीत के माध्यम से साधक का भक्ति मार्ग पर चले जाना है, ईश्वर की तपस्या का फल पा जाना है। संगीत के माध्यम से ईश्वर से परिचय हो जाती है। वेद-पुराणों में कहा है सबसे आसान मुक्ति-मार्ग तो संगीत है। जब 12 हजार वर्ष तक तपस्या कीजिए तो भगवान शंकर प्रकट होंगे। 15 हजार वर्ष तपस्या कीजिए तो भगवान विष्णु प्रकट होंगे। इतनी तपस्या कीजिए तो उसमें सिद्धि प्राप्त होगी। मगर यह तो ऐसी कला है कि एक बार स्वर निकला नहीं कि उसी वक्त भगवान प्रकट हो सकते हैं। आप मीरा को देखिए, कबीर को देखिए, गुरु नानक को देखिए, सभी के साथ ऐसा ही हुआ। गुरु नानक तो अपने साथ एक रबाब बजाने वाले को ही रखते थे, मरदाना नाम था उसका। जहाँ नानक को समाधि लगानी होती थी तो मरदाना को कहते—बजाओ रबाब। यह रबाब बजाता था तो इधर उनकी समाधि लग जाती थी। अब संगीत को आर्थिक साधन बनाना पड़ गया है। पहले वह भक्ति का साधन था। यह तो मजबूरी है हमारी अन्यथा संगीत तो देवताओं की क्रिया है। आप इतिहास पढ़ें, चित्र देखें पुराने—नारद जी इकतारा लटकाए रहते हैं। माँ सरस्वती 24 घंटे वीणा धारण किये रहती हैं। शंकर जी के हाथ में 24 घंटा डमरू बजता रहता है। गणेश जी के सामने मृदंग बजता है सदैव। तो यह देवज्ञ प्राप्त करने की कला है। यह तो ऐसी विद्या है जो आदमी को आदमी से देवता बना दे। आप इधर का इतिहास भी देखें—स्वामी हरिदास, तानसेन, नायक गोपाल, और भी वो बड़े-बड़े कलाकार हुए हैं, उन्होंने संगीत द्वारा ही मोक्ष प्राप्त किया है। हमारे पिताजी (कंठे महाराज जी) 90 वर्ष के हो गये थे। बीमार इतने थे कि उठ नहीं सकते थे, मगर कहते थे कि तबला हमारे बायाँ बगल में रख दो। जब हम रख देते थे तो गुर-गुर-गुर गुर-गुर-गुर उसी को बजाते रहते। हम कहा कि आप क्या कर रहे हैं, अब क्यों रियाज कर रहे हैं? आपका इतना नाम हो गया, यश हो गया। राष्ट्रपति अवार्ड, संगीत नाटक अकादमी अवार्ड मिल गया, आपको हमारे जैसा पुत्र मिल गया, जो आपके चरणों के आशीर्वाद से ऐसा आगे बढ़ गया कि आप तो हिन्दुस्तान में ही ज्यादा चक्कर लगाते रहे, हम तो बाहर भी घूम आये। नाम कर आए। फिर आपकी उँगली यह क्यों कर रही है? वे कहें यार-समझ लो। यह तो हमारी सुमिरनी माला है। हम मरते-मरते इसको फेरते रहेंगे। जैसे लोग राम-राम, राम-राम करके माला घुमाते हैं। यह जो हमारा तबला है—इसी पर उँगली चलता रहता है, हमारा तो यही माला है और हम इसी

का पाठ कर रहे हैं।”

इस बार पंडित किशन महाराज संगीत की साधना और उसके प्रभाव की बात कर रहे हैं। वह प्रभाव और वह साधना जो धर्म और जाति के दायरे से बहुत बाहर है, बहुत ऊपर है। “अलाउद्दीन बाबा को देखिए। उनसे न मुसलमानी मजहब से मतलब न हिन्दू धर्म से मतलब। देखते तो सुबह चले जा रहे हैं, शारदा देवी का दर्शन करने। वहाँ से उतर कर आये तो मछली मार्किट में गये, मछली खरीदने। मछली खरीदकर घर में चले आ रहे हैं। पाँच वक्त नमाज भी अदा कर रहे हैं। इसका धर्म-कर्म सब जो है न वही है। अनसूया जी ने सीता जी को समझाया ‘एकै धर्म एक प्रति नेमा। लगे सदा पति पद प्रेमा।’ तुलसीदास जी ने स्त्री के लिए कहा कि स्त्री का सबसे बड़ा धर्म है—पति के चरणों में प्रेम। उसे और किसी अन्य व्यवहार की आवश्यकता नहीं है। ऐसा ही कलाकारों के लिए सत्य है। अब पहले शब्द पर आ जाइए, जहाँ से चर्चा शुरू हुआ था। स्वर और लय, दो चीज में यदि कलाकार का मन रम जाए तो समझ लीजिए कि संसार में उसको कुछ भी और करने की आवश्यकता नहीं है, सीधे मोक्ष का रास्ता उसके लिए खुल जाता है।”

संगीत का यह फल तो एक लम्बी यात्रा का पड़ाव है, अन्तिम पड़ाव। लेकिन इस यात्रा के अन्तिम पड़ाव तक पहुँचने के लिए उस यात्रा का प्रारम्भ जहाँ से हुआ था, वह भी पंडित किशन महाराज के स्मृति पटल पर साफ-साफ उकेरित है। उसी यात्रा का प्रारम्भ और फिर समय-समय पर घटित अनेक घटनाएँ—जैसे सब कल की ही बात हो। “... तो एक सौभाग्य हुआ कि तीन वर्ष की उम्र में हम पिता जी (पंडित कंठे महाराज जी) के साथ रहने लगे। ये जहाँ बाहर जाते, हम उनके साथ जाते। उनके साथ कितना कुछ घटित होते हुए देखा। अधिक निकट होने का नतीजा यह हुआ कि पिता-पुत्र, गुरु-शिष्य तो हम थे ही, एक मित्र का रूप भी हमारे सम्बन्ध ने ले लिया। बड़ी-बड़ी शिक्षाएँ वे हमको देते थे—20 वर्ष की अवस्था तक हमें रियाज करवाते रहे। व्यायाम करवाते थे, अखाड़ा में कुश्ती करवाते थे। 20 साल की उम्र में रात को भी उनके साथ ही बैठकर खाते और दोपहर में भी। एक मजेदार घटना सुनाता हूँ। एक दिन माँ खाना देकर अन्दर चली गयीं तो हमसे कहने लगे—किशन। हम कहा—जी। कहें कि यार, क्या तुम्हारी इच्छा शादी करने की नहीं हुई? हम कहा—नहीं। कहें कि जब तुम्हारी इच्छा शादी करने की हो तब हमसे बतला देना। तब हम तुम्हारी शादी करवा देंगे। तो ऐसा मित्रवत् व्यवहार भी हमें मिला। 24 साल की उम्र तक हमने ब्याह नहीं किया। 24 साल में हमने उनसे कहा कि अब आप जहाँ चाहे हमारी शादी कर दीजिए, मगर एक चीज कीजिएगा। कहें क्या? हम कहें कि शहर की लड़की से शादी मत कीजिएगा। किसी गाँव की लड़की से हमारी शादी कीजिए।

“तो यहाँ से 24 मील की दूरी पर एक गाँव है, वहाँ अनोखे लाल जी

जो तबला-वादक थे, उनके बड़े भाई की लड़की से हमारा विवाह हुआ। वो पढ़ी-लिखी नहीं थीं—आयी तो 13 साल की थी। हमारी माँ ने रामायण पढ़-पढ़ के उसको हिन्दी पढ़ना सिखाया।

"पिताजी के साथ तो ऐसी-ऐसी घटना हैं कि क्या बतावें। ऐसा-ऐसा चीज, तबले का भेद-मर्म उन्होंने समझाया है। हम अहंकार या अभिमान के रूप नहीं कह रहे हैं, हिन्दुस्तान में किसी तबले वाले को इतना रिसर्च नहीं होगा जितना तबला में हमने किया। यह पिता जी के चरणों की कृपा है। वो एक-एक चीज बतलाते थे तो एक-एक घटना साथ में बतलाते थे। जैसे-जैसे एक-एक परन उन्होंने सिखलाया, उन्होंने उसका इतिहास बतला दिया। एक बार भैरव सहाय जी मन्दिर में बैठकर पूजा कर रहे थे। किसी ने उनसे प्रश्न किया कि शिव जी का कोई परन सुनाइए। इस वक्त आप शिवजी के मन्दिर में बैठे हैं। तो उन्होंने सुनाया था, 'डमरू हर कर नीलकंठ भाल गल माला। सुभग अंग विराजती शैलबाला। तनिक रूठित पशु विहार। शीश गंज धवल धारा। शीश बाला चंद्र धारा। चक्कर विशाल रूप त्रिकालदर्शी त्रिशूलधारी। जपति जय शंकर कृपाल कृपावर ठाक-ठाक। कटि के हरि माला। वसति शंकर गण के मंडली सों...।'

"ऐसे वो इतिहास को बताते थे। अब नतीजा है कि जब हम बजाने बैठते हैं तब हम नहीं बजाते हैं। हमारा ध्यान चला जाता है कि भैरव सहाय जी ने शंकर जी के मन्दिर में बैठ के इस चीज को बजाया था उस वक्त शायद हमारे भीतर इसका अंश प्रकट हो जाता है कि हमारा हाथ अपने आप उस तरह चलने लगता है कि जिस तरह शायद भैरव सहाय जी का चला होगा। वैसी ही साउंड क्वालिटी पैदा हो जाती है। हम अपने शिष्यों को, अपने जान-पहचान वालों को बतलाते हैं तो वे कहते हैं कि गुरु जी, आपसे जैसा ये निकल रहा है, वैसा हमसे क्यूँ नहीं निकल रहा है। तब हम सोचते हैं कि इसने तो भैरव सहाय जी का इतिहास सुना नहीं, इसलिए इसके हाथ से वो चीज उस तरह से नहीं निकल रहा है।"

अपने पिता से शिक्षा पाने की चर्चा करते-करते किशन महाराज जी गुरु-शिष्य और शिक्षा-ग्रहण करने की चर्चा करने लगते हैं। जिस लगन से उन्होंने तबला बजाना सीखा उसी लगन को उन्होंने अगली पीढ़ी के एक कलाकार में भी पाया। उसके सम्बन्ध में बताते समय वे त्रेता युग में पहुँच जाते हैं। भगवद् और साहित्य चर्चा करने लगते हैं। कथाओं में खो जाते हैं। "हमारा रिकॉर्ड और ऑडियो कैसेट सुन-सुनकर जाकिर चार-पाँच-छः हमारा चीज याद कर चुका है। वह एक कार्यक्रम में बैठके बजा रहा था यह कहके कि ये सारा चीज हमारे चाचा जी की हैं, उन्हीं का सुन-सुन के हमने ये याद किया है और बजा रहे हैं। बजाने के बाद दूसरे दिन हमारे पास आये और कहें कि चाचा हम ये सब चीज आपकी बजाते हैं मगर जो साउंड क्वालिटी

आपकी पैदा होती है, वह हमसे वैसी ही क्यूँ नहीं पैदा हो रही है? हमको थोड़ा अवसर दीजिए कि हम आपके पास आके कुछ दिन बनारस रहें और आपका सुनें कि कैसे क्या करना है! हम कहे कि बेटा, तुम्हारा अपना घर है, तुम जब चाहे आओ। और देखिए, आज वही जाकिर को जमाना इतना पूछता है, और क्यों न पूछे, उसका तबला सुनके रोमांच हो आता है।"

पंडित जी आगे कहते हैं, "एक घटना याद आ गयी। जब राम जी अयोध्या की राजगद्दी पर बैठे तो उनके पास सौ कोटि व्यक्ति पहुँचे कि हमने आपके जीवन पर एक काव्य लिखा है—रामायण। उसको सुन लीजिए और संशोधित कर दीजिए। तो राम जी घबरा गये कि इतना रामायण का हम संशोधन कैसे करेंगे तो वह सबको टालते गये। कि वाल्मीकि जी की जो रामायण है, उसी का अध्ययन करो, उन्हीं से जाके पूछो। तब एक दिन हनुमान जी बड़े शान्त होकर बोले कि प्रभु हम भी आपसे एक आवेदन करना चाहते हैं, बोले क्या? कहें एक ठो रामायण हम भी लिखा है। कहें अच्छा? कहें हाँ। कहें तो लाओ देखें। ये गये लंका, पंपासर। जहाँ-जहाँ राम जी के साथ ये रहे थे—वहाँ गये। जहाँ-जहाँ सुबह से शाम के बीच राम जी के साथ कोई घटना हो तो रात को राम जी का पैर दबावें और फिर कोई कंकड़ उठाकर पहाड़ पर उस दिन का इतिहास, डायरी लिख देवें। तो ये सारा पत्थर और चट्टान लेके आ गये जो एक पूरा पहाड़ बन गया। जब पूरा पहाड़ लेकर अयोध्या के ऊपर आये और लगे कहने, प्रभु ये रामायण लेकर हम आये हैं। राम ने नीचे से देखा कि ये पूरा पहाड़ यहाँ रख देगा तो पूरा का पूरा अयोध्या ही पहाड़ के नीचे आ जाएगा। राम जी कहें कि एक काम करो। कि वाल्मीकि जी के पास चले जाओ। वो जैसा कहें—वैसा करना। हनुमान वाल्मीकि के पास पहुँचे। उनसे बोले कि हम रामायण लेकर आए हैं—इसका संशोधन कर दीजिए। उन्होंने देखा कि इतना बड़ा इतिहास का संशोधन कैसे होगा। बोले—जाओ, पहले इसे समुद्र में प्रवाह कर दो। फिर उसके बाद आओ तो हमसे बात करो। ये गये और फेंक दिया पहाड़ को समुद्र में। वो डूब गया। और ये आये फिर वाल्मीकि जी के पास बड़े क्रोध में कि आप हमारा सारा परिश्रम मिट्टी में मिला दिया। तो वाल्मीकि ने कहा कि नहीं, तुम्हारा परिश्रम व्यर्थ नहीं जाएगा। कलियुग में हम गोस्वामी तुलसीदास का स्वरूप लेकर पैदा होंगे और तुमको बनाएँगे अपना गुरु। जैसे तुम कहोगे, वैसे ही हम रामायण लिखेंगे। वह रामायण इतना प्रचलित हो जाएगा कि हमारा यह रामायण भी नीचे पड़ जाएगा।"

"तो जाकिर तो आधुनिक समय में कलियुग के रामायण की तरह हैं। कभी न

फीका पड़ने वाला, कभी न मिटने वाला उनका काम है, ऐसा पक्का वे तैयार हुए हैं कि क्या बतावें। तो कुछ चीजें इस तरीके से होती हैं—कि इतना स्पष्ट, इतना प्रामाणिक और इतना बढ़िया कि वे श्रेष्ठता को छू लेती हैं। ऐसी ही सब चीजें जो प्राचीन हैं, इतिहास के साथ जिसने घटित होते हुए देखा है, वह तो चश्मदीद गवाह हो गया न! ऐसे ही हम लोगों को जितनी चीजें पिताजी ने बतायी हैं, वे चश्मदीद गवाह बनके। उन चीजों में एक शक्ति है और जो बच्चे हमसे सीख रहे हैं, उनको वो इतिहास मालूम नहीं है, और न ही उनके पास इतना समय है कि हमारे पीछे-पीछे वो लगे रहें कि जब हमारा मूड आवे तब उनको इतिहास सुनावें कि बेटा ऐसे हुआ था।" कलाकारों की परम्परा में ऐसे कम लोग हैं कि पिता की टक्कर का पुत्र भी हो अथवा उतना ही नाम कमाये जितना कि पिता ने कमाया। अपने पिता के नाम को आगे बढ़ाने वाले बहुत कम कलाकारों में उस्ताद जाकिर हुसैन का नाम लिया जा सकता है। कुल परम्परा, गायन-नर्तन-वादन में आगे नहीं पनप जाती, उतनी, जितनी कि कुल पनपनी चाहिए। ऐसा क्यों है, मैं पंडित किशन महाराज से पूछती हूँ।

पंडित जी को लगता है कि इसके पीछे आर्थिक परिस्थिति बहुत बड़ा कारण है। "हमने अध्ययन किया है, जिसके पिता बहुत गुणी, नामी, यशस्वी होते हैं, उनको रुपये पैसे की कमी नहीं होती। घर में सारा सामान, सारी चीजें भरी रहती हैं। उनकी सन्तान बचपन में टीवी, टेप, वाकमैन के शौकीन होते हैं। क्रिकेट में वो धूम मचाएँगे क्योंकि हर उस चीज की भरमार है जो जिन्दा रहने के लिए चाहिए। पिता के पास रोते हुए गये पिता जी हमको एक मोटर साइकिल दिलवा दीजिए। लो बेटा, खरीद लो। तो लाड़-प्यार उनको इतना बाँध देता है कि वो रियाज़ की तरफ ध्यान ही नहीं दे पाते, क्योंकि धन की तरफ ध्यान उनका चला जाता है। इसका नतीजा यह है कि अच्छे बाप का जो बेटा है, वह उतना अच्छा नहीं बन पाता, बल्कि दूसरी-दूसरी जगहों से जो बच्चे उनसे आकर सीखते हैं, वे कहीं ऊँचा बन जाते हैं।"

मन में आता है कि पिता और पुत्र के बीच भी क्या प्रतिद्वन्द्विता की सम्भावना है, यह पूछूँ। जब दो समकालीन अथवा समवयस्क कलाकारों के बीच प्रतिद्वन्द्विता हो सकती है, तो पिता और पुत्र के बीच क्यों नहीं? क्यों इस सम्बन्ध में भी ईर्ष्या की गुंजाइश है। बदलते हुए समय को देखकर कई बार ऐसा लगा है। सम्बन्धों के बीच टकराहट, दुराव, दुर्भावना, क्या कुछ नहीं आता। जब व्यापार में ऐसी सम्भावना है तो फिर संगीत में क्यों नहीं, मैं पूछ ही लेती हूँ, पंडित किशन महाराज से।

"यह गलत बात है," वे कहते हैं "हर कलाकार चाहता है कि हमारा शिष्य हमसे ज्यादा नाम यश प्राप्त करे। वे तो निहायत पापी आत्मा के लोग हैं जो सोचते हैं कि बेटे या शिष्य को नीचे दबा के रखें। कला के विषय में यह बहुत बड़ा पाप है, अधर्म है। ऐसा नहीं सोचना चाहिए। विद्या दान जिसे दो, अच्छी तरह से दो। यही तो संसार में एक चीज है, जो बाँटने से बढ़ती

ही है। यही चीज है, विद्या है, और कोई चीज नहीं। जितना बाँटेंगे, बढ़ेगा।"

बहुत सारी बातें जिन्हें किताबों में पढ़ा है, सोचा है कि उनका स्थान वही है, जीवन में उन बातों को उतारना कठिन तो क्या असम्भव है, आज उन अपनी ही मान्यताओं पर प्रश्नचिह्न लगता-सा प्रतीत होता है। प्रश्नों के उत्तर मिल रहे हैं, द्वार खुल रहे हैं—धीरे, धीरे, धीरे। बादल छँटते मालूम होते हैं। नहीं, यहाँ निरा अन्धकार नहीं है। ये कोरी किताबी बातें नहीं हैं। एक पीढ़ी ऐसी भी है, जिसने अपने जीवन में उन बातों को न केवल सँजोकर रखा है, वरना उतारा भी है। वे सब बातें चरितार्थ होती हैं—इन्हीं बड़े कलाकारों के जीवन में। एक दीये से दूसरा दीया जल उठता है। एक कलाकार की उँगली पकड़कर दूसरा एक कलाकार अपने बचपन से युवावस्था की ओर बढ़ता है, कदम आगे रखता है और फिर वह कदम उसे मंजिल के कितना करीब ले जाता है।

पंडित किशन महाराज को देखकर, उनसे मिलकर, बातें करके, आज की नयी पीढ़ी की कला का सूर्य आकाश पर आकार लेता हुआ-सा प्रतीत होता है।

तभी मन में एक दूसरा ही प्रश्न जन्म लेता है। तब महाभारत काल में द्रोणाचार्य ने अपने ज्ञान का जो श्रेष्ठतम अपने पुत्र अश्वत्थामा के लिए बचा छोड़ा, तो क्या इसे सही मानते हैं आप? "नहीं, उसका फल क्या हुआ? आज तक इतिहास में लोग उँगली उठाते हैं। अश्वत्थामा जो द्रोणाचार्य का बेटा था, द्रोण चोरी-चोरी पुत्र को सिखाता था, शिष्यों के समय में से समय चुराकर। यह तो अपवित्र आत्मा हो गया। ऐसे ही, जैसे दो पुत्र ऋषि को पैदा हुए, एक गोकर्ण पैदा हुआ, एक द्वन्द्वकारी पैदा हुआ। ये कलुषित आत्मा की बातें हैं। सच्चा गुरु तो वह है जो पुत्र और शिष्य, दोनों को, समभाव से देखे और समभाव से ही शिक्षा दे।" पंडित जी आगे बढ़ाते हैं अपनी बात को।

पंडित जी अपने निकट रखा हुआ टेलीफोन उठाकर किसी को घर के दूसरे कमरे से बुलाते हैं। "ये इंटरकॉम है, जिससे भी बात करना हो घर में, अब हमें आवाज नहीं लगाना पड़ता, न ही इधर-से-उधर उठकर जाना पड़ता है। देखिए हम आपके लिए शरबत मँगवाते हैं।" तुरन्त ठंडा शरबत लेकर उधर से गण आता है। "लीजिए रूह-अफजा से अच्छा प्यास बुझाने का और कोई उपाय नहीं है।" कैसे बताऊँ उन्हें, कि असली प्यास तो है आज पंडित जी से कुछ भी बातें सुनने की। बचपन की ही एक जिज्ञासा को उनके सम्मुख रखती हूँ, "आप लोग, आप, अल्लारक्खा साहब, गुदई महाराज जी, जब से तबला बजाते थे तो हाथ का पंजा खुला रहता था। आज के कलाकारों की उँगलियाँ प्रायः जुड़ी रहती हैं। ऐसा क्यों? इसका क्या कोई वैज्ञानिक अथवा

पारम्परिक कारण है या फिर कोई विशेष तकनीक है यह भी?"

पंडित जी का उत्तर तैयार है, "उसमें कुछ तो लोग दोष मानते हैं, कुछ हाथ रखवाते वक्त इन सब चीजों का ध्यान नहीं देना भी कारण है। पुराने लोगों में एक कमजोरी थी, हम उसको अब महसूस करते हैं। उन लोगों ने अपनी विद्या पर इतना ज्यादा अभ्यास रियाज किया कि तबले के विषय पर कुछ रिसर्च ही उन्होंने नहीं किया कि कहाँ उँगली मारने से कौन-सा साउंड क्वालिटी बढ़िया आएगा। अब हम लोग युवा हुए हैं, ये मार-मार के उँगली देखते हैं कि यहाँ ये शब्द-निकालें तो कैसा बोलेगा और वहाँ मारने से कैसा बोलेगा। कुछ हम लोगों ने अपना भी आइडिया लगाया है। उँगलियाँ फैली रहती थीं, या चिपकी रहती थीं, इसकी एक रूपरेखा है। दिल्ली घराने का जो बाज है, उसमें उँगलियाँ फैली नहीं चाहती थीं। बनारस घराना के लोग पंजा बड़ा खोल के, उँगली मजबूत करके बजाते थे। मगर सबके ऊपर एक चीज है—अभ्यास। सामता प्रसाद जब तक जिन्दा था, तब तक दुनिया के कई लोग उस पर उँगली उठाते थे कि उसका अँगूठा तो चाँट में फँसा रहता है। धिरकिट निकालता है तो हाथें फैल जाती हैं। मगर वो बजाने बैठता था तो छा जाता था सबके ऊपर। ये तो एक जादू है, तपस्या है। जब किसी का तपस्या उदय हुआ है तो उसको कौन रोक सकता है? गोपीकिशन जब नाचते हुए चक्कर मारता था तो उँगलियाँ खुल जाती थीं। एक बार तो बासु भट्टाचार्य की फिल्म में काम करते थे। तो बासु जी जैसा निर्देशक उन्होंने इसका आब्जरवेशन किया और पूछा कि गोपीकिशन, समझ में नहीं आता, सब डांसर चक्कर लगाते हैं, उनकी उँगली बन्द रहती है, तुम्हारा खुल क्यों जाता है! हमको बड़ी खुशी हुई कि इतना रिसर्च बासु भट्टाचार्य ने भी किया है। अच्छा प्रश्न किया था उन्होंने। तो गोपीकिशन ने कहा कि दादा, बचपन से हम ऐसे ही कसके रियाज करते गये, कसके चक्कर लगाये गये तो हाथ के ऊपर हमने ध्यान ही नहीं दिया। खुला-का-खुला रह गया। तो एक तरफ जो चीज दोष है, वह दूसरे तरफ फायदे मंद भी साबित हुई। रियाज जो है, सब चीज को कलंक से बचा लेता है।"

किशन महाराज जी के पास मंच पर तबला-वादन की अनेक ऐसी स्मृतियाँ हैं जिनके निकट आते ही वे भावुक हो जाते हैं। ये स्मृतियाँ हैं अन्य दिग्गज कलाकारों के साथ तबला बजाने की। "कई बार ऐसा भी हुआ है कि आयोजकों ने कलाकारों के बीच वैमनस्य पैदा करने के उद्देश्य से उनके बीच कूटनीतिक चालें चली हैं। ऐसे में कोई नहीं चाहता कि हम किसी से दबे हुए दिखायी दें। यह प्रतिस्पर्धा है। इसका नतीजा होता है संघर्ष। जैसे सन् 1947 में बाम्बे में लोगों ने इतना कूटनीति खेला कि हमको

और अल्लारक्खा को एक साथ बैठके डुएट बजाना पड़ा। ऐसे ही सन् 1949 में कलकत्ता में इतना लोगों ने खेल, खेल दिया कि हमको और सामता प्रसाद को एक साथ बैठ के जुगलबन्दी बजानी पड़ गयी। इसी तरह सन् '64-65 में पटना में कुछ लोगों ने इतना राजनीतिक खेल दिया कि हमको करामतुल्ला के साथ बैठकर जुगलबन्दी बजानी पड़ी। ऐसा होता है! जब आपस में प्रतिद्वन्द्विता छिड़ जाती है तो कोई भी मुरव्वत नहीं रह जाता कि ये हमारे घनिष्ठ मित्र हैं कि क्या हैं। यह उस पर चढ़ जाना चाहता है और वह इस पर चढ़ जाना चाहता है। इसीलिए अब तो लोग जुगलबन्दी वगैरह से बचने लगे हैं। विलायत खाँ से, रविशंकर जी से एक बार जुगलबन्दी हुई थी, गोली चलने जैसी नौबत आ गयी। जुगलबन्दी से अब लोग थोड़ा भागने लगे हैं।"

जब जुगलबन्दी पर चर्चा हो रही है तो कर्नाटक संगीत और हिन्दुस्तानी संगीत के कलाकारों के बीच जुगलबन्दी के इधर के प्रचलन के विषय में भी पंडित जी से प्रश्न पूछ ही लेती हूँ। पंडित किशन महाराज के अनुसार यह अच्छा प्रचलन है। वह कभी विषय स्पर्धा के रूप में नहीं होता। किन्तु वहाँ भी एक-दूसरे को कुछ आगे और कर दिखाने की स्थिति तो आ ही जाती है। किशन महाराज जी और शिवरमण जी, अनेक बार जुगलबन्दी बजाते हैं। "वो हमको अपने बड़ा भाई ऐसा मानता है। माइक पर कह देता है कि किशन महाराज हमारे बड़े भाई हैं, हम छोटे भाई हैं। मगर जब बैठ के बजाना शुरू कर देते हैं तो कोई-कोई बार ऐसा हालत हो जाता है कि हमको लगता है कि यदि हम इसका जवाब नहीं देंगे तो संगीत समझने वाले ऐसा सोचेंगे कि किशन महाराज का दिमाग उसके जैसा काम नहीं किया। तो हमको मजबूर होकर उसका जवाब देना ही पड़ जाता है। कभी-कभी हम कोई ऐसा काम कर जाते हैं कि उसको उसका जवाब देना पड़ जाता है।"

किसके साथ संगति की जाए, किसके साथ नहीं, किस कलाकार के साथ संगति करना किशन महाराज पसन्द करते हैं, यह भी जानने की इच्छा है। "अब हमारे जोड़ का तो कोई यहाँ बजाने वाला है नहीं। क्योंकि रविशंकर जी बाहर रहने लगे, विलायत खाँ बाहर रहने लगे। अली अकबर भी बाहर ही जाकर बस गये। जिसके साथ हमें बजाने में मजा आता है, वे सब बाहर हैं, यहाँ कुछ खास नहीं। केवल नर्तक हैं—पुरुषों में बिरजू आता है, औरतों में सितारा देवी, इन लोगों के साथ जब बजाने बैठते हैं तो ठीक लगता है, हालाँकि बिरजू हमसे बहुत छोटे हैं, मगर फिर भी उसके साथ बजाने में हमें मजा आता है। गणित का, वह लड़का ऐसा बढ़िया काम करता है कि उसके साथ हमें अपने दिमाग को वैसा ही डेवलप करना पड़ता है।"

"और जितने लोग हैं—शिवकुमार हैं, हरिप्रसाद चौरसिया हैं, अमजद अली हैं, इनके साथ अब हमें बजाने की इच्छा नहीं होती, इसलिए कि इन लोगों को बचपन में बजाने का, अपने साथ बजवा-बजवा के इतना स्कोप दिया

है कि ये लोग हर्षित हो गये। अमजद में इतनी विनम्रता है कि कह देते हैं कि महाराज ने हमें उँगली पकड़कर चलना सिखाया। जाकिर का तो टीवी में एक इंटरव्यू आया था। उसमें उससे पूछा गया कि आप तो इतना नाम कमा चुके हैं। कोई ऐसा भी है हिन्दुस्तान में जिसे आप अपना आदर्श मानते हों। तो पहला नाम उसने हमारा लिया, कि हाँ किशन महाराज जी हैं और हमारे अब्बा हुजूर हैं। यह उस बच्चे की शराफत है कि इतनी इज्जत से वह हमारा नाम लेता है। हमारी उमर इनकी उमर से बड़ी अन्तर हो गयी है। हमारे साथ जब ये लोग बजाते हैं, मुरव्वत करके बजाते हैं कि वे इतनी तैयारी न कर लें कि किशन महाराज को उस स्तर पर बजाने में तकलीफ हो। ऐसी भावना है उनके मन में हमारे प्रति, आदर की वजह से या और किसी वजह से। वास्तव में यह चीज है कि जितना तैयार ये लोग झाला-वाला फेंकते हैं, अब हम चाहें कि उस जगह पर अपनी 'ना धी धी ना' कायम करें, तो वह तो हमारे लिए मुश्किल बात होगी। पैसे के मामले में हमारी फीस इन लोगों से कम नहीं है। ये लोग प्रोग्राम में जाते हैं तो सोचते हैं कि सस्ता तबले वाला मिले जो कि हमारे अंडर में रहे, हमारी बातों को माने। आजकल दूसरे तरह का रिवाज चल गया है कि जब सितार-सरोद वाले, संतूर-बाँसुरी वाले तबला-वादक को इशारा देंगे तब तबले वाला बजाता है। हम लोगों के जमाने में वह बात थी नहीं। रविशंकर की उपज आती थी, एक हमारा भी उपज आता था। एक विलायत खाँ का उपज आया तो एक हमारा भी उपज आया। तो बराबर की स्पर्धा थी। अब ये लिहाज करते हैं कि महाराज इस उमर के हैं, हम ज्यादा बजा दें तो उनके अपने प्रोग्राम पर बुरा इफेक्ट पड़ने का डर रहता है। इसलिए अधिकतर लोग अब हमें सोलो के लिए बुक करते हैं। जहाँ हम जाते हैं, लोग हमारा स्वतन्त्र तबला-वादन करवाते हैं।"

पंडित किशन महाराज भारतीय तबला-वादन के आकाश का वह नक्षत्र हैं जो स्वयं प्रकाशित हैं। उनकी, बिना किसी लाग-लपेट के, बिना किसी छल-कपट के की गयी बातचीत को सुनकर मन में यह शंका भी जागती है कि इस व्यक्ति ने अपने ऐसे सत्य-संभाषण के कारण जो कि बहुत लोगों को अप्रिय भी लग सकता है, कई कलाकारों को, अन्य बहुत से व्यक्तियों को भी यदि अपना शत्रु नहीं बना लिया है तो अपने से दूर अवश्य कर दिया है। यह व्यक्ति भी शायद चलते-चलते ऐसे पड़ाव पर आ पहुँचा है जहाँ सभी साथ पीछे छूट जाते हैं, रह जाता है निकट, केवल अपना साथ। यह व्यक्ति भी तो कभी अकेला पड़ जाता होगा। क्या कभी स्वयं से भेंट करने का अवसर उन्हें मिलता है? इतना प्रशंसा भाव भी घेर लेता है अनेक बार तो उसमें स्वयं को खो देने का डर भी बना रहता है। पंडित जी की एक अलग सोच है।

"इतने भीड़-भाड़ में जब सब लोग प्रशंसा करें और आप समभाव पर अपनी आत्मा को रखिए तो यह सबसे बड़ा अपने-आप से मिलने का चांस

है। प्रशंसा सुन के इतना खुश न हो जाइए कि अपने आप को भूल जाइए। जिन्दा सुन के इतना गिर न जाइए कि अपने आप को भूल जाइए। तो अपने आप को समभाव पर बना के रखना, यही कलाकार की बुद्धिमानी है। ज्यादा प्रशंसा सुन के फूलें नहीं और निन्दा सुन के निराश न हों। जो श्रेष्ठ होता है न, उसी की निन्दा भी अधिक होती है। मुँह पर खूब बड़ी तारीफ करेंगे, उधर जाकर कहेंगे—मारो यार, कोई प्रोग्राम किया है, फलाना चीज गलत था। एक हमारे सामने का लड़का हमको एक पत्र भेजा था कि आप बनारस में इमरत खाँ के साथ बजा रहे थे, झपताला में एक टुकड़ा आपका बेताला आ गया था। तो हम उसका पत्र पढ़ के हँस के रख दिया। क्योंकि, झपताला उस दिन हमने बजाया ही नहीं था, त्रिताल ही बजाया था। तो हम सोचा कि ऐसे-ऐसे लोग भी हैं जो हमसे सवाल-जवाब करना चाहते हैं।"

ऐसा ही एक और अनुभव पंडित किशन महाराज को हुआ कुछ वर्ष पहले। तब स्वतन्त्र तबला वादन और संगतिकरण पर बहुत बहस छिड़ी थी। किशन महाराज जी ने एक टीवी इंटरव्यू में कह दिया कि स्वतन्त्र तबला वादन की अपेक्षा संगति के लिए तबला बजाना बहुत कठिन कार्य है। स्वतन्त्र वादन उतना कठिन नहीं। "हमारे बनारस के ही हैं—केदार भौमिक। अब तो स्वतन्त्र बहुत अच्छा बजाते हैं। उन्हें हमारी बात बुरी लग गयी। उन्होंने किसी पेपर में लिख दिया हम किशन महाराज की बातों का खंडन करते हैं। स्वतन्त्र बजाना बहुत मुश्किल है, संगत बजाना कोई बहुत मुश्किल नहीं। अब उसका जवाब कोई कलकत्ता से, कोई बम्बई से, कोई अहमदाबाद से दे रहा है। लगा उनका तू-तू, मैं-मैं होने। हम पढ़ते थे मगर अपने को समभाव से बना के रखा। हमने उसपे कभी कोई कमेंट नहीं किया। आखिर में जब वे लड़ते-लड़ते थक गये तो एक पत्रकार ने हमसे पूछा कि आपकी बात को लेकर इतनी चर्चा हो रही है, लेकिन आपने कोई उत्तर नहीं दिया। तो हमने कहा कि हम कहें क्या, ये बच्चों की लड़ाई है। मगर इतना सही है कि यदि किसी नौ बरस के बच्चे को 15 मिनट सोलो बजाने की तालीम दे दी जाए तो वह बैठके माइक पर 15 मिनट स्वतंत्र तबला वादन कर लेगा, मगर उसे किसी के साथ संगत पर बैठा दिया जाए तो वह संगत नहीं कर पाएगा। बाद में ये बात खत्म हुआ। हम लोगों को यह भी सुनना पड़ता है, मगर चुप रहते हैं। मालिक की कृपा से, गुरु की कृपा से और माँ की कृपा से इतना नाम-यश प्राप्त हो गया

कि कोई हमारे मुँह पर थूकेगा तो उसी के मुँह पर छींटा पड़ेगा।"

पंडित किशन महाराज को अकेलेपन की आदत हो गयी है। "हमारी पूरी फैमिली उस मकान में रहती है, हम इस मकान में अकेले रहते हैं। अकेले बैठ के कुछ सोचा करते हैं, कुछ अध्ययन किया करते हैं। जब जी बहुत घबड़ाता है तो निकल के जाते हैं और हमारे जो दोनों नाती हैं, उनके साथ थोड़ा गेम खेलते हैं। हँसते-बोलते हैं। सवेरे पाँच बजे उठकर थोड़ा घूमने निकलते हैं। एक पान की दुकान पर बैठकर मुहल्ले के लोगों से थोड़ा हँस-बोल लेते हैं। इतना हमारे लिए काफी हो जाता है।"

पहले भी पंडित किशन महाराज को अकेले रहना ही अधिक पसन्द था। जिस दिन उनकी शादी हुई, उसके 13 दिन के बाद वह घर छोड़ कर भाग गये और संकट मोचन जी के मन्दिर की एक कोठरी में अपना अड्डा बना लिया। वहाँ अकेले एक कोठरी में बैठकर रियाज करते थे। उस समय पंडित अमरनाथ जी थे जो मृदंग बजाते थे। वे किशन महाराज जी के साथ बैठकर रियाज करते थे। अमरनाथ जी बहुत संकोची व्यक्ति थे। और डर के मारे किसी के सामने मृदंग नहीं बजाते थे। लेकिन किशन महाराज जी एक ओर तबला लेकर बैठ जाएँ और दूसरी ओर जबरदस्ती अमरनाथ जी को बैठा लें। धीरे-धीरे उनका साहस खुलने लगा। वे रेडियो-आर्टिस्ट भी हो गये और बाहर भी बजाने लगे।

पंडित जी मुम्बई में रहते थे, तब के समय को याद करके बताते हैं—"मुम्बई में रात को जब हमारी तबीयत घबराती तो शिवाजी पार्क श्मशान में चले जाते। वहाँ अकेले चुपचाप बैठे रहते और दुर्गा-पाठ करते। माँ को याद करते। माँ का मतलब सरस्वती। ऐसा हमारा कुछ नेचर है। एकान्त में हमें बड़ा अच्छा लगता है।"

बनारस के कबीरचौरा में जहाँ पंडित किशन महाराज रहते हैं, वहाँ पहले नौ कमरे का मकान था। उन्होंने उसे गिरा के बगीचा बना दिया। (वही बगीचा जो पहली मंजिल जितनी ऊँचाई पर उनके घर में प्रवेश करते ही दिखाई देता है) रात होती है तो पंडित जी प्रायः उसमें एक कुर्सी डाल कर चुपचाप बैठे रहते हैं। सवेरे घूमने निकलते हैं तो चिड़ियों का चहचहाना सुनकर प्रमुदित होते हैं। झूले पर बैठकर नयी पत्तियों का निकलना, कलियों के रंगों को निहारना, कोंपलों का फूटना देखकर आनन्दित होते हैं। प्रकृति से पंडित किशन महाराज को कुछ ज्यादा ही लगाव है। इसका परिणाम यह हुआ कि तीनों श्रेष्ठ ललित कलाओं में उनकी रुचि हो गयी। संगीत तो पारिवारिक विद्या थी, चित्रकारी करने लगे और साहित्य-प्रेम इतना बढ़ गया कि ब्रजभाषा में कविता लिखने लगे।

प्रकृति की यह देन पंडित किशन महाराज को परिपूर्णता देती है, समग्रता देती है। किन्तु फिर भी कुछ ऐसा है जो खालीपन का अहसास कराता है।

"गृहस्थ आश्रम में पैदा होके कोई व्यक्ति ऐसा नहीं है जिसे अधूरापन न हो अथवा कोई-न-कोई कष्ट न हो। जब शरतचंद्र जैसे विद्वान को बेटे की तकलीफ हो गयी, नंद-यशोदा को बेटे की तकलीफ हो गयी, या किसी को भाई-बहिन की तकलीफ हो गयी। घर-गृहस्थी में सोचें तो बड़ी कमियाँ महसूस होती हैं। आज हमारे पास 10 करोड़ रुपया होता तो हम भी चार ठो कार रखते जैसे राजेश खन्ना या महमूद के पास हैं। किन्तु ये सब क्षणिक मात्र हैं। भगवान की कृपा जिस पर होती है, वह इसे एक स्वप्न की तरह देखता है। वह परवाह नहीं करता कि यह सब सांसारिक सुविधा है अथवा नहीं। मन में धारणा बन जाती है कि हम किसी से भी कम नहीं हैं। इसीलिए जो सब क्षणिक अधूरापन लगता भी है, ईश्वर की कृपा से वह वास्तविक अधूरापन नहीं है।"

यही किशन महाराज जी, जब कोई अच्छा कार्यक्रम करके लौटते हैं तो अनन्त सुख का अनुभव करते हैं। कार्यक्रम के पहले मस्तिष्क में एक विचित्र उलझन रहती है जो कार्यक्रम सम्पन्न होते ही सुख में परिवर्तित हो जाती है। "हमारा बड़ा सौभाग्य है कि हम ऐसे घर में पैदा हुए जहाँ हमारे गुरु और पिता के पास तबले का खजाना भरा हुआ था। हम अहंकार नहीं करते लेकिन आज भी भारत भर में ऐसे कम लोग होंगे जिनको हमारे जितनी चीजें मालूम हैं। इतनी चीजें, इतना परन हमें याद है कि कम लोगों को मालूम होगा। इसलिए जब हृदय का भंडार भरा हुआ है तब जैसे कोई मक्खीचूस आदमी खोलकर देखता है कि नोटों से तिजोरी भरा हुआ है तो उसे सन्तुष्टि हो जाती है, कि किसी चीज की कमी नहीं है। इसी तरीके से हम अपनी आत्मा में जब झाँक के देखते हैं और गुरु की शिक्षा को याद करते हैं तो सन्तुष्टि हो जाती है कि किसी चीज की कमी नहीं है।"

पंडित किशन महाराज के लिए लय भक्ति है। उनके लिए स्वर भक्ति है। जब तबला न हो, गाना न हो, तब भी लय मनुष्य के साथ है। "डॉक्टर आला लगाकर देखता है, तो वह संगीत थोड़े ही न सुनता है। आपका लय देखता है कि हार्ट कितनी गति से चल रहा है। पल्स देखिए, तुरन्त डिक्लेयर कर देंगे कि आपको फीवर है। जहाँ धीमा हुआ, वहीं कह देंगे कि बहुत धीमा होता जा रहा है। लय हर समय आदमी के पास है। और स्वर को देखने के लिए, उसका अनुभव करने के लिए कुछ क्रिया करनी पड़ती है। दोनों नाक पर अँगूठा रखिये और उँगली कान में डाल कर आँख बन्द कर बैठिए तो ब्रह्मांड के अन्दर एक स्वर सुनाई पड़ेगा, वह स्वर चौबीसों घंटा है। मगर उसे पहचानने के लिए आपने क्रिया किया है। लय तो आप में है। चल रहे हैं, एक लय में। जरा बेताला हुए

कि ठोकर खाकर गिर पड़ेंगे। बातचीत करते हैं तो लोग कहते हैं, बड़ा लय में बात करते हैं। कभी किसी से गलत बात हो जाती है तो कहें, बड़े बेताला बातचीत करते हो। जब बोलने की टोन खराब होती है तब लोग कहते हैं कि बड़ा बेसुरा बोलता है। वहाँ भी स्वर है। लय, स्वर, ये जीवन के प्रमुख अंग हैं। और इसमें भी भक्ति है। गुरुओं की कृपा मानना, सरस्वती का नमन करना, इसे भक्तिभाव से, साधना के रूप में करते हैं। जब ज्ञान की प्राप्ति हो जाती है, तभी तो भक्ति प्राप्त होती है। अज्ञानी को भक्ति कहाँ प्राप्त होती है! जो ज्ञानवान है, वही सोचता है कि यह भक्ति मार्ग बहुत ऊँची चीज है। जो भक्त है, उसे ही ज्ञान की प्राप्ति होती है। ये दोनों ही मनुष्य के दो नेत्रों की तरह हैं। स्वर और लय, भक्ति और ज्ञान, इस पर बहस की जाए तो सालों-साल चल सकते हैं। एक व्यक्ति प्रमाण देगा कि भक्ति बड़ी है और दूसरा व्यक्ति प्रमाण देगा कि ज्ञान अधिक महत्त्वपूर्ण है। किन्तु हैं, दोनों ही श्रेष्ठ।"

पंडित किशन महाराज साहित्य के अध्येता हैं। ब्रजभाषा में रचना करते हैं। उनसे हिन्दुस्तानी और कर्नाटक संगीत में स्वर तथा शब्द के महत्त्व को लेकर जिज्ञासा करती हूँ। हिन्दुस्तानी संगीत में स्वर को तथा कर्नाटक संगीत में शब्द को-संरचना को प्रधानता दी जाती है। उत्तर भारत में अनेक बार, स्वर साधन में शब्द खो भी जाते हैं। "ध्यान दीजिए कि उत्तर भारत में जो विद्या गायन की है, वही विद्या दक्षिण भारत में भी है। उत्तर भारत में जहाँ तान करते हैं, वहाँ पलटा करते हैं। वहाँ पर कोई प्रतिबन्ध नहीं रहता। नोट्स नहीं रहता। हमने महालिंगम की बाँसुरी सुनी है। अन्य अनेक कलाकारों को भी सुना है। जहाँ तान अंग पर जाते हैं न, वहाँ उनका भी नोट्स छूट जाता है। जैसे भरतनाट्यम, कुची पुड़ी करने वाले, इनका नोट्स बिल्कुल बना रहता है। इसी कारण इनके साथ मृदंग बजाने वाले ऐसे ही बजाना चाहे, तो नहीं बजा सकते।

वे 15 दिन तक रिहर्सल करेंगे, जब सब चीजें याद हो जाएँगी, तभी वे बजाते हैं। इसीलिए दक्षिण भारत में सबसे निषिद्ध माना जाता है कि मृदंग को नृत्य के साथ बजाया जाए। हमारी उमयालपुरम् के शिवरमण से बात होती है तो हम उनसे पूछते हैं कि डांस के साथ नहीं बजाया, वो कहते हैं कि

शिव-शिव-शिव। डांस के साथ हम बजाएँगे? हम जानते हैं, बँधा हुआ है। याद किए बगैर बजा नहीं सकता। तो रिहर्सल का कोई चीज बजा लेना विद्वानी का लक्षण नहीं है। उपज बजाना बड़ी चीज है। हमारे यहाँ भी जैसे कोई बंदिश है, तो वह तो बँधी हुई ही है, इसीलिए उसका नाम बंदिश है। किन्तु तान अंग पर, स्वर अंग पर जहाँ चले, वहाँ प्रतिबन्ध छूट जाता है। विदेश वाले बिल्कुल नोट्स पर चलते हैं। आज से 500 वर्ष पूर्व सोपे ने पियानो पर जो बजा दिया है, वह आज भी आप रूस, पोलैंड में सुनें तो जितना सोपे ने बजाया था, उतना ही बजाकर छोड़ देंगे। उसमें न कुछ घटा है, न बढ़ा है। हमारे यहाँ मालकौंस में बढ़ंत जो शुरू हुआ तो कहिए चार घंटा आप बजाते चले जाएँ, छः घंटा गाते चले जाएँ, मालकौंस बढ़ता ही चला जाएगा। ये तो विद्वानी विद्वत्ता की बात है। ऐसे ही वहाँ भी है। महालिंगम् जब बाँसुरी लेकर बैठते थे तो कोई प्रतिबन्ध नहीं रह गया था। बहुत-बहुत उपज बजाते थे, बहुत-बहुत तान करते थे।"

उधर अनेक कलाकारों ने नये रागों की रचना का प्रचलन आरम्भ किया है। पंडित जी के अनुसार ऐसी रचना सम्भव तो है, किन्तु उसे चाटुकारिता भी कहा जा सकता है। "स्वामी हरिदास पर तानसेन ने किसी राग की रचना नहीं की किन्तु अकबर के ऊपर दरबारी कान्हड़ा बना दिया। इन्दिरा गाँधी की मृत्यु हुई तो इन्दिरा प्रियदर्शिनी राग बन गया, इन्दिरा ताल बन गया। चाटुकारिता की असली परम्परा वहाँ से शुरू हुई। स्वामी हरिदास पर कोई राग आपने सुना? हरिप्रिया तो एक स्त्री थी, जिस पर 'हरिप्रिया' राग बनाया गया। हमने (स्वर्गीय) पागलदास से कहा कि तुमने इन्दिरा ताल बनाया है इसलिए शायद तुम्हें पद्‌म विभूषण मिल जाए। अपने गुरु रामदास जी पर तो कोई ताल तुमने नहीं बनाया, ऊधौसिंह जी पर और लाला भवानीदास पर कोई ताल नहीं बनाया। इन्दिरा जी कौन-सी संगीत की बड़ी निपुण थीं, जिनके ऊपर तुमने ताल बनाया! यह स्वार्थ है। अब अमजद अली से यह पूछा जाए कि अपने हाफिज अली खाँ साहब के ऊपर एक राग नहीं बनाया, मुराद अली खाँ साहब के ऊपर कोई राग नहीं बनाया, इन्दिरा गाँधी के ऊपर 'इन्दिरा प्रियदर्शिनी' राग बना दिया, क्यों! रविशंकर ने भी अलाउद्दीन बाबा पर कोई राग नहीं बनाया, इन्दिरा जी पर बना दिया। हमारे मत में वह सब अच्छा नहीं। किन्तु नये रागों की रचना सम्भव है। रशिया में एक ग्रीन रूम में रविशंकर और हम एक बार बैठे थे। एकाएक सितार पर उन्होंने स्वर निकाला। हमने कहा—यार, ये बड़ा बढ़िया लगा। उसी वक्त उन्होंने बंदिश किया और उसका नाम रखा 'रशिया'। तो 'रशिया' राग वहीं बना। यह कलाकार की उपज है। गंगा के किनारे बैठे थे तो 'गंगोत्री' एक राग बन गया। 'गंगेश्वरी' बन गया। 'रागेश्वरी' बन गया। किन्तु अब जवाहरलाल के ऊपर मृदंग का एक टुकड़ा बनाया जाए, लाल बहादुर शास्त्री पर कजली लिखी जाए या ताल

बनाया जाए, तो यह कलाकार का चाटुकारितापन साबित होता है। अपनी विद्या पर जब भरोसा कम होता है, तब व्यक्ति चाटुकारिता का सहारा लेता है। सोचना चाहिए कि हमने अपने गुरु के ऊपर कोई राग नहीं बनाया, आज हर नेता पर राग बनाया जा रहा है, तो इसको क्या कहा जाए? हम इन सबसे दूर रहते हैं।"

किशन महाराज जी के अनुसार संगीत तो जन्म-जन्म की साधना है। संगीत में तीन शब्द हैं—दिक्खा, सिक्खा, परिक्खा। लोग इसका अर्थ निकालते हैं कि देखो, सीखो और परखो। पहले जन्म में देखो, दूसरे जन्म में सीखो और तीसरे जन्म में परखो। संगीत के लिए तीन जन्म लेना आवश्यक है। यह एक जन्म में प्राप्त हो—ऐसी विद्या नहीं है, इसके लिए कम-से-कम तीन जन्म लेने पड़ेंगे।

क्या एक ही जन्म में तीनों जन्मों के गुण को सम्मिलित करना सम्भव है? "नहीं, नहीं। मुश्किल है। हम लोगों का आप जो इतना नाम निशान देख रही हैं, यह एक जन्म की बात नहीं है। पूर्व जन्म की तपस्या है। यदि कोई चाहे कि एक ही जन्म में इतना सब कुछ हासिल कर ले, तो हासिल नहीं हो सकता। लयदार अच्छा हो जाएगा तो गुरु अच्छा नहीं मिलेगा। बहुत सुरीला हो जाएगा तो वह लय से दूर होगा। यह सब ही तो अधूरापन है न! संसार में जो श्रेष्ठ नाम करता है, उसी को सम्पूर्ण कलाकार कहा जाता है। उसी के ऊपर माँ सरस्वती की, ईश्वर की तीन जन्म तक कृपा रहे, वही अच्छा है।"

पंडित किशन महाराज पर माँ सरस्वती की जन्मों-जन्मों की कृपा है। लगता है, बनारस की गंगा की लहरों की भी उन पर कृपा है, तभी तो उनके तबले के बोल एक पावन-सा वातावरण पैदा कर देते हैं।

॥ पंडित जसराज ॥

ॐ

|| PANDIT JASRAJ ||

जय हो

हमारे संगीत सात स्वर होते हैं
इन सात स्वरों को ख्याल
रखते हुए यह सुनिताजी ने
सात स्वरों से सात कलाकार को
पिरोने की खूबसूरत प्रयास
जो कि सराहना योग्य है

मैं उन्हें
इसी प्रकार से बधाई

पंडित जसराज

पंडित जसराज

शीत की रात
रात में बावड़ी
बावड़ी में पानी
पानी पर तैरती सुगन्ध
पानी पर उतरती सुगन्ध
सुगन्ध चाँदनी की
सुगन्ध प्रेम की
सुगन्ध प्रकाश की
सुगन्ध सुरों की
सुगन्ध राग वसन्त की
शीत की रात में
पानी पर तैरती है
सुगन्ध राग वसन्त की

'और राग सब बने बाराती, दूल्हा राग वसन्त,' गा रहे हैं पंडित जसराज। हैदराबाद में चाँदबीबी की बावड़ी में पंडित मोतीराम और पंडित मनीराम संगीत समारोह की वह शाम। पंडित जसराज के पिता पंडित मोतीराम जी की मृत्यु-तिथि—30 नवम्बर। तीन दशक से अधिक हो गये, जसराज जी इसी दिन अपने पिता को अपनी श्रद्धा के फूल समर्पित करते हैं। अपने स्वरों के फूल। उस दिन, शीत ऋतु में फूलों के राग का नाम है—वसन्त।

बावड़ी में जगमगाते हैं दीये
बावड़ी में तैरते हैं दीये
बावड़ी में तैरता है प्रकाश
दिपदिप
बावड़ी में तैरते हैं प्रकाश के साथ सुर भी
आत्मा है इसमें सराबोर
नहाई है संगीत में
जादुई छड़ी घुमाई है किसी ने

वह और कोई नहीं, हैदराबाद का मानस-पुत्र जसराज है।

प्रकाश की, संगीत की, चाँदनी की, प्रेम की सुगन्ध को केवल अनुभव किया जा सकता है। शीत की रात में वसन्त की महक को महसूस किया जा सकता है केवल। उस दिन कार्यक्रम सम्पन्न होने पर मैं बरबस मंच पर कह उठी थी, 'वसन्त तब आता है—जब पंडित जसराज उसे बुलाते हैं, वसन्त तब आता है—जब पंडित जसराज उसे गाते हैं।'

यह अनुभव कोई एक बार का नहीं है। जितनी बार उन्हें सुनना होता है, जिस बिन्दु पर उनका गायन सम्पन्न होता है, वही जीवन का अन्तिम सत्य लगने लगता है। लेकिन, अन्तिम सत्य तो उस व्यक्ति के जीवन का होता है, जिसके जीवन का कोई प्रथम सत्य हो! उसका क्या, जिसका एक ही सत्य हो और वह सत्य हो संगीत! पंडित जसराज कहते हैं, "यदि कहूँ कि संगीत जीवन है, तब जीवन तो सबके पास है। यदि कहूँ कि संगीत आजीविका है, तो आजीविका भी सभी के पास होती है। यदि कहूँ कि संगीत प्राण है, तो प्राण भी हर जीवनधारी के पास है। मेरे लिए संगीत हर चीज से परे है। हर अभिव्यक्ति से परे है, हर भाव से ऊँचा है। बस संगीत ही संगीत है, और कुछ नहीं।" पंडित जसराज से बात करके मुझे याद आने लगती हैं वे पंक्तियाँ, 'हवा को जानना चाहते हो तो उसमें सुगन्ध की तरह रम जाओ तुम हवा को पा जाओगे। नदी को पाना चाहते हो तो उसमें धारा की तरह समा जाओ तुम नदी को पा जाओगे।' जसराज जी से बात करके लगता है, उनका गायन सुनकर लगता है—'तुम संगीत को पाना चाहते हो तो स्वयं संगीत बन जाओ, तुम संगीत को पा जाओगे।'

एक दूसरी घटना।

वृन्दावन में आयोजित स्वामी हरिदास समारोह। संगीत और कविता का रस प्रवाहित हो रहा है। आधी रात बीत चुकी है। मंच से मैं उद्घोषणा करती हूँ। 'जलालुद्दीन रूमी की एक प्रसिद्ध कथा है। एक प्रेमी गया प्रेयसी के द्वार पर। द्वार खटखटाया। भीतर से आवाज आयी 'कौन'? प्रेमी ने उत्तर दिया 'द्वार खोलो, मैं हूँ तुम्हारा प्रेमी।' भीतर सन्नाटा हो गया। बड़ा खामोश उदास सन्नाटा। प्रेमी ने फिर द्वार खटखटाया। भीतर से आवाज आयी 'कौन'? प्रेमी ने उत्तर दिया, 'क्या तू मुझे भूल गयी? मैं हूँ तुम्हारा प्रेमी। द्वार खोलो।' भीतर से आवाज आयी, 'इस घर में दो के रहने लायक जगह नहीं। तुम तो प्रेम का अर्थ ही नहीं समझे। प्रेम गली अति सँकरी, या में दो न समाय। जाओ, जब प्रेम का अर्थ समझ जाओ, तब आना।' प्रेमी लौट गया, हताश, निराश, उदास। जंगल-जंगल, नदी-नाले,

वादी-पहाड़ घूमता रहा। कई वसन्त आये, चले गये। कई चाँद उगे, डूबे। कई सूरज निकले, छुपे। एक दिन प्रेमी लौट आया प्रेमिका के द्वार पर। द्वार खटखटाया। भीतर से आवाज आयी 'कौन', प्रेमी ने उत्तर दिया, 'द्वार खोलो, अब 'मैं', 'मैं' नहीं रहा, केवल 'तू' ही 'तू' है।' कहते हैं, द्वार खुल गये, तत्क्षण द्वार खुल गये। प्रेमी-प्रेमिका का मिलन हो गया, यह मिलन आत्मा-परमात्मा का मिलन था। पंडित जसराज का गायन वह गायन है, जहाँ 'मैं' 'मैं' नहीं रहता, 'तू ही तू' हो जाता है।'

उस रात वृन्दावन में तीन हजार से अधिक श्रोताओं ने पंडित जसराज के गायन में 'मैं' का विलय होते हुए अनुभव किया था। 'तू' का साक्षात्कार किया था, 'आज तो आनन्द-आनन्द'.... सुनकर एक साथ उन हजारों श्रोताओं के मन प्राण में आनन्द का संचार होने लगा था। पंडित जसराज ने आनन्द का यह संचार एक बार नहीं, सैकड़ों हजारों बार कराया है। जहाँ बस साँस अपने आप चलती है, उसके लिए प्रयास नहीं करना पड़ता, कानों का स्पर्श करते हुए स्वर मन में उतर आते हैं, अनायास। नेत्र उन्मीलित हो जाते हैं, मुग्ध-सी आत्मा प्रेमी के संसार में डूबने लगती है। लगता है कि वही सबकुछ है, वही सम्पूर्ण है, 'पूर्णमिदः पूर्णमिदः पूर्णादपूर्णमदुच्यते। पूर्णस्य पूर्णमादाय पूर्णमेवाविशिष्यते।'

गुरु आज्ञा में निस दिन रहि[illegible]
जो गुरु चाहे सोहि-सोहि कर[illegible]

गुरु की महिमा अपरम्पार
अक्षर ओउम् में करत विहार
गुरु चरणन रज मस्तक धरिए
भव सागर हँस-हँस के तरिए

राग भैरवी - पं. जसराज

"संगीत तो असली वही है जिसमें हम अपने आपको खो दें। वह आपको अपनी ओर खींच लेता है। आप कितने ही दुखी हों, संगीत जानते हों, तानपुरा छेड़ दीजिए, आधी परेशानी दूर हो जाएगी। और वह संगीतकार ही क्या, जो उसमें खो न जाए।"

वह संगीत, जिसमें पंडित जसराज स्वयं और श्रोता, सभी खो जाएँ, हैदराबाद के उस छोटे-से होटल में बजने वाले रिकॉर्ड से शुरू हुआ। कन्धों पर किताबों का बस्ता लादे हुए वहाँ जसराज घर से निकलता तो था स्कूल जाने के लिए, लेकिन रास्ते में गली के मुहाने पर छोटी-सी चाय की दुकान में बिस्कुट डुबोकर खाने वाले ग्राहकों के कान, जो अख्तरी बाई फैजाबादी के गाने की आवाज की मिठास को सुनते थे, उनकी उँगलियाँ जो मेजों पर गाने की लय पर थिरकती थीं, नन्हे जसराज को अपनी ओर खींचते और उसके पैर वहीं थम जाते।

पाँच-छः साल के जसराज को न तो मालूम था कि गाना क्या होता है, और न ही मालूम था कि गाने में जो शब्द हैं, 'दीवाना बनाना है तो दीवाना बना दे, वरना कहीं तकदीर तमाशा न बना दे', उनका क्या अर्थ है। बस रिकॉर्ड की सुई की तरह उसके कदम चाय की दुकान के सामने जो रुकते, सो रुकते। बड़े भाई-राजा भैया और जसराज दोनों स्कूल की तरफ चलते, लेकिन उस होटल तक पहुँच कर जसराज बड़े भाई से कहते, अच्छा राजा भैया, तुम जाओ। राजा भैया बहुत समझाते—माँ मारेगी, स्कूल से नाम कट

जाएगा, लेकिन जसराज के कान जो 'दीवाना बनाना है', सुन रहे होते, राजा भैया की बात कहाँ सुनते! दिन भर सुनते रहते! वही रिकॉर्ड। कई बार होटल वाला दूसरा कोई रिकॉर्ड लगा देता तो उसकी मिन्नत मनौवल करके वापस 'दीवाना बना दे' को लगवा लेते।

उन्हीं दिनों हैदराबाद में एक फिटन गाड़ी चलती थी जिसके पायदान पर एक आदमी खड़ा होता था रखवाली के लिए, आखिर नवाब साहब की फिटन थी। कोई-कोई 'जालिम' लोग थे—उस पर पीछे कीलें लगवा देते। पायदान तो बनाते, लेकिन सुरक्षा की लिहाज से कीलें भी लगी रहतीं। "एक दिन एक फिटन जा रही थी, हम भागकर पेट के बल उस पर लेट गये कि स्कूल पहुँच जाएँगे जल्दी से क्योंकि पैदल चलने का वक्त तो गाना सुनने में खर्च कर चुके थे। किसी ने कहा—ऐई बग्घी के पीछे चोट्टा। साईस ने पकड़ कर उल्टा जो चाबुक मारा तो हम वहीं गिर गये और बस्ता उसने पकड़ लिया। बस्ता फिटन के साथ चला गया। हमारी पढ़ाई रह गयी वहीं की वहीं, हम सुनते रह गये—दीवाना बनाना है तो दीवाना बना दे। भगवान ने शायद हमारे बालमन की सुन ली थी।"

उसी आवाज को सुन-सुनकर नन्हे जसराज ने बचपन के न जाने कितने साल निकाल दिए। संगीत की यात्रा चलती रही, उस यात्रा में वह जसराज, जसराज जी और पंडित जसराज बन गये। सालों बीत चुके थे। बेगम अख्तर को, जिनका वह गीत उनके दिल की धड़कन को पचास साल बाद भी तेज कर जाता था, प्यार से जसराज जी उन्हें अम्मा या अम्मी कहकर पुकरने लगे।

एक दिन पूना में 'आशियाना', वसुन्धरा पंडित जी के घर, के निकट रात को जसराज का गायन था। बेगम अख्तर वसुन्धरा जी के घर में ही ठहरी थीं। जसराज जी से कहने लगीं—"हम सुनने आएँगे रात में। इन्होंने बहुत कहा, कि अम्मा देर हो जाएगी, आप मत आइए लेकिन वे आ गयीं। रात साढ़े 10 पौने 11 बजे जसराज जी का गायन शुरू हुआ और उधर बेगम अख्तर हाथ में लाठी पकड़ कर आ गयीं (उन दिनों वे लाठी पकड़कर चलने लगी थीं) और सवेरे 5 बजे तक सुनती रहीं। गाना खत्म होने पर बोलीं, 'मैं क्या बताऊँ अगर मैं तुमसे उम्र में छोटी होती, तो तुमसे गाना सीखती।' मैंने कहा अम्मा, आपका दीवाना बनाना है तो दीवाना बना दे तो अभी तक हम समझ नहीं पाये, तो वे बोली कि नहीं, हम सच कह रहे हैं। मगर वो तो वो थीं। उनका दिल भी कितना बड़ा रहा होगा, वरना कोई ऐसे थोड़े न कहता है। वह उनके साथ मेरी अन्तिम मुलाकात थी। बहुत बड़े दिल की महिला थीं", जसराज जी कहते हैं।

मैं ठुमरी बाई
ठुमरी गाई,
गाया दादरा
ग़ज़ल गाई
बाकी सब रहा खयाल
मेरे जो खयालों में रहा
मेरे वो सपनों में रहा
तुमने उसे छुआ
छूकर दुनिया को दे दिया
घोला कानों में सुर
मैं आज जहाँ हूँ
वहाँ से अपनी ठुमरी-ग़ज़लों के बीच
तुम्हारा खयाल करती हूँ
अगला जन्म हो यदि मेरा
तो तुमसे खयालों को
असर देना सीखूँ
खुदा से यही
दुआ करती हूँ।
आसमान में दूर सितारा चमकता है रोज

बेगम अख्तर का गाना सुन-सुन कर जसराज जी के हाथ उस पर ताल देने लगे। बड़े भाई प्रताप नारायण जी ने सोचा कि अरे, यह तो तबला बजा सकता है, सो 'ना धिन धिन ना ना धिन धिन ना' बजाना सिखा दिया। धीरे-धीरे हाथ तबले पर सीधा पड़ने लगा। कभी किसी बस में बैठकर, कभी चाय की दुकान पर, कभी फुटपाथ पर खड़े हो तो कभी बाहर दरी पर बैठकर कलकत्ते में गाना सुनते रहे। 'सांगू वैली' चाय की दुकान में एक आने में 'एई चा दे की' चाय पीते, कभी थक जाते तो 2-3 चाय भी हो जाती रात भर में। वह था कलकत्ता शहर जिसमें लोग संगीत के ऐसे शौकीन कि 1000 आदमी यदि पंडाल के भीतर बैठते तो 8-10 हजार लोग पंडाल के बाहर खड़े रहकर रात-रात भर गायन सुनते। ऐसे बाहर खड़े होकर सुनने वालों में जसराज भी थे। कभी-कभी कोई आदमी बच्चे की शिद्दत को देखकर तरस खा लेता और कहता कि भई मेरा पास ले जाओ। बसुश्री, बिजली सिनेमा, इन्दिरा सिनेमा में संगीत सम्मेलन होते, सिनेमा को बन्द कर दिया और बड़े-बड़े कलाकार कार्यक्रम देने आते।

एक बार आयोजकों ने बड़े गुलाम अली खाँ साहब के बाद माणिक वर्मा जी को बिठा दिया गाने के लिए। उनकी हवा उड़ गयी कि मैं अब क्या गाऊँगी! मगर इतना खूबसूरत 'ललित' गाया कि सुनने वाले अवाक्। ऐसा

लगा ही नहीं कि कार्यक्रम में कुछ उलट-पुलट हुआ है। उस दिन जसराज ने जाना 'इसको' कहते हैं तालीम "हम जो सवेरे उठकर राजी नहीं थे रोज सवेरे रियाज के लिए उठने लगे। माँ ऐसी थी कि रियाज करने के लिए सुबह-सवेरे उठा देतीं। हमें जल्दी उठना अच्छा नहीं लगता और वह चार ही बजे जगा देती। एक-आध दिन को उठ जाते थे, बाकी दिन गले को इस तरह कुछ अव्यवस्थित करते कि आवाज ही बैठ गयी है। इस प्रकार दो-चार बार तो माँ को बना गये कि भई, उसका गला ही ठीक नहीं रहता। उसके बाद से उन्होंने कहा कि कोई बात नहीं, ठीक नहीं रहता है गला तो, रियाज करना तो जरूरी है। फिर गले का तो कोई दोष था नहीं, दोष तो हमारा ही था। धीरे-धीरे समझ में आने लगा कि अपने-आप से चोरी करना कोई अच्छी बात नहीं। जब इसी पतवार को पकड़ना है, उदरपूर्ति से लेकर सभी आशाओं-आकांक्षाओं की पूर्ति का माध्यम संगीत ही है, तो फिर उसी को अपनाऊँ। तब मुझे माणिक वर्मा जी की तालीम याद आयी। 'दीवाना बनाना है तो दीवाना बना दे' सिर पर दीवानगी की तरह चढ़ गया और मेरा संगीत से प्रेम हो गया।"

कभी-कभी प्रताप नारायण जी अपने साथ तबला बजाने ले जाते जसराज जी को। एक बार किसी कार्यक्रम में आयोजकों ने गायक के लिए मंच पर ऊँची जगह पर आसन बनाया और संगतिकारों के लिए नीचे। जसराज जी को बहुत बुरा लगा और मन में ठान लिया कि यदि तबला-वादक का उतना ही आदर नहीं होता जितना कि गायक का, तो मैं अब से तबला नहीं बजाऊँगा। उन्हीं दिनों एक बड़े गायक कलकत्ते आये। उनका कोई कार्यक्रम था। उनके तबला-वादक की तबीयत खराब हो गयी और वे जसराज जी के बड़े भाई साहब से गुजारिश करके इन्हें तबला बजाने के लिए साथ में ले गये। उन्होंने बहुत अच्छा गाया। अगले दिन कोई सज्जन जसराज जी के यहाँ आये और उन गायक के गायन में मीन-मेख निकालने लगे। थोड़ी देर तक तो जसराज जी सुनते रहे, लेकिन फिर नहीं रहा गया और उन सज्जन से बोले कि नहीं, राग का निर्वाह तो बहुत अच्छा किया गया था। तब वे सज्जन जसराज जी को झड़प कर बोले, 'तुम चुप रहो। तुम मरा हुआ चमड़ा बजाते हो, बजाते रहो। गाना समझना तुम्हारे बस का नहीं।' बस तभी निर्णय हो गया कि अब गाना ही सीखूँगा। दोनों बड़े भाई—पंडित मनीराम जी और पंडित प्रताप नारायण जी से गाना सीखना शुरू किया तो फिर 60 वर्ष से अधिक समय व्यतीत हो गये गाते हुए। वह स्वयं भी अपने गायन में खो जाते हैं और श्रोता को भी भाव-विह्वल कर देते हैं। और इसके पीछे है कलाकार की विनम्रता।

"संगीत यह नहीं कहता कि आप बहुत बड़े गायक हैं, तो ही खोइए, थोड़ा-सा संगीत जानें, तो भी खो सकते हैं। उसके लिए बहुत बड़ा कलाकार होना जरूरी नहीं है। परन्तु कलाकार में नम्रता होना जरूरी है। तब उसकी कला विकसित होती है। उसमें सौन्दर्य आता है, उसमें प्यार टपकता है। आप

बड़े कलाकार हैं, किन्तु गुस्सैल हैं तो आपकी कला में शूरवीरता दिखाई देगी, जैसे कि आप तलवार लेकर लड़ रहे हों। वह भी एक खूबसूरती तो है, जिसमें आदमी बहुत अच्छे तरीके से तलवार चला रहा हो, किन्तु-संगीत तो ऐसी चीज है जिसे नतमस्तक होकर ही प्राप्त किया जा सकता है। मेरा तात्पर्य गायन, वादन, नृत्य—सभी से है। संगीतकार यदि नम्र होता है तो उसके गायन से प्यार टपकेगा। सब जगह, हर एक को उसका स्वर छूता हुआ जाएगा। वह आपके मस्तिष्क को तकलीफ नहीं देगा। दिल में कुछ महसूस कराएगा। दिल में कुछ ऐसा पैदा करेगा कि वह कसक उठेगा, वरना आपके मस्तिष्क को तकलीफ देगा। एक चमत्कार तो पैदा करेगा कि भई वाह कमाल है, ऐसा तो हमने सुना ही नहीं। लेकिन, जहाँ दिल को छूने वाली बात है, वहाँ आप स्तब्ध हो जाएँगे, भाव विह्वल हो जाएँगे, तालियाँ नहीं बजाएँगे, बातें नहीं करेंगे, बातें करने वाला आपको दुखी करेगा। आप चाहेंगे कि कोई मुझसे बात न करे। वह है संगीत, वहाँ शून्य से स्वर जागता है। वह स्वर संगीतकार तभी पैदा कर सकता है, जब उसमें नम्रता हो, भगवान के प्रति आस्था हो, ईश्वर में उसका परम विश्वास हो, गुरु के प्रति उसकी श्रद्धा अटूट हो।" अपने गुरुओं के प्रति जसराज जी की श्रद्धा अटूट है। इसीलिए तो न्यूयॉर्क के हनुमान मन्दिर में उस सुबह ब्रह्ममुहूर्त में जब उनकी आँख खुल गयी तो मूर्ति के समक्ष बैठकर चुपचाप आँसू बहाते रहे। अकस्मात् 'भैरवी' में वह गीत निसृत हो उठा, 'गुरु आज्ञा में निस दिन रहिए। जो गुरु चाहे, सोई-सोई करिए।'

गुरु-चर्चा करते समय जसराज जी पुनः बड़े भाई साहब मनीराम जी के साथ-साथ बेगम अख़्तर की चर्चा करने लगते हैं। "बड़े भाई साहब के पास बेगम अख़्तर बहुत आती थीं। उनके साथ उनका संगीत का सम्बन्ध तो था ही, सिगरेट का भी बहुत जबरदस्त सम्बन्ध था। दोनों ही 'कैप्सटन' नाम की सिगरेट पीते थे। दोनों ही सारी-सारी रात सिगरेट हाथ में लेकर बैठे हैं और बातें चल रही हैं। कभी मन में आया तो बेगम अख़्तर ने हारमोनियम लेकर थोड़ी ग़ज़लें गा दीं। कभी मन में आया तो बड़े भाई-साहब ने चार-छः बंदिशें सुना दीं। मनीराम जी के साथ उनका बड़ा प्यारा सम्बन्ध था। ऐसा नहीं हो सकता था कि अम्मी कलकत्ते आएँ, और दो-चार रातें बैठ के, गा के नहीं गुजारी हों। हम उस संगीत को अपने दिल में बूँद-बूँद उतारते जाते", जसराज जी कहते हैं।

गुरुजनों को सम्मान देना उस पीढ़ी के सभी कलाकारों में कूट-कूट कर भरा था। एक बार बेगम अख़्तर, लक्ष्मीशंकर जी और जसराज जी, तीनों को शिमला में समर फेस्टिवल में गाने के लिए बुलावा आया। तब ऑल इंडिया रेडियो वालों ने कहा कि शिमला तो

आ ही रहे हैं, ए आई आर में भी गा दें, पैसा दुगना मिल जाएगा। यूँ पैसा तो मिलता ही कितना था। कार्यक्रम के ठीक पहले उन्होंने महेन्द्र कपूर का गाना रख दिया। 1970 में महेन्द्र कपूर बड़े लोकप्रिय थे। टिकटें इतनी बिकीं कि जितनी बैठने की व्यवस्था थी, उससे दुगनी। सवेरे आयोजकों की नींद खुली कि ऐसे में इन शास्त्रीय संगीतकारों से भी बातचीत कर ली जाए, तो पहले लक्ष्मीशंकर जी के पति से आग्रह किया कि यदि लक्ष्मी जी अपना गाना थोड़ा छोटा कर दें तो अच्छा होगा। उन्होंने कहा कि ठीक है, एक-आध भजन गाकर ही उठ जाऊँगी। जसराज जी से भी आग्रह किया। "हमें कोई भजन-वगैरह तो तब आता नहीं था, हम खयाल-स्थाई गाते थे। गाना शुरू किया—श्रोता बिल्कुल शान्त भाव से सुन रहे थे। इतने में आयोजक महोदय भागे-भागे आये माइक पर कि कृपया शांति बनाए रखिए, महेन्द्र कपूर जी अपने होटल से यहाँ आने के लिए चल चुके हैं। फिर क्या था, पब्लिक में जोर से अशान्ति हो गयी। हमने कहा कि हम तो उठ ही जाएँगे, लेकिन जब तक महेन्द्र कपूर जी आएँ, तब तक स्टेज खाली पड़ा रहेगा, तब तक दस मिनट हम गाते हैं। सामने एक सरदार जी बैठे थे, बोले कि ये पक्के गाने वाले तो एक दफे गाना शुरू करते हैं तो बन्द ही नहीं करते। लड़कों ने मसखरी करना शुरू कर दिया। दुर्गा (बेटी) छोटी थी, रोने लगी कि बापू ने 'माता कालिका' गायी तो भी सारे हँसी कर रहे हैं। इतने में महेन्द्र कपूर आये, देखा कि शोर हो रहा है। जूते खोल कर मंच पर आये और माइक पकड़ कर बोले कि आपको पता है कि ये (जसराज जी) कौन हैं? ये मेरे गुरु हैं। जो हम इनके चरणों में बैठकर थोड़ा-बहुत गाना सीखे हैं, तो आप लोगों को सुनाते हैं। एकदम साष्टांग लेट गये कि गुरुदेव, आप गाइए। मैं सुनूँगा, ये लोग सुनें या न सुनें। फिर क्या, 45 मिनट तक गाया, महेन्द्र कपूर के कारण। ऐसी होती है कलाकार की विनम्रता और अग्रज गुरुजनों के प्रति भक्ति", जसराज जी अतीत की स्मृतियों में खोए हैं।

पंडित जसराज ने अपने गायन को चमत्कार और गणित से दूर रखा है। उनका गायन सुनकर आदमी ताली बजाना भूल जाता है, चुप हो जाता है। "जहाँ तक ताली का सवाल है, वो तो तबले से शुरू होती है। आज हर किसी गायक को देखिए, वादक को देखिए या नर्तक को देखिए। जिसने भी अच्छे-बड़े तबला नवाज को साथ बिठाया, तो तबला जहाँ बजेगा, तालियाँ वहीं बजेंगी। संगीत में आदमी खड़े होकर तालियाँ नहीं बजाता, वह मौन हो जाता है। जब मौन हो जाता है तब समझिए कि आपका संगीत कुछ हद तक उसके मन तक पहुँचा। जहाँ दस-बीस मिनट तालियाँ मिलती रहीं, वह एक चमत्कारी बात है। चमत्कार में दिल को मरोड़ देने

की शक्ति नहीं है। भगवान में आस्था, गुरु को भगवान के ही रूप में मानना, माता-पिता की देन को समझना, यह समझदारी देने वाला तो केवल एक ही है—ईश्वर। आप मुझसे क्या पूछेंगे, मुझे नहीं मालूम। अगर नहीं मालूम और फिर भी मालूम करके जवाब देता हूँ तो वह उसी की देन है।"

पंडित जसराज की बात सुनकर शेख सादी की वह उक्ति याद आती है, 'खामोश रहो या ऐसी बात कहो जो खामोशी से बेहतर हो।' संगीत, खामोशी से कुछ बेहतर होने का ही नाम है। जो मौन से भी सुन्दर है, संगीत है, वह अन्तर्मन में पुलक पैदा कर देता है। आप इसमें बह न जाएँ, बहना हो तो दिल के साथ बहिए। "संगीत के लिए एक प्यारा-सा दिल चाहिए।"

संगीत में उस 'प्यारे से दिल' के साथ महादेवी जी (श्रीमती महादेवी वर्मा) ने पंडित जी का परिचय करवाया। "कलकत्ते में एक न्यू एंपायर थिऐटर है। पुराना, ब्रिटिश जमाने से। उसमें एक कार्यक्रम हुआ। महादेवी जी आयी थीं। हम गाकर उठे और उनसे मिलने गये, बहुत खुश हुईं। बोलीं—इलाहाबाद नहीं आते, मैंने कहा आता तो हूँ। बोलीं-तब मिला करो। फिर जब उनके घर गया तो कहने लगीं, 'अनुज। जसराज नहीं, पंडित जसराज नहीं। अनुज! अनुज, तुम गाते तो बहुत अच्छा हो, पर थोड़ा-सा प्यार करो न!' हमको पहले तो समझ में नहीं आया, कहें—'इतना अच्छा, स्पष्ट बोलते हो, पीछे भावना भी लाओ न!' अब साहब, इतनी बड़ी, इतनी महान व्यक्ति ने यह बात कही तो थोड़ा-सा गौर किया। सच में पाया कि हम कुएँ पर तो जरूर खड़े हैं, मगर मुँडेर पर खड़े हैं, नीचे पानी में नहीं उतरे। बस आँख के आगे से पर्दा हट गया।" जसराज जी महादेवी जी के विषय में बात करते-करते आँखें पोंछ रहे हैं। यही है उनकी विनम्रता, यही है उनका प्यारा-सा दिल जो उनके गायन में ही नहीं, व्यक्तित्व के एक-एक पक्ष में भी है।

कलकत्ता में एक बहुत पुरानी संस्था है—संगीत श्यामला। जसराज जी के बड़े भाई और गुरु पंडित मनीराम ने इस संगीत संस्था और विद्यालय को नाम दिया था। उसमें मनीराम जी के शिष्य लोग ही कर्मचारी भी थे। जसराज जी ने भी कुछ समय तक उसमें संगीत सिखाया। वेतन था 40 रुपये महीना। 1953 में संस्था का वार्षिक उत्सव और उसकी सभानेतृ थीं महादेवी जी। स्कूल वालों ने जसराज जी से आग्रह किया कि इस अवसर पर कुछ लड़कियों को, जो थोड़ा ठीक-ठाक गाती हों कुछ ऐसा गवा दें जो सभा-समारोह में उपयुक्त लगे। तब सारे गामा, सारे गामा अच्छा नहीं लगेगा ऐसा सोच कर जसराज जी ने छात्राओं को एक बंदिश तैयार करवा दी—'मोहन मधुर आज, मुरली बजाई। सुन-सुन सखियाँ वन में आईं। मोहन मधुर आज मुरली बजाई। गान गरजत मेहा बरसत, चौंक पड़ी राधा, ललिता अकुलाई।' यह जसराज जी की रचित प्रारम्भिक बंदिशों में से एक है। तब दोगुन, चौगुन करके लड़कियों को 10-11 मिनट का यह पद सिखा दिया। किसी ने जसराज जी को महादेवी

जी की एक पुस्तक दी 'स्वप्न-यामिनी' कि इसमें से भी ये चार गीत तैयार करवा दें, अच्छा लगेगा क्योंकि महादेवी जी आने वाली थीं। जसराज जी ने एक गीत को संगीत में बाँधना शुरू किया—'क्या पूजा क्या अर्चन रे। इस असीम का सुन्दर मन्दिर, मेरा लघुतम जीवन रे। क्या पूजा क्या अर्चन रे।' बस इतना सा ही बना, उसके बाद वह अर्चना वहीं थम गयी।

1977 में सूरदास पंचशती कमेटी स्थापित हुई तो सोचा गया कि सूरदास को कौन गाएगा। "हमारा भाग्योदय हुआ कि सारे हिन्दुस्तान में सभी ने कहा कि इस काम के लिए जसराज ठीक रहेगा। हमने सूरदास जी पर काम करना शुरू किया और इस आयोजन की सभानेतृ भी महादेवी जी ही थीं। 23-24 साल बीत चुके थे पहली भेंट को। हमने सूरदास जी के पद चुने, सात-आठ पद गा चुके तो महादेवी जी बीच से उठी। हमने तो जो क्रम बनाया था, उसी के अनुसार हम गा रहे थे। हमने गाना शुरू किया, 'ऊधौ मन न भये दस-बीस।' महादेवी जी जहाँ खड़ी थीं, वहीं बैठ गयीं और फिर गाने में उनकी जो समाधि लगी कि क्या बताएँ, उनकी अश्रुधारा बह रही थी, और हम गाये जा रहे थे।"

जीवन में कभी-कभी कुछ सम्बन्ध ऐसे बन जाते हैं कि उन्हें भुलाए भूलना कठिन हो जाता है। जसराज जी और महादेवी जी का सम्बन्ध कुछ इसी तरह का सम्बन्ध था। 1978 में जब इलाहाबाद में जसराज जी को आनन्द भवन में गाने के लिए बुलाया गया तब आयोजकों से आग्रह किया कि महादेवी जी को बुलवाइए न! उन लोगों ने उत्तर दिया कि पंडित जी महादेवी जी तो किसी भी कार्यक्रम में आती ही नहीं हैं। जसराज जी गाड़ी लेकर महादेवी जी के पास गये उन्हें बुलाने। आयोजकों का कहना था कि वे बहुत गुस्सैल हैं, चिड़चिड़े स्वभाव की हैं। लेकिन जसराज जी ने कहा तो बोलीं, "अनुज तुम बहुत परेशान करते हो। मुझको बन्दर सेना की तरह क्यों साथ में ले जाते हो? ठीक है, कमिश्नर से कहना अपनी गाड़ी भेज दें।' आयोजकों ने कहा कि पंडित जी, आप चाहें गाड़ी भेजें या हवाई जहाज, महादेवी जी नहीं आएँगी। लेकिन महादेवी जी छः बजे के कार्यक्रम के लिए पाँच बजे ही आ गयीं। वहाँ के लोगों को पहले तो अपनी आँखों पर विश्वास ही नहीं हुआ कि महादेवी जी खड़ी हैं, फिर यथायोग्य उनका सम्मान किया।"

केशवचन्द्र वर्मा जी ने अपनी पुस्तक 'संगीत को समझने की कला' में एक स्थान पर लिखा है कि गायक तो बहुत सारे, बहुत अच्छे-अच्छे हैं। किन्तु जसराज जी में एक विशेष बात यह है कि वे अपनी बंदिशों का चुनाव बहुत सुन्दर करते हैं तथा उन्हें गाते भी उतने ही सुन्दर ढंग से हैं, बिना साहित्य को तोड़े-मरोड़े। सम्भवतः जसराज जी का साहित्यकारों के साथ नैकट्य इसका कारण रहा हो।

कुँवर नारायण जी, डॉ. धर्मवीर भारती, श्री केशवचन्द्र वर्मा, महादेवी जी, पंडित श्रीलाल शुक्ल—जाने कितने-कितने साहित्यिक नाम हैं जिन्हें जसराज जी के करीबी बन्धुओं में रखा जा सकता है। मैंने जसराज जी को धर्मवीर भारती जी के घर में, केवल भारती जी और पुष्पा जी के सामने सूरदास का 'कहा करूँ बैकुंठ ही जाई। जहाँ नहीं नंद जहाँ नहीं जसोदा, जहाँ नहीं गोकुल कदंब की छाईं' गाते हुए और भारती जी की आँखों से धाराप्रवाह अश्रुपात होते हुए देखा है। कुँवर नारायण जी के घर में रात-रात भर चलने वाली बैठकें, केशवचन्द्र वर्मा जी के घर में दोपहर और रात का खाना—सब जसराज जी का साहित्य और साहित्यकार प्रेम ही है।

इलाहाबाद विश्वविद्यालय में तीन दिन का संगीत का कार्यक्रम था। महादेवी जी को जब बुलावा गया तो उन्होंने कलाकारों के नाम जानने चाहे। कहें कि वे तो जसराज जी के ही दिन आएँगी। आयोजकों ने कहा कि महादेवी जी, हमने तो आपकी उपस्थिति उद्घाटन के दिन के लिए रखी है, जसराज जी अन्तिम दिन गा रहे हैं। इस पर महादेवी जी ने कहा कि या तो जसराज जी को उद्घाटन के दिन ले आएँ अथवा वे अन्तिम दिन ही आएँगी। वे उन्हीं के कार्यक्रम के दिन ही आयीं। लड़के मसखरी कर रहे थे, गायकों को उलझन होती और कई कलाकार अधूरा छोड़कर ही उठ रहे थे। जसराज जी के गायन में भी थोड़ी फुसफुसाहट शुरू होने लगी तो महादेवी जी उठ खड़ी हुईं, माइक पर बोलीं, 'इस युनिवर्सिटी में हमने भी पढ़ा है, मगर हम लोग इतने बदमाश नहीं थे। मगर मैं बदमाश बच्चों को बहुत पसन्द करती हूँ क्योंकि उनमें कुछ करने की शक्ति होती है। वह बच्चा ही क्या जो चुप हो जाए। मगर गाना-बजाना सुनना एक संस्कृति को समझने की बात है और आज हम उसी का आनन्द लेंगे।' जसराज जी ने दो घंटे बीस मिनट गाया और फिर बच्चों ने बहुत प्यार से सुना। रात के ग्यारह बजे उनके सभी सहयोगियों को और उन्हें घर ले गयीं, खाना, मिठाई बनवा के खिलाया। सवेरे ढाई-तीन बजे तक निराला जी के साथ अपने निराले अनुभव सुनाती रहीं। फिर अगली बार जसराज जी को एक साहित्यकार समारोह में मंच पर अज्ञेय जी और अपने बीच में बिठा दिया। अपने अनुज से बहुत प्यार करती थीं महादेवी जी।

जसराज जी उस दुनिया में ले गये हैं जिसमें मुझे उनके साथ-साथ, उनके संगीत के साथ-साथ अन्य महान विभूतियों से भी परिचित होने का सुअवसर मिल रहा है। पहले बेगम अख्तर और अब महादेवी जी। किन्तु इतने 'अपनों' को 'अपना' बनाना, यह भी कोई विलक्षण व्यक्ति और बेहद अपना व्यक्ति ही कर सकता है, और उस व्यक्ति का नाम जसराज है। जसराज जी कहते हैं, "एक बार सुना उनकी तबीयत खराब हो गयी है बहुत। अधरंग हुआ है—चेहरे पर। किसी से मिलती-जुलती नहीं। मैं इलाहाबाद चला गया बगैर किसी को बताए। जहाँ मैं ठहरता था वहाँ केवल अपना सामान रखकर महादेवी जी के

पास जाने को निकला। मेरे मित्र ने कहा, पंडित जी क्या फायदा, वे बाहर तो आती ही नहीं हैं, मिलेंगी नहीं आपसे। मैंने कहा मिलेंगी न! मेरे साथ और भी चार-पाँच लोग वहाँ गये। महादेवी जी का भृत्य आया—मैंने कहा सूचना दो कि पंडित जसराज आए हैं। भृत्य ने लौटकर कहा कि महादेवी जी कहती हैं कि हम किसी पंडित जसराज को नहीं जानते हैं। मैंने कहा कि कहो कि मुम्बई से गायक पंडित जसराज आये हैं। वह फिर लौटकर आया और बोला वह कहती हैं कि हम किसी गायक पंडित जसराज को नहीं जानते। और हमारे एक लाइट लगी, बिजली-सी कौंधी दिमाग में और मैंने कहा कि जाकर बताओ—अनुज आया है। बस, वह अपना लकवे वाला टेढ़ा-सा मुँह लेकर आ गयीं, ऐसे ही, बोलीं—देख लो, ऐसी हूँ। मैं किसी जसराज-वसराज को नहीं जानती। कोई गायक हो या मुम्बई से आये हो मुझे नहीं पता। मेरा अनुज आया है तो लो मैं आ गयी हूँ। मेरी उनके साथ वह अन्तिम भेंट थी।" इस बार आँसू पोंछने की बारी जसराज जी के साथ-साथ मेरी भी है।

"1987 में मैं अमरीका में था। मैं दिन भर सब जगह 'क्या पूजा क्या अर्चन रे' गुनगुनाता रहा था। गाते-गाते मेरा मन कुछ अन्यमनस्क हो रहा था। मैंने दुर्गा से कहा कि किसी को इलाहाबाद में फोन करके देखो, मुझे महादेवी जी की बहुत याद आ रही है, कुछ अच्छा नहीं लग रहा। अमरीका की रात में फोन लगा, पता लगा कि कुछ ही समय पहले महादेवी जी का स्वर्गवास हो गया है।" बात करते-करते जसराज जी का असमी लाल अँगोछा, जिसे वह हमेशा अपने पास रखते हैं, भीग गया है, उनके आँसुओं से।

महादेवी जी ने कहा 'अनुज, अपने गाने में थोड़ा-सा प्यार लाओ न!' जसराज जी कहते हैं—'संगीत के लिए एक प्यारा-सा दिल चाहिए।'

कलाकार संगीत के साथ बहता है। वह अपने साथ औरों को भी बहा ले जाता है। कभी-कभी वह स्वयं आत्ममुग्ध भी हो जाता है। जसराज जी कई बार आत्ममुग्ध हो जाते हैं, और इसे वह प्रभु की देन मानते हैं। क्योंकि, कदम-कदम पर वह उस अपूर्व सौन्दर्य के साथ साक्षात्कार करवाते हैं। "मैं गाते-गाते एक आध मिनट को चुप भी हो जाता हूँ। लगातार बेदम नहीं गाता। वह चुप्पी मुझे रोक देती है। रोक कर कहती है कि समझो, तुम क्या कर रहे हो? समझो, तुम्हारे माध्यम से क्या करवाया जा रहा है, इसे महसूस तो कर लो थोड़ी देर। और उसे समझने के लिए अपने-आप एक अंकुश लग जाता है, मैं ब्रेक नहीं लगाता। मन भर आता है, थोड़ी देर के लिए निस्तब्ध हो जाता हूँ, निर्वाक् हो जाता हूँ।"

एक समय था जब ऐसा लगता था कि पंडित जसराज श्रोताओं के लिए गाते थे, लोगों के लिए, सबके लिए या मनुष्य मात्र के लिए गाते थे। पिछले लगभग एक दशक से उस गायन से ऐसी प्रतीति होती है कि श्रोता तो केवल माध्यम हैं, इस गायन का असली लक्ष्य तो कोई और ही है।

पंडित जी मानते हैं कि यह तो नितान्त श्रोता पर निर्भर करता है कि वह क्या सुन रहा है, क्या देख रहा है, उसे संगीत में क्या नजर आ रहा है। "मैं तो अपने आप में कोई परिवर्तन लाया नहीं, और लाना चाहकर भी कोई आदमी परिवर्तन नहीं ला सकता। उसकी (ईश्वर भी) मेहरबानी है कि जिस तरफ मुड़ा दे, सो मुड़ा दे। हमको लगता है कि जब उसका नाम स्मरण करते हैं तब बहुत आनन्द आता है। रोमांचित तो खैर हम बहुत सालों से होते आ रहे हैं, जब हम स्मरण तक पहुँचे नहीं थे, तब भी स्वर से रोमांचित होते ही रहते थे। अब तो रोमांचित कोई और चीज हो गयी, उससे कुछ आगे है। रोमांच में लोम-हर्ष होता है, गला रुँध जाता है, आँखों से पानी आता है। अब उससे थोड़ा और आगे चले गये। वैसे आगे चले गये या पीछे, पता नहीं, मगर आनन्द कई गुणा बढ़ गया है।"

पंडित जसराज के आध्यात्मिक गुरु महाराज साहब सानंद बापू जी ने और पंडित जी की अपनी अनुभूतियों ने उन्हें बताया कि ईश्वर को संगीत बहुत प्रिय है।

पंडित जी जब मंच पर अथवा अन्यत्र गाने बैठते हैं तो स्वयं और अपने विद्यार्थियों से कहते हैं कि गाने से पहले मनसः अपने माता-पिता, गुरु, कुल-देवी-देवता, इन सबका आह्वान करें। फिर उन्हें बैठने के लिए यथोचित् स्थान दें। फिर उनसे कहें कि यह जो कुछ भी हम गा रहे हैं, यह आपकी सेवा है, कृपा करके इसे ग्रहण करें। फिर आप हमें आशीर्वाद दें। "इसमें इतना कुछ सही लगता है कि जैसे वे सब आ गये हैं और सामने बैठे हैं। यह दृढ़ता होनी चाहिए। जैसे रामायण-पाठ में एक गद्दी बनाते हैं और हनुमान जी का आह्वान करते हैं कि वे वहाँ उस गद्दी पर आसीन होंगे और रामायण पाठ सुनेंगे। अगर ऐसा है तो संगीत में क्यों नहीं भगवान आएँगे। खुद नारद पुराण में भगवान कहते हैं, "नाहम् वसामि वैकुंठे....मद्भक्ताः यत्र गायंति तत्र तिष्ठामि नारदः।"–कि मेरे भक्त जहाँ गाते हैं, वहाँ मैं रहता हूँ। यदि ऐसी बात है तो फिर सदा उन्हें क्यों न बुलाया जाए? यूँ भी यदि किसी सामान्य व्यक्ति को भी बिना आग्रह के बुलाया जाए तो वह भी रुचि लेकर नहीं आएगा, लेकिन जब किसी को ठीक स्थान दे दिया, समादरयुक्त बिठा दिया, तब फिर उसके जाने का प्रश्न ही नहीं उठता। शुरू से लेकर अन्त तक वह वहाँ रहता है। उसका रूप आप कोई भी सोच

लीजिए—माता का सोच लीजिए, कृष्ण का या राम का, जिसके प्रति आपके मन में प्यार है, आस्था है, वह रूप सोचिए, और वह साक्षात् आपके सम्मुख उपस्थित। मन होता है कि पूछूँ पंडित जी, क्या आप गाते समय उन्हें देख भी पाते हैं? सो पूछ ही लेती हूँ। लेकिन पंडित जी का उत्तर भी उतना ही सहज और सत्य है—"देख तो पाता हूँ, लेकिन मूर्ति के रूप में नहीं, साकार, साक्षात्। वार्तालाप तो उनसे अभी तक नहीं हुआ, हाथ से जैसे मैं अपने विद्यार्थियों को गाते समय संकेत देता हूँ कि तुम गाना शुरू करो, वैसे ही मुझे उनके हाथों के हाव-भाव नजर आते हैं।"

पंडित जसराज का गायन सुनना भी एक आध्यात्मिक सुख है। वह एक अलौकिक सुख है, वह प्रतीति है अतीन्द्रिय की। तब फिर गाते समय उन्हें कैसा अनुभव होता है, क्या वह भी कोई अतीन्द्रिय भाव है अथवा लौकिक ही है कुछ मैं जानना चाहती हूँ। "पिछले कुछ सालों से ऐसा लगता है कि मैं नहीं गाता हूँ। वैसे तो यह मुझे बहुत पहले से मालूम है कि न मैं गाता हूँ, न आप सुनती हैं। कोई और है जिसे हम देख-समझ नहीं पाते, यहाँ से वहाँ तक एक आवाज जो यात्रा कर रही है, उसे हम जान नहीं पाते कि वह यात्रा कैसे हो रही है—स्वरों की! यही जो चीजें हैं, वे एक भ्रम न पैदा करके एक सटीक जगह पर पहुँचा देती हैं कि वही है जो ठीक से सुनता है, गाता है, गवाता है, चाहता है और चहवाता है।"

प्रार्थना का तरीका सबका अपना-अपना है। वृक्ष अपने फूल झराता रहा शंकर जी पर, यह उसकी प्रार्थना है। चन्द्रमा चाँदनी बरसाता रहा, सूर्य प्रकाश फैलाता रहा, यह उनकी प्रार्थना है। समुद लहरों से बार-बार अपने इष्ट का चरण-स्पर्श करता रहा। किसी ने अग्नि में आहुति न दी, नहीं किया मन्त्रोच्चार फिर भी उनकी प्रार्थना से अभिषिक्त होता रहा इष्ट और पुलकित होता रहा। जसराज जी का संगीत प्रार्थना है।

'संगीत प्रार्थना कब बनता है? वह मात्र अभिव्यक्ति, अभिव्यक्ति से विकलता और विकलता से प्रार्थना कब बन जाता है?' "मैं निःशब्द हो गया हूँ। मैं भीतर तक गुदगुदा गया हूँ....विह्वल हो गया हूँ...शायद मुझे कोई उत्तर, कोई शब्द सूझ जाए। रियाज करके संगीत की अभिव्यक्ति होती है, वह काम कोई भी कर सकता है, लेकिन हर किसी का गायन प्रार्थना नहीं बनता। मान लीजिए कि गायन को ईश्वर जब स्वीकार कर लेता है, तब वह प्रार्थना बनता है। वहाँ प्रश्न-उत्तर सब समाप्त हो जाते हैं, न कोई सवाल होता है, न जवाब सूझता है। बस जो

कुछ है, उसने स्वीकार किया, और क्या चाहिए?”

पंडित जसराज ने अपने संगीत को ईश्वर को समर्पित करने का प्रयास भी किया है। निरन्तर करते हैं। “मन्दिरों में तो यही-यही करता हूँ। उसे मैं प्रयास कहूँ, या अर्पण कहूँ, जो भी कहूँ, उसमें बहुत आनन्द आता है। आमतौर पर उसी आनन्द को समोए हुए मैं महफिल में जाता हूँ। संगीत तो मैं पहले अर्पण कर देता हूँ, ‘मंगलं भगवान विष्णु मगलं गरुणध्वज’। ‘श्री अनन्त हरिनारायण कि भगवान, यह तो आपकी सेवा है।’ ” पंडित जसराज बात करते-करते विह्वल हो उठते हैं, “आपने हमें भगवान के कुछ और नजदीक पहुँचाने की कोशिश की है। सहायक रूप बनी हैं, यह महसूस कराने के लिए कि मैं ऐसा गाता हूँ। वास्तविक संगीत तो उसी को अर्पण होता है, उसी के द्वारा स्वीकार होता है। भगवान आपकी लम्बी उम्र करे, आपको यश मिले, आपको सब कुछ मिले, आपको मेरे संगीत में प्रार्थना सुनाई देती है, मुझे नहीं पता, (कंठ भर आता है) तो वह ईश्वर द्वारा स्वीकृत है। मेरा कोई प्रयास नहीं, यह उसकी कृपा है कि उसने स्वीकार किया है।”

भक्ति-संगीत के साथ जसराज जी का पहला परिचय उनके आध्यात्मिक गुरु सानंद बापू जी ने करवाया। “1944 में मुझे ऐसा आभास हुआ कि यह जो मूर्ति है, ऐसी नहीं है जैसी दिखाई देती है। हम चिल्ला-चिल्लाकर कहें—भगवान, भगवान। उसका भी कोई अर्थ है क्या? मैं ‘माता कालिका’ वगैरह गाता था। बापू साहब समझाते कि ‘कृष्ण’ और ‘काली’ एक हैं। दोनों में कोई अन्तर नहीं है। तुम कृष्ण गाओ चाहे काली। तो यह उन्हीं की देन है। धीरे-धीरे इस भाव का विस्तार होता गया। आसकरण जी पुष्टिमार्गी हैं। श्याम बाबा की बहुत देन है। उन्हें तो हम अपना गुरु मानते हैं। मैंने हवेली-संगीत या पुष्टिमार्ग में पाया कि वह पूर्ण संगीत है। जो हम लोग गाते हैं, जो शास्त्रीय संगीत या खयाल गा रहे हैं वह तो अधूरा है। पहली बात तो यह है कि अनेक बंदिशें हैं, जिसे कलाकार कहते हैं कि ये फलाँ उस्ताद की या लेखक की हैं, उनकी अपनी नहीं है। बहुत सारे पद पुष्टिमार्गी कवियों की रचनाओं में से लिए गये हैं और कह दिया कि फलाँ उस्ताद या फलाँ पंडित की बंदिश हैं। आपको ताज्जुब होगा कि ‘लट उलझी सुलझा जा बालमा हाथन मेंहदी लगी’, सूरदास जी का पद है। एक जगह उसकी अगली पंक्तियाँ पढ़ीं। लोगों ने पदों का श्रृंगारिक अंश ले लिया लेकिन जहाँ भक्ति आती है, पद का वह अंश काट दिया। हम सब लोग गाते हैं—‘मेरो पिया रसिया’, यह वास्तव में कीर्तन है। इसे जयपुर वाले भी गाते हैं और आगरे वाले भी। हम लोग भी गाते हैं और किराना घराने वाले भी। किन्तु सब एक आध शब्द, बहुत हुआ तो एक पंक्ति। पूरा पद नहीं। मुझे पूर्ण संगीत तो पुष्टि मार्ग में मिला। स्थायी, अंतरा, अभोगी, संचारी। किसी भी घराने में सब कुछ नहीं गाते। उससे नुकसान क्या हुआ। अंतरे की गायकी अलग है, अभोगी की

गायकी अलग है। संचारी की गायकी अलग है। कुछ लोग इसे चार तुक कहते हैं। चार तुक का राग अगर गाएँगे तो राग इतने से इतना चौड़ा हो जाएगा। खाली उतना ही गा दीजिए तो वही राग का विरूप आ गया। नहीं तो स्थायी गाते हैं, अंतरे का चलन नहीं मालूम। खाली षड्ज पर जाकर आना या षड्ज में तार सप्तक के ऊपर रह जाना, यह अंतरा नहीं है, अंतरे का एक चलन है, अभोगी का अपना एक चलन है। सारे के सारे स्थाई का चलन जानते हैं, अंतरे का नहीं। अभोगी-संचारी का चलन तो विरलों को ही मालूम है, या नहीं। (जय जय सिद्धि....गाकर पंडित जी सुनाते हैं)। यदि कोई चारों चलन जानता हो तो आलाप के लिए बहुत विस्तृत जगह मिल जाती है। साज न भी जानता हो तो भी कोई बात नहीं, गायकी में एक विस्तार आएगा। नहीं तो 'जय जय सिद्धि कराली काली', गाया और गाना खत्म हो गया। बिना आपकी आत्मा का संस्पर्श किए हुए। तब मुझे पता चला कि गायन में शब्दों का बहुत महत्त्व है। मैंने पहले कहा न कि मुझे वह श्लोक मिल गया, 'नाहम् वसामि वैकुंठे...मद्भक्ताः यत्र गायंति तत्र तिष्ठामि नारदः।' भगवान स्वयं कहते हैं कि मेरे भक्त जहाँ गाते हैं, मैं वहीं पर होता हूँ। मैंने समझ लिया कि 'आ...आ' करने से भगवान भी नहीं बोलेंगे। मुझे 'कृष्ण' कहना पड़ेगा, 'विष्णु' कहना पड़ेगा। बहुत से कलाकार कहते हैं कि गायन में शब्दों की कोई आवश्यकता नहीं है। क्योंकि, स्वर ही परब्रह्म ईश्वर है। उसमें इतनी शक्ति पैदा करो, तो है। बहुत से लोग यह भी कहते हैं कि मूर्ति-पूजा की जरूरत नहीं है। मूर्ति-पूजा की क्यों जरूरत है? इसलिए कि आपको किसी से प्यार करने के लिए उसकी शक्ल की जरूरत है। आप निरंजन-निराकार से प्यार नहीं कर सकते। जो दिखता ही नहीं, उससे कहाँ प्यार? हमें प्यार करने के लिए, भक्ति करने के लिए एक मूरत चाहिए, एक सूरत चाहिए, वह मूरत जब सामने आती है, तो वह मूरत है भगवान की। आप भगवान से प्यार करना शुरू करें तो एक स्थिति ऐसी आती है कि आपकी सारी की सारी ऊर्जा, सारी की सारी भक्ति उसके अन्दर समाहित हो जाती है। जब समाहित हो जाती है, तब आप भगवान के भीतर, उसके पार देखेंगे, तब पाएँगे कि वह निरंजन-निराकार है। यह चीज हमें मीराबाई की भक्ति से पता चली। मीरा यहाँ गयीं—इधर-उधर। जब वह द्वारिका में गयीं तो द्वारिका की मूर्ति में समा गयीं। और लोगों को कब पता चला? वह जब मूर्ति में समाई तो पीछे दुपट्टे का एक छोटा-सा छोर रह गया था जो मीरा पहने हुई थीं। तो हमें प्यार करने के लिए, भक्ति करने के लिए, ईश्वर को समझने के लिए, भगवान को जानने के लिए एक मूरत चाहिए।"

उस दिन मुम्बई में सुबह छः बजे से पंडित जसराज के भक्ति-संगीत का कार्यक्रम था। मुम्बई में प्रातःकालीन कार्यक्रम प्रायः होते ही नहीं इसलिए किसी ने सोचा नहीं था कि कार्यक्रम की टिकटें मिलना भी कठिन होगा। रविवार

को सुबह बहुत-बहुत देर में उठने वाला शहर सूर्योदय के पहले दादर के उस विद्यालय के प्रांगण में पंडित जसराज के भक्ति-गान को सुनने उमड़ पड़ा था। पूर्व दिशा की ओर मुँह करके पंडित जी गा रहे थे और मानो भगवान सूर्य अपनी किरणों को पंडित जी पर आशीर्वाद स्वरूप सही माने में बसाकर उनके संगीत-मार्तंड होने का परिचय श्रोताओं को स्वयं दे रहे हैं। लगभग तीन घंटे के गायन के पश्चात पंडित जी ने 'भैरव' की बंदिश 'मेरो अल्लाह मेहरबान। कोई बिसार सकत नहीं तेरो-औलिया पीर दिगंबर गाएँ, मन कीजे कुरबान' गाना शुरू किया और तभी श्रोताओं को ऐसा आभास हुआ कि पंडित जी जब अल्लाह पर आकर रुकते हैं तो उन्हें 'ओंकार' की ध्वनि सुनाई पड़ती है और जब 'ओंकार' पर आकर रुकते हैं तो उन्हें 'अल्लाह' की पुकार हवा में गूँजती हुई प्रतीत होती है। "यूँ तो मैंने 'अल्लाह मेहरबान' बहुत बार गाया है, लेकिन कभी ऐसी अनुभूति नहीं हुई। 'ओंकार' की अनुभूति तो मुझे 'मांडूक्य उपनिषद्' के गायन में हुई। अपने गायन का प्रारम्भ में हमेशा ही 'ओं श्री अनन्त हरि नारायण' से करता हूँ। एक दिन एक बुजुर्ग मेरे कार्यक्रम में सामने ही बैठे थे। उन्हें देखकर लगता था कि बहुत थके-थके से बुजुर्ग हैं, गाना क्या सुनते होंगे। तुरन्त सामने बैठकर सो जाएँगे और मेरे गाने में विघ्न पड़ने वाला है। लेकिन मैंने जब गाना शुरू किया तो थोड़ी देर के बाद बोले कि क्या गले से गाते हो यार, यहाँ से गाओ (पेट से)। थोड़ी देर तो मुझे समझ में नहीं आया कि वह कह क्या रहे थे कि स्वर कंठ से नहीं, नाभि से निःसृत होना चाहिए। तब तक मैं पद्मविभूषण भी हो गया था। लेकिन उस दिन जब मांडूक्य उपनिषद् को गाना शुरू किया तो पहली बार 'ओंकार' को जाना। ओंकार की जैसी स्थिति है और गाते समय किस चक्र पर उसे बिठाना चाहिए, अनुभव करना चाहिए, इसका अहसास मुझे तब हुआ। जब तक मैं उसे अनुभव करूँ, उस गायन में स्वयं खो जाऊँ, तब तक आँख खोली तो वे बुजुर्ग जा चुके थे मेरी आँखें गीली करके, मेरा ओंकार से परिचय करवा वे बुजुर्ग जा चुके थे। मैं उन्हें जानता नहीं, कौन थे, कहाँ से आये थे, शायद वे स्वयं ही ओंकार का परिचय मुझे देने आये थे या ईश्वर ने उन्हें मेरे लिए ओंकार के साथ परिचय कराने का माध्यम बना दिया था।"

"उस वर्ष मैं एडमेंटन में गा रहा था। वहाँ लोगों ने कहा कि पंडित जी 'अल्लाह-मेहरबान' गाइए। मैंने गाया। गाते-गाते जैसे मैं 'अल्लाह' कह रहा था, मुझे ऐसा लगा कि

'अल्लाह' और 'ॐ' दोनों ही एक ही स्थान से शुरू हैं। शरीर के एक ही अंग से, एक ही स्थान में इनकी उपज होती है। मैं सोचते हुए गाने लगा—लगा कि हाँ, एक ही स्थान है—दोनों का। आज जब मैंने अलग-अलग बार-बार एक बार 'ॐ' और एक बार 'अल्लाह' कहके गाया तो पता नहीं दुनिया इसे समझ सके या न समझ सके—मुझे इस बात की पुष्टि हो गयी कि मुझे जो अनुभूति हुई है, वह एकदम सही है।'

पंडित जसराज अपने इसी गायन के माध्यम से एक सद्भाव से परिचय करवा रहे हैं। वह काम जो बहुत बड़े-बड़े नेता, धर्म-गुरु, कागजों-दस्तावेजों पर लकीरें बनाकर-मिटाकर नहीं कर पाये, पंडित जी अपने गायन से कर रहे हैं। सत्य ही एकबारगी यह प्रमाणित हो जाता है कि संगीत सद्भाव है, संगीत प्रेम है, संगीत खाइयों का पाटना है।

पंडित जी इसी सद्भाव को रेखांकित करते हुए एक घटना सुनाते हैं। "दिल्ली में कला, गार्गी, सुमन और मैं—हम चारों इंडिया इंटरनेशनल सेंटर के बगीचे में भाग-दौड़ कर रहे थे। इसी में हम एल बी डब्ल्यू हो गये—लुंगी बिफोर विकेट। गिर गये तो सबने पूछा गुरु जी सब ठीक तो है। हमने कहा कि हाँ सब ठीक ही है। शाम को, एक हमारे बहुत चाहने वाले बुजुर्ग हैं—बलबीर नाथ जी माथुर—उन्होंने हमें चाय पर बुलाया था। कला को साथ लेकर मैं वहाँ गया। उन्होंने चाय के साथ सामने रसगुल्ले परोस कर रख दिए। मैंने कहा कि मैं खाऊँगा नहीं लेकिन उन्होंने बहुत इसरार किया कि एक रसगुल्ला तो खाना ही पड़ेगा। रसगुल्ला मुँह में रखा ही था कि उसका रस विंड पाइप में चला गया। खाँसते-खाँसते हम बेदम हो गये। साँस लेने में इतनी मुश्किल कि क्या बताएँ। साँस बाहर तो निकले लेकिन हम अन्दर न ले पाएँ। जैसे-तैसे कुछ प्राणायाम की विधियाँ कीं और थोड़ा हालत में सुधार आया। माथुर साहब से विदा लेकर बाहर आये तो कला ने कहा कि आज एक दिन में यह दूसरी घटना हो गयी है। तीसरी और नहीं होनी चाहिए, पहले यहाँ से सीधे मन्दिर में चलेंगे और प्रसाद बाँटेंगे। ड्राइवर साहब एक सरदार जी थे। उनसे कहा कि गाड़ी किसी मन्दिर को ले चलें। जाते हुए रास्ते में हजरत निजामुद्दीन औलिया की दरगाह आ गयी। मैंने उनसे कहा कि सरदार जी, गाड़ी यहीं ले चलें। वे बोले कि पंडित जी, यह तो दरगाह है मैंने कहा कि क्या फर्क पड़ता है, एक ही बात है। वे हमें दरगाह में ले गये। हमने हजरत निजामुद्दीन की मजार पर सिर रखा ही था कि कहीं भीतर से आवाज आयी—हिन्दू-मुसलमान क्यों सोचते हो? एक ऐसे बड़े पीर-फकीर की मजार से ऐसी आवाजें आती हैं कि यह ठीक नहीं है कि हम हिन्दू हैं या हम मुसलमान हैं। वाकई, हमें लगा कि हम क्या हैं, हम अगर इंसान बन जाएँ तो बहुत अच्छा है। तो हमें इस तरह की अनुभूतियाँ मन्दिर-मस्जिद में होती ही रहती हैं जहाँ 'एक' की भावना से परिचय होता है।"

पंडित जसराज उन थोड़े से सौभाग्यशाली कलाकारों में से एक हैं जिन्हें सहज ही हर पूजा-स्थल में, हर मन्दिर में अपने स्वरों से भगवान की पूजा-अर्चना करने का अवसर मिल जाता है। भगवान ने भी उन्हें इतना प्यार दिया है कि श्री तिरूपति बालाजी के मन्दिर में वे पहले कलाकार थे जिन्हें भगवान की मूर्ति के सन्मुख गाने का अवसर मिला। बाद में भारत के बहुत बड़े-बड़े कलाकारों ने वहाँ गाया, किन्तु, पहले कलाकार जसराज जी ही थे। इसी तरह की शुरूआत श्रीनाथ जी के मन्दिर में भी हुई। उदयपुर में सन् 1978-79 में गोविंद लाल महाराज जी के बेटे की शादी के अवसर पर मन्दिर के प्रांगण में सात बड़े-बड़े मंच बनाये गये थे। एक मंच पर पंडित जसराज का गायन हो रहा था। उसी मंच के सम्मुख विवाह की सारी रस्में हो रही थीं। महाप्रभु वल्लभाचार्य जी के वंशज सारे गोस्वामी बालक वहीं बैठे थे। रस्में और गायन लगभग एक साथ सम्पन्न हुए—सवेरे 2.30 बजे। गोस्वामी जी ने जसराज जी से पूछा कि पंडित जी कल क्या करना चाहते हैं। न जाने इन्हें क्या सूझा कि तुरन्त कह दिया। 'महाराज, पूछ ही रहे हैं तो सन्मुख गवा दीजिए।' वे बोले कि पंडित जी, यहाँ तो सन्मुख गाने की प्रथा ही नहीं है। तब पंडित जी ने कहा कि तब प्रथा नहीं तोड़ेंगे। उन लोगों ने कुछ समय तक विचार किया और कहा, 'पंडित जी, एक बात हो सकती है—एक 'चिक' आपके और भगवान के बीच रहेगी। उसके झीनेपन के बीच में से आप चाहें तो भगवान के दर्शन भी कर सकते हैं। अन्दर श्रृंगार होगा और चिक पड़ी रहेगी। आप गाइएगा। जब चिक खोलने का समय आएगा तब मुखिया जी आपसे कहेंगे—आप गाना बन्द कर दीजिएगा।'

उधर चिक के पीछे भगवान का श्रृंगार हो रहा था, इधर जसराज जी गा रहे थे—'करत श्रृंगार भैया मन भावत।' जो गाना शुरू किया तो लगभग आधा घंटा 40 मिनट तक गाते ही रहे कि अचानक से मुखिया जी ने धड़ से चिक उठा दी। पंडित जसराज ने तुरन्त गाना बन्द कर दिया। तो मुखिया जी बोले कि पंडित जी गाइए। भगवान सुन रहे हैं। फिर आधा घंटा और गाया। सबकी आँखों से प्रेम के अश्रु बह रहे थे। भगवान प्रेम से सुन रहे थे, जसराज जी प्रेम से गा रहे थे। जहाँ भगवान को गवाना होता है, वहाँ अपने आप कुछ-न-कुछ माध्यम बन जाता है, चाहे प्रथा रही हो अथवा नहीं।

पिछले कुछ वर्षों से पंडित जसराज जब मंच पर आते हैं अथवा जब अपना गायन सम्पन्न करते हैं तो दोनों हाथों को आशीर्वाद की मुद्रा में ऊपर उठा देते हैं। अनेक वर्षों से ऐसा ही हो रहा था। 1994 में पंडित जी द्वारिका गये और वहाँ कार्यक्रम के बाद पुजारी लोगों ने कहा कि पंडित जी, भगवान की पूजा कर लें। पूजा करने के लिए खड़े हुए तो वैसे ही हाथ बाँध लिए, नमस्कार की मुद्रा में जैसे हमेशा बाँधते हैं। उन लोगों ने कहा कि पंडित जी, ऐसे नहीं, वैसे ही हाथ ऊपर उठाइए जैसे कि आप हमेशा गाने के बाद उठाते

हैं। जसराज जी ने वैसा ही कर दिया। जब पूजा सम्पन्न हुई तो उन्होंने पूछा, "पंडित जी, आपको मालूम है कि ये हाथ ऊपर करने का अर्थ क्या है? मैंने कहा मुझे मालूम नहीं, मुझसे किसी ने कहा नहीं, ये तो स्वतः उठ जाते हैं। वे बोले, कि इसका अर्थ है—आपने भगवान का आलिंगन किया। ये हाथ उठाने का अर्थ है आलिंगन। यूँ तो यह आशीर्वाद मुद्रा लगती है, किन्तु सच में यह है कि आपने भगवान का आलिंगन किया।"

पिछले कुछ वर्षों से पंडित जसराज 'नमस्कार' नहीं, 'जय हो' कहकर सत्कार करते हैं। "मुझे खुद नहीं मालूम कि कैसे मेरी प्रवृत्ति बदलती जा रही है। 'जय हो' में इतनी खुशियाँ मिलती हैं, क्या मिलता है, पता नहीं। 'जय हो' कह दिया तो सामने वाले यह समझने लगे हैं कि उनकी विजय की कामना कर रहे हैं। कुछ चीजें अनजाने में हो जाती हैं, हो सकता है कि शायद ऊपर से निर्देश आया हो कोई।"

पंडित जसराज मानते हैं कि उनकी सबसे बड़ी उपलब्धि है कि भगवान ने उन्हें संगीतकार बनाया। न केवल संगीतकार बनाया, किन्तु संगीत में प्यार भी दिया। भले ही वे कितना ही गाते हों—छोटा-सा या अधिक, किन्तु गाने के प्रति प्यार दिया है। "यह सबसे बड़ी उपलब्धि उसने दी है, मैंने अर्जन नहीं की।"

संगीत के माध्यम से जसराज जी श्रोताओं तक भी प्रेम पहुँचा पाते हैं, यह सम्भव कैसे होता है। गायन के समय वे स्वयं प्रेम का अनुभव करते हैं अथवा सोचकर बैठते हैं कि सम्प्रेषणीयता कैसी होनी चाहिए अथवा वह प्रेम स्वतः कराता है, जानने की मेरी जिज्ञासा है।

"नहीं, मैं तो कुछ सोचता ही नहीं, यह भी सोचकर नहीं जाता कि आज मुझे इस राग से शुरू करना है अथवा क्या गाना है, या ऐसी महफिल होनी चाहिए—ऐसा कुछ भी नहीं है। अभी उस दिन एक कार्यक्रम में गया, हमारी मित्र हैं श्रीमती ललिताबाई पीरामल। उनकी वर्षगाँठ का कार्यक्रम था। उसमें 'या देवी सर्वभूतेषु' गाने की इच्छा थी अवश्य। किन्तु कार्यक्रम का स्वरूप एकदम ही बदल गया। 'रसिकनी' से प्रारम्भ हुआ और गायन ने एक दूसरा ही स्वरूप ले लिया। होता तो वही है जो रामरचि राखा। मैं सोचूँ कि ऐसे संगीत का निर्माण करूँ कि आपको प्यार की अनुभूति हो, यह कैसे सम्भव है। बड़े-बड़े कलाकार कहते हैं कि संगीत तो हवामहल है, हवा में किला बनाया है। सही है यह बात। यह कैसे सोच सकता हूँ कि आज मैं दुनिया भर को प्यार की अनुभूति कराऊँगा, संगीत के द्वारा कोई नहीं कह सकता। किस प्रकार की अनुभूति होगी, क्या प्रभाव होगा, कोई नहीं कह सकता। दो प्रकार के गायक होते हैं—एक तो वे जो सिर्फ दिमाग से गाते हैं, उनकी तपस्या रात को 11 से सुबह 3 बजे के बीच की होती है। जो दिल से गाते हैं, वे आराधक होते हैं वे सुबह 3 से 6 बजे के बीच साधना करते हैं। फिर वे दिन भर चाहे गाते रहें, उनके गायन में सब एकदम डूबते हैं। जिनकी तपस्या 11 से 3 बजे के

बीच की है, उनके गायन में समर्पण नहीं है। उनके हाथ में जैसे तलवार होती है और वे संगीत को खूब माँज-चमका लेते हैं। जो 3-6 बजे के बीच साधना करते हैं, वे समर्पण भाव से गाते हैं, भगवान को अर्पण करके गाते हैं, भले ही उन्हें आता हो अथवा नहीं। उनका संगीत समर्पण की दिशा में ही जाएगा वे अर्पण करके गाएँ या नहीं। 11-3 बजे तक साधना करने वालों के गायन में आप कोई त्रुटि नहीं निकाल सकते, वह भी श्रेष्ठ है। रियाज का अपने आप एक ढंग बन जाता है, एक शैली, प्रक्रिया बन जाती है। किसी को सुबह उठकर रियाज करने की इच्छा होती है, किसी को दोपहर को और किसी को शाम को। शाम को रियाज करने वाला हमेशा आलस्यपूर्ण लगेगा। गाने को सुनकर कभी कुछ गलत नहीं करेगा पर वह न तो दिमाग को खटखटाएगा और दिल का स्पर्श तो करेगा ही नहीं। गाना उसका अच्छा होगा, लेकिन आपको कहीं स्पर्श नहीं करेगा।" पंडित जी कहते हैं। क्या इसमें गुरु का भी हाथ है?

"गुरु तो है ही। मगर गुरु ने आपको 3-6 बजे तक दिखाया, और आपका रियाज करने का मन 11-3 बजे है, तब उसमें गुरु क्या करेगा। गुरु तो हमेशा शुरुआत ही 3 बजे करता है, वह कभी शाम को 5 बजे शुरुआत नहीं करेगा। गुरु और शिष्य के बीच ऐसा ही है।" गुरू-कृपा के साथ-साथ जसराज जी के ऊपर कलकत्ता शहर का भी बहुत ऋण है। आरम्भिक वर्षों में वहाँ रहकर रहने वाला तबला-वादक और फिर गायक का संगीत-श्यामला से जुड़ना भी अपने आप में एक बड़ा अनुभव था। लेकिन 1957 में जसराज जी को यह आभास हुआ कि आवश्यकतानुसार शहर उन्हें जो कुछ दे सकता था, दे चुका। मन में भीतर से कोई आवाज बार-बार उठ रही थी। कलकत्ते में कमाल के शिष्य थे। अति कमाल के थे सारे सहयोगी। संगीत के आयोजन एक-से-एक बढ़कर होते थे "फिर भी कुछ ऐसा था जो कलकत्ते में नहीं था। कलकत्ते में एक-से-एक कितने बड़े कलाकार हैं, लेकिन उनका राष्ट्रीय तौर पर उतना नाम नहीं है, जितना होना चाहिए। अजय चक्रवर्ती कितना अच्छा गाते हैं, रशीद कितना अच्छा गाते हैं किन्तु सरकारी तौर पर उन्हें वह मान्यता नहीं मिली जिसके वे हकदार हैं। यहाँ (मुम्बई में) होते तो सारी चीजें उन्हें करीब-करीब मुहैया हो जातीं। कलकत्ते में वादन है, मुम्बई में गायन है, दिल्ली में नृत्य है। कलकत्ते में तो यह कहते हैं कि सितार के बाद गाना होता ही नहीं है।

विलायत खाँ साहब कहते थे, निखिल बनर्जी कहते थे, बुद्धादित्य भी हैं वहीं।

"तो 1957 में मुझे लगा कि कलकत्ते को मुझे जो कुछ देना था, दे चुका। मेरे सामने सवाल था कि कहाँ जाऊँ मैं। मैंने पहले संगीत-श्यामला छोड़ दिया—जनवरी, 1958 को। 40 रुपये महीना जो मिलता था, मैंने कहा मुझे काम नहीं करना। उन लोगों ने कहा कि आपको 75 रुपये, 100 रुपये, देंगे लेकिन मैं किसी भी हालत में वहाँ काम करने के लिए राजी नहीं हुआ। संगीत-श्यामला की संस्थापक सोम तिवारी जी ने कहा कि तुम्हारा दिमाग खराब हुआ है, पर मैंने उत्तर दिया कि अम्मा, आप चाहे जो करिए, मैं अब कभी इसमें काम नहीं करूँगा। कलकत्ते में हवा उड़ गयी कि जसराज का दिमाग खराब हो गया है। विजय कुमार बर्मन जी हैं वहाँ, संगीत के बड़े प्रेमी और पारखी। उनकी एक संस्था है—भारतीय संस्कृति संसद, चौरंगी में। वे अपने साथ मुझे गाड़ी में बिठा कर वहाँ ले गये और बोले कि अच्छा आप यहाँ काम क्यों नहीं करते? हम केवल तीन घंटे लेंगे आपके, उसमें आने-जाने का समय भी हो गया सब, 800 रुपये ले लें, रहने खाने की सब व्यवस्था भी हम ही करेंगे, तुम्हें किसी चीज के लिए पैसा खर्च नहीं करना पड़ेगा। लेकिन उनसे मैंने कहा कि दादा मैं काम नहीं करना चाहता। उन्होंने पूछा, 'तो क्या करोगे (आजीविका के लिए)?, मैंने—कहा कि यही तो मालूम नहीं है, बस गाना चाहता हूँ। तब हुआ यूँ कि एक बार एक बहुत बड़ी गायिका का कार्यक्रम था। वहाँ एक आयोजक थे कानन साहब। पंडित महापुरुष मिश्र तबले पर संगति करने वाले थे। उन्होंने कहा कि मैं 7 बजे चला जाऊँगा, मुझे अली अकबर खाँ साहब के साथ बजाना है। 5 से 7 बजे तक का कार्यक्रम रखा गया था, लेकिन शुरू ही 6.30 बजे हुआ। महापुरुष जी तो 7 बजे उठ गये। कानन साहब को मालूम था कि मैं तबला बजाता हूँ। उन्होंने कहा कि जसराज, तुम्हारे पॉकेट में एक पैसा नहीं है, मुझे मालूम है। तुम आये हो, वापस जाने के लिए बस का किराया भी पास में नहीं है, यह भी मुझे मालूम है। मैं तुम्हें 200 रुपये दूँगा तुम आज यह प्रोग्राम कर दो। मैंने कहा कि दादा, आप मेरा गाना सुनकर मुझे 25 रुपये दे दें, तबला बजाकर 200 रुपये नहीं लूँगा। उनके साथ दो-चार आदमी वहाँ के थे, बंगला में बोले कि देखो, अब इसका भी गाना सुनना पड़ेगा! मैं उन लोगों को भी जानता हूँ। अभी बहुत प्यार से मिलते हैं। लेकिन साहब, मैंने तबला नहीं बजाया, एक बार ठान लिया था बस, रुपये की जरूरत होते हुए भी नहीं झुका। मैं छः मील पैदल चलकर गया, क्योंकि पॉकेट में पैसा नहीं था। हाँ, यह सब हुआ 1958 से पहले जब हमने कलकत्ता छोड़ने का निर्णय लिया।"

पंडित जसराज आज गायन के जिस उत्तुंग शिखर पर बैठे हैं, उसे देखकर ऐसा लगता नहीं कि उनके जीवन में कभी ऐसा मोड़

भी आया होगा कि उन्हें तबला वादन, जो आजीविका का बड़ा साधन बन सकता था उस समय, और गायन, जिसके रास्ते पर चलने की उनके मन में केवल इच्छा थी और थोड़ा-थोड़ा ही गाना शुरू किया था, के बीच चुनाव करना पड़ा होगा। न ही ऐसा लगता है कि ऐसे महत कलाकार को कभी दारिद्र्य ने अपने बाहुपाश में जकड़ा होगा, लेकिन वास्तविकता कुछ ऐसी ही है। इस स्थिति में मुकुंद लाट और जसराज जी के शिष्य सुमन घोष के मामा उज्ज्वल राय ने बहुत साथ दिया। गुरु पूर्णिमा के दिन एक विशेष आयोजन होता था, लोग जसराज जी को तबला बजाने का आमन्त्रण देते थे, लेकिन उज्ज्वल राय अड़ जाते कि नहीं, तबला नहीं बजाएँगे, दो-पाँच मिनट गा दें तो ठीक है। "उससे पहले हुआ यूँ था कि लांस-डाउन रोड पर एक नेशनल हाई स्कूल है। उज्ज्वल बाबू पैदल-पैदल जा रहे थे और मैं गा रहा था। श्रोताओं में 10-12 आदमी बैठे होंगे। दरवाजे में से शायद आवाज आ रही होगी तो उज्ज्वल बाबू उसे सुनकर भीतर आ गये और गाना सुनते रहे। गाना खत्म हुआ। जैसे ही आर्टिस्ट बदले, दूसरे आर्टिस्ट गाने आये, हम तबले पर आ गये। तबला भी सुना। बाद में आये और कहने लगे कि आप गाते अच्छा हैं, फिर तबला क्यों बजाते हैं? मैंने कहा नहीं बजाना है आज से। वह उज्ज्वल राय जी से हमारी पहली मुलाकात थी। उसके बाद वे सुबह पाँच-छः बजे से रात देर तक हमारे साथ ही रहते। मैं, मुकुंद, उज्ज्वल दा रियाज के लिए बैठते थे। सुबह छः बजे से, पाँच बजे से रियाज शुरू किया, 8 से 8.30 बजे बीच में एक इंटरवेल। मुकुंद तो खाता ही कुछ नहीं था। हाँ हमारे लिए चाय नाश्ते का इन्तजाम करते। हम तो चाय-टोस्ट पर भिड़ जाते और वह अपना रियाज करते रहते। हम फिर रियाज करते 10.30 से 11 बजे तक, फिर फुल स्टॉप। 11 से 11.30 बजे अम्मा (सोम तिवारी) के पास जाते और फिर उनके साथ भिड़ जाते 2 बजे तक (गाते रहते)। फिर बैठे रहते और वापस 4 बजे से 5.30 बजे तक फिर से उनके साथ भिड़ते। उसके बाद मुन्नी (डॉ. नीरजा रतेरिया) के पास जाते। मुन्नी गाना सीखती थी। कभी-कभी उसे डाँटते क्या मुन्नी तुम ठीक से गाती नहीं हो। मुन्नी समझ जाती, आज अम्मा खाने के लिए पूछना भूल गयी हैं, इन लोगों ने कुछ खाया नहीं है इसलिए गुस्सा रहे हैं। हमने सचमुच कुछ नहीं खाया होता था। मुन्नी छोटू को बुलाकर पूछती कि खाना बन गया क्या, पता चलता कि नहीं बना, सो टोस्ट-वोस्ट कुछ भी खाकर गाना सिखाते। अब कोई गुस्सा नहीं। फिर रात 10 से 11 बजे तक गाना सिखाया जाता और बाद में सबेरे 2 से 2.30 बजे तक फिर से मुकुंद के साथ रियाज होता। जुनून ही था एक।"

"अभी भी मुकुंद जब वैनकूबर आते हैं कभी-कभी। वहाँ मैं क्लासेज लेता हूँ, हम लोग सवेरे 6 बजे से शुरू हो जाते हैं—मुकुंद और मैं। बीच में क्लास होती है। अम्मा खाने के लिए बुलाती है—2-3 घंटे के आराम के बाद फिर

वही रात भर गाना चलता है पहले की तरह।"

जसराज जी अपने सांगीतिक मित्रों के अनेकानेक संस्मरण सँजोए हुए हैं। उनके ऐसे ही बहुत से मित्र स्वयं साहित्यिक भी हैं और साहित्य प्रेमी भी हैं। सम्भवतः इन्हीं सब लोगों का सान्निध्य ही था कि पंडित जी के गायन में कविता शब्द बहुत रचे-सजे सँवरे हैं। एक तो स्वयं पंडित जी के भीतरी मन से आती पुकार कि ईश्वर को बुलाना है तो संगीत को शब्दों की माला में पिरोना पड़ेगा और दूसरा इन साहित्यिक जनों का संग। कुँवर नारायण जी से जुड़ी बहुत सारी यादें हैं। सन् 1953 से लेकर 58 तक मुकुंद लाट और जसराज जी कुँवर नारायण जी की पत्नी भारती जी (तब वह कुँवर नारायण की पत्नी नहीं हुई थीं) के घर के सामने वाले घर में ही घंटों रियाज किया करते थे। भारती ज्ञानवती जी से मिलने वहाँ आती थीं। उनकी संगीत में बहुत अधिक रुचि नहीं थीं। इनका गाना-वाना सुनकर मन-ही-मन ढेरों गालियाँ देती थीं इन्हें। "यह बात स्वयं भारती जी ने मुझे बताई। बाद में कुँवर नारायण जी से उनकी शादी हो गयी। कुँवर नारायण जी संगीत के अद्भुत प्रेमी हैं। उन्होंने भारती जी से पहला प्रश्न किया—कि तुम तो ज्ञान जी के यहाँ आती-जाती रहती हो। वहीं तो पंडित जसराज भी रहते हैं। भारती बोली कि हाँ, उन्हें तो हम बहुत अच्छी तरह से जानते हैं। पूछा उनका गाना कैसा लगता है! तो ये बोली कि कितना सुन्दर रियाज करते रहते हैं हरदम। बहुत आनन्द आता है। एकदम पलट गयीं। क्या करती बेचारी, यदि पति को ही संगीत अच्छा लगता है तब उनके पास और क्या चारा था। लेकिन मन की बहुत अच्छी हैं। हमारा बहुत आदर करती हैं। हमारा गाना उन्हें पसन्द नहीं या तो क्या! बाद में इन्हीं कुँवर नारायण और भारती जी के घर में उन्होंने अनेक साहित्यकारों को बुलाया था, मैं अकेला संगीतकार था। कुँवर नारायण जी ने 'छायानट' नाम की एक पत्रिका निकाली थी और उसके लिए केशवचन्द्र वर्मा जी ने हमारा इंटरव्यू लिया था। बंदिशों के चुनाव में हमें केशवचन्द्र जी से बड़ा मार्गदर्शन मिला है।

'छायानट' में तो इसी विषय पर उन्होंने हमसे बातचीत करके ऐसे ही लिख दिया था, लेकिन उसका प्रभाव हम पर यह पड़ा कि हम वास्तव में रचनाओं का चुनाव करते समय बहुत सोच-विचारपूर्वक यह काम करने लगे। केशव जी की पत्नी और केशव जी एक-दूसरे को प्रेम बहुत करते थे। लव-बर्ड्स थे। हमने बड़ी कुल्फियाँ साथ खायी हैं। कई बार हैदराबाद में और बनारस में हम उनके साथ ठहरे भी हैं एक विष्णु दिगम्बर पलुष्कर जी के एक

शिष्य थे—कशालकर जी जो ज्यादातर केशव जी के ही यहाँ ठहरते थे। तब अनेक आदमियों का जमावड़ा रहा। कुँवर नारायण जी के घर में तीन-चार दिन तक साहित्य और संगीत का सिलसिला जमा रहता कि हम गाते थे और साहित्यिकों के साथ साहित्यिक बातें करते थे। वे दिन हमारे जीवन के बहुत सुन्दर दिन थे।"

केशव जी और कुँवर नारायण जी की जसराज जी के पास बहुत मीठी-मीठी यादें हैं। कुछ उदास, खामोश यादें भी हैं। 'केशव जी की पत्नी का देहान्त हो गया। बच्चे-बेटी सब हिल गये भीतर से कि बापू का क्या होगा, कभी उनसे अलग न हुए थे, कभी आपस में झगड़ते नहीं थे। जैसे दो चिड़ियाएँ प्रेम करती हैं, वैसे ही उनका प्रेम था। केशव जी पत्नी का क्रिया-कर्म करके आये, ऊपर गये और धाड़ से दरवाजा बन्द कर लिया। माँ का तो रोना था ही, बापू की तरफ चिन्ता और उनका ध्यान ज्यादा हो गया कि न मालूम क्या कर बैठें। भीतर जाकर केशव जी ने जसराज जी का गाया हुआ—नट नारायण—'जबसे छवि देखी'—ऑटो रिवाईंड पर लगा लिया। चार-पाँच घंटे सुना। रिकॉर्ड बजता गया, बजता गया। फिर बाहर निकले, न उनके मन में कोई मलाल बचा था और न आँखों में आँसू।

पंडित जसराज की यादों का सिलसिला आज उन्हें बहुत सारे लोगों के पास लौटा रहा है। "जब हम लोग 1944 में यहाँ (मुम्बई में) थे, अचानक बड़े भाई साहब की आवाज चली गयी। वहीं शान्ताराम जी के राजकमल स्टूडियो का नाम था—'वाडिया मूवीटोन'। उन दिनों सूरत के एक मास्टर वसन्त जी थे जो बहुत अच्छा भजन गाते थे और पंडित ओंकारनाथ जी के ठाठ-बाट में रहते थे। मास्टर वसन्त के साथ हमारा अच्छा उठना-बैठना, आना-जाना हो गया था। वे बड़े अच्छे मन के आदमी थे। 'भक्त बौढ़ाना' फिल्म में वे हीरो थे और उनकी शूटिंग चलती थी। उन्होंने बड़े भाई साहब से कहा कि आप दोनों शूटिंग में आ जाइए। अभी जहाँ महात्मा गाँधी अस्पताल है, वहाँ खेत था—उसमें चावल उगते थे। उन्होंने कहा कि शान्ताराम जी से आपका परिचय करवा देंगे। बड़े भाई साहब की तो आवाज चली गयी, हम तबला बजाते थे—उन्होंने कहा कि आपको तबले पर लगवा देंगे। उस जमाने में पूरा का पूरा आर्केस्ट्रा सर्विस में रहता था। हारमोनियम, तबला, सारंगी, सब नौकरीपेशा थे। आज जैसे फ्रीलांसर नहीं थे। मगर शान्ताराम जी से मुलाकात नहीं हो पायी। उन्हें दूर ही से देखा शूटिंग में। हमारी शान्ताराम जी से मुलाकात हुई—1960 में। पेडर रोड में हमारे एक मित्र की बड़ी बहिन की शादी थी। इधर गुलबर्गा में मेरा प्रोग्राम था। सोम तिवारी जी ने कहा कि जसराज, तुम गुलबर्गा तो आ ही रहे हो अगले महीने, मुम्बई भी आ जाना शादी में और वहीं ठहर जाना। हम पहुँच गये। महीना भर पहले एक दिन लेडीज-संगीत था—शादी में। ढोलक की जरूरत पड़ी। तो ढोलक कारणीभूत हो गयी। हमने

कहा राजकमल स्टूडियो में ढोलक मिल जाएगी, मैं मधुरा जी को फोन कर देता हूँ। उनसे थोड़ा बहुत परिचय हो गया था तब तक हमारा। मधुरा जी ढोलक ले आयीं। आयी तो बैठी रहीं। उन्हें पहले शरबत मिल गया। थोड़ी देर के बाद चाय, खाना भी सब कुछ हो गया। मधुरा जी फिर भी बैठी रहीं। मैंने कहा न, कि ढोलक कारणीभूत हो गयी। मधुरा जी बैठी रहीं। फिर गाना, मजाक सब होने लगा। फिर शादी-ब्याह का घर। घर के लोग मुझसे भी रोज मजाक करने लगे कि आप अपनी सखी को बुलाइए न। बस उस दिन जो ढोलक बजी, तो पूरी ढोलक ही बज गयी एक दिन।

"एक दिन मधुरा जी ने कहा कि आजकल अण्णा 'बिलास खानी' पर रिसर्च कर रहे हैं। आप उनसे जाके मिल आइए। हमें ले गयीं और उन्हें बताया कि अण्णा, ये हैं पंडित जसराज। वे बोले कि तुमने इनके बारे में इतना ज्यादा बता दिया है कि मैं तो देखते ही पहचान गया कि यही जसराज हैं। मुझसे बोले कि भई, हमारी मधुरा तो आप पर पागल ही हो गयी है।' तीसरी मुलाकात के बाद मधुरा ने उनसे कहा कि अण्णा मैं इनसे शादी करूँगी। उन्होंने कहा कि अच्छा शाम को मैं आ रहा हूँ और आकर इनका गाना-वाना सुनूँगा। गाना सुना तो कहने लगे कि देखो, मुझे गाने की समझ तो नहीं है लेकिन गाना अच्छा है। अपनी कला के प्रति उसका जो भाव है, वह लगता है कि ठीक हैं। वे डर गये कि पता नहीं यह लड़का कहाँ का है—पंजाब का है या हरियाणे का है, पता नहीं क्या कमाता है, दो-तीन शादियाँ करके रखी हों तो। किसी को शान्ताराम जी ने भेजा कलकत्ते, हमारी पड़ताल करने के लिए। कलकत्ते में हमारे बड़े भाई साहब की एक शिष्या हैं—श्रीमती इन्दुमती परलीकर। यहाँ से जो आदमी गया, वह उनके पास पहुँचा। उनसे पूछा कि आप पंडित जसराज को जानती हैं? वे बोलीं कि बहुत अच्छी तरह जानते हैं। बोले कि करते क्या हैं? ये बोलीं, कि यही तो समस्या है कि कुछ नहीं करते। करें तो हजारों रुपये कमा सकते हैं। उन्होंने (शान्ताराम जी के सहयोगी ने) हमसे पूछा कि आजकल आपकी आमदनी क्या है? हमने कहा कि दो-ढाई सौ रुपये होगी। उन्होंने कहा कि आप सोचते हैं—यह बहुत बढ़ेगी? हमने कहा कि घट भी सकती है। तो शायद उन्हें लगा होगा कि यह आदमी सही है। बस जाके वापस कह दिया, कि साहब हाँ, कर लीजिए शादी।

"इस तरह मार्च, 1962 में मधुरा जी के साथ हमारी शादी हो गयी। एक दिन तब शान्ताराम जी ने एक सुझाव दिया कि शब्द की स्पष्टता पर गाने में ध्यान देना चाहिए।

तो शब्द के बारे में शान्ताराम जी का सुझाव, फिर महादेवी जी का गाने में दिल डालना, और प्यार करो न, ये बातें ऐसी थीं जिन्होंने हमारे गाने पर बहुत असर डाला।"

जीवन के बहुत सारे मोड़ आये जिन पर पंडित जसराज के साथ चलने वाले कुछ हमदम पीछे छूट गये, कुछ ने रास्ता बदल लिया और कुछ साथ-साथ हो लिए। लेकिन जब भी कुछ खोया तो भगवान ने उसके बदले में कुछ और ही दे दिया। पंडित मोतीराम जी की समाधि पर माथा टेककर रोते हुए पंडित जसराज को मैंने कई बार देखा है। जसराज जी अपने पिताजी से बातचीत भी करते हैं, कभी-कभी सवाल भी। "आप मुझे इतनी जल्दी छोड़कर क्यों चले गये? आपको ऐसा ही करना था तो मुझे जन्म ही क्यों दिया, जन्म दे के क्या खुशी दी? तब जैसे समाधि की ओर संकेत करके मानो कोई कहता है कि मैंने तुम्हें यह खुशी दी। मेरी हैसियत ही क्या थी कि उतनी अच्छी समाधि बनवाऊँ। हर बार जाता हूँ तो समाधि में कुछ और सुधार आ जाता है।" पंडित जसराज के पिता पंडित मोतीराम जी हैदराबाद के निजाम के दरबार में राज्य संगीतज्ञ बनाये जाने वाले थे। जसराज जी तब लगभग तीन वर्ष के थे। जिस दिन राज्य संगीतज्ञ उन्हें बनना था, उसी सुबह उनका स्वर्गवास हो गया। बड़े होने पर जसराज जी ने अपने पिताजी की समाधि उसी श्मशान घाट में उसी स्थान पर बनवायी, जहाँ उनका अन्तिम संस्कार किया गया था। तीन दशक से अधिक समय हुआ, उनकी मृत्यु के दिन तथा तीन और दिन तक जसराज जी, पिता जी तथा अपने बड़े भाई तथा गुरु पंडित मनीराम जी की स्मृति में एक विशाल संगीत समारोह का आयोजन करते हैं। इसमें जसराज जी के अग्रज संगीतकारों से लेकर उनके समवयस्क कलाकार तथा युवा कलाकार अपने युग के उन दिग्गज कलाकारों को अपनी संगीतांजलि अर्पित करते हैं।

"यह तो समाधि की बात हुई जो भौतिक है। लेकिन सबसे महत्त्वपूर्ण तो है गायन में उनकी प्रेरणा। बहुत सारी चीजें तो वे हमारे सपने में आकर सिखा देते हैं। कभी-कभी ऐसे ही तन्द्रावस्था में कुछ-कुछ समझ में आ जाता है। बहुत सारे रागों की हमने कभी किसी से चर्चा ही नहीं की, लेकिन हमारे ध्यान में ऐसी आवाजें आती हैं जिन्हें संकेत मानकर उन पर चलते हैं और बाद में किसी से पूछते हैं तो पता चलता है कि यह अमुक राग में है।"

पंडित जसराज इस बात का उदाहरण देते हुए एक घटना सुनाते हैं, "निवृत्ति बुवासर नायक नाम के, जयपुर घराने के एक बहुत बड़े कलाकार हुए हैं। मुझे एक बार, एक राग है 'देवसार', उसकी एक धुँधली-सी कल्पना आयी। 'देवसार' का मैंने कभी अभ्यास नहीं किया था, उस कल्पना में तो

मुझे यह भी पता नहीं था कि जो रचना मेरे मन में, कल्पना में जन्म ले रही है, वह राग देवसार में है। मैंने निवृत्ति बुवासर नायक जी ो अपनी कल्पना की वह रचना गाकर सुनाई तो उन्होंने कहा—यह तो राग देवसार है। इसे आप करिश्मा कहिए या ईश्वरीय या गुरु-कृपा, हमारे साथ ऐसा छिट-पुट, छिट-पुट होता ही रहता है। आहिस्ता-आहिस्ता हमारी गाड़ी चलती रहती है। एकदम से हम कभी ऊँचाई पर पहुँचे ही नहीं, जैसे एक दिन का सुल्तान धड़ से ऊपर आ जाता है, वैसा हमारे साथ नहीं हुआ। हम धीरे-धीरे चलते रहे। कछुए की चाल से, बिना रुके। खरगोश हम बने नहीं। तो हमने जो कुछ भी खोया, कभी-कभी लगता है कि वह चाहे हमसे खो गया हो, फिर भी कहीं-न-कहीं हमारे साथ-साथ है। यह दूसरी बात है कि उसे हम देख नहीं पाते हैं, लेकिन हमारे साथ तो है।"

हर सम्बन्ध का एक समय होता है, एक आयु होती है। वह आयु, वह अवधि, वे क्षण बहुत सुंदर होते हैं। फिर सम्बन्ध पीछे छूट जाते हैं। लोग कहीं छूट जाते हैं, कहीं रूठ जाते हैं। उन सम्बन्धों में कभी बहुत तकलीफ और यातनादेह अवधि भी आ जाती है। जसराज जी जीवन के इस सत्य से कुछ अलग नहीं हैं।

ऐसी तो कोई बात न थी तुम रूठ गए
दो चार कदम ही साथ चले फिर छूट गए।

"कभी-कभी चाहकर भी किसी के साथ नहीं रह पाते। आगे कभी अनचाहे भी किसी के साथ रहना पड़ता है। ये तो आनी-जानी बातें हैं, सम्बन्ध बनते हैं, टूटते हैं, ओझल हो जाते हैं। जो सामने है, वह है, बहुत कुछ सामने नहीं है, फिर भी है। और हर सम्बन्ध कुछ-न-कुछ देकर ही जाता है। जो कलाकार है, वह हर सम्बन्ध में से कुछ-न-कुछ निकाल ही लेता है। बहुत कुछ ग्रहण कर लेता है वह हर सम्बन्ध में से। हाँ, यह ग्रहण करने वाले की ग्राह्यता पर निर्भर करता है कि वह कितना ग्रहण कर सकता है। हर सम्बन्ध में ऐसा नहीं है कि कोई गुरु है, बहिन है, भाई है, प्यारा है या पत्नी है। हर सम्बन्ध का नाम नहीं है। फिर भी हर सम्बन्ध में कुछ-न-कुछ मिलता ही है और कोई भी सम्बन्ध बिना कुछ दिए जाता नहीं है, कुछ-न-कुछ दे ही जाता है।"

पंडित जसराज के लिए संगीत कोई एक जन्म की साधना नहीं। उनके लिए एक जन्म का समर्पण पर्याप्त नहीं। "संगीत तो तीन-चार, पाँच जन्म की चीज है। क्योंकि कोई विद्यार्थी सात वर्ष की अवस्था में जो गाता है, वह हम आज गा पाते हैं। कोई विद्यार्थी 50 वर्ष के अभ्यास के पश्चात् भी वैसा नहीं गा पाता जैसा सात वर्ष का विद्यार्थी, तो यह उनका चौथा-पाँचवाँ जन्म है। बीच वाले किसी जन्म

में हम भी हैं। अगले जन्म में कुछ और गाएँगे, तपस्या करेंगे। मैं और-और गाना चाहता हूँ, बस, उसे समर्पित होना चाहता हूँ," पंडित जसराज कहते हैं।

हर चीज तो सम्भव होती नहीं है। वह ऊपर वाले की मेहरबानी से ही सम्भव है। नहीं तो अहं किसमें नहीं जागता? जरा-सा कुछ हो जाए तो आदमी अपने आपको कुछ समझने लगता है। "मैं यह भी उसकी कृपा ही समझता हूँ कि आज सोचता हूँ कि मुझमें कुछ भी नहीं है, मुझे सब कुछ सीखना है। बहुत कुछ समझना है। आपको सच बताऊँ, मुझे मेरा गाना कई बार पसन्द नहीं आता। जब गाता हूँ, तब तो भूला रहता हूँ। लेकिन यदि बाद में टेप-रिकॉर्डर पर बजा दें तो मुझे पसन्द नहीं आता। खुद से पूछता हूँ, अरे, यही गाया था? जिसकी कहिए, उसकी शपथ ले लूँ और बताऊँ कि मैं तो शिशु हूँ और सीखना चाहता हूँ।"

पंडित जसराज ने कृष्ण चरित्र को बहुत गाया है। बार-बार, तरह-तरह से। क्या इन्हें राम की तुलना में कृष्ण अधिक प्रिय हैं? "कृष्ण से मुझे एक अलौकिक प्यार है। राम में सिर्फ भक्ति है, श्रद्धा है। वहाँ प्यार वाली जगह नहीं है। गाने में अगर प्यार न हो तो यह गणितशास्त्र है, अब मैं इसे पूरी तरह मानता हूँ। प्यार में कहीं सम की जरूरत नहीं है। प्यार में कहीं स्वर की जरूरत नहीं है। जो आप कर रहे हैं—सब ठीक है, सब सहज है, सब स्वीकार्य है। तो, सरल भक्ति तो कृष्ण की है। कारण कहाँ ढूँढ़ सकते हैं। कृष्ण तो ऐसा भगवान हैं कि जिसे आप गोदी में भी खिलाएँ, उसके पैरों में भी पड़िए। चाहिए तो उसकी वंशी बन जाइए, चाहिए तो उनको प्रेम करने लगिए। भगवान राम के साथ ऐसा नहीं कर सकते। 'ठुमक चलत रामचन्द्र' उनके बचपन से सम्बन्धित पद है, पर जब आप रामचन्द्र को स्मरण करेंगे, बालक रामचन्द्र कभी आपको दीखेंगे ही नहीं। राम सम्पूर्ण नजर आते हैं। कृष्ण को आप कहीं से भी शुरू कर सकते हैं। पीठ से शुरू करें, पैर से शुरू करें, चोटी से शुरू करें। वहाँ आगे-पीछे नहीं देखना पड़ता—लगता है कि वह कह रहे हैं कि जहाँ भी हूँ, तुम्हारे साथ हूँ। भगवान राम को सोच-समझ कर गाना पड़ता है, उसमें बुद्धि लगानी पड़ती है।"

पंडित जसराज हर परिस्थिति अपने हर कार्य-कलाप, हर सम्भव-भाव को ईश्वरीय निर्णय और ईश्वरीय देन ही मानते हैं। "उसको तो जो मुझसे करवाना है, करवाता है। अच्छा-बुरा हम लोग सोचते हैं। वह अच्छा-बुरा नहीं सोचता, वह केवल करवाता है। उसके हजार हाथ हैं—देने के, वह देता है। यह तो आपकी-हमारी सोच पर निर्भर करता है कि उसको समझें कि उसने किस प्रकार से क्या दिया।"

कभी-कभी ईश्वर भी नाराज होते हैं। उन्हें अहंकार तो बिल्कुल पसन्द नहीं है। जहाँ अहं भाव आया वहीं वे रूठ गये, फिर रहिए उन्हें मनाते। जसराज जी के जीवन से जुड़ी कई घटनाएँ ऐसी ही हैं जिनमें उन्हें अपनी

लघुता का परिचय होता है। "मैं वृन्दावन पहुँचा बनारस से। मेरे साथ वहाँ बनारस के संकटमोचन मन्दिर के महन्त डॉ. वीरभद्र मिश्र जी भी आये थे। वृन्दावन में कार्यक्रम था और मैं अपने कार्यक्रम से एक दिन पहले ही पहुँच गया था। साथ में हमारी बहिन स्वरूप रवि बर्मन भी आयी थीं। दो दिन के बाद राधा-अष्टमी थी। मैंने वृन्दावन पहुँच कर कहा कि बरसाना चलना है तो आज ही चलते हैं, कल मेरा कार्यक्रम है, कल मैं नहीं जाऊँगा। वेणुगोपाल, मेरा शिष्य, वह भी अपराह्न में आ गया। सब गाड़ी में बैठने लगे—बरसाना जाने के लिए। मेरे मन में अचानक आया कि बाँके जी (बाँके बिहारी जी के मन्दिर) के दर्शन नहीं किए, राधा जी के पास पहले जा रहे हैं, कहीं वह नाराज तो नहीं हो जाएँगे। बहिन बोली कि बाँके जी क्यों नाराज होंगे, वह तो प्रसन्न होंगे कि पहले राधा जी से मिलकर आ रहे हैं। मैंने कहा, हो सकता है कि ये नाराज न हों, राधा जी ही नाराज हो जाएँ कि बाँके बिहारी जी से मिलकर क्यों नहीं आये।"

"खैर, हम सब गये। बरसाना। वहाँ पहुँचकर गिरिराज घनन का दर्शन किया। वहाँ जाना न था, परन्तु पहुँचे तो ऐसा आनन्द आया कि वहीं बैठे रह गये। याद आया तो आठ बज चुके थे। राधा जी के दर्शन के लिए मन्दिर जाने लगे तो लोगों ने कहा कि जल्दी करें, कहीं द्वार बन्द न हो जाएँ। जल्दी-जल्दी पहुँचे, तो भी हमारे पहुँचने से पाँच मिनट पहले ही द्वार बन्द हुए थे। मन में आया कि हम बाँके बिहारी जी के दर्शन करके नहीं आये, हमने तो गिरिराज घनन के दर्शन किए थे, हमने सोचा था कि कल नहीं आएँगे, आज ही आएँगे, क्या इसलिए आपने ऐसा किया? क्यों किया? खैर, हम अपने मन में बहुत दुःखी हुए, दुःखी होकर मन में कहा कि कल तो आना ही पड़ेगा, बिना दर्शन के तो रहेंगे नहीं। दूसरे दिन गये, मूर्ति हँस-हँसकर सामने आ गयी। इतना आनन्द आया कि क्या कहूँ। सुबह पहले बाँके जी के दर्शन करके गया था।"

पंडित जसराज इतना निश्चित ही मानते हैं कि प्रभु के द्वार पर किसी अहंकार का स्थान नहीं है। अहंभाव का सम्पूर्णतः तिरोहण करना पड़ता है, तभी वे पुकार सुनते हैं और पुकारते भी हैं। जरा-सा अहंकार हुआ नहीं कि वे कहते हैं—अच्छा! तुम इतने बड़े हो गये, हमारे ही सामने! प्रतिवर्ष वे वाराणसी जाते हैं, संकटमोचन मन्दिर में आयोजित कार्यक्रम में गाने के लिए। एक बार मुम्बई से उन्होंने आयोजकों में से किन्हीं सज्जन को फोन कर दिया कि

कार्यक्रम के बाद अमुक ट्रेन से वे कलकत्ता जाना चाहते हैं। टिकट कटवा लें ताकि आराम से सो कर कलकत्ता पहुँच जाएँ। पंडित जी गाने पहुँचे। निश्चिन्त थे कि टिकट तो हो ही गया होगा। कार्यक्रम के बाद पंडित जी ने कहा कि महाराज, चलिए, ट्रेन का समय हो रहा है। वह सज्जन बोले कि पंडित जी भूल हो गयी। टिकट तो कटवाया ही नहीं, अब देखते हैं, जसराज जी को गुस्सा आ गया कि यही सब व्यवस्था है? समझते नहीं हैं, वगैरह-वगैरह! ऐसा ही है तो अगले वर्ष नहीं आएँगे। कुछ समय के बाद पंडित जी भूल गये सब कुछ। अगले वर्ष के कार्यक्रम का समय आया तो पहले से पूरे परिवार को वाराणसी भेज दिया। उन्हें स्वयं हैदराबाद से पहुँचना था। हैदराबाद वालों से कह दिया था कि रेल अथवा विमान से वाराणसी का टिकट करवा लें। उन्होंने रेल का टिकट करवाया था क्योंकि वह सीधी वाराणसी जाती थी।

"मैं बैठ गया। मुझे रास्ते में इटारसी पर उतार दिया गया कि यह बोगी तो दिल्ली जाएगी, आपको दूसरी ट्रेन लेनी पड़ेगी। मैं हतप्रभ था कि ऐसा कैसा हुआ! स्टेशन पर हेड टी.सी. के पास गया, कहा कि मुझे बनारस जाना है, आप कृपया काशी एक्सप्रेस में मेरे लिए एक सीट की व्यवस्था कर दें। उन्होंने कहा, 'अच्छा देखते हैं और अपने काम में लग गये। मैंने सोचा भूल गये होंगे, दुबारा जरूर याद दिलाऊँ। मैंने कहा कि 'महाराज मुझे मन्दिर में गाना है, किसी तरह कोई इन्तजाम करें।' उन्होंने मेरी तरफ देखे बिना ही कहा कि कोशिश करते हैं। तीसरी बार मेरे मन में आया कि कहूँ कि भइया, जो आपकी सेवा होगी, हम कर देंगे पर हमें भेजें जरूर। हम फिर उनके पास गये और कहा कि महाराज आपकी जो भी सेवा होगी हम दे देंगे। हमें जाना है वाराणसी। उसके बाद कोई और ट्रेन न थी जिसे पकड़ कर हम कार्यक्रम में पहुँच सकते। उन्होंने कहा, बैठिए। हम बैठ गये। उन्होंने घंटी बजाकर काशी एक्सप्रेस के सभी टिकट चेकरों को बुलवाया, सभी दर्जों के टी.सी.। कुल बारह टी.सी. वहाँ इकट्ठे हो गये। उन सबको सम्बोधित करते हुए ये साहब बोले, 'भई इन्हें जरा देख लीजिए। अच्छी तरह से पहचान लीजिए। ये हमारी सेवा करने चले हैं। यदि ट्रेन के किसी डिब्बे में ये साहब बैठ गये तो जो टी.सी. होगा, उसकी खैर नहीं।' मुझे काटो तो खून नहीं। मैंने जिन्दगी में कोई ऐसा रेल अधिकारी नहीं देखा था, जो सेवा के नाम पर उखड़ जाए। पर यह तो बात ही और थी। बड़ी कोशिश की, वह बिगड़ गये तो बिगड़ गये, हम काशी नहीं जा पाये। तब याद आया कि पिछले वर्ष अहंकार में कह आया हूँ कि अगले वर्ष नहीं आऊँगा। तो संकटमोचन जी ने भी कहा—तुम हो कौन आने न आने वाले, तुम तभी आओगे जब मैं बुलाऊँगा। और मुझे तुम्हारी आवश्यकता नहीं है। आना हो तो नतमस्तक होकर आओ, वरना मत जाओ। बस मेरे नेत्रों से आँसुओं की धारा बह निकली, पश्चात्ताप में, कि हे भगवान, अभी से कभी वैसा विचार मन में नहीं लाऊँगा, तुम मुझे पुकार

लो। बस, यह सब आस्था बढ़ाता है और अपनी लघुता का अनवरत आभास होता रहता है।”

पंडित जसराज के वरसोवा मुम्बई वाले घर के उस कमरे में अनगिनत प्रशस्ति-पत्र, पुरस्कार, सम्मान रखे हुए हैं। उन सभी सम्मानों के बीच पंडित जी के शिष्य बैठे हैं, अभ्यास कर रहे हैं। पंडित जी गाते हैं और शिष्य पीछे स्वर मिलाते हैं–‘चंपे गौरार्ध शरीर कायै कर्पूर गौरार्ध शरीर कायै।’ उन स्वरों को अपने स्वरों में उतारते हुए कुछ-न-कुछ पीछे छूट जाता है, कभी पकड़ मजबूत होती है, कभी मुट्ठी में से रेत की तरह धीरे से ढुलक जाती है।

“मेरा सबसे बड़ा पुरस्कार हैं मेरे ये शिष्य। इन्हीं के माध्यम से मैं अपने संगीत को आगे बढ़ते हुए देखता हूँ।” थोड़ा-सा अभ्यास और जसराज जी के स्वर अनेक कंठों से सुनाई देने लगते हैं। तभी वातावरण में आभास होने लगता है–शिव-शिवा की उपस्थिति का। इस उपस्थिति को केवल अनुभव किया जा सकता है, देखा नहीं जा सकता। बात घूम-फिरकर फिर वहीं आ जाती है, अहंकार के विगलन पर, अहंकार के तिरोहण पर। “मैं तो उन्हें देखता हूँ, अपने भीतर और बाहर, अपने सामने अनुभव करता हूँ। जब गाता हूँ, भगवान सामने आते हैं। उनकी उपस्थिति को महसूस करने के लिए अपने को तिरोहण कर देना पड़ता है। जितना सहज समर्पण होगा, उतना ही सहज होगा, प्रभु का दर्शन,” जसराज जी कहते हैं। “कभी-कभी वे आते हैं, द्वार खटखटाते हैं, हम उन्हें बाहर ही रोक देते हैं। उन्हें तो दोनों बाँहें खोलकर ग्रहण करने की आवश्यकता है। हमारा अस्तित्व यदि उन्हें ग्रहण करने के योग्य ही न हो, तो वे क्या करें!” पंडित जसराज का गायन उस अतीन्द्रिय धरातल पर ले जाता है, जहाँ धरातल, धरातल नहीं रहता एक सुवास बन जाता है।

मुझे याद है न्यूयॉर्क में भारतीय दूतावास के प्रांगण में उस शाम पंडित जी का गायन था। भारत के तत्कालीन उपराष्ट्रपति माननीय भैरोंसिंह शेखावत भी वहाँ थोड़ी देर के लिए आ गये थे। दोनों को ही पहले से एक-दूसरे के वहाँ होने का पता नहीं था। अपनी अमरीका यात्रा के दौरान जब भैरोंसिह जी को मालूम हुआ कि दूतावास में जसराज जी का कार्यक्रम है तो वे लगभग आधे घंटे के लिए वहाँ आ गये। अपने सामने सहसा भैरोंसिंह जी, जो राजस्थान के हैं, को देखकर जसराज जी के मन में आया कि क्यों न वे अपने गायन की शुरुआत हवेली-संगीत से करें। बस, ‘करत शृंगार मैया मन भावत’ और फिर ‘लाल गोपाल गुलाल हमारी, आँखिन में जिन डारो जू’ गाने के बाद पंडित जी ने एक और पद गाया। भैरोंसिंह जी मध्यान्तर में पंडित जी से क्षमा याचना (पूरा समय न बैठ पाने के कारण) करके चले गये। एक और पद हुआ। वह पूरा कार्यक्रम ही भजन सन्ध्या में परिणत हो गया था। अकसर पंडित जी तथा अन्य सभी कलाकारों के कार्यक्रमों में मुझे साथ-में हाथ से ताल देने की आदत है। उस दिन भी मध्यान्तर के पहले मैं ताल दे रही थी, श्रोताओं में

बैठी, कि पंडित जी ने गाना शुरू किया, "करारविंदेन पदारविंदम.... गोविंद दामोदर माधवेति" कि सहसा मेरी आँखें बन्द हो गयीं। हाथों ने धीरे-धीरे ताल देना बन्द कर दिया। बन्द आँखों से मुझे कमरे की छत के निकट बहुत सारा प्रकाश होता हुआ दिखाई दिया। और दिखाई दिया राधा-कृष्ण जी का स्वरूप। कभी गुलाबी ओढ़नी ओढ़े राधा जी के साथ ही कृष्ण झूले पर बैठे हैं, कभी अपनी गैया के आगे खड़े वंशी बजा रहे हैं और राधा प्यारी पास में खड़ी हैं, कभी दोनों ही प्रसन्नचित्त एक-दूसरे को निहार रहे हैं। और मुझे आभास हुआ कि उस कमरे में प्रकाश-ही-प्रकाश है, पूरा कक्ष एक विचित्र सुगन्ध से भर गया। मेरी आँखों से आँसू बह रहे थे। बन्द पलकों के पीछे बाँके बिहारी और राधा जी दोनों का मैं दर्शन कर रही थी, वहाँ न्यूयॉर्क में, न वहाँ ब्रजभूमि थी, न कदंब की डाल, न यमुना नदी का तीर। बस पंडित जसराज गा रहे थे, 'गोविंद दामोदर माधवेति।'

पद समाप्त हुआ। मुझे जैसे किसी ने झिंझोड़कर जगा दिया हो। पंडित जी ने एक और पद गाना शुरू किया, 'मैया मोहे दाऊ बहुत खिझायो।' जब पंडित जी गा चुके तो उन्होंने श्रोताओं से पूछा, कि क्या आपको इस पद का अर्थ समझ में आया है? न्यूयॉर्क के संगीत-प्रेमियों को पंडित जी का स्वर तो समझ में आता था, भक्ति और प्रेम तो समझ में आता था, किन्तु ब्रजभाषा में रचित पद बहुत अच्छी तरह से समझ में नहीं आता था। पंडित जी ने मुझसे कहा, कि उस पद का अर्थ मैं अंग्रेजी में बता दूँ। मैं तो उसी समय एक अद्‌भुत अतीन्द्रिय अनुभव करके धरती पर लौटी थी। किसी तरह अपनी एकाग्रता को सँजोकर अर्थ बताया। लेकिन लोभ-संवरण नहीं कर पायी श्रोताओं के साथ अपने थोड़ी देर पहले के अनुभव को बाँटने का। वह भी किया। थोड़ी देर के बाद जब कार्यक्रम सम्पन्न हुआ, तो श्रोताओं में से उठकर कितने ही लोग मेरे पास आये और बताने लगे कि उन्हें भी लगभग उसी तरह का अनुभव हुआ था, केवल वे शब्द नहीं खोज पा रहे थे, अभिव्यक्ति के लिए, हाँ, उनके भगवान का स्वरूप, आकार कुछ और था। एक महिला कहने लगीं कि उस गायन को सुनकर उन्हें अपने इष्ट भगवान विष्णु दिखाई देने लगे। 'मुझे तो समझ में ही नहीं आया कि मैं क्या करूँ, बस मैंने हाथ जोड़ दिए", वह कहने लगीं। एक दूसरी महिला, मुस्लिम थीं, कहने लगीं, 'हमारे यहाँ मूर्तियों को नहीं मानते। हमारे पैगम्बर हैं। जैसा अनुभव मुझे अपने पैंगबरों के आने पर होता, वैसा ही कुछ-कुछ आज मुझे इस भजन को सुनकर लगा।'

उन मुस्लिम महिला की बात को सुनकर मुझे पाकिस्तान में पंडित जसराज के गायन के बाद घटी घटना स्मरण हो आती है। उस दिन जाने पंडित जी को क्या सूझा कि उन्होंने इस्लामाबाद में 'ॐ नमो भगवते वासुदेवाय' से अपना गायन समाप्त किया। पाकिस्तान ने यूँ तो शास्त्रीय और सुगम संगीत को एक से बढ़कर एक कलाकार दिए हैं, लेकिन इधर के माहौल में कोई भारतीय कलाकार अपने गायन में ईश्वर का स्मरण करे और उसे कीर्तन के रूप में लोगों तक पहुँचाए, यह अपने आप में एक विशिष्ट घटना थी। और उसी कीर्तन के बाद एक मस्जिद के मौलवी साहब उठकर जसराज जी के पास आये और उनके दोनों हाथ पकड़कर कहने लगे, पंडित जी, आज आपने इस भजन में हमें अल्लाह के दर्शन करा दिए।

कई बार जसराज जी के कार्यक्रमों को कीर्तन में रूपान्तरित होते हुए देखा है। जब-जब वे गाते हैं—'गोविंद दामोदर माधवेति' अथवा 'ॐ नमो भगवते वासुदेवाय', वहाँ वासुदेव गोविंद की उपस्थिति को महसूस किया है। मंच पर खड़े होकर यकायक कह उठती हूँ कि कागजों पर, दस्तावेजों पर कुछ रेखाएँ खींच देने से, या हस्ताक्षर कर देने से दूरियाँ नहीं पटतीं। दूरियाँ नहीं पाटी जा सकतीं सीमाओं पर हथियारों से लैस सैनिक खड़े करने से। युद्ध और आक्रमण जमीन को बाँट देते हैं, दिलों को बाँट देते हैं। लेकिन संगीत, वह संगीत जो पंडित जसराज उपजाते हैं सही मायने में दूरियों को दूर कर देता है, उन्हें नजदीकियों में बदल देता है। यह संगीत देश, धर्म, काल की सीमाओं से कहीं बहुत ऊपर है। यह सभी सीमाओं के पार प्रेम है, धर्म है, भक्ति है। यह संगीत मैत्री है।

हर बार अपने कार्यक्रम के प्रारम्भ में पंडित जसराज आयोजकों से आग्रह करते हैं—'श्रोताओं के ऊपर थोड़ा प्रकाश करिए, मैं उनकी आँखों में संगीत को देखना चाहता हूँ।' हर बार उनके गायन का प्रभाव वही होता है कि श्रोताओं की आँखें बन्द हो जाती हैं, उनसे अश्रुपात होता है। तब मैं उठकर पंडित जी से पूछना चाहती हूँ, 'पंडित जी, आप किन आँखों में संगीत को देखना चाहते हैं, वे, जो आपके संगीत के प्रभाव से बन्द हो गयी हैं, वे जो उस संगीत के प्रभाव से बरबस रो रही हैं? यहाँ तो 'मैं।' है ही नहीं, आँखें हैं ही नहीं, केवल संगीत है, केवल भक्ति है, केवल तिरोहण है, और यह तिरोहण, यह भक्ति आपने दी है।'

पंडित जसराज की माँ शायद शक्ति की आराधना करती रही होंगी, 'रूपं देहि जयं देहि, यशो देहि द्विशो

जहि।' शायद इसीलिए पुत्र प्राप्ति होने पर उसका नाम रख दिया जसराज। यह बच्चे पर छोड़ दिया कि स्वयं को ऐसा बनाये कि वह यश पर राज्य करे अथवा यश उस पर राज्य करे।

पंडित जसराज यश पर राज्य करते हैं। लेकिन इधर उन्हें अपनी बढ़ती उम्र का अहसास हो रहा है। पहले से कहीं अधिक कार्यक्रम, कहीं अधिक समय तक गायन, कहीं अधिक यात्राएँ। उन्हें सुनते समय कई बार ऐसा आभास होने लगता है कि उनके मन में कुछ बहुत नया उमड़ कर आ रहा है, एक नयी लहर जैसे आगे आती है समुद्र में, पीछे से एक दूसरी लहर उसे पछाड़ कर अपनी जगह बना लेती है। पंडित जसराज का संगीत तो समुद्र है, उसमें भक्ति और प्रेम की गहराई है और नयापन है लहरों के पारावार सा। पहली लहर, फिर दूसरी, फिर तीसरी। एक के बाद एक नया भाव। 'रावरे रूप की नीति अनूप, नयो नयो लागत ज्यों-ज्यों निहारिये।'

अमरीका में एक पाकिस्तानी नाटक को देखते-देखते उन्हें अचानक लगा, कि अब तक जो हुआ, सो हुआ। बाकी अगले जन्म में करेंगे। नाटक का नाम था—'घंटी'। 'उसमें एक व्यक्ति रिटायर हुआ है, परम प्रसन्न है। एक दिन उसे अधरंग हो जाता है। बेटा-बहू उसके निकट एक घंटी रख देते हैं। अपनी आवश्यकता के समय वह व्यक्ति घंटी बजा देता है, उधर बेटा-बहू आकर इसकी जरूरत पूरी कर देते हैं। एक दिन बेटा तनाव में है और उसे नींद नहीं आ रही। उधर पिता की घंटी छोटे-मोटे काम के लिए बार-बार बज रही है। बहू सुझाव देती है, कि न हो, घंटी को जरा सरका दें। पिताजी तो घंटी बजाते ही रहते हैं, उन्हें कोई खास जरूरत होगी तो सुबह देख लेंगे। तुम आराम से सो जाओ। घंटी सरका दी गयी, थोड़ी-सी, और सवेरे तो पिता थे नहीं।' यह नाटक देखा तो पंडित जसराज को उम्र का आभास हुआ, पहले नहीं हुआ था। अमरीका से लौटने पर उस बार थोड़ा मायूस थे, "अब वापस वही गायन, वही अर्पण। हम तो शतरंज के मोहरे हैं जनाब, कि किसी ने चोटी पकड़ी, पाँचवें घर में रख दिया, किसी ने चोटी पकड़ी, वापस बुला लिया। क्योंकि हम तो ऐसा बहुत कुछ करना चाहते हैं। उसे करने में प्रयास भी बहुत करते हैं, किन्तु वह कार्य सिद्ध ही नहीं होता। बहुत कुछ ऐसा हो जाता है कि हम सोचते हैं, ऐसा क्यों हुआ?"

"संगीत में जैसे पता नहीं चलता कि क्या गाने जा रहे हैं, क्या गा रहे हैं, यह विवशता है। किन्तु दधि-माखन की तरह हम भी अपने को अपने से अलग नहीं कर पाते। कभी इस खिड़की के बाहर से भीतर झाँकने की कोशिश करता हूँ। यथार्थ में देखता हूँ, बार-बार स्वप्न में देखता हूँ। कल्पना ही हो सकती है जो साक्षात् होकर बार-बार आँखों के सामने आ जाती है। अन्तिम समय में जैसे व्यक्ति को पलँग से नीचे उतार दिया जाता है, मुझे उतार दिया गया है। सब लोग रो रहे हैं। मैं एक छोटे से सूक्ष्म रूप में उन

सबको विलाप करते हुए देख रहा हूँ। मुझे हैरानी हो रही है कि मैं तो हूँ। मैं तो मरा नहीं हूँ। मर तो वह गया जो नीचे लेटा हुआ है, वह शरीर। मैं तो जिन्दा हूँ। यह स्वप्न मैंने एक बार नहीं, अनेक बार देखा है। मुझे सबसे अधिक प्यार मेरी माँ और मेरे बड़े भाई साहब ने दिया। मेरे शरीर को मृत देखकर वे विलाप करते हैं तो मैं अपने सूक्ष्म शरीर से उनके कान के निकट जाकर कहता हूँ, कि जिसके लिए आप रो रहे हैं, वह सत्य नहीं है। सत्य तो यह है कि मैं जीवित हूँ।"

'तच्चक्षुर्देवहितं पुरस्ताद्शुक्रमुच्चरत् पश्येम शरदः शतम् जीवेम शरदः शतम्...।' इस बार यह प्रार्थना अपने लिए नहीं, पंडित जसराज के लिए है। ईश्वर ने उनके गायन को प्रार्थना मानकर स्वीकार किया है। प्रभु उन्हें शतायु करें। हमारी यह प्रार्थना स्वीकार करें।

पंडित जी, स्वयं 'जब तक रहें, गाते रहें', ऐसी प्रार्थना करते हैं। हमारी प्रार्थना भी तो यही है पंडित जी क्योंकि आप स्वयं गायन हैं, आप स्वयं संगीत हैं।

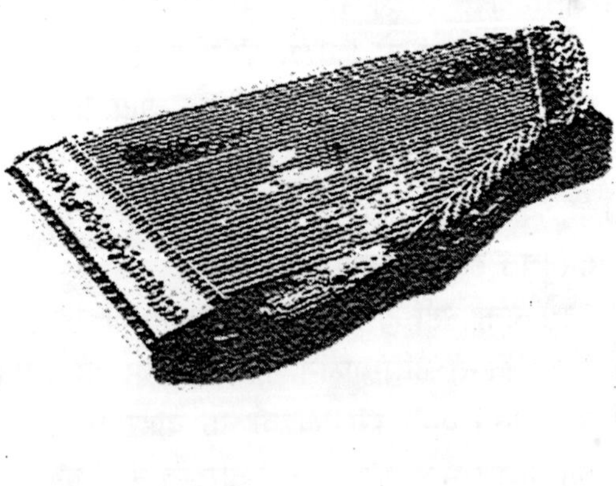

॥ मंगलमपल्ली डॉ. बालमुरली कृष्ण ॥

दिवसावसान का समय
मेघमय आसमान से उतर रही है
वह सन्ध्या सुन्दरी परी सी–
धीरे धीरे धीरे।
तिमिरांचल में चंचलता का नहीं कहीं अभाव
मधुर मधुर हैं दोनों उसके अधर
किन्तु जरा गम्भीर – नहीं है उनमें हास विलास।
हँसता है तो केवल तारा एक
गुँथा हुआ उन घुँघराले काले बादलों से
हृदय राजम की बानी का वह करता है अभिषेक।

–सूर्यकान्त त्रिपाठी निराला

"Music is God for me. It is like Prana. Every living being has 'Swara' and 'Laya' which are two ingredients of Music or 'Sangeetam'. It is only a dead body has neither 'Swara' or 'Laya'.

If Music is, I am. Otherwise what is left?"

मंगलमपल्ली डॉ. बालमुरली कृष्ण

उस दिन विशाखापट्टनम् में उक्कूनगरम् के मेरे घर में दोपहर एक मेहमान आने वाला था। छोटा-कद, साँवला चेहरा, सफेद कुर्ता और लुंगी। माथे पर रोली का गोल तिलक। गले में सोने की मोटी-सी चेन। हाथ में पान-सुपारी का डिब्बा। होठों पर सीमित-सी मुस्कान। मेहमान सीधे मेरे घर के अन्दर चला आया। तब एयर कंडीशनर केवल मेरे सोने के कमरे में था, सो मैं उस मेहमान को अन्दर ही लिवा लायी ताकि पलँग पर बैठकर वह बाहर की सड़ी हुई गर्मी से कुछ निजात पा सके।

दूसरे कमरे में टेप रिकॉर्डर पर एक स्वर गूँज रहा था, 'वातापि गणपति भजे' जानती थी कि सायंकाल का राग है, हंसध्वनि, लेकिन उस समय और कोई कैसेट उस मेहमान का गाया हुआ मिला नहीं, सो उसे ही बजते रहने दिया। मेरी बाई सत्यवती, जिसे हर मेहमान को आते ही सबसे पहले ठंडा पानी पेश करने की हिदायत थी, पानी देकर रसोई में जाने लगी तो मैंने उससे कहा, सत्यवती आज साहब को बढ़िया-सा खाना बनाकर खिलाओ। जानती हो ये बहुत बड़े गायक हैं। टेप रिकॉर्डर पर इन्हीं का गाया हुआ संगीत सुनायी दे रहा है। 'अच्छा', कह कर सत्यवती रसोई में चली गयी। दो मिनट भी नहीं हुए होंगे कि वह लौट कर आयी और मुझसे बोली, 'माँ यह तो मंगलमपल्ली बालमुरली कृष्ण का गाना बज रहा है।' मैंने कहा 'हाँ', 'तो क्या ये वहीं हैं?' और सत्यवती साष्टांग दंडवत् करती हुई बालमुरली जी के सामने धरती पर लोट गयी। उसकी आँखों से आँसू बह रहे थे। वह कानों को छूती, कभी अपने गालों को चपत मारती, कभी अपनी जिह्वा काटती। 'ओ माँ! मेरा कैसा सौभाग्य, आज आपके दर्शन हुए।' मैं तो अवाक्। आख़िर सत्यवती तो मेरे घर में काम करने वाली बाई थी। उसे संगीत से क्या लेना-देना? संतन को कहाँ सीकरी सों काम! लेकिन नहीं, सत्यवती बालमुरली जी की आवाज़ पहचानती थी। सुरों से उसका परिचय था। मैंने पूछा, 'सत्यवती तुमने कैसे इनकी आवाज़ को पहचाना?' 'रोज़ सबेरे रेडियो पर इसका गाना सुनते हैं। न!'

दक्षिण भारत के लोगों के खून में संगीत है, उसकी साँसों में संगीत है। वहाँ संगीत अभिव्यक्ति की भाषा है, संगीत किसी बड़े आदमी की बपौती नहीं है, हर निवासी की आत्मा में बसा है, उनके दिल की धड़कन है। ऐसा

ही संगीत मंगलमपल्ली बालमुरली कृष्ण का है, जिसके साथ मेरे घर में काम वाली बाई सत्यवती तक का परिचय है। ये मंगलमपल्ली बालमुरली कृष्ण हैं।

दूसरी घटना। बालमुरली जी मद्रास से विशाखापट्टनम आये हैं। शाम को मेरे घर में खाना खाने वाले हैं। सत्यवती अपने उत्साह में एक से एक बढ़िया भोजन तैयार कर रही है। मैं विशाखापट्टनम स्टील प्लांट के अपने दफ़्तर में काम में सिर से पाँव तक डूबी हुई हूँ। शाम को काम ख़त्म होते-होते मेरे पेट में भयंकर दर्द शुरू हो जाता है। वहीं के अस्पताल में अपनी मित्र डॉ. सूर्य प्रभा को फोन करती हूँ तो वह तुरन्त अस्पताल आने की हिदायत देती है। यह सोचकर कि अभी तो लौटकर आता ही है, मैं सब तामझाम खुला छोड़कर चली जाती हूँ। जैसे ही सूर्यप्रभा मेरे पेट पर हाथ रखती है, मैं दर्द से चीख़ उठती हूँ। दो-चार फ़ोन होते हैं। फिर स्कैनिंग। पता चलता है कि एपेंडिक्स में सूजन है, तुरन्त ऑपरेशन करना होगा। मैं लाख कहती हूँ कि हफ़्ते भर के बाद ऑपरेशन कर दें, शाम को बालमुरली जी आ रहे हैं, कल दिल्ली जाना है, लेकिन कोई डॉक्टर सुनने को तैयार नहीं। रात 10.30 बजे ऑपरेशन का समय नियत होता है। बस घर जाकर बालमुरली जी को खाना खिलाकर वापस लौट आने भर की इजाज़त मिलती है, बालमुरली जी घर में आ चुके हैं। उन्हें बताती हूँ कि उनके साथ खा न सकूँगी क्योंकि सर्जरी के छः घंटे पहले तक कुछ भी खाने-पीने की मनाही हो गयी है। तो वे समझते हैं मेरी बात। मेरे चेहरे पर उभरती दर्द की रेखाओं को छूकर अपने हाथ में मेरा हाथ पकड़ कर निकट बैठाते हैं और कृष्ण भक्ति की कुछ रचनाएँ विशेष रूप से मेरे लिए गाते हैं। उनके गायन के स्वरों में मैं अपना दर्द भूल जाती हूँ और स्वयं ही अपने सौभाग्य पर ईर्ष्या करने लगती हूँ। कितने लोग होंगे दुनिया में, जिनके लिए इतने बड़े कलाकार ने गाया होगा, अस्पताल में ऑपरेशन की मेज पर जाने से पहले उसके दर्द को महसूस किया होगा, दवा बनकर सहराया होगा। ये मंगलमपल्ली बालमुरली कृष्ण हैं।

केरल के समुद्र तट पर एक छोटा-सा गाँव। गाँव के पास एक मन्दिर। दूर-दूर तक जल की अपार राशि। तट पर फैली हुई सफ़ेद बालू। साँझ ढले जल लहरी और संगीत लहरी में खोए हुए लोग। हवा में 'सलामी' का स्वर गूँज रहा है। जाने कहाँ से एक सुदर्शन, तन्वगी, मंच की ओर चली आती है। गल-गल-गल-गल-गल-गल-गल ध्वनि और लाल साड़ी पहने वह सुन्दरी मंच पर गायक के साथ बिराजती है। गायक से कहती है, मुझ पर एक रचना रचो। गायक पूछता है, 'तुम कल्याणी हो?' 'हाँ' गायक उसी समय रागिनी पर एक सुन्दर रचना रचता है। सामान्यतः 15-20 मिनट तक चलने वाले गायन के स्थान पर गायन डेढ़ घंटे से भी अधिक समय तक

उसी राग में चलता है।

'कल्याणी' के माथे पर बिन्दी है। बाल खुले हैं। रागिनी की एक स्वर लहरी और सौन्दर्य राशि में सारे श्रोता डूब जाते हैं। गायन समाप्त करके गायक आँखें खोलता है, न वहाँ रागिनी है और न उसकी लाल साड़ी का कोई चिह्न। रेत पर बने हैं उसके पैरों के निशान। इस साँझ से पहले और बाद में किसी ने सौन्दर्य की उस सम्राज्ञी को नहीं देखा।

"नहीं, वह मेरी कल्पना नहीं थी। वह सचमुच आती थी। उस दिन मंच पर मेरे साथ वायलिन बजा रहे मेरे साथी थे। कितने सारे श्रोता, जिन्होंने लहरों के बीच में से आते हुए उस तन्वंगी को देखा था, उसे रास्ता दिया था। फिर वह खो गयी, जाने कहाँ। वह कल्याणी रागिनी थी। उन्होंने कई बार रागिनियों को देखा है। कभी बंगाली, लाल किनारी की सफ़ेद साड़ी पहने, कभी शुभ्र वस्त्रावृता और कभी कांजीवरम् में बुनी चटख रंगीन साड़ी में आभूषणों से सुशोभित। बहुत सारे लोगों को यह वर्णन करते समय नितान्त गम्भीर हैं। उनकी सम्मोहक दृष्टि भी गम्भीर है। राग-रागिनियों को अपने स्वरों में उतार कर हज़ारों-लाखों श्रोताओं को देश और समय की सीमा से परे ले जाने वाला उनका स्वर भी गम्भीर है, उसमें किसी असत्य सम्भाषण की प्रतीति नहीं होगी।

यही बालमुरली जी संगीत की व्याख्या करते हैं। "संगीत है संवाद और लय का समन्वय। और यही जीवन है। बिना स्वर और लय के जीवन नहीं। मृत शरीर में न तो कोई स्वर है और न ही उसमें है गीत अथवा लय। पृथ्वी एक लय में घूम रही है। उसी लय के कारण स्वर है। और वह स्वर है ओंकार का। यदि उस गीत में कोई व्यतिक्रम आ जाए तो फिर हम कहाँ होंगे। इसीलिए लय की अन्विति को जीवित रखना है। सुखपूर्वक जीने के लिए श्रुति और लय के क्रम को बनाये रखना होगा। संगीत तो संसार के अन्य किसी भी उपादान की तुलना में कहीं अधिक आनन्दप्रद है। किसी उपदेशक के उपदेश हों अथवा संन्यासी का ध्यात्म-अध्यात्म, कोई हिन्दू हो अथवा मुस्लिम, ईसाई हो अथवा किसी समिति का प्रमुख। संगीत सबके लिए एक ही है, स्वर एक ही है। स्वर मनुष्यों को जोड़ता है, निकट लाता है। शास्त्रकार ने कहा, 'सम्यक गीतं संगीतम्'। यही कारण है कि स्वर और श्रुति के माध्यम से की गयी अभिव्यक्ति मनुष्य को अधिक आनन्द देने वाली होती है, क्योंकि वहाँ शब्द नहीं, स्वर हृदय से निकलता है। हृदय और वाणी की अभिव्यक्ति में अन्तर तो होगा ही। वाणी की अभिव्यक्ति में स्वर है, लय है। यदि शब्दों को ठीक से उच्चारित न किया जाए तो श्रोता पर कभी भी सही प्रभाव नहीं पड़ेगा। इसीलिए स्वर और लय की अन्विति पर ध्यान देना होगा। संगीत मात्र लोकगीत, सुगम संगीत, हिन्दुस्तानी अथवा कर्नाटक संगीत नहीं है। संगीत की ये शैलियाँ तो एक बृहद् सागर की छोटी-छोटी लहरें हैं। संगीत जीवन

है। संगीत प्रकृति है।"

बालमुरली जी से बातें करना भी अपने आप में एक अनुभव है। संगीतरूपी विशाल प्रकाश का एक-एक बादल छँटता चला जाता है, खुलती जाती है उनकी एक-एक परत। स्मरण हो आती है बादशाह अकबर के समय की वह किवदन्ती। अकबर बादशाह अपने दरबार के रत्न तानसेन के संगीत पर मन्त्रमुग्ध थे। तानसेन को वह संसार का सर्वोत्कृष्ट गायक मानते थे। एक दिन बड़े विचार की मुद्रा में अकबर ने तानसेन से पूछा, 'तुम कितना सुन्दर गाते हो। मैं मानता हूँ कि तुम्हारे जैसा, संसार में अन्य कोई गायक नहीं है। किन्तु, तुमने भी तो किसी-न-किसी से गायन सीखा होगा। सोचता हूँ कि तुम्हारे गुरु कैसा गाते होंगे? मैं उनका गायन सुनना चाहता हूँ।' तानसेन ने उत्तर दिया। 'बादशाह सलामत, मेरे गुरु हैं तो, किन्तु वे सबके लिए नहीं गाते। आपके लिए तो वे कदापि नहीं गाएँगे। वे यहाँ आएँगे भी नहीं। आपको उनका गायन सुनने के लिए वहाँ जाना पड़ेगा और फिर छुपकर उनका गायन सुनना पड़ेगा।' अकबर के मन में तानसेन के गुरु का गायन सुनने की प्रबल इच्छा थी। वह तानसेन के साथ गये। स्वामी हरिदास थे तानसेन के संगीत गुरु।

तारों की छाँह थी। पास में यमुना का जल धीरे-धीरे बह रहा था। पक्षियों की चहचहाहट अभी प्रारम्भ नहीं हुई थी। अकबर और तानसेन कुटिया के बाहर मौन खड़े थे कि दिशाओं में स्वामी हरिदास का स्वर गूँज उठा। वह स्वर इतना तल्लीन करने वाला था कि अपना सब कुछ भूल गये। बादशाह की आँखों से धारा प्रवाह अश्रु बहने लगे। लौटते समय रास्ते भर तानसेन से कुछ भी न बोले मानो किसी अन्य ही लोक में विचरण कर रहे हों। बहुत समय के बाद जब कुछ कहने की स्थिति में आये तो तानसेन ने पूछा, 'तानसेन मैं तो तुम्हें संसार का सर्वश्रेष्ठ गायक मानता था। तुम्हारे गुरु का संगीत तो रोम-रोम का स्पर्श करने वाला है, आत्मा को परितृप्ति देने वाला है। तुममें और उनमें इतना अधिक अन्तर कैसे?' तानसेन ने उत्तर दिया। 'बादशाह सलामत, मैं आपके लिए गाता हूँ और मेरे गुरु, जिसने आपको बनाया है, उस प्रभु के लिए गाते हैं। मेरा सगीत आपके लिए बिक जाता है और मेरे गुरु के संगीत की कीमत सारे संसार से नहीं आँकी जा सकती है।' अन्यथा, संगीत केवल शब्दों का विन्यास मात्र रह जाएगा।

"राग का अर्थ है, कल्पना द्वारा संचालित स्वर रचना। राग की कल्पना करें और उसका एक चित्र खींच दें। यह चित्र आपके मानस में ही उतरेगा।

स्वयं अपना ही चित्त होगा वह, राग के स्वरों को भावाभिव्यंजित करते हुए, और फिर स्वरों का अनुक्रम करेंगे शब्द, भाषा का अनुकरण करेंगे शब्द। तभी गीत का जन्म होगा। इस गीत में लय भी होगा। अलग-अलग रागों के स्वरों के अनुसार उनका उठान होगा। आप अपनी कल्पना के अनुसार राग का चित्र खींचेंगे। यह चित्र सामान्य से कुछ भिन्न स्तर का होगा। यह आपकी भावस्थिति को भी एक ऊँचे स्तर पर ले जाएगा। सामान्य जन राग को अपनी सामान्य कल्पना से गाएँगे। गुणीजन विशिष्ट कल्पना से। विशिष्ट कल्पना के द्वारा सहज ही जब गायक अपने संश्लिष्ट से भी संश्लिष्ट भावों को स्वरों में उतार कर श्रोता को भी उसी विशिष्टता की अनुभूति कराए और उस अनुभूति में जब अहम् का विगलन हो जाए, तब धारा राधा बनती है। मैं तो मध्यम श्रेणी में आता हूँ। विशिष्ट नहीं हुआ। प्रयास करता हूँ, संगीत का एक वातावरण तैयार करने का। कई बार वातावरण तैयार करने की आवश्यकता नहीं पड़ती, वह स्वतः निर्मित हो जाता है। वह व्यक्ति सौभाग्यशाली है, जिसका राधा से परिचय होता है।

“संगीत की धारा बहती रहती है। विभिन्न देश-काल में व्यक्ति उसमें स्नान करता है। निकट जाकर कभी मौन रह जाता है, कभी उसके नेत्रों से अश्रु ढुलकने लगते हैं। कभी वह तालियों की गड़गड़ाहट करता है, कभी मुख से एक शब्द उच्चारित करता है। 'वाह', यह प्रतिदिन निर्भर करती है—गायक की अभिव्यंजना पर। जितना भाव प्रवण और भावानुभूत गायन अथवा वादन होगा, उतनी ही गहन उसे ग्रहण करने की ग्राह्यता होगी। वह लय जो पक्षियों की उड़ान में है, पारिजात के वृक्ष से पुष्पों के झरने में है, ओस की बूँद के झरने में है, उसका आनन्द है वह संगीत जो स्वामी हरिदास के गायन में था। उसका केवल अनुभव किया जा सकता है, वर्णन नहीं किया जा सकता। तब ऐसे में 'मैं' क्या है और 'मेरा' क्या है? संगीत स्वयं से जनित है अलग कोई अन्य शक्ति उसे जन्म देती है?

डॉ. बालमुरली कृष्ण को लगता है जब तक कुछ भी मेरे भीतर है, वह मेरा है। जो मेरा नहीं है, उसकी चर्चा करने से क्या लाभ? वह तो निश्चित ही मेरे ही भीतर है। क्या 'मैं' हूँ, क्या 'मेरा' है और क्या 'मेरे भीतर' है, अलग-अलग अवस्थाएँ हैं। मैं में 'अहं' का अंश सम्मिलित है। 'मेरा' में अधिकार तत्व है और 'मेरे भीतर' में वह है जो एक अन्य सत्ता है, और व्याप्त है। जो 'मेरे भीतर' में है, वह अन्यत्र नहीं। जो अन्यत्र है, वह 'मेरे भीतर' नहीं हो सकता। हम केवल अनुभव कर सकते हैं, किन्तु सहज ही, प्रयास करके नहीं। जब तक शरीर है, उसका नाम है। जब शरीर नहीं होगा, तब शरीर के साथ नाम भी नहीं रहेगा। लोग मानते हैं कि शरीर पंचतत्त्व में विलीन हो जाएगा और जो

जीवित रहेगा वह आत्मा है। किन्तु, आत्मा का कोई नाम नहीं। शरीर इसीलिए महत्त्वपूर्ण है। जैसे ही शरीर के सत्यों का आभास होने लगता है, शरीर के साथ जीने की इच्छा नहीं रहती। शरीर का जन्म ही नष्ट होने के लिए होता है। जो नष्ट नहीं होता, वह संगीत है। जो नष्ट नहीं होता, वह लय है। जो नष्ट नहीं होता, वह संगीत है। इसीलिए स्वामी हरिदास का संगीत वह संगीत है जो अनवरत जलने वाली लौ की तरह आज भी है, किसी-न-किसी रूप में, किसी-न-किसी गायक के कंठ में।

"मनुष्य, शरीर के सुखों के लिए सभी सुविधाओं की कामना करता है। किसी अनादि सत्य के लिए उन सभी सुविधाओं को छोड़कर चल देता है, किसी अनजान पथ पर। कर देता है अपने अहम् को तिरोहण। विगलित कर देता है 'मैं' को। तभी तक बुद्ध का जन्म होता है। बुद्ध का सत्य क्या था? केवल यही कि शरीर नष्ट होता है। यह ऐसा कौन-सा सत्य है जिसे एक छोटा-सा बालक भी नहीं जानता! वृक्ष के नीचे बैठकर अन्ततः बुद्ध ने ऐसा क्या जाना; जो नया था? नया कुछ भी नहीं था। अनेकानेक महातपस्वियों ने सहस्रों वर्षों पर्यंत तपस्या करके किस नये सत्य को पहचाना? सत्य यह था कि इस शरीर से परे भी कुछ है, जो अनादि अनन्त है। उसी सत्ता के साथ साक्षात्कार है, संगीत। संगीत, जो कभी समाप्त नहीं होता है। कभी नष्ट नहीं होता। और वही वास्तविक आनन्द है। वही शाश्वत है। कभी वह संगीत प्रार्थना बन जाता है और कभी भक्ति, कभी शृंगार बन जाता है तो कभी वात्सल्य।"

संगीत में विशिष्ट क्या है और वह प्रार्थना कब बनता है? बालमुरली कृष्ण का संगीत प्रार्थना तब बनता है "जब विचार और भाव में तादात्म्य हो जाए, दोनों में भेद न रहे। मौन प्रार्थना में संगीत है। संगीत तो अपने आप में एक संसार है। ध्यान को केन्द्रित करने की परम अवस्था है संगीत, और उसकी परम अवस्था है प्रार्थना। किन्तु उस सार्वभौम सत्ता से फिर भी एक दूरी बनी रहती है। संगीत के बिना कुछ भी जीवन नहीं है। भीतर जो लय चलता है वह अन्तर्मन की प्रार्थना है और बाहर प्रार्थना की जाती है, वह बहिरंग है। तुम चाहते हो कि तुम प्रार्थना करो और तुम्हारे आस-पास सब जानें कि तुम प्रार्थना कर रहे हो। इसीलिए तुम मन्दिर में घंटाकार करते हो। मन्त्रोच्चार करते हो, अपने लिए नहीं, अपनी प्रार्थना के लिए साक्षी ढूँढ़ने के लिए। यदि तुम्हारा संगीत अपने लिए है तो फिर तुम दूसरों के लिए क्यों उगते हो? अपने लिए गाओ, तभी संगीत प्रार्थना बनेगा, अन्यथा केवल स्वर और लय का वह सम्मिलित होगा, जिसे लोग थोड़ी देर के बाद भूल

जाएँगे। जैसे ही अपने लिए गाया, वैसे ही संगीत प्रार्थना बन जाता है। संगीत का प्रार्थना बनना हुआ नहीं कि वह स्वामी हरिदास का संगीत बन जाता है। फिर भी पूरा जीवन ही संगीत है, उत्सव है। जन्म पर संगीत, मृत्यु पर संगीत, विवाह पर संगीत, वर्षगाँठ और व्यवसाय पर संगीत। यह व्यक्ति के व्यक्तित्व पर, उसके समर्पण पर निर्भर करता है कि उसका संगीत के साथ साक्षात्कार कब होगा, वह प्रार्थना कब बनेगा।"

"अँधेरे का अपना संगीत है, उजाले का अपना संगीत है। मौन में संगीत है, शब्द में संगीत है। मनुष्य को केवल उस संगीत को खोजना पड़ेगा। फिर भी कुछ संगीतमय, आनन्दमय बन जाएगा। और ऐसे संगीत का कोई उद्‌देश्य नहीं होता, वह 'स्वान्तः सुखाय' होता है यदि उद्‌देश्य कुछ हो सकता है, तो वह है आत्मा का सुख। गायन, वादन, नृत्य, कला का कोई अन्य स्वरूप। किन्तु पहले अपना गन्तव्य जानना होगा। स्वयं को समर्पित करना होगा।"

बालमुरली जी के लिए भी तो संगीत का कोई उद्‌देश्य होगा? "क्या उद्‌देश्य हो सकता है! कोई धन के लिए गाता है, कोई यश के लिए। कोई श्रोता के सन्तोष के लिए गाता है। तो कोई पुरस्कारों के लिए। वही संगीत का असली उद्‌देश्य है, जो जिस उद्‌देश्य के लिए साधना करता है वही उसके लिए उस साधना का असली उद्‌देश्य है। वह उसी में प्रसन्न है। अन्ततः उसी उद्‌देश्य की प्राप्ति में साधक को प्रसन्नता मिलती है, जिसके लिए उसने साधना की है।"

समर्पण और संगीत में कोई सम्बन्ध है? "समर्पण क्या है? किसी भी विषय पर ध्यान केन्द्रित करना समर्पण है। समर्पण है कर्तव्य। लक्ष्य की प्राप्ति के लिए ध्यानमग्न होकर कर्तव्य करना ही तो समर्पण है। यह समर्पण भक्त का भगवान के प्रति ही हो, आवश्यक नहीं है। संगीत में समर्पण है—आराधना, और इस आराधना के कई स्वरूप हैं। अनेक राग, अनेक श्रुतियाँ, अनेक विषय हैं। जैसा समय हो, जैसी आवश्यकता हो, वैसा ही सुर साधा जा सकता है।"

स्वर-गंगा बहती है। बालमुरली जी का स्वर गूँजता है। सांसारिक आवश्यकताओं, विषयों को भुला देता है। हम वास्तविक संगीत को जानना चाहते हैं। मनुष्य के भावों और अनुभव से जटिल संगीत, संसार के सामान्य उपादानों पर विषय पा लेता है। "हिमालय पर जाएँ, वहाँ उत्तंग चोटियों के हिम में भी संगीत है। बहती हुई नदी की धारा में भी संगीत है। संगीत तो हर स्थान पर है। किन्तु, उसका अनुभव, केवल जीवन रहते किया जा सकता है। कोई नहीं जानता मृत्यु के बाद का अनुभव। इसलिए बाद की चिन्ता क्या? हमारा जन्म जीवित रहने के लिए हुआ है। अतः जो समय है, उसमें प्रसन्न रहें। मृत्यु के बाद का अनुभव बताने भी क्या कोई वापस लौटा है। इसलिए उसके बारे में विचार क्या! जो जीवन का आनन्द दे, वह संगीत है। वह तो मन के तारों को आकार देता है। जो स्वर अपने लिए स्वतः हृदय से

उद्भूत हो, वही है संगीत।"

समस्त की व्याख्या करते हुए एक विद्वान ने लिखा, 'राधा' शब्द 'धारा' का विलोम है। 'धारा' के अक्षरों को पलट दें तो 'राधा' बन जाता है। धारा की प्रकृति है, अपने से नीचे की ओर, भीतर से बाहर की ओर प्रवाहित होना। वही प्रकृति मन की भी है। मन बार-बार बाहर की ओर दौड़ता है। मन की इस बहिर्मुखी प्रकृति को उलट कर जैसे ही अन्तर्मुखी किया, मन का पलटना राधा बन जाता है। और मन जैसे ही पलटा राधा का कृष्ण से मिलन हो जाता है। और बालमुरली कृष्ण जी का गायन सुनकर तो यूँ भी मन की वृत्तियाँ आत्मस्थ हो जाती हैं। उनके लिए यह स्थिति मनुष्यों के लिए ही नहीं, पशु-पक्षियों तथा वृक्षों के लिए भी सत्य है। "संगीत में 'धारा' राधा तब बनती है, जब आप स्वयं के बोध से ऊपर उठ जाएँ। जब आप अपने भावों को समेकित करके स्वयं भी कल्पना के संसार में विचरण करने लगें। ईश्वर का परिचय जान गये। जब सारे विचार समाप्त हो जाते हैं और मन में केवल एक भाव रह जाता है, वही ईश्वर का परिचय है, वहीं उससे मिलाना हो जाता है।" 'संगीत' सम्भवतः वही भाव है। मंगलमपल्ली बालमुरली कृष्ण को लगता है कि संगीत वह एकमात्र भाव है जो ब्रह्म का आनन्द प्रदान करता है, ब्रह्म से परिचय करवाता है।

"कोई भी मन्त्र अथवा भजन अथवा गीत-रचना बिना संगीत के अपना वास्तविक प्रभाव उत्पन्न करने में असमर्थ है। बिना उपयुक्त संगीत के रचना का विपरीत प्रभाव पड़ता है। वह चाहे तुलसीदास की रचना हो अथवा रामदास की, संगीत आवश्यक है। बैठने के आचरण में संगीत है, रक्त प्रवाह में संगीत है, सब जगह संगीत ही तो है।"

बालमुरली कृष्ण ने बालपन से ही संगीत के सार्वभौमिक, सार्वकालिक प्रभाव को जाना था। वह मानते हैं कि अच्छा गणितज्ञ होना भी तभी सम्भव है जबकि व्यक्ति के भीतर संगीत हो और बिना लय के, संगीत भी सम्पूर्ण नहीं है। जिस भाँति प्रकृति और पुरुष को अलग नहीं कर सकते उसी भाँति लय और संगीत को भी नहीं अलगाया जा सकता। जहाँ भी गीत है, वहाँ लय है। बिना लय के संगीत नहीं है। कोई रागालाप गाये तो उसमें भी लय है और जहाँ भी लय है, वह संगीतमय है अन्यथा संगीत, लय के बिना आपको अच्छा भी वहीं लगेगा।

"संगीत में विशेषता है मात्रा की। दक्षिण भारतीय कर्नाटक शैली में रचना का, शब्द का, बहुत महत्त्व है। यह उत्तर भारतीय शास्त्रीय संगीत से कुछ भिन्न है। राग का विस्तार उसकी शब्द रचना को ध्यान में रखते हुए ही करना चाहिए। अन्यथा डेढ़ घंटे, दो घंटे तक एक ही राग गाते

हैं, वही-वही स्वर, लय, उसे अनुभव करना है। वास्तविकता तो वह है जिसे नियंत्रित करने का प्रयास करते हैं हम। जो हमारे मन में है, और जो हम कहते हैं, दोनों में कितना अन्तर होता है। क्योंकि, नियन्त्रण तो वास्तविकता की प्रतिक्रिया है। हम बिना महसूस किये हुए बात करने और हँसने का प्रयास करते हैं। इसलिए न हमारी बात का वह प्रभाव पड़ता है जो हम चाहते हैं और न हमारी हँसी ही किसी और के होठों पर मुस्कान ला सकती है। कारण यह, कि वह वास्तविक नहीं है।"

"संगीतकार यदि स्वयं अपने स्वरों को अनुभव किये बिना श्रोता के मन का स्पर्श करना चाहे तो वह कैसे सम्भव है? हृदय से छोड़ी गयी उद्गीथ लय ही सुनने वाले के हृदय के तारों में झनझनाहट पैदा कर सकती है।" बालमुरली कृष्ण का एक-एक स्वर, हृदय से निकला हुआ वही उद्गीथ है।

परिवार, मित्र, परिजन सभी हैं आस-पास। फिर भी एक लम्बी एकाकी जीवन यात्रा। "जीवन का एकाकीपन कौन बाँट सकता है। हर व्यक्ति को अपने एकान्त के साथ जीना होता है। हम संवेदना तो व्यक्त कर सकते हैं, दर्द को नहीं बाँट सकते। ऐसे में ही तो कुछ परिजन संताप भुलाने में मदद करते हैं। कुछ ऐसे भी परिजन होते हैं जिनके सम्मुख मन को खोल देने का मन होता है। कुछ से मिलकर सुख मिलता है और कुछ से न मिलकर बाबा तुलसीदास की चौपाई स्मरण हो आती है, "मिले कोऊ दारुण दुःख देहि। बिछुरै प्रान कोऊ हर लेहि।" "बहुत-से लोग अपनी ओर आकर्षित करते हैं। हम उनके निकट बैठना चाहते हैं। राग का प्रभाव यह होता है कि वह आनन्द उत्पन्न करता है। आप किसी मन्दिर में जाते हैं, मन्दिर के भीतर समूचे वातावरण का एक सुन्दर प्रभाव आपके मन पर पड़ता है। गोपुरम् को देखते ही रह जाते हैं। मन्दिर में जाकर, चाहे कितना ही नास्तिक व्यक्ति क्यों न हो, उसके मन में भी आस्था की प्रतिक्रिया होगी। यह नहीं कहा जा सकता कि प्रशंसा का कौन-सा स्वरूप उत्कृष्ट है, और कौन-सा नहीं। जब पीड़ा होती है, तब पीड़ा की अनुभूति के बाद उसके दूर होने से भी सुख मिलता है। पीड़ा नहीं होती तो उसके न होने का अपना सुख है। मैं इस समय परम सुखी होता हूँ जब मुझे आभास होता है कि मेरे श्रोता मेरे संगीत को समझकर उसे ग्रहण कर रहे हैं।"

"श्रोता संगीत को समझ रहे हैं, यह जानना भी अपने आप में एक कला है। उसका कारण है कि इस प्रकार के श्रोता की अपनी एक विशिष्ट ग्राह्य शक्ति होती है। उसके अनुसार ही कलाकार उसके मन, उसकी आत्मा का स्पर्श कर पाता है।"

"मुझे लगता है कि 'मैं' अथवा 'मैं कर रहा हूँ' जैसा कुछ भी नहीं है। निश्चित ही कोई अन्य सत्ता मुझसे कुछ करवा रही है। अन्यथा, यदि 'मैं'

उस अन्य सत्ता से बड़ा हो जाता और मैं कह सकता हूँ कि मैं जैसा गाता हूँ, उससे कहीं अधिक श्रेष्ठ आ पाता। जो मैं चाहता हूँ, कर सकता हूँ और जो कुछ भी कोई अन्य व्यक्ति चाहता है, वह कर सकता है। हर व्यक्ति निश्चय ठान ले तो सब कुछ कर सकता है। कोई व्यक्ति प्रधानमन्त्री बन जाता है, कोई बहुत बड़ा विद्वान, कोई बीमार हो जाता है तो कोई मृत्यु का ग्रास बन जाता है। कोई बिना किसी योग्यता के ही बड़ा आदमी बन जाता है। इस सबका क्या कारण हो सकता है।

"हम नहीं जानते कि अगले क्षण में क्या होने वाला है। हम यह मानते हैं कि हम सदा जीवित रहेंगे, इसीलिए तो भविष्य की योजना बनाते हैं। तभी व्यक्ति की निजता बड़ी हो जाती है।"

बालमुरली जी को आज कभी-कभी यह दुःख सालता है कि किसी ने भी कभी उनकी कोई सहायता नहीं की। यदि कोई सहायक बनकर खड़ा न होगा तब भी ठीक था, किन्तु दुःख यह है कि सभी ने नीचे की ओर खींचने की कोशिश की। मित्र, परिवार, सम्बन्धी, पत्र-पत्रिकाएँ और पत्रकार, सभी। "हर कोई मुझसे ईर्ष्या करता रहा। फिर भी मैं अपने आप सँभाल लेता हूँ, क्योंकि मैं महसूस करता हूँ, कर सकता हूँ। मैं मानता हूँ कि कोई भी मुझे हानि नहीं पहुँचा सकता। मेरा विश्वास है यह। न मेरे पास कोई राजनैतिक सहयोग है, न ही व्यक्तिगत सहयोग। सरकारी अथवा मन्त्री स्तरीय कोई सहायता मुझे नहीं मिली यदि कुछ लोग दूसरों को उँगली पकड़कर आगे बढ़ते हैं तो उस अँगुली के दूर जाते ही लड़खड़ाकर गिर पड़ेंगे।"

बालमुरली कृष्ण को संगीत किसी की उँगली पकड़कर नहीं, स्वयं घुटने-घुटने चलकर मिला। धीरे-धीरे स्वरों की साधना और क्षमतानुसार उसमें निरन्तर सुधार। वह संगीत ही है जो कुछ को मधुर लगता है और अन्य कुछ को नहीं। "अच्छे और बुरे की व्याख्या करना कठिन है। यही रागों के विषय में भी सत्य है। हर राग हर समय गाया जा सकता है। ऐसा कोई काम नहीं है, जो आप सवेरे कर सकते हैं और सन्ध्या-समय नहीं कर सकते। जब यहाँ भारत में सवेरा होता है, उस समय अमरीका में रात होती है। इसका अर्थ यह है कि आप सुबह के समय सायंकाल का राग गा रहे हैं और साँझ ढले प्रातःकाल था। रागों के 'समय' का अर्थ यह है कि उस राग को गाने पर उसी प्रकार का भाव मन में उपजता है और उसी समय का वातावरण आप संगीत के माध्यम से अनुभव कर सकते हैं। सबेरे का राग गाने पर आपको सबेरे के वातावरण का अनुभव होगा, चाहे आप उस राग को किसी भी समय क्यों न सुनें।"

संगीत में अभ्यास का क्या महत्व है? अथवा भागों का? "अभ्यास द्वारा एक अनुशासनबद्धता आती है संगीत में। सही

दिशा में किया गया अभ्यास गायक को सही संगीत भी देगा। उससे जन्मेगी श्रोताओं को तन्मय करने की कला। स्वयं जैसा हम अनुभव करें, सदा यही आवश्यक नहीं कि श्रोताओं पर भी हमारी बात का वैसा ही प्रभाव पड़े। कुछ लोगों पर ईश्वर-कृपा होती है। जब गाँधीजी ने लोगों से आभूषण माँगे, सभी ने लाकर उन्हें आभूषण दे दिये। मेरे और आपके माँगने से कोई कुछ भी नहीं देता। ऐसा क्यों? श्रोताओं पर अपना प्रभाव छोड़ना एक कला है। हर संगीतकार एक-सा प्रभाव नहीं छोड़ पाता। और इस प्रभाव का अच्छे या बुरे संगीत के साथ कोई सम्बन्ध नहीं है। हाँ, कुछ लोग संगीत की धारा में बह जाते हैं। वह एक कला है, जो भाग्य से मिलती है।"

"भाग्य! हाँ, समय ही तो है यह। भाग्य प्रबल हो जाता है। सितारों की गणना का प्रभाव पड़ता है। और यह भी आवश्यक नहीं कि अच्छा गायक अच्छा मनुष्य भी हो। अच्छे गायक सौभाग्य से होते हैं। अच्छे मनुष्य तो बहुत सौभाग्य से होते हैं। यदि कोई व्यक्ति अच्छा नहीं है तो उसका गायन भी मधुर न हो, यह आवश्यक नहीं। यह भाग्य ही तो है कि बहुत बार हम जो चाहते हैं, वह घटित नहीं होता। घटित वह होता है, जो घटित होना होता है।"

"मन है चंचल। विवेक कभी मन के पीछे दौड़ता है और कभी उसकी लगाम को कसकर थामे रहता है। क्योंकि, नियन्त्रण वास्तविकता नहीं है। उपजने लगता है। शिव की आराधना करने से ऐश्वर्य की प्राप्ति होती है। कुछ व्यक्ति ऐसे भी हैं जो बिना किसी इच्छा अथवा अपेक्षा से केवल देना चाहते हैं। ऐसे लोगों के साथ मन का तार स्वतः जुड़ जाता है। और मन को सुख मिलता है। जिनके साथ मन का तार नहीं जुड़ता, उन्हें मिल कर सुख नहीं मिलता।

"शास्त्र की व्याख्या करने वालों ने साहित्य को ब्रह्मानन्द सहोदर कहा। संगीत को ब्रह्मानन्द सहोदर कहा। गुरुनानक के समकालीन सन्त शेख़ फरीद एक बार प्रातःकाल भ्रमण को निकले। मार्ग में उन्हें एक भक्त मिला। भक्त ने पूछा, 'महाराज, ईश्वर का परिचय क्या है? वह कहाँ है, कैसा है? कैसा अनुभव कराता है?' शेख़ फ़रीद ने कहा, 'मेरे साथ आओ। पहले नदी में स्नान कर लो।' सर्दी के दिन। भक्त स्वयं ही फँस गया कि कहाँ सबेरे-सबेरे नदी में स्नान करना पड़ेगा। किन्तु अब पूछ बैठा था, और कोई उपाय न था। वस्त्र उतारकर शेख़ फ़रीद और भक्त पानी में उतरे। जैसे ही भक्त ने डुबकी लगायी, शेख़ फ़रीद उस पर चढ़ बैठे और लगे उसे डुबोने। शेख़ फ़रीद काफी हृष्ट-पुष्ट थे और भक्त था दुबला-पतला। भक्त किसी तरह हाथ-पैर मार कर पानी से बाहर आया और शेख़ फ़रीद से बोला, 'तुम कैसे सन्त हो? तुम तो हत्यारे मालूम होते हो।' शेख़ फ़रीद ने कहा, 'यह बाद में तय हो जाएगा कि मैं क्या हूँ। किन्तु तुम पहले मेरे एक प्रश्न का उत्तर दो, क्योंकि मनुष्य की स्मृति बहुत

छोटी होती है। 'बताओ कि जब मैं तुम्हें पानी में डुबो रहा था, उस समय तुम्हारे मस्तिष्क में क्या विचार आ रहा था।' भक्त बोला, 'विचार आ रहा था? कैसा प्रश्न है? कोई विचार नहीं आ रहा था। मन में केवल एक भाव था कि किस तरह पानी में से सिर बाहर निकालूँ और साँस लूँ।' शेख़ फ़रीद ने कहा, 'बस तुम ईश्वर का परिचय पा गये। जहाँ सारे विचार समाप्त हो जाते हैं और केवल एक भाव मन में रह जाता है, वही ईश्वर का परिचय है।' कुछ ऐसा ही होता है जब कलाकार गाने लगता है। वहाँ स्वर, लय, शब्द का भेद नहीं रहता केवल एक अतीन्द्रियता का भाव होता है।

"राग को सुनना तो सभी रचनाओं का एक ही प्रकार से विस्तार करना हो गया। ऐसे में एक रचना और दूसरी रचना तथा एक राग और दूसरे राग में कोई अन्तर नहीं रह जाता। मुझे यह कुछ असहज मालूम पड़ता है। मैं जब भी किसी रचना का चुनाव करता हूँ, तो जाते समय उसके प्रत्येक शब्द के सही-सही उच्चारण का ध्यान रखता हूँ। कीर्तन को कीर्तन की तरह गाना, भजन को भजन की तरह, तराना तराने की तरह। नहीं मैं धीरज नहीं खोता, लेकिन यदि आप त्यागराज की कुछ रचनाओं को गाएँ तो उसको लय की सही पहचान हो जाएगी। लय की नैतिकता से परिचय हो जाएगा।"

बालमुरली जी को जीवन में पग-पग पर किसी पराशक्ति का आभास होता है। वह शक्ति जो सभी प्रयासों को सफल अथवा असफल करती है, वही ईश्वर है। वह काल को नियोजित करती है। समय तो अच्छा या बुरा नहीं होता। केवल कोई समय ऐसा आता है जब सब कुछ असहज लगता है। अच्छा नहीं मालूम होता। जब भरसक प्रयास करने के उपरान्त भी सामने वाले के ऊपर वह प्रभाव नहीं पड़ता जो हम चाहते हैं तो उसकी प्रतिक्रियाएँ नकारात्मक हो जाती हैं। कई बार बिना अपेक्षा के कुछ करते हैं और कुछ मिल जाता है। ऐसा संगीत में नहीं, जीवन के हर कर्म के सम्बन्ध में सत्य है।

"मैं गाता हूँ तो उस समय बाकी सब कुछ भूल जाता हूँ। मेरे सामने बैठा हुआ श्रोता ही राग का भाव बन जाता है। वह मेरे गायन का अभिन्न अंग बन जाता है। गायन के माध्यम से मैं रागों का भाव अपने श्रोताओं को अर्पित करता हूँ। मुझे पता भी नहीं चलता और मैं गाते-गाते किसी को देखकर मुस्करा देता हूँ। मैं अपने हृदय की भावनाएँ उन तक पहुँचाता हूँ। मैं राग की, उसकी संरचना की कल्पना करता हूँ और नये शब्दों की रचना करता हूँ। नया विन्यास होता है। रागों की संरचना को मैं दोहराता नहीं। राग-रागिनियाँ, नये-नये स्वरूप, नये-नये आकार में मेरे सम्मुख आ जाते हैं। उन्हें आत्मसात् करके मैं शब्दों और संगीत में ढालकर अपने श्रोताओं को अर्पित करता हूँ। यही मेरा संगीत है, यही उसकी अन्वित है।"

शेख़ फ़रीद का ईश्वर-परिचय आज भी सत्य और सार्थक मालूम होता है। सम्भवतः यही वह अवस्था है, जहाँ सारे विचार समाप्त हो जाते हैं और केवल एक भाव शेष रह जाता है। यह भाव संगीत का भाव होता है।

॥ पंडित शिवकुमार शर्मा ॥

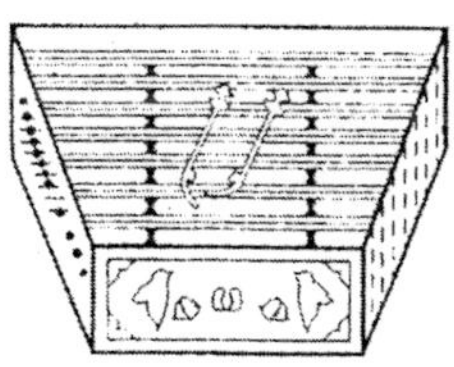

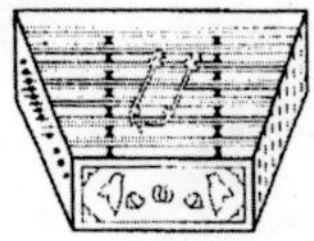

Shivkumar Sharma

भारतीय संगीत और आध्यात्म
एक दूसरे से अलग नहीं किए
जा सकते।

शिवकुमार शर्मा

पंडित शिवकुमार शर्मा

उस जमाने में मुगल बादशाह गर्मियों में लाव-लश्कर सहित अपना बसेरा कश्मीर में बसाया करते थे। ऊँची पहाड़ियों की चोटियों पर जमी बर्फ पर सुबह-सबेरे चमकती सूरज की किरणें। नीचे वादियों की हरियाली में लाल-पीले-नीले-गुलाबी फूलों की बस्ती। घाटी की झीलों में चप्पू चलाती कश्तियाँ। कहीं-कहीं केसर की खुशबू व महकती हवा का आलम। कहवे से आती सुगन्ध। किसी-किसी घर की अँगीठी से उठता हुआ लकड़ियों का धुआँ। शालीमार बाग और चश्मेशाही के खूबसूरत नजारे। चारचिनारों के बीच अपनी महबूबा नूरजहाँ बेगम को दिल का हाल सुनाते प्यार मुहब्बत में शिकवे-शिकायत करते बादशाह सलीम।

पानी के फव्वारों और फलों से लदे पेड़ों के झुरमुटी बगीचों में छोटे-छोटे तालाबों में तैरती सफेद बत्तखों की क्वैक-क्वैक। एक-से-एक सुन्दर नर्तकियाँ, सुराही में से छलकते जाम, सुन्दर हाथों से टकराते प्याले। मदहोश करती आँखें, सुराहीदार गर्दन, पैरों की एड़ियों को रँगता हुआ आलता, बेगम के हाथों में खनकती चूड़ियाँ और नाक की कील में चमकता हीरा। हीरे पर पड़ती धूप की एक किरन से इन्द्रधनुष बन जाते। बेगम की आँखों को चूमने झुके बादशाह सलीम की आँखों में हीरे की दमक कौंध जाती। बादशाह मुस्करा देते और बेगम की हथेली को अपनी हथेली में दबा चुपचाप नाक की उस कील को यकबयक चूम लेते।

एक सुबह श्रीनगर की वादी मुनादी के नगाड़ों से गूँज उठी। 'हुक्म बादशाह का, फरमान बादशाह जहाँगीर का। बादशाह को इस दुनिया के सबसे नायाब रतन को देखने की दरकार है। जो कोई शख्स बादशाह सलामत के हुजूर में इस दुनिया का सबसे खूबसूरत और नायाब हीरा पेश करेगा, बादशाह उसे मुँहमाँगी दौलत देंगे।'

पूरी वादी से, वादी के बाहर से, हिन्दुस्तान और दूसरे मुल्कों से जौहरी एक-से-एक कीमती नगीने लेकर बादशाह जहाँगीर के दरबार में पहुँचते हैं और खूबसूरत नगीनों को, जवाहरातों और हीरों को पेश करते हैं। बादशाह उन्हें देखकर खुश होते हैं, लेकिन उन्हें लगता है कि अभी तक सबसे नायाब हीरा उनके सामने पेश नहीं किया गया। तभी एक गड़रिया दरबार में हाजिर होता है, 'बादशाह सलामत, मुझे दुनिया के सबसे बेशकीमती हीरे के बारे में

मालूम है, लेकिन उसे मैं यहाँ नहीं ला सकता। यदि आप उसे देखना चाहते हैं तो आपको मेरे साथ चलने की ज़हमत करनी होगी।'

बादशाह को गड़रिये की बात पर अचम्भा जरूर होता है लेकिन, वे उसके साथ निकलने को तैयार हो जाते हैं। 'हुजूर, हमें कल मुँह अँधेरे ही निकलना होगा।' गड़रिया श्रीनगर की वादी की हरियाली को पार करता हुआ बादशाह को एक नदी के किनारे ले आया। नदी पर उतर रहे बादल हैं। आसमान की नूरानी रंगत नदी में झाँक रही है। पर्वत की चोटियों पर जो सूरज उग रहा है, उसकी किरणें पर्वत को सुनहला बना रही हैं। गेरुआ होता हुआ सूरज नदी के पानी में से उचक-उचक कर मानो बादशाह की आँखों को तक रहा है। लगता है नदी ने संन्यास ले लिया हो और बादशाह अपनी रंगीन तबीयत से उस संन्यासिनी को लुभाने की कोशिश कर रहे हों। गड़रिया कहता है 'बादशाह सलामत, यही है दुनिया का सबसे खूबसूरत नगीना। इसके रंगों को देखिए हुजूर इसमें नीलापन है, हरियाली है, सुनहली किरणें हैं, बर्फ़ की तहें हैं, रूहानी बादलों की घटा है, यही है सबसे कीमती हीरा, हुजूर यह 'जेहलम' है।'

बादशाह कुछ सुन नहीं रहे, उनकी आँखें उस सुन्दर नजारे को अपने में समेट लेना चाहती हैं। दिल महसूस कर रहा है उसे, जिसे उन्होंने ताजिन्दगी कभी महसूस नहीं किया था। पानी पर कहीं-कहीं बर्फ़ जमी हुई है। बादशाह अपने हाथ बढ़ा उस बर्फ को छूते हैं कि अचानक बर्फ में दरार पड़ जाती है। दूर नदी में कोई शिकारा चला रहा है, उसके गाने की आवाज और पानी में पड़ते चप्पू की आवाज़ बादशाह के दिल की धड़कनों को तेज कर देती है। उनकी आँखों से मेह बरसने लगता है। उस नदी के पानी के ठहराव का एक संगीत है। एक संगीत उस पर चलते चप्पुओं का है, एक संगीत किरमिची बर्फ के टूटने का है, एक संगीत अलस्सुबह किसी दूर यात्रा पर निकलते पक्षियों की कुहू का है। एक संगीत उस वादी में गूँजती किसी पहाड़ी धुन का है। वह धुन बादशाह को अपने सुरों से नहला देती है। बादशाह जहाँगीर का रोम-रोम 'जेहलम' की हवा, उसके पानी, उसकी रंगत, उसके जादू में बसे संगीत को सुनने लगता है, किसी अनजानी जगह में, अनजाने आदमी ने, एक अनाम सत्ता से आज बादशाह सलीम की मुलाकात करवा दी है। बादशाह आँखों में आँसू भरे अपने गले से मोतियों की माला उतारकर गड़रिये को इनाम में देने के लिए मुड़ते हैं—वहाँ कोई नहीं है। है तो बस, सिर्फ जेहलम पर चलते चप्पुओं की आवाज, बर्फ के टूटने और पहाड़ी धुन में गाते किसी सुरीले कंठ की आवाज़। कहीं कोई सूफी संत अपने रब को याद कर रहा है।

ये जो हैं पंडित शिवकुमार शर्मा, इनके संतूर-वादन को सुनकर कुछ ऐसा ही महसूस होता है। यही कि कहीं कोई सूफ़ी सन्त, अपने रब को याद कर रहा है। शिव जी ने कश्मीर में संतूर को सुना था। कभी-कभी रेडियो पर संतूर वादन का प्रसारण होता था। वह जिस अन्दाज से बजता था, वह जिस

अन्दाज का संगीत था, उससे शिव जी प्रभावित नहीं थे। "यह होता है न कि आप किसी का ऐसा गाना सुन लीजिए तो आपको लगे कि साज़ तो यही है, जैसा कि बाद में मेरे जीवन में हुआ। बहुत-से लोग जो दूसरे साज़ सीख रहे थे, बजा रहे थे, उन्हें छोड़कर वे मेरे पास संतूर सीखने के लिए चले आये।" ऐसी अवस्था शिव जी की नहीं थी। हालाँकि कश्मीर में कुछ अच्छे वादक थे, उन लोगों का नाम था जो कश्मीरी संगीत बजाते थे, जैसे मुहम्मद अब्दुल्ला तिब्बत वकाल थे, ये सूफ़ियाना रंग का 'सोलो' संतूर भी बजाते थे। एक और कलाकार थे—मुहम्मद कालीनवाफ। शिव जी ने ऐसा संतूर भी सुना था कि एक समूह में दो-तीन लोग गाते हैं और साथ में संतूर पर संगत होती थी।

शिव जी अपने जीवन में संतूर बजाएँगे, इसका निर्णय उनके पिता पंडित उमादत्त जी शर्मा ने किया। उमादत्त जी स्वयं एक गायक थे, बनारस घराने के पंडित रामदास जी के शिष्य थे। बनारस जाकर गाना सीखने से पहले उन्होंने जम्मू में ही सरदार हरनाम सिंह जी, जो उस ज़माने के जाने-माने पखावज वादक कुघौ सिंह महाराज जी के शिष्य थे, से तबला वादन सीखा। उसके बाद उमादत्त जी बनारस गये। वहाँ से लौटने पर जम्मू को ही उन्होंने अपना गढ़ बना लिया। जम्मू से बाहर कभी गये तो प्रोग्राम वगैरह के लिए। "मेरे पिताजी की ही सोच थी कि मैं संतूर बजाऊँ। उसके पहले तो वो मुझे तालीम दे रहे थे गाने की और तबले की। और ये ऐसे हुआ कि मेरे पिताजी जम्मू रेडियो में म्यूज़िक सुपरवाइज़र थे। जम्मू में, जब देश के बँटवारे के बाद रेडियो-स्टेशन बना, तभी से वो रेडियो के साथ वाबस्ता थे। बीच में श्रीनगर में कुछ दिन के लिए उनका तबादला हो गया। वहाँ उन्होंने 'संतूर' वाद्य देखा जो सूफ़ियाना मौसीक़ी में इस्तेमाल होता था। और उनको ऐसा लगा कि इस साज़ को क्यों न भारतीय शास्त्रीय संगीत में लाया जाए। उन्होंने उस पर काफ़ी शोध किया, जिससे मैं वाकिफ़ नहीं था। मैं अपने गाने में था। मैं पढ़ता था और बीच में जब छुट्टियाँ होती थीं, तो कहीं घूमने जाते थे। गर्मियों में श्रीनगर चले जाते थे। पिताजी जब अपनी तरफ से तैयार हो गये तो उन्होंने मुझसे कहा कि मैं एक नया साज़ तुम्हें देने वाला हूँ और तुम्हें उसे बजाना है। तो अपने पिताजी के कारण मैंने संतूर बजाना शुरू किया। अब बजाना तो शुरू किया, उसमें उन्होंने मुझे

समझाया कि इसकी 'ट्यूनिंग' कैसे करनी है, साज़ कैसे मिलाना है। 'सा' कौन-सा क़ायम करना है और उस पर तान वगैरह कैसे बजायी जाएगी, राग कैसे ट्यून होगा। जो संतूर उस समय उन्होंने मुझे दिया, वह वही था, जो कश्मीरी सूफ़ियाना मौसीक़ी में बजता है। उसमें कोई रद्दोबदल नहीं हुआ था। उसी तरीक़े से ट्यूनिंग वही तारों का सिस्टम, वैसे ही रख के बजाने का तरीक़ा, लेकिन संगीत हमारा।"

शिव जी के पास गाने और तबले की समझ और कला तो पहले से ही थी, इसलिए उन्हें 'संतूर' भी जल्दी समझ में आने लगा। यूँ स्वर, राग और लय, राग और ताल, यदि इन्हें कोई जानता है तो उसे मालूम है कि ये माध्यम तो अलग-अलग हैं, लेकिन उनका मूलाधार–संगीत, वह एक ही है। शिव जी कभी शौक़िया तौर पर वायलिन, कभी सरोद या हारमोनियम बजा लेते थे, वैसे ही, जैसे किसी बच्चे को खेलने के लिए अलग-अलग खिलौने दे दिए जाएँ और वह उन सभी खिलौनों से खेलने लगे। शिव जी के घर में संगीत का वातावरण था और अलग-अलग साज़ों पर उन्हें प्रशिक्षण भी दिया गया था, लेकिन ऐसी कोई पाबन्दी नहीं थी कि उन्हें गायक बनना है, या तबला-वादक या कुछ और। पिता चाहते थे कि संगीत में उनकी रुचि इतनी अधिक हो जाये कि उसमें वह कुछ-न-कुछ करते रहें, "लेकिन यह जो मुकाम आया कि उन्होंने कहा कि अब तुमको संतूर ही बजाना है, तो वह मेरे लिए एक नयी बात थी, क्योंकि मैं तो तबला बजा रहा था, गा रहा था। बहरहाल मैंने सीखना शुरू किया और कुछ बरसों की तालीम के बाद मैंने रेडियो से ब्राडकास्ट करना भी शुरू किया।"

"जब पिताजी ने मुझसे कहा कि मुझे संतूर ही बजाना है तो मुझे एक झटका-सा लगा कि ये क्या कह रहे हैं, क्यों ऐसा कह रहे हैं। किन्तु मेरे पिताजी को तो मानो कोई संकेत मिल रहा हो भविष्य का, मुझे कहने लगे कि बेटा तुमको मालूम नहीं कि भविष्य में तुम्हारा और संतूर का क्या नाता बनने वाला है। वो गुरु थे, उनकी आज्ञा थी, इसलिए मैंने सीखना शुरू किया।" और सचमुच, भविष्य में शिवकुमार शर्मा और संतूर को ऐसा नाता जुड़ा कि जहाँ अन्य कलाकारों को उनके साज़ के कारण जाना जाता है, वहीं शिव जी के साज़, यानी संतूर को शिव जी के कारण जाना जाने लगा। शिव जी ने जब संतूर बजाना शुरू किया तब यही सोचा कि जब शुरुआत हो ही गयी है तो अपनी तरफ से ऐसी कोशिश करनी चाहिए कि कुछ बेहतरीन कर सकें। तब थोड़ा-बहुत रेडियो पर कार्यक्रमों की शुरूआत हो गयी, जालंधर, श्रीनगर रेडियो पर यदा-कदा प्रोग्राम आने लगे उनके। लोगों की तरह-तरह की प्रतिक्रियाएँ भी मिलीं। पहली बार 1955 में जम्मू-कश्मीर राज्य से बाहर निकले। पहले जालंधर तक तो आये थे, लेकिन कभी पंजाब के बाहर नहीं आए थे। उस समय मुम्बई में स्वामी हरिदास संगीत सम्मेलन होता था।

पंडित बृज नारायण जी उसके आयोजक थे। उस कार्यक्रम में उस ज़माने के जितने दिग्गज गायक, वादक, तबला-वादक थे, उसमें भाग लेते थे। उन्हीं सबके बीच शिव जी का कार्यक्रम भी रखा गया। तो पहली बार श्रीनगर के बाहर, लोगों ने संतूर को इसी संगीत सम्मेलन में देखा और सुना। उनकी जो प्रतिक्रिया थी, जो आम सुनकार थे, उन्हें तो लगा कि यह एक नयी चीज़ है, और सुनने में भी अच्छी लग रही है। लेकिन जो संगीतकार थे, जानकार लोग थे, संगीत के समालोचक थे, उन्हें लगा कि इसमें कुछ ख़ामी है। यह थी एक यात्रा की शुरुआत पंडित शिवकुमार शर्मा के संतूर-वादन की जिसका रास्ता जम्मू-कश्मीर से मुम्बई तक आता था।

यह वह समय था जब शिव जी ने गहराई से इन प्रतिक्रियाओं के बारे में सोचना शुरू किया। "लोग ऐसा क्यों कह रहे हैं? मुझे भी मालूम था, क्योंकि जितने भी तारों के वाद्य हैं, संतूर उनमें सबसे अलग है। हमारी वाद्यों की अलग-अलग श्रेणियाँ हैं। तत्-वितत्, घन, अवनद् वाद्य हैं। संतूर इसमें से किसी भी श्रेणी में नहीं आता। क्योंकि यही एकमात्र वह तार का वाद्य है जो क़लम या स्ट्राईकर के साथ बजता है। लकड़ी की पतली छड़ी से जल तरंग बजाया जाता है, लेकिन जल तरंग में तार नहीं है। तार के जो भी वाद्य हैं, वे गज़ के साथ बजाये जाते हैं या मिज़राब के साथ। विचित्र वीणा हो या सरोद हो या सारंगी हो। संतूर एक ऐसा वाद्य है जिसकी एक अपनी अलग ही शख्सियत है। वह शख्सियत ही उसकी ख़ामी भी बन जाती है। क्योंकि, जब आप, कलम के साथ-स्ट्राईकर के साथ बजाते हैं तो आप सिर्फ़ एक स्ट्रोक बजा रहे हैं। और जब तक उस स्ट्रोक की आस रही, ठीक है, उसके बाद वह स्वर ख़त्म हो जाएगा। उसमें निरन्तरता नहीं है। उसमें लोच नहीं है कि एक स्वर से दूसरे स्वर तक जा रहे हैं, जिसको हम मींड कहते हैं। वह पैदा करना इसमें मुमकिन नहीं है।"

"इसकी एक दूसरी कमी भी थी। जिस अन्दाज़ से कश्मीरी संतूर था, जिस तरह तारों को मिलाया जाता था, उसमें स्वर रिपीट होते थे। उदाहरण के लिए एक सप्तक में सात स्वर हैं। 'सा' 'पा' अचल स्वर हैं, उसमें कुछ कोमल-तीव्र नहीं हैं। रे, गा, मा, ध, नी—सबका प्रत्यंतर है—शुद्ध और कोमल स्वर। कश्मीरी संतूर में तार मिलाने की जो विधि थी, उसमें कोमल, तीव्र स्वर नहीं मिलते थे, हालाँकि सौ तार थे। सौ तार का अन्य कोई दूसरा वाद्य नहीं है, हमारे भारत में या भारत के बाहर। एक कमी तो यह थी, फिर उसके ऊपर आप कलम से बजा रहे हैं, तो आप सारंगी या सरोद या सितार की तरह से उस पर मींड, गमक का काम नहीं कर सकते।

तो लोगों का कहना सही था। भई शास्त्रीय संगीत है—इसमें आप आलाप कैसे करेंगे? आपने गत बजा लिया, झाला बजा लिया। किन्तु आलाप कैसे होगा? गले की बातें कैसे आएँगी उसमें?"

इसी कारण शिव जी का सोच-विचार प्रारम्भ हुआ, अपने वाद्य को एक नया और वैज्ञानिक स्वरूप देने के विषय पर उनका शोध प्रारम्भ हुआ। उन्हें लगा कि लोग सही कह रहे हैं, उन्हें संतूर को एक ऐसा, नया, शास्त्रीय रूप देना होगा जो कश्मीरी संतूर से अलग हो। उनका शोध कर्म कई स्वरूप लेकर आया था। सबसे पहली बात जो उन्हें सूझी, वह थी कि यदि कोई भी गायन-वादन हो, सबसे पहले उसमें क्या अच्छा लगता है। वह था कि उसकी टोनल क्वालिटी या स्वर कैसा लग रहा है।

स्वर में माधुर्य या कर्कशता तो भगवान की दी हुई है। हर शख़्स का स्वर अलग है। वैसे ही जब पहली बार किसी साज़ को सुनते हैं तो सबसे पहले आकर्षण अब साज़ की टोनल क्वालिटी का होता है। "तो संतूर में जिस तरीके से तार इस्तेमाल होते थे, ट्यूनिंग का पिच रखा जाता था, वह ठीक था, लेकिन उस संतूर में ऐसी कोई टोनल क्वालिटी या स्वरीय गुणवत्ता नहीं थी जो तुरन्त आकर्षित करे, अपनी ओर बरबस श्रोता को खींच ले। इसलिए पहली बात मैंने यह की कि संतूर की टोनल क्वालिटी के ऊपर ध्यान दिया कि इस तरह का स्वर पैदा हो जो अन्य हर साज़ के स्वर की टयूनिंग की जो पद्धति थी, उसमें कोमल-तीव्र स्वर नहीं मिलते थे। उसकी रेंज या विस्तार-भूमि भी छोटी और कम थी। तार सप्तक में सिर्फ़ गांधार तक जा सकते थे, उसके ऊपर नहीं। मंद्र सप्तक में मंद्र षडज् तक मिलता था, उसके नीचे नहीं। इसे मैंने बदला। इस पर जब काम करना शुरू किया, तो ज़ाहिर है कि जिस अन्दाज़ से बाकी साज़ बजते हैं—मींड का काम करते हैं। भट्टाबीन है, उस पर आप स्लाईड करते हैं पेपरवेट के साथ। सितार का दखल दूसरे अन्दाज़ से है। मैंने एक अलग अन्दाज़ से प्रयोग किया। तब मैंने खुद ही महसूस किया कि इसे स्टेज पर बजाने से पहले मैं स्वयं देखूँ कि यह प्रयोग मुझे सही लग रहा है या नहीं, तो मुझे वह सही नहीं लगा। ऐसे कई तरह के प्रयोग मैंने किये जो दूसरे साज़ों की नकल थे, संतूर के ऊपर। करते-करते मुद्दत के बाद एक बात मेरी समझ में आ गयी कि मुझे आलोचना पर तीख़ी प्रतिक्रिया नहीं करनी है। जो लोग आलोचना कर रहे हैं, वे सही कर रहे हैं। किन्तु मैं उससे बहुत अधिक प्रभावित हो रहा हूँ। मेरी प्रतिक्रिया उस आलोचना पर यह हो रही है कि मैं किसी-न-किसी दूसरे साज़ की शख़्सियत को, जो संतूर की शख़्सियत नहीं है, अपनाने की कोशिश कर रहा हूँ। मेरी समझ में यह आ गया कि इसे मान्यता नहीं मिलेगी, क्योंकि जो नकल है, वह नकल ही रहेगी। असल हमारे पास है, तो लोग नकल को क्यों सुनेंगे? मुझे यह भी समझ में आया कि जो लोग केवल आलोचना करने के लिए आलोचना कर रहे हैं, उसके प्रति भी मुझे

कोई प्रतिक्रिया नहीं करनी है। ऐसे लोग हर चीज़ की आलोचना कर सकते हैं। वे कह सकते हैं कि सारंगी पर आप गज़ के द्वारा जितनी देर तक एक स्वर को टिका सकते हैं, सितार पर नहीं कर सकते। सितार में यह ख़ामी है। आपने सितार की ख़ामी निकाल दी, सरोद पर दूसरी ख़ामी निकालेंगे कि सरोद पर कुछ और नहीं हो सकता। दूसरा कोई शख़्स कहे कि सितार पर जो झाला बजता है, झाला और झिकारी पर जो स्वर उपजता है, मिज़राब का, वह सारंगी पैदा ही नहीं कर सकती। अगर गज़ से झाला बजाया जाए, उससे जो स्वर उपजेगा, मिज़राब में वो बात नहीं है। लेकिन मेरा कहना है कि ऐसी कमियाँ तो आप हर एक में निकाल सकते हैं। लेकिन असली मकसद क्या है? हर फूल की अपनी ख़ुशबू है। जो चीज़ सारंगी की है, वह सारंगी की ही शख़्सियत है, इसलिए तो सारंगी बनायी गयी। सितार और सारंगी के बीच की बात करेंगे तो दिलरुबा बन गया, इसराज़ बन गया कि दोनों चीज़ें उसमें आ गयी, उसमें पर्दा भी लग गया, किन्तु फिर भी, उसमें सितार का स्वर नहीं आ पाया। यदि सारंगी के ज़्यादा करीब गये तो भी जो बातें सारंगी की हैं वे दिलरुबा में नहीं आ पायीं क्योंकि उसमें पर्दे हैं, सितार वाले, जो हाथ को रोक रहे हैं। इसलिए हर साज़ का जो अपना स्वभाव है, वह निराला है, और वह उसी साज़ का स्वभाव है, उसी की विशेषता है।

"सरोद में जिस तरीके से मींड का काम होता है, वह सितार में नहीं होता। सरोद की अलग तकनीक है। यह सोचकर, और अनेक प्रयोग करके मुझे लगा कि यदि मुझे इस साज़ को मान्यता दिलवानी है, तो आलोचना की तीव्र प्रतिक्रिया नहीं चलेगी। यह तो बार-बार मन में आता है कि उस साज़ की यह अधूरी बात ले लूँ और इसे थोड़ी देर ऐसा बजा लूँ तो नहीं चलेगा। जैसे कि कोई सारंगी वादक विलंबित में आलाप में गज़ के साथ बजाता रहे, उसके बाद गज़ छोड़ दे, मिज़राब पहन ले और एक चिकारी लगा दे और फिर सारंगी को टेढ़ा करके सितार की तरह उसमें झाला बजाये, तो वह मान्य नहीं होगा। इसलिए मुझे भी संतूर की अपनी शख़्सियत बनानी है। इसलिए मुझे भी ऐसा प्रयास नहीं करना चाहिए कि मैं किसी नकल को मंच पर ले जाऊँ।"

पिता उमादत्त ने शिवकुमार के ज़हन को एक विचार दे दिया था, उनके हाथों को एक साज़ दे दिया था, दिल को एक चाहत दे दी थी, कि उन्हें उस साज़ संतूर की और अपनी एक पहचान बनानी है, लेकिन उनके कान रूह को छूने वाले जिन असली सुरों को सुनना चाहते थे, उन तक पहुँच अभी बहुत दूर थी। उन सुरों को खोजने के लिए शिव जी ने दूसरे रास्ते खोजने शुरू किये। इसमें बहुत वर्ष लग गये। "बहुत बरस लग गये। मुझे ऐसा लगता था कि जब मैं रियाज़ करने बैठता हूँ, तो कोई दैवी शक्ति है, जो मुझे रास्ता दिखाती है। अपने-आप ही कोई बात सूझती थी। कला के क्षेत्र में जितने लोग हैं, उस क्षेत्र में जो बुज़ुर्ग काम कर चुके हैं, वह उनके सामने होता है। उनके बुज़ुर्गों का

अनुभव उदाहरण होता है, वे उनसे मार्गदर्शन लेते हैं। फिर यदि इन कलाकारों में इतनी कुशलता है, प्रतिभा है तो वे अपना भी कुछ-न-कुछ उसमें जोड़ लेते हैं। लेकिन उनके सामने एक नक्शा होता है, एक रास्ता होता है कि इस साज़ को इस तरीके से बजाया जाता है या इस साज़ को अमुक-तरीके से बजाया जाता है। लेकिन मेरे सामने इस तरह का कोई रास्ता नहीं था। मेरे पिताजी ने मुझे उसकी तालीम दी, लेकिन वे जो कुछ सिखाते थे, गाकर सिखाते थे। आलाप करना सिखाते तो ध्रुपद अंग से गाकर। बंदिश सिखाते तो गाकर कि इसे संतूर पर बजाओ। उन्होंने स्वयं कभी स्टेज पर संतूर नहीं बजाया। जिन लोगों को मैंने संतूर बजाते हुए सुना था, वह कश्मीरी संतूर था और यह वह संगीत था, जिसे मैं बजा ही नहीं रहा था और न ही उसे बजाना मेरा उद्देश्य था। मैं जो बजाना चाहता हूँ, वह किसी ने नहीं बजाया। इस वजह से मैं यह कह रहा हूँ कि मुझे बैठे-बैठे रियाज़ में रास्ता दिखायी देता था कि ऐसे चलो, इस रास्ते पर चलो। आपको यह बताने में तो मुझे कुछ भी समय नहीं लगा लेकिन इसे ढूँढ़ने में मुझे बरसों लग गये।"

शिवजी को जब वह रास्ता मिला, जब उन्होंने उस रास्ते पर चलना शुरू किया और उससे पहले जब उसे ढूँढ़ना शुरू किया तब कलम या स्ट्राईकर के साथ बजाते हुए ही वो उस पर मींड का काम करने लगे। "जैसे आप एक स्वर पर जितनी देर चाहिए उतनी देर तक टिक सकते हैं, वह भाव पैदा होने लगा। जब यह भाव उसमें पैदा होने लगा तो मुझे खुद को तसल्ली हुई कि जो मैं कर रहा हूँ, उसमें वो बात जो पैदा हो रही है, वह किसी दूसरे साज़ की नकल नहीं है।"

संतूर वादन में शास्त्रीय-संगीत की कोई परम्परा शिव जी को विरासत में नहीं मिली। न ही मिला कोई घराना जिसकी ख़ासियत को, जिसकी विशिष्टता को वे अपने वादन में उतार पाते। काम कठिन था, क्योंकि यहाँ किसी पेड़ से फल तोड़ना उनके भाग्य में नहीं था, उन्हें तो ज़मीन ढूँढ़ने से लेकर उस पर जुताई, खुदाई, बुआई, सिंचाई और कटाई, सब काम खुद ही करने थे। यहाँ उन्हें सब कुछ शुरुआत से करना था। "गायक लोग जो गाते हैं, उनकी घरानेदार बंदिशें होती हैं, हर घराने की अलग-अलग। हर घराने के अपने अलग-अलग प्रिय राग होते हैं। वे राग उन घरानों के प्रिय इसलिए बनते हैं कि उन रागों का जो स्वभाव है, वह उन घरानों की गायकी के निकट होता है। और जो

उस गायकी की ख़ासियत है, वह उस ख़ास राग में ज़्यादा खिलती है। तो ख़ास-ख़ास घरानों के अलग-अलग प्रिय राग बन जाते हैं। ऐसे ही तंत्रकारी में है। परम्परागत घरानों में वही वही गतें बजायी जाती हैं। जबसे सितार बजती है, तबसे उस पर 'दा दिर दारा' के बोल बजते हैं। गत जब बजती है, चाहे वह मसीतखानी, रज़ाखानी गत हो, विलंबित हो चाहे द्रुत हो, अपने घराने की ही शैली बजती है, उसी परम्परा के अनुसार बजती है। मेरे पास ऐसे कोई पहले से बनी हुई परम्परा नहीं थी कि संतूर की गत में ये ज़र्ब लगनी चाहिए, कब दाएँ हाथ के कलम की और कब बाएँ हाथ के कलम की। मुझे पूरी पद्धति बनानी पड़ी कि अगर आप 'सा रे गा मा पा या सा गा रे मा गा रे' या अन्य कोई भी नोटेशन बजा रहे हैं तो आपका बायाँ कलम कब इस्तेमाल होगा, और दायाँ कलम कहाँ इस्तेमाल होगा। एक पूरा सिस्टम, पद्धति मुझे बनाना पड़ा। अब तो वह इतनी निर्बाध पद्धति बन गयी है कि मेरा कोई शागिर्द यदि सैनफ्रांसिस्को में बैठा हुआ है, और मैं काग़ज़ पर लिखकर उसकी नोटेशन भेज दूँ तो उसको समझ में आ जाएगा कि उसे कहाँ पर बायाँ हाथ इस्तेमाल करना है और कहाँ पर दायाँ। ये पहले नहीं था। यदि आप 'सा रे गा मा पा धा नी सा' बजा रहे हैं तो कितनी बार दायाँ बजाएँगे और कितनी मर्तबा बायाँ बजाएँगे, मुझे वहाँ से शुरुआत करनी पड़ी, जैसे टाइपिंग में है। यदि आपको वह पद्धति नहीं मालूम है तो कहीं-न-कहीं जाके आप आगे अटक जाएँगे। और अगर आप तैयारी कर रहे हैं, तो उसमें यदि आपके पास पद्धति या सिस्टम नहीं है तो आप बहुत ज़्यादा मेहनत करेंगे। मेहनत का फल तो आपको मिलेगा, लेकिन उसमें दो बातें हैं, एक तो यह कि आप उतना सहज रूप से बजा नहीं पाएँगे और दूसरा यह कि यदि आपने बजा भी लिया तो जिसकी चर्चा मैंने पहले की है, आपकी वह टोनल क्वालिटी नहीं आ पाएगी।"

पंडित शिवकुमार शर्मा अभी तक अपने साज़ को सही मायने में शास्त्रीय संगीत के उपयुक्त साज़ बनाने की तैयारी में लगे रहे। उनकी बातों को सुनकर ही महसूस होता है कि किस प्रतिबद्धता के साथ अपने पिता की इच्छा को उन्होंने शिरोधार्य किया होगा। न केवल उसे शिरोधार्य किया होगा, बल्कि उस स्वप्न को रूपाकार करने में कितनी तपस्या भी की होगी। वही तपस्या है जिससे संतूर के स्वर आज इतने सुरीले निकलते हैं कि लगता है, यही तो हैं वे स्वर जिन तक पहुँचने के लिए अमरनाथ की पहाड़ियों की बर्फ़ को पिघलकर मैदान तक उतरना पड़ा होगा, यही तो हैं वे स्वर जिन्हें छूने के लिए गंगोत्री से निकलकर गंगा की धारा को सागर तक पहुँचना पड़ा होगा।

बहुत लम्बी यात्रा तय की है पंडित शिवकुमार शर्मा ने 'संतूर' को 'संतूर' बनाने के लिए।

शिव जी बात को आगे बढ़ाते हैं, "कोई गायक होते हैं, वे जब विलंबित गा रहे होते हैं, जो बहुत माधुर्य होता है, बहुत अच्छा लगता है। जहाँ उन्होंने तानें शुरू की, ऐसा लगता है कि कोई दूसरा गवैया आ गया है, ऐसा क्यूँ होता है? इसका कारण है–गलत तरीके का रियाज़। गाना बजाना तो वो है कि शुरू में विलंबित में जो आपका स्वर है, अति द्रुत में भी आपकी टोनल क्वालिटी वही रहे, बदले नहीं। अति मंद्र सप्तक में आपका जो स्वर लग रहा है, वही अति तार सप्तक में भी रहे। स्वर को आप किसी झूठ के पुट में लगाएँ, ऐसा न हो। ये सब चीजें बहुत गौर करने की हैं। मुझे उसके ऊपर हर पद्धति को, प्रणाली को बनाना पड़ा। जैसा मैंने पहले कहा कि सा रे गा मा पा धा नी सा बजाना है, तो सबसे पहला सिस्टम बना–शुरू का सबसे पहला–कि बाएँ से शुरू होगा, या दाएँ से शुरू होगा। कितनी मर्तबा दायाँ बजाने हैं तो कितनी मर्तबा बायाँ बजेगा। और अगर अलग-अलग अलंकार बजाने हैं तो कैसे यह कलम इस्तेमाल होगी–यहाँ से शुरुआत हुई मेरे शोध की। झाला बजाना है तो कितनी जर्बें कहाँ पर लगेगी! गत बजाने का जो अन्दाज है, पहले तो हम जो चीज सुनते थे, कोशिश करते थे कि उसको कैसे बजाएँ। जैसा कि मैंने जिक्र किया कि मींड़ वगैरह का काम भी विचित्र-वीणा या दूसरे साजों पर जैसे होता है, उसे इस पर करने की कोशिश की, कि कलम के नीचे एक धातु या कुछ लगा लिया और उसे घसीट लिया, उसको घसीट के साथ मैंने वो प्रभाव पैदा करने की कोशिश की। मैं घर में बैठ करके, एक टेप-रिकॉर्डर रखता था, जिस पर मैं जो बजाता था, उसे रिकॉर्ड कर लेता था और फिर बैठकर सुनता था कि कैसा लग रहा है।"

अपना बजाया हुआ सुन-सुन कर शिव जी ने एक बात सीखी, वह यह कि "कलाकार को स्वयं अपना आलोचक होना चाहिए। अकसर क्या होता है कि हम लोगों की एक आदत-सी हो जाती है कि हम बहुत खुश होते हैं। एक विश्वास, आत्म-विश्वास होना जरूरी है लेकिन यह सोचना, यह विश्वास गलत है कि हम हमेशा, हम जो भी कर रहे हैं, वही सही है। हमेशा नुक्ताचीनी का अन्दाज खुद की तरफ हो, तो हमें लगता है कि जो भी हमने काम किया है, वह बहुत कमाल है। तो भगवान की कृपा भी मेरे ऊपर रही कि मुझ पर वह असर था, दूसरे अन्दाज का, कि मैं खुद को नाप-तौल करता रहा कि अगर किसी से कहा भी कि बहुत अच्छा लग रहा है, तो मैं खुद को नापता रहा हूँ कि यह अच्छा है कि वह अच्छा नहीं है। तो उसकी वजह से मुझे रास्ते भी मिलते चले गये और एक सही रास्ता बनता चला गया। फिर कुछ बरसों के बाद कलम (स्ट्राईकर) के साथ ही सब काम होने लगा। आलाप भी हो रहा है तो संतूर की तकनीक से हो रहा है, तान भी बज रही है तो संतूर की तकनीक

से बज रही है। दिर-दिर का बोल हो चाहे झाला—सब संतूर की तकनीक से बज रहा है, ये बात जब पैदा हो गयी, और इसे करने में मुझे 10-15 बरस लग गये, तब संतूर को जो-जो लोग नकारते थे, उन्होंने अपनी सोच-विचार को बदला और इसे मान्यता मिलनी शुरू हुई।"

कोई बहुत बड़ा आदमी ही अपना दर्पण स्वयं बन सकता है। स्वयं अपना दर्पण बनने के लिए, अपनी आलोचना स्वयं करने के लिए एक बहुत अच्छे मन का होना बहुत ज़रूरी है। शिव जी अपनी ही नहीं, शायद संसार के हर सच्चे मन वाले व्यक्ति के बारे में कह रहे हैं। इसी सच्चे, पारदर्शी मन के कारण ही उनका संगीत श्रोता की आत्मा को अलंकृत करता हुआ महसूस होता है। लेकिन उनके बजाने में आत्मा कब आयी? "देखिए, आत्मा तो पहले संगीतकार के अन्दर होनी चाहिए। आत्मा से मेरा मकसद है—रूहदारी। रूहदारी हर एक के अन्दर नहीं होती। माफ़ कीजिएगा। कलाकार सभी होते हैं, रूहदारी किसी-किसी के पास होती है। क्यों इतने बड़े देश में आज उँगलियों पर गिने जाने वाले गायक और वादक हैं। फर्क क्या है, गाना-बजाना सारे कर रहे हैं। हज़ारों लोग गा रहे हैं। पंडित जसराज जी का माधुर्य जो है—गले का, वो अलग है। बड़े गुलाम अली खाँ साहब का जो स्वर था, पंडित ओंकारनाथ ठाकुर जी का जो स्वर था, वो अलग था। वो रूहदारी किसी में होती है, किसी में नहीं होती। लेकिन, उसको बाहर लाने के लिए आपको तालीम की जरूरत है। आपको तकनीक की जरूरत है, तकनीक सीखने की ज़रूरत है अगर आप कोई साज़ बजा रहे हैं तो। मुझे कई साल लग गये तकनीक बनाने में। संगीत मेरे अन्दर था। मैंने गाना भी सीखा हुआ है, ख़याल सीखे हैं, तराने तीखे हैं, ठुमरी सीखी है। लेकिन जब वो तकनीक ही मेरे पास नहीं है, मैं तो खोज ही कर रहा हूँ कि इस पर मींड़ ही कैसे निकाली जाएगी, तो मैं उसको व्यक्त कैसे कर पाऊँगा? इसलिए पहले तकनीक और फिर रियाज़ से, वो आपका माध्यम जो साज़ है जब आपके क़ाबू में आ जाए तब फिर आप आगे बढ़ते हैं। यहाँ आता है एस्थेटिक, जिसे हम रूहदारी कहते हैं।

"जब ये चीज़ें बन गयी, तकनीक बन गयीं, मेरे सामने जब चीज़ें साफ़ हो गयीं कि क्या-क्या, कैसे-कैसे करना है, तो फिर मैं अभिव्यक्ति, यानी एक्सप्रेशन पर आया। अभिव्यक्ति हमारे संगीत में एक ऐसा शब्द आता है, जिसका जिक्र भरतमुनि के 'नाट्यशास्त्र' में हुआ है, 'काकुभेद' कहकर। 'काकुभेद' क्या है? इसका संगीत में तो महत्त्व है ही, नाट्य में भी इसका

बहुत इस्तेमाल हुआ है, कि एक शब्द को आप कितने अन्दाज़ से कह सकते हैं। 'आइए बैठिए' (शिव जी इसे तरह-तरह से कहते हैं)। अब शब्द एक ही है। अलग-अलग कहने के तरीके से इसके मतलब अलग हो गये, हालाँकि राष्ट्र नहीं बदले। इसे हम संगीत में इस्तेमाल करते हैं।"

लेकिन शिव जी तो संतूर बजाते हैं और उनके पास शब्द नहीं हैं, "हाँ यह सही बात है। हमारे पास तो शब्द ही नहीं हैं। तंत्रकार के पास शब्द नहीं हैं, स्वर और लय हैं। हमारा स्ट्रोक इस अन्दाज़ से पड़ रहा है, कौन-सी बात को हम कैसे कह रहे हैं, इस पर हमारी अभिव्यक्ति या रूहदारी निर्भर करती है। अभी अगर मैं 'परदे' के नज़दीक, 'ब्रिज़' के नज़दीक, कलम से स्वर बजाता हूँ, तो उसकी अभिव्यक्ति एक है। अगर मैं उसी की जगह बदल देता हूँ, तो उसी स्वर का टोन अलग हो जाता है, अभिव्यक्ति अलग हो जाती है। बाएँ हाथ से कोई चीज़ बजाता हूँ तो उसकी अभिव्यक्ति जुदा हो जाती है और दाएँ हाथ से बजता हूँ तो वह अलग हो जाता है। तो ये सब बातें तकनीक की हैं। जब आपकी तकनीक इतनी सही होती है कि वह आपके काबू में आ जाती है, आपका रियाज़ इतना हो जाता है कि आपका ज़हन जो सोच रहा है, आपके हाथ उसी की अभिव्यक्ति कर पा रहे हैं तो उसके बाद रूहदारी की बात होती है। तो उसमें वक्त लगा। मेरी तकनीक जब इतनी सही हो गयी, तब संगीत में रूहदारी आना शुरू हुआ। हालाँकि सच्चाई यह है कि अभी-भी तकनीक का विकास हो रहा है, क्योंकि यह तो ऐसी यात्रा है जिस पर मुसाफ़िर सिर्फ़ चल सकता है, आख़िरी पड़ाव उसमें कभी आता ही नहीं। अभी तक चल रहा हूँ।"

शिव जी जो चीज़ें दस साल पहले बजाते थे, उसे अब एक अलग नज़रिये से देखते, सोचते और बजाते हैं। लय के जो कुछ अन्दाज़ पहले शुरू में थे, वे अलग थे, ऐसे लम्बी तिहाई बजाना, चक्रदार तिहाई बजाना जैसे कि सितार-सरोद में बजते थे, का प्रभाव उन पर था। "लेकिन बाद में सोच-विचार के साथ, कुछ नयी दिशाएँ ज़हन में आने के साथ, वक्त गुज़रने के साथ, उसका भी अन्दाज़ बदला। और अब तो मैं यह समझता हूँ कि लयकारी में भी रूहदारी है। लोग अकसर कहते हैं कि—स्वर में ही रूहदारी है। मैं कहता हूँ कि लयकारी में भी रूहदारी है। लयकारी क्या चीज़ है? स्वर को साथ में लेकर ही तो लयकारी होती है! तीन-चार स्वर लीजिए, लेकिन आप उन्हें किस अन्दाज़ से कहाँ बदल रहे हैं, कहाँ, किसके ऊपर ज़्यादा वज़न आ रहा है, कौन-से स्वर पर वज़न

कम आ रहा है, ये सब चीज़ें मिल करके लयदारी में भी सहदारी पैदा होती है। यह तो ऐसा समुद्र है कि आप खोजते चले जाइए, खोजते चले जाइए, नयी-नयी चीज़ें मिलती रहती हैं। और वो खोज अभी-भी जारी है।"

संतूर की तकनीक से शुरू होकर शिव जी के साथ बातचीत की यह यात्रा अब संगीत में रमी हुई आत्मा, उसके संस्पर्श, उसके प्रभाव तक की है। इसीलिए जानना चाहती हूँ कि जो वह महसूस करते हैं, जो वह बजाते हैं, वही सम्प्रेषणीयता उनके स्वरों में हो और वही ग्राह्यता सामने बैठे श्रोता में भी हो, क्या इसके लिए उन्हें कुछ विशेष प्रयास करना पड़ता है या इसके लिए अपनी एक विशेष सम्प्रेषणीयता की आवश्यकता है।

अब आ रही है असल बात, "देखिए, जैसे भगवान किसी-किसी में यह प्रतिभा देता है कि वह कलाकार बनता है। ऐसे ही भगवान की यह देन कई लोगों को होती है कि वे स्वर का आनन्द ले सकते हैं। इसका भी प्रतिशत अलग-अलग है, अलग-अलग लोगों के साथ। कई लोगों के पास भगवान की वह देन ही नहीं है कि वे संगीत को सूक्ष्मता के साथ समझ पाएँ और कुछ अन्य के पास वह देन नहीं है कि वे महसूस कर सकें।

"कई अन्य लोग समझ भी सकते हैं और महसूस भी कर सकते हैं। मैंने एक दूसरा प्रयास किया कि श्रोता के हिसाब से अपने संगीत को बदला नहीं। यदि मैं महाराष्ट्र में बजा रहा हूँ तो मेरा गाना-बजाना एक तरीके का हो, बंगाल में दूसरे तरीके का और न्यूयॉर्क में बजाऊँ तो तीसरे का। यदि ऑस्ट्रेलिया में बजा रहा हूँ तो किसी और तरीके का हो, ऐसा नहीं है। संगीत की दुनिया में एक सोच यह है कि कलाकार को श्रोता को देखकर अपना काम करना चाहिए। मैं इससे सहमत नहीं हूँ। मेरी सोच यह है कि कलाकार को यह कोशिश करते रहना चाहिए कि उसकी जो अपनी विशिष्टता है, वह बदले नहीं। वह श्रोता को अपने समकक्ष धरातल तक लाने की कोशिश करे। यह मुश्किल बात तो है लेकिन मुझे इसकी खुशी है कि मैंने अपने जीवन में इस चीज़ को परखा है। कई मर्तबा ऐसा हुआ कि मुझे ऐसी जगहों पर बजाना पड़ा, जहाँ पहले संगीत नहीं हुआ था या, जहाँ आयोजकों ने अपनी सोच को मुझ पर थोपना चाहा। मान लीजिए मैं कहीं बजाने गया तो मुझसे कहा गया कि देखिये यहाँ पर कभी लोगों ने संगीत नहीं सुना। शास्त्रीय संगीत पहली बार सुनने जा रहे हैं। आप ऐसा कीजिएगा आलाप बिल्कुल मत बजाइएगा। आप अपना कार्यक्रम जब शुरू करें तो तबले के साथ, द्रुतगति में शुरू करिएगा। गढ़ंत करिए, सवाल-जवाब करिए। उसके बाद इंटरवल में जिन लोगों को चले जाना होगा, चले जाएँगे। बाद में जो लोग बच जाएँगे, फिर आप उन्हें अपने अन्दाज़ में सुनाइए। तो ऐसी स्थिति में भी मैंने उनसे कह दिया कि ठीक है। आपने मुझे आगाह कर दिया। अब आप मेरे ऊपर छोड़ दीजिए। मैंने तब भी अपने अन्दाज़ में बजाया। फर्क सिर्फ़ इतना होता

है कि ऐसे जो श्रोता हैं, सामान्यतः मैं उनके लिए पहले बता देता हूँ कि मैं क्या करने वाला हूँ। कौन-सा राग बजा रहे हैं, आलाप क्यों बजाया जाता है, हमारे संगीत में उसका महत्त्व क्या है। हमारे संगीत का प्रारूप क्या रहता है, उसके बाद क्या चीज़ आती है और कहाँ जाकर एक राग पूरा होता है। इतना बता देने के बाद मैं बजाना शुरू करता हूँ। मैंने देखा है कि किसी ने शास्त्रीय संगीत पहले सुना हो या न सुना हो, बीच में से कोई श्रोता उठकर नहीं जाते। कभी ऐसा नहीं हुआ कि उन्होंने कहा हो कि दुबारा इसको नहीं सुनेंगे। मेरा कहने का मतलब है कि मैंने जगह-जगह श्रोताओं को देखकर आपने संगीत का स्वरूप बदला नहीं और उसका नतीजा है कि अभी हमारे जो श्रोता हैं, मुझे बजाते हुए ऐसा लगता है, कि जो मैं महसूस कर रहा हूँ, वे भी महसूस करने लगे हैं और उसको उसी अन्दाज़ से सुन रहे हैं।"

पाली हिल के अपने उस फ्लैट के कमरे में बैठकर शिव जी मुझे वह सब महसूस करा रहे हैं, अपने संगीत के विषय में चर्चा करके, जो वे श्रोताओं को उस संगीत से कराते हैं। सामने खिड़की से उचककर झाँकते पेड़, हल्की पड़ती बौछार और साथ में चाय की गरम चुस्की के साथ उस चर्चा में भी मैं उस अपरिमित आनन्द का अनुभव कर रही हूँ जो मुझे उनके संतूर वादन में होता है। क्या यह सब उनका अपना है, या फिर कहीं है 'इदन्नमम्' का भाव! मैं पूछ ही लेती हूँ। 'कभी बजाते समय आपको ऐसा लगता है कि आप नहीं बजा रहे हैं, कोई और आपसे यह करवा रहा है और इसमें आपका कुछ नहीं है?'

"देखिए, ये तो आपने मेरी मन की बात कह दी है। मुझे यही लगता है। जब मैं बजाने बैठता हूँ, वो अलग बात है कि कई दफे ध्यान भटक जाता है, इधर-उधर चला जाता है, लेकिन जब, सब चीज ठीक-ठाक हो और पूरी एकाग्रता के साथ बजा रहे हों तो फिर पहली बात यह होती है कि मैं भूल जाता हूँ कि लोग बैठे हुए हैं, और मैं उनकी प्रसन्नता के लिए बजा रहा हूँ। मैं स्वयं उसका आनन्द लेता हूँ और यह भी होता है कि वह समय तो मेरा स्थायी है कि जब मैं बजा रहा हूँ, मैं एक माध्यम हूँ, केवल माध्यम हूँ और कोई मेरे से करवा रहा है वह चीज। कई मर्तबा ऐसा हुआ है कि बजाते-बजाते कोई ऐसा छन्द, कोई ऐसा स्वरों का सम्मिश्रण या कोई ऐसी तान या कोई ऐसी चीज बज गयी जो मैंने पहले न कभी सुनी थी किसी से और न पहले मैंने कभी बजायी थी। तो यह इसका बहुत बड़ा सबूत है कि मैं जो कर रहा हूँ, वह मेरे से कोई करवा रहा है और इसको तो मैंने बहुत दफे महसूस किया है। एक बार मेरी तबीयत ठीक नहीं थी और मैं प्रोग्राम करने वाला था। शारीरिक रूप से मुझे लग रहा है कि मैं इतना अस्वस्थ हूँ और पाँच मिनट भी बैठकर बजा नहीं सकता लेकिन मंच पर चले गये क्योंकि कार्यक्रम तय है। फिर जब बजाना शुरू किया तो घंटों बजाते रहे, भूल गये

कि स्वास्थ्य खराब है, डूब गये संगीत में। तो यह कितना बड़ा प्रमाण है कि इस आनन्द को उपजाने का हम केवल माध्यम हैं, वास्तव में इसे हमसे कोई और ही करवा रहा है।"

संतूर-वादक के लिए बैठने की एक विशिष्ट मुद्रा भी है। वह ऐसी कि उसमें कलाकार बिल्कुल हिल-डुल नहीं सकता। गायन में तो फिर भी थोड़ा-बहुत हिलने की सम्भावना है। पंडित शिवकुमार शर्मा मानते हैं कि यह बहुत कठिन मुद्रा है और इसके लिए अत्यधिक साधना की आवश्यकता है लेकिन बात फिर से मुड़ कर वहीं आ जाती है किसी दैवी शक्ति पर जो उनसे उस संगीत की उपज करवाती है। "मेरी बिल्कुल पक्की धारणा है कि जो भी हम स्टेज पर जा कर करते हैं, हम यह नहीं कह सकते कि 'आज मैं कमाल करने वाला हूँ', दूसरा जो होता है, वह हम नहीं कर रहे, यह शरीर नहीं कर रहा, इतना मुझे मालूम है। आप कितना भी रियाज कर लीजिए, कितनी भी तालीम ले लीजिए, लेकिन वह जो शक्ति आपसे करवाना चाहती है, जब वह करवाएगी तो उसकी तासीर ही अलग होगी, वह संगीत ही अलग होगा।"

क्या कलाकार की विनम्रता का भी इसमें कोई सहयोग होता है? "साधना में सबसे पहली चीज है—नम्रता। हमारे संगीत के क्षेत्र में एक बड़ा द्वन्द्व यह है कि जब एक कलाकार नाम करने लगता है तो सबसे पहला खतरा इस चीज का होता है कि उसकी नम्रता चली जाती है। क्यों चली जाती है? तारीफ! इतने लोग आते हैं, आपके पाँव छूते हैं। पाँव छूना जो है—हमारे देश की सभ्यता है। इसके कई कारण हैं। जो पाँव को छू रहा है वह तो अहं को त्याग रहा है, लेकिन सबसे बड़ा खतरा है उसके लिए जो पाँव छुआ रहा है। उसका अहं बढ़ता चला जा रहा है। इस तरीके से लोग सोचते तो नहीं, लेकिन उसका असर शुरू हो जाता है, तो विनम्रता जो ज्ञान की सबसे पहली सीढ़ी है, उसे हम खुद ही तोड़ना शुरू कर देते हैं। संगीत के क्षेत्र में यह बहुत बड़ा द्वन्द्व है, जिससे बहुत कम कलाकार बच पाते हैं। मैं कई मर्तबा सोचता हूँ, इतने बड़े-बड़े कलाकार हैं, अगर वो इससे बच जाते तो कैसा-कैसा संगीत पैदा कर सकते थे, जो शायद लोगों ने कभी सुना ही न था। अकसर कलाकार इस चीज में फँस जाते हैं कि मैं बहुत महान हूँ। वह विनम्रता जो है, वह निकल जाती है। हम कहते हैं कि नहीं, मैं कुछ नहीं कर रहा, लेकिन उसमें भी कई दफ़ा लगता है कि झूठ बोल रहा है यह आदमी। सुनने वाले को भी मालूम होता है कि यह समझ तो रहा है कि मैं सब कुछ कर रहा हूँ, लेकिन कह रहा है कि मैं कुछ नहीं हूँ।" यह बहुत बड़ा, अजीब, हमारे कलाकार लोगों का जो क्षेत्र है, उसका द्वन्द्व है। और जो उसको समझ गया कि "मैं यह नहीं कर रहा, कोई अलौकिक सत्ता ही हमसे करवा रही है, और जब तक वो करवाएगी, तब तक ही होगा। वही सही मायने में सच्चा कलाकार है। मुझे

लगता है यह आसानी से सबकी समझ में नहीं आता। इसी वजह से एक जगह पर जाकर उसके संगीत में ठहराव आ जाता है, वह रुक जाता है। हम समझते हैं कि यह आदमी अपने चरमोत्कर्ष तक पहुँच गया है, लेकिन, अगर उसमें वो जो चीज है—विनम्रता, जो शुरू में थी, वह रहती तो वह कहाँ का कहाँ पहुंच सकता था। क्योंकि जब अहं आता है, तब उसका संगीत के ऊपर गलत असर होता ही है। आपका संगीत वही है, जो आप अपने भीतर से हैं। आपकी जो आत्मा है, उस आत्मा का जो शीशा है, उस पर जब अहंकार की धूल हो जाती है तो आपको अपना चेहरा नजर नहीं आता क्योंकि शीशे पर धुँधलापन छा गया है। यदि वह शीशा हमेशा साफ रहे और उसमें नजर आता रहेगा कि ये मैं लग तो रहा हूँ, लेकिन इसके पीछे कोई और है। वह बात अगर हमेशा साथ में हो तो संगीत की तासीर ही अलग हो जाती है। विनम्रता, मैं समझता हूँ, और वे लोग जो सही मायने में इस चीज को समझ गये हैं, वो कितने भी बड़े कलाकार बन जाते हैं, उनको इसका अहसास रहता है, कि अभी भी बहुत कुछ बाकी है। जो मैं नहीं कर पाया हूँ। अन्दर से महसूस होता है। लेकिन, वह बहुत देर के बाद होता है।"

ऐसा बहुत देर के बाद होता है कि कलाकार के संगीत की तासीर वह हो जो सुनने वाले को और खुद कलाकार को—दोनों को ही किसी अन्य भावभूमि पर पहुँचा दे। फिर क्या कभी ऐसा भी हुआ है कि मन में तो बहुत कुछ उमड़ रहा हो लेकिन हाथ असमर्थ हो गये हों? शरीर अपनी सीमा में बँधा हो और भाव शरीर की सीमा को बहुत पीछे छोड़ गये हों या हाथ भावों का साथ न दे पाये हों? शिवजी के साथ भी ऐसा हुआ है। "एक वक्त था जब शोध कार्य चल रहा था। उस वक्त बहुत सारी चीजें मेरे जहन में तो आती थीं, लेकिन तकनीक की कमी की वजह से संतूर के तार उन्हें स्वरों की अभिव्यक्ति नहीं दे पाते थे। उसके बाद दूसरा दौर आया जिसमें मैं जो सोच रहा हूँ, वह हो रहा है। लेकिन यह जो बात आपने कही है, वह कुछ अलग है। कई बार ऐसा होता है कि मैं घर में बैठ के बजा रहा हूँ कोई चीज और मैं इतना उसमें खो गया हूँ कि मुझे समय का अहसास नहीं रहा और कुछ देर के बाद शरीर थक गया। उसका असर मुझे दिख रहा है लेकिन मैं उसे छोड़ना नहीं चाहता कि मुझे लगता है कि और थोड़ा-सा, वहाँ तक पहुँचना है, और चला जाऊँ वहाँ तक।"

शिव जी के मन में कई बार ऐसी भावना पैदा हुई है कि शरीर पूरी तरह से साथ नहीं दे रहा, लेकिन अन्दर से जो एक रस मिल रहा है कि "जो कर रहा हूँ जो चल रहा है, जो सुन रहा हूँ, जो इस शरीर के द्वारा बज रहा है, लगता है कि आ हा हा, ये कभी बन्द न हो, दुनिया में इससे अच्छा और कुछ है ही नहीं। उस समय ऐसी भावना होती है, ऐसी स्थिति आ जाती है कि उसको रोकना पड़ता है स्टेज पर तो कई मर्तबा होता है, थके हुए आये

हैं, प्रोग्राम है, कहीं बजाने बैठे—ये अलग चीज है। लेकिन यह जो बात मैंने आपसे कही, वह अलग है—कि कोई श्रोता नहीं है, कोई हॉल नहीं है, कोई स्टेज नहीं है, मैं अकेला बैठा हुआ हूँ, बजा रहा हूँ, और उस समय मुझे क्या महसूस हो रहा है।"

शिव जी जब बातचीत में भी उस मनोभूमि में ले जाते हैं जहाँ ऐसा आभास होता है कि ईश्वर से परिचय हो रहा हो, तब जम्मू-कश्मीर जहाँ उनका जन्म हुआ, बचपन, लड़कपन बीता, वहाँ उस ईश्वर की बिखेरी हुई प्रकृति की छटा में, उसकी गोद में बैठने के सुख का अहसास भी उन्हें बहुत हुआ है। अपने चारों ओर उन्होंने प्रकृति का ऐसा दृश्य देखा है, जिसने अभी तक उनके मन पर छाप बनायी हुई है। झरनों का संगीत सुना है उन्होंने। सूर्योदय के समय जब बर्फानी पहाड़ियों पर पहली किरण पड़ती है तो जो रंग होता है, और जब सूर्यास्त हो जाता है तो उसी बर्फ का रंग क्या होता है, उसे खुली आँखों और बन्द पलकों दोनों से देखा है उन्होंने। जब बादल आते हैं, एक तरफ झील है और दूसरी तरफ बादल है। पीछे बर्फ से लदी पहाड़ियाँ हैं और सूर्यास्त हो गया है तो बादलों का रंग कैसे बदल गया है। वह अक्स पहाड़ों की बर्फ के ऊपर पड़ रहा है, "और वहाँ मैं किसी जगह अकेला बैठा हुआ हूँ और मैं उसको सिर्फ देखता जा रहा हूँ और ऐसा लग रहा है कि दृश्य कभी खत्म ही न हो। बचपन से ही मेरे ऊपर प्रकृति का बहुत असर है और मैं समझता हूँ कि जितना, शख्स, प्रकृति से दूर जाता है, उतना वह अपनी असलियत से दूर जाता है। और उसके साथ जुड़े रहना बहुत जरूरी है। इसलिए मैं जब हिन्दुस्तान में या हिन्दुस्तान के बाहर भी जाता हूँ तो मुझे भीड़-भाड़ में या शॉपिग मॉल में जाने का शौक नहीं है। ड्राइव करके डेढ़-दो घंटे में ऐसी जगह चले जाएँ जहाँ सन्नाटा हो और सुकून हो तो ज्यादा अच्छा है।"

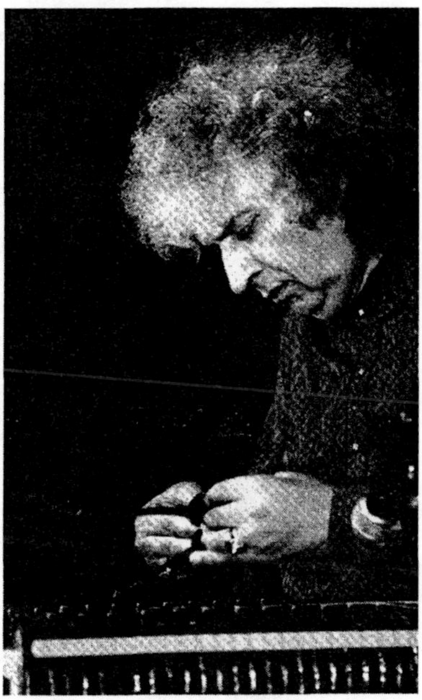

संतूर पहाड़ी प्रदेश का वाद्य है। वहाँ पानी भी है, लेकिन जब उसे सुनते हैं तो महसूस होता है, चाहे जो राग बजाया जाए, सुबह का, दोपहर का, रात का—हमेशा यही लगता है कि इसका जल के साथ कोई-न-कोई, कहीं सम्बन्ध है। जबकि शिव जी संतूर को कश्मीर से बहुत दूर, हर जगह लेकर गये हैं, अन्य साज़ों के साथ ऐसा नहीं है कि कोई भी साज़ किसी प्रदेश से इतना जुड़ जाए कि उसकी पहचान ही बन जाए। किन्तु संतूर के साथ हम पर्वत और पानी से जुड़ जाते हैं। पानी मुम्बई में भी है, समुद्र का तट है, किन्तु इसे मुम्बई का साज़ नहीं मानते, हालांकि शिव जी रहते भी यहीं हैं। सूफियों का रेगिस्तान से सम्बन्ध है किन्तु उन्हीं के साज संतूर की पहचान रेगिस्तान से नहीं है। कल्पना यही होती है कि शिकारा चल

रहा है, सूर्योदय हो रहा है, झील के पानी पर बर्फ की परत जमी हुई है और धीरे-धीरे बर्फ़ की वो परतें टूटती चली जा रही हैं, संतूर बज रहा है। "एक बात तो यह है कि हर साज़ जिस जगह का है, उसका वातावरण वह प्रभाव पैदा करता है। आप लोक संगीत ले लीजिए। आप बंगाल का लोक-संगीत सुनिए, पंजाब का लोक-संगीत सुनिए या राजस्थान का लोक-संगीत सुनिए। संगीत को सुनने से ही महसूस हो जाएगा कि इसमें अलग-अलग भावना है और अलग-अलग प्रान्त के लोगों का जीवन उसमें दिखाई दे रहा है। बाकी यह रहा कि उसको सुनके किसको क्या महसूस हो रहा है। यह भी ऐसा है, मेरा तजुर्बा है कि एक ही राग बज रहा है, अलग-अलग श्रोता हैं और उस राग का जो रस है, कलाकार जिस तरीके से बजा रहा है, अलग-अलग श्रोताओं पर उसका अलग-अलग असर पड़ता है। यह बहुत बड़ी रिसर्च की चीज है। कई लोगों को शुद्ध स्वरों के राग अच्छे लगते हैं, जैसे भूपाली, शंकरा, हंसध्वनि, शुद्ध कल्याण। उन लोगों को भैरवी ही या मारवा जैसे राग बिल्कुल अच्छे नहीं लगते। दूसरे लोग हैं जिन्हें श्री, मारवा, गुरजरी तोड़ी, शिवरंजिनी जैसे राग ही अच्छे लगते हैं। क्यों ऐसा है? उनके अपने स्वभाव के ऊपर है। उनका जो अपना व्यक्तित्व है, उसके ऊपर असर होता है। आप जब संगीत सुनते हैं, उस समय आपकी मनःस्थिति कैसी है, उस पर बहुत निर्भर करता है कि कौन-सा भाव आप उस संगीत के साथ जोड़ेंगे। दूसरा यह भी कि आपका अपना व्यक्तित्व कैसा है। कुछ लोग संजीदा होते हैं, गम्भीर। कई लोग बहुत बहिर्मुखी होते हैं, बात-बात पर कहकहा लगाने वाले। एक ही संगीत बज रहा हो, असर अलग-अलग होगा।"

यहाँ शिव जी एक बहुत सुन्दर उदाहरण देकर अपनी बात आगे बढ़ाते हैं।

"मैं एक बार जम्मू रेडियो से बजा रहा था। लाइव कार्यक्रम था। सवेरे का वक्त था और मैं गुरजरी तोड़ी बजा रहा था। मेरे स्टूडियो में ही तीन-चार लोग बैठे हुए थे, सुन रहे थे। उनमें एक सज्जन कलाकार थे। गायक। एक लड़की थी जो गाना-बजाना नहीं जानती थी, उसने न कभी संगीत सीखा था। इशारे में ही जो कलाकार साहब थे, झूम रहे हैं कि क्या बात है। राग गुरजरी तोड़ी बज रहा है। वह लड़की जो है, कुछ नहीं कर रही, उसकी आँखों में आँसू हैं, झर-झर बह रहे हैं। अब राग एक ही है, एक ही समय में दो अलग-अलग शख्सों पर अलग-अलग असर हुआ। वह इसलिए, कि आप जो खुद सोच रहे हैं, उसे आप संगीत में उतार कर देखते हैं आप जिस सोच-विचार के शख्स हैं, और उस समय उस क्षण विशेष में आप जिस मनःस्थिति में हैं, उन दोनों को मिलाकर आप उस समय महसूस

करते हैं या सोचते हैं और आप पर वैसा ही असर होता है। जो शख्सियत आपकी बचपन से बनी है, जो आपकी धारणा है जो आपकी विचारधारा है, उन्हें लेकर संगीत के सन्दर्भ में भी आपकी एक खास शख्सियत बन जाती है। आपको एक विशेष तरह का संगीत अच्छा लगता है और आप संगीत को भी उस अपने तरीके से सुनते और महसूस करते हैं। राग एक ही है, साज़ एक ही है, दो लोगों पर अलग-अलग प्रभाव होता है। कई लोगों की संतूर सुनकर मेडीटेशन या ध्यानावस्था की भी स्थिति हो जाती है। अन्य साज़ों में उन्हें ऐसा महसूस नहीं होता। कुछ अन्य लोग हैं जिनको वीणा सुनकर ऐसा अनुभव होता है। कुछ को पखावज़ सुनकर लगता है कि इसमें मेडीटेशन का जो भाव आता है, वह अन्यत्र कहीं नहीं है, उसमें जो स्वर की आस आती है, जब वह 'ध' बजता है तो ऐसा लगता है क़ि हम कहीं स्वर्ग में बैठे हुए है। अन्ततः यह सब सोच-विचार की चीजें हैं और संगीत को हम वैसे बना लेते हैं। कई दफे मैं इसका प्रयोग करता हूँ। छात्रों के साथ मैं बहुत विचार-विमर्श करता हूँ। विदेशी लोगों के साथ भी मेरी चर्चा होती है। कई मर्तबा मैं बजाता हूँ और उनसे कहता हूँ कि उस राग का रस मैं आपको नहीं बताऊँगा। राग खत्म होने के बाद उनसे पूछता हूँ कि बताइए, कैसा लगा। बड़ी अजीब बात है कि उन लोगों के बड़े अलग-अलग अनुभव होते हैं। एक को एक तरह का तो दूसरे को कुछ दूसरी तरह का अनुभव होता है। यह एक ऐसा विषय है कि उस पर पूरा शोध-कार्य किया जा सकता है।"

"किस व्यक्ति की कौन-सा संगीत सुनकर कैसी प्रतिक्रिया होती है, इस पर आप उसकी शख्सियत बयान कर सकते हैं, उसके मिज़ाज के बारे में बता सकते हैं, उसके स्वास्थ्य के बारे में जान सकते हैं। यह ऐसा विषय है जिस पर शोध तो हो ही सकता है कि कौन-से सुरों को सुनकर उस पर क्या असर होता है। और यदि हमें यह पता चल जाए तो उस व्यक्ति के शरीर में जब कुछ असन्तुलन होता है, तो कौन-से स्वर उसे सुनाने चाहिए जिसके असर से उसका सन्तुलन ठीक हो जाए। मैंने ऐसा महसूस किया।"

यह संगीत का वैज्ञानिक-चिकित्सकीय प्रभाव है। किन्तु, ऐसा भी तो होता है कि श्रोता तन्द्रा में चले जाते हैं, समाधिवत् अवस्था हो जाती है उनकी। वह अवस्था होती है अहं के विलयन की। यह अहं के विलयन की अवस्था क्या श्रोता की होती है, समाधिवत् शरीरावस्था क्या श्रोता की ही होती है अथवा स्वयं शिव जी बजाते समय स्वयं भी कभी तन्द्रावस्था में पहुँच जाते हैं, मैं जानना चाहती हूँ।

"मेरे साथ कभी-कभी ऐसा होता है, हमेशा नहीं होता। कभी-कभी ही, कि बजाते-बजाते मैं ऐसी अवस्था में पहुँच गया होऊँ! मेरा कार्यक्रम समाप्त हो गया है, मेरा शरीर वहाँ पर है और मेरी आत्मा कहीं और है। ऐसा महसूस होता है कि मैं उस वातावरण में नहीं हूँ। मेरा शरीर वहाँ मौजूद है। और उस

हर मनुष्य बौना है लेकिन
मैं बौनों में बौना ही बनकर
रहता हूँ
हारो मत, साहस मत छोड़ो
इससे भी अथाह शून्य में
बौनों ने ही तीन पत्रों में
धरती नापी।
पतला पड़ने लका
दृष्टि रोधी वह परदा
सहसा मुखर हो उठी वह
निश्शब्द शून्यता

दीखे नहीं,
मगर चीड़ों ने सन सन कर
मदमाती गंधों वाले
पवन सन्देश भेंजे
झुरमुट में सहमी चिड़ियों ने
दबे कंठ से मुझे पुकारा
दूर कहीं सुन पड़ा पहाड़ी
गाने का स्वर

—घाटी का बादल
धर्मवीर भारती

समय प्रोग्राम खत्म होने पर कितने लोग चले आते हैं, कई बार मैं किसी की बात का जवाब भी नहीं दे पाता। लोग बात कर रहे हैं, लेकिन मैं वहाँ नहीं हूँ, मैं उसमें शामिल नहीं हूँ। मैं होटल में भी चला आया लेकिन वापस अपनी असली भौतिक अवस्था में लौटने में, आस-पास के वातावरण में लौटने में समय लगता है। यह जो तन्द्रा की बात आपने कही है, वह कई मर्तबा अकेले में रियाज करने में होता है।"

"ऐसा भी होता है कि स्टेज पर जब हम बजाते हैं, तब जब सब-कुछ ठीक-ठाक हो आसपास तो कुछ वक्त के बाद हम भूल जाते हैं कि हम स्टेज पर हैं, ऐसा होता है कि प्रोग्राम में कोई अपने ही दोस्त लोग बैठे हैं, पहली या दूसरी कतार में ही और बाद में वे कहते हैं कि आपने तो बजाते समय हमें देखा था। मैं कहता हूँ कि मैंने तो नहीं देखा। मुझे कुछ मालूम नहीं होता कि कौन, कहाँ बैठा हुआ है। लेकिन हमेशा ऐसा नहीं होता। हमेशा वैसा ध्यान नहीं लगता। कोशिश तो हमारी यही रहती है कि हम उस वातावरण को भूल जाएँ। कभी-कभी सफल होते हैं, उसमें कभी नहीं होते हैं। लेकिन जब हो जाते हैं, तब वह अवस्था जरूर आती है, जब अन्त में जाकर बिल्कुल इच्छा नहीं होती कि किसी से बात करें, किसी को ऑटोग्राफ दें और कोई कुछ सवाल पूछें। कभी-कभी प्रोग्राम के बाद कोई साहब आकर पूछते हैं कि यह संतूर कहाँ मिलता है, इसकी कीमत कितनी है, और उस वक्त हम बिल्कुल बात नहीं करना चाहते। कभी गलतफहमी भी हो जाती है कि लोग समझते हैं कि इनका दिमाग बहुत खराब है, बात ही नहीं कर रहे हैं, लेकिन उस वक्त मेरी समस्या कुछ दूसरी ही होती है। ये सब चीजें संगीत में महसूस होती हैं।"

यम, नियम, आसन, प्राणायाम, प्रत्याहार, धारणा, ध्यान, समाधि। भक्ति की आठ सीढ़ियाँ। क्या संतूर का, उसके वादन से जनित अनुभव का अध्यात्म से भी कोई सम्बन्ध है? मेरी जिज्ञासा है। शिव जी कहते हैं, "अध्यात्म ही तो संगीत है। बिल्कुल। संगीत की शुरुआत ही उससे है। और हर जगह, हर संस्कृति में कला के विषय में अपने अलग-अलग सोच-विचार हैं। विदेश में भी सबसे पहले चर्च में संगीत है। उच्चार है। लेकिन वहाँ संगीत बहिर्मुखी है, वह आपको बाहर की तरफ, स्फूर्ति की तरफ ले जाता है। भारतीय संगीत की जो आत्मा है, वह अन्तर्मुखी है। इसलिए हमारे यहाँ एकल प्रस्तुति का रिवाज है। क्योंकि यहाँ संगीत अकेले, एकान्त-साधना करने का ही माध्यम था। स्वामी हरिदास जी को कभी किसी ने दरबार में गाना बजाना करते हुए नहीं सुना, उनके शिष्य तानसेन को सुना। तो वह ही था संगीत। आध्यात्मिक संगीत। भगवान के लिए, और अन्तर्मुखी होने के लिए। आज चाहे हम संगीत के इस असली उद्देश्य में बदलाव ले आये हैं। महफिलों का गाना-बजाना, सम्मेलनों में लोग हजारों की तादाद में सुनते हैं। लेकिन फिर भी, उसका जो आध्यात्मिक रंग है, वह गया नहीं। हम बेशक उसको बदलने की कोशिश कर रहे हैं।

लेकिन, हमारे शरीर की आत्मा आध्यात्मिक ही है। वह हमेशा रहेगी। उसी की वजह से आज विदेशों में हमारा संगीत सराहा जा रहा है। हमारे संगीत को बाहर जो इज्जत मिली है, वह इसलिए कि उन्हें, आज आपाधापी के जीवन में उसमें अध्यात्म का अनुभव होता है, शान्ति और राहत मिलती है।"

एक बार पंडित शिवकुमार शर्मा पोलैंड में अपना कार्यक्रम देने के लिए गये। वहाँ एक बहुत बड़ा जैज़ सम्मेलन आयोजित किया गया था जिसमें भारतीय शास्त्रीय संगीत का केवल एक ही कार्यक्रम था, और वह था शिव जी का संतूर-वादन। पोलैंड के विभिन्न शहरों की यात्रा का आयोजन किया गया था। एक जैज़ ग्रुप का कार्यक्रम पंडित जी के कार्यक्रम के पहले होता था। उसके बाद मध्यान्तर और फिर शिव जी का संतूर-वादन। उस जैज़-ग्रुप में एक ड्रमर, एक पियानो-वादक, एक सेक्सोफोन वादक और कुछ गायक थे। उनका जैज़ बहुत लाउड किस्म का जैज़ था। उनका ड्रमर कार्यक्रम के बीचोबीच कभी जोश में आकर अपने स्टिक्स तोड़ दे, कभी अपनी कमीज खोल दे। बहुत उत्तेजित हो जाता था वह। बल्कि पूरा संगीत ही उत्तेजित करने वाला था। मध्यान्तर के बाद जब शिव जी का कार्यक्रम होता तो उनकी एक और ही समस्या थी। किसी कारणवश उनके तबला-वादक पहुँच नहीं पाये उस यात्रा में और चूँकि तबला-वादक नहीं था इसलिए उन्हें आलाप ही ज्यादा बजाना पड़ता। यह पिछले कार्यक्रम की तुलना में एकदम विरोधाभास जैसा था। उस जैज़ ग्रुप का प्रमुख एक जापानी व्यक्ति था। एक दिन वह पंडित जी के पास आया और कहने लगा, 'जब मैं आपका संगीत सुनता हूँ तो मुझे बहुत शान्ति मिलती है।' यह और क्या है? आध्यात्मिकता ही तो है।

भारतीय संगीत की आत्मा यह अध्यात्म ही है। उससे संगीत को अलग नहीं किया जा सकता। उसे समझने से, महसूस करने से ही हमारे संगीत की वास्तविकता को पहचाना जा सकता है। "अपने आपको अभिव्यक्ति देने के लिए पहले तकनीक को जानना आवश्यक है। फिर भी उसी अन्दाज से हम रियाज करते हैं, चीजें सीखते हैं, बंदिशें सीखते हैं, तैयारी करते हैं। लेकिन उसका जो आध्यात्मिक पक्ष है, वह जैसे मेडिटेशन है, ध्यान है।"

शिव जी संतूर को ध्यान में इस्तेमाल करने की पद्धति बताते हैं। संतूर बज रहा है। द्रुतगति शुरू हो गयी। आपका पूरा ध्यान उस वक्त ध्वनि के ऊपर है। नाद, जिसे नाद ब्रह्म कहा गया है, सुनाई दे रहा है। और कुछ भी दिलो-दिमाग में नहीं है। और किसी भी चीज का अस्तित्व ही नहीं है। केवल वह नाद, जो उस समय सुनाई दे रहा है। झाला गया, अति द्रुतगति चली गयी, एकदम से अन्तिम तिहाई आयी, स्वर बन्द हो गया है। वह समय है, महसूस करने का। समाधि को महसूस करने का। विडम्बना यह है कि उस समय हम ताली बजा देते हैं। उस वक्त अगर एक शख्स बिल्कुल शान्त बैठा रहे, और वह जो महसूस कर रहा था, महसूस करता रहे, सब शून्य हो जाए। आप

उस शून्य की अवस्था में ही वैसे ही बैठे रहें। कभी कोशिश करके देखिए कि क्या महसूस होता है। अगर ऐसे तरीके से आप सुनें कि कोई ताली न बजाये, मैं उसकी बात कर रहा हूँ। ऐसे ही बैठे रहें, जब तक आप किसी और सोच को ज़हन में नहीं लाएँ। उस शून्य की अवस्था में आप जितनी देर रहेंगे, वह समाधि की अवस्था होगी।"

क्या शिव जी के साथ ऐसी अवस्था भी आती है जो स्वयं संतूर बजाकर अपनी ही आँखें भर आएँ, मैं जानना चाहती हूँ। "होता है, गला भर जाता है। अवरुद्ध हो जाता है कंठ भावोद्रेक के कारण। लेकिन ये सब बातें रोज़मर्रा नहीं होती, कभी-कभी होती हैं।"

यह तो कभी-कभी ही होता है। किन्तु, क्या ऐसी भी स्थिति होती है जब कोई अन्य कलाकार गा या बजा रहे हों और उनके संगीत को सुनकर ऐसा लगे कि काश, मैं भी ऐसा कर पाता!

"बहुत लोगों को सुनकर लगता है", शिव जी कहते हैं। "ऐसे-ऐसे कलाकार हैं कि क्या बात है! अली अकबर खाँ साहब को मैंने ऐसा-ऐसा सुना है कि लगता है कि क्या संगीत है! ऐसा भी संगीत होता है? केवल शास्त्रीय संगीत में ही ऐसा नहीं होता। कई बार लोक-संगीत को भी सुनकर ऐसा लगता है। एक बार हम स्विट्ज़रलैंड में थे, आल्प्स में कहीं पर। वह गाँव जैसी एक जगह थी, छोटी-सी। रात को खाना खाया। वहाँ केवल किसान ही रहते थे, थोड़े से। एक गिरजाघर था वहाँ। थोड़े-बहुत घर, कार भी ऊपर नहीं आती थी। एक डाकघर था। रात में खाना-खाकर हम जो बैठे तो चारों ओर केवल सन्नाटा हो गया। तब सुनाई दिया कि कहीं कोई गा रहा है। पास में कहीं पहाड़ी पर कोई किसान कहीं बैठा हुआ, अकेला, स्विस, न उसकी भाषा हमें समझ में आ रही थी। गा रहा था। उसे निकट से सुनने के लिए, जहाँ हम ठहरे थे, उस मकान में एक बाथरूम था जिसकी खिड़की खुली हुई थी और बत्ती बन्द थी, हम अँधेरे में धीरे-धीरे उस बाथरूम में जाकर बैठ गये। खिड़की से गायन की आवाज बहुत साफ सुनाई दे रही थी, और वह उस सन्नाटे में, माहौल में, जहाँ भाषा भी हमें समझ में नहीं आ रही, हम उस स्वर को सुन रहे हैं। उस स्वर का जो असर हम पर हो रहा है कि हम सब तरह का संगीत भूल गये कि यह जो कर रहा है, काश हम ऐसा कर पाएँ। संगीत को तो दूसरों से सुनकर ऐसा-ऐसा हम महसूस करते हैं जो वर्णनातीत है। उस भावना का कोई अन्त ही नहीं है जब और लोगों के स्वरों का प्रभाव हम पर होता है और हमारा सब कुछ, हमारा अस्तित्व ही मानो खो जाता है। लगता है कि क्या ऐसा भी सम्भव है? जरूरी नहीं कि वह कोई शास्त्रीय संगीतकार ही हो जिसके स्वरों का आप पर ऐसा प्रभाव हो। वह कोई भी हो सकता है, कहीं भी हो सकता है।"

पंडित शिवकुमार शर्मा से आज जो भी बातचीत हो रही है, वह संगीत

से जनित प्रभाव के सम्बन्ध में है जो किसी अलौकिक सत्ता के साथ निकटता का आभास कराती है। वहाँ पंडित जी की उर्दू-डोगरी मिश्रित शैली न तो व्यवधान बन रही है और न ही उनका अद्भुत व्यक्तित्व। उनके शब्द जैसे झरने के पानी की तरह सहज प्रवाहित हो रहे हैं और सीधे मेरे मन पर उतर रहे हैं। जहाँ सब कुछ खो जाता है, जहाँ अनन्त सत्ता का आभास होता है, वहाँ भी तो मन में कुछ प्रश्न उभरते हैं। मैं एक और प्रश्न पूछती हूँ, इसी धरातल पर महसूस करते हुए, 'आप जब बजाते हैं तो क्या किसी आध्यात्मिक शक्ति को सब कुछ समर्पण करके बजाते हैं कि मैं तुम्हें समर्पित हो रहा हूँ, तुम ही बजवाना?'

"जी हाँ बिल्कुल। जो आपने कहा है, सौ फीसदी यही कहके जाता हूँ। घर से भी और प्रोग्राम शुरू करने से पहले भी। कार्यक्रम हो जाने के बाद भी यही कहता हूँ, कि बहुत-बहुत धन्यवाद, जो आपने यह करवा दिया। इसी भावना से मैं अपना संगीत ईश्वर को अर्पित करता हूँ। अध्यात्म से अधिक और कुछ नहीं है, हमारा संगीत उससे अभिन्न है।"

शिव जी क्या गुरु के प्रति भी समर्पण करते हैं अपने संगीत को, "आपने जो सुना है, गुरु गोविंद दोनों खड़े—तो पहले तो गुरु को ही समर्पित होते हैं, वहीं से तो शुरुआत है।"

पंडित शिवकुमार शर्मा, जो हजारों की भीड़ में, हर श्रोता को अपने संगीत से जनित भाव से उसके प्रिय के साथ मिलन करवा देते हैं, जो ईश्वर से परिचय करवा देते हैं, सन्नाटे में भी शान्ति का अनुभव करवा देते हैं, उन पंडित शिवकुमार शर्मा को यदि कभी अकेले में रहना पड़े तो उन्हें बहुत अच्छा लगता है। जब उनसे बातचीत करती हूँ तो पीछे वातावरण में कोयल की कुहुक सुनाई देती है। एकान्त में उन्हें उस कोयल की कुहुक का भी आभास नहीं होता। उन्हें आवश्यकता महसूस होती है नितान्त एकान्त की।

जब वह भीड़ में भी होते हैं तब भी उन्हें भीड़ का अहसास नहीं होता। अपने-आप में ही होने का अहसास होता है। वह जो 'अपने-आप में' रहने की अवस्था है, शिव जी की खुराक है। और वह यदि उन्हें मिलती न रहे तो तकलीफ होती है। भीड़ में भी आप अकेले हैं। ''अपने-आप में मस्त हैं, मैं अकेलेपन की बात नहीं कर रहा। मैं कहीं भी जाऊँ, अपने में तल्लीन रहता हूँ। मैं महसूस करता

हूँ कि कई जगह लोग जब जाते हैं तो कहते हैं कि यहाँ हम बड़े बोर हो गये, तो यह बोर होना या परेशान होना जगह की वजह से नहीं है। परेशानी आपके भीतर है, आपके अन्दर है। आप कहीं भी जाएँगे, थोड़ी देर के बाद परेशान हो जाएँगे। और यदि आप अपने अन्दर आनन्द में हैं, मस्ती में हैं, तो आप भीड़ में भी अकेले हैं, लेकिन उस किस्म के अकेले हैं कि आनन्द में हैं। और आपको अन्य किसी उपादान की जरूरत नहीं है आनन्दित होने के लिए।

"दूसरे अन्दाज से देखा जाए तो मैं बचपन से ही अकेला रहा हूँ। मेरी बड़ी बहिन मुझसे 9-10 साल बड़ी थीं। उनकी शादी हो गयी बहुत छोटी उम्र में ही, तो घर में मैं अकेला ही बच्चा था। लेकिन इतने अकेले रहने के बावजूद मुझे यह कभी नहीं लगता कि मैं अकेला हूँ। मुझे हमेशा किसी की उपस्थिति का आभास होता है। हमेशा यही लगता है कि मेरे साथ कोई है, हमेशा। और फिर उस अकेलेपन से कभी डर भी नहीं लगा। क्योंकि वो मेरे साथ है, हर वक्त, हर जगह मैं उनसे दूर नहीं हूँ, किसी भी वक्त, किसी भी जगह पर। और 'वो' कोई दुनियावी शख्स नहीं है। वह पारलौकिक सत्ता है। इसीलिए तो यह महसूस होता है कि जो मैं कर रहा हूँ, वास्तव में, मैं नहीं कर रहा। वो करवा रहा है। इसलिए कि हर समय मुझमें यह भाव रहता है कि वह साथ में है। चाहे मैं बजा रहा हूँ या नहीं बजा रहा हूँ, यात्रा कर रहा हूँ अथवा घर में हूँ, जो कुछ भी कर रहा हूँ, हमेशा मेरे साथ में है। 'वो' मुझसे सिर्फ संतूर ही नहीं बजवा रहा, जो भी मैं कर रहा हूँ, वह सबकुछ करवा रहा है। उसकी उपस्थिति केवल संगीत तक सीमित नहीं है। ऐसा नहीं कि जब संतूर बजवाना है, तब तो भगवान आकर बजवाते हैं और बाकी सब मैं स्वयं कर रहा हूँ। वहीं, यहाँ सम्पूर्ण समर्पण का भाव है हमेशा।

"यह सम्पूर्ण समर्पण या समर्पण की स्थिति बहुत चीजों पर निर्भर करती है। जैसे गुरु का जिक्र हमने किया। पहले कोई रास्ता बताने वाला हो, अगर गुरु आपको ऐसा मिल गया जिसने कहा कि देखो बेटा, यह सब मैं कर रहा हूँ, इतने खयाल बनाये हैं मैंने, आज तक इतने काम किए हैं जो किसी ने नहीं किये तो तुम भी वैसा ही करोगे, सोचोगे। शिष्य की सोच उसकी धारणा बनती है। फिर जब आप उस रास्ते पर चल पड़ते हैं, उसकी खोज में होते हैं, तो फिर जितना आप चलते चले जाते हैं, उतना समर्पण करते चले जाते हैं। यदि रास्ता बताने वाले गुरु ने आपको दूसरे रास्ते पर डाल दिया,

तो आप-उसी पर चलते जाएँगे। किस्से-कहानियाँ भी इस रास्ते पर बहुत सुनने को मिलते हैं कि हमारे दादाजी ने, हमारे परदादा जी ने वहाँ गाया कि कोई उनके साथ ठेका नहीं बजा सका या फिर उनके बाद किसी का गाना जमा ही नहीं। वह एक अलग ही रास्ता है। यदि आप उस रास्ते पर चलेंगे तो उसी पर बढ़ते चले जाएँगे। और अगर आपको गुरु ने इस दिशा में डाल दिया जो आप जब इस मार्ग पर चलने लगेंगे। तब आपको और रास्ते भी अपने आप दिखाई देंगे, रोशनी भी दिखाई देगी, धारणा भी बनने लगेगी और फिर अपने आप ही समर्पण का भाव भी आएगा।"

संतूर के पास केवल स्वर है, शब्द नहीं है। शब्दों का न होना क्या कभी अभिव्यक्ति में, सम्प्रेषणीयता में बाधा बनता है? "ऐसा नहीं है, क्योंकि शब्द उसमें मदद करते हैं, और शब्दों की सहजता से आप और अच्छी तरह से अपने को बयान कर सकते हैं। लेकिन शास्त्रीय संगीत में केवल शब्द का गाना-बजाना नहीं है। शब्द एक सहायता है। कई दफे आप करुण रस का एक खयाल गा रहे हैं, उसी भाव के शब्द हैं लेकिन आप इतनी गमक की तानें ले रहे हैं और इतनी तैयारी की तानें ले रहे हैं तो उसका प्रभाव ही दूसरा पड़ रहा है। फिर इसका शब्द के साथ क्या ताल्लुक है? तो शब्द भी सीमित है, एक हद तक ही वे सहायक होते हैं। हाँ, भजन गाने में शब्द अवश्य सहायक होते हैं। मैं यह जरूर मानूँगा कि गायक के पास शब्द भी हैं, इसको व्यक्त करने के लिए, जो वादक के पास नहीं हैं। यह कहा गया है कि गायन उत्तम है। उसको किसी चीज की सहायता की आवश्यकता नहीं, कहीं भी बैठ के गाना शुरू हो जाएगा। वादक को साज़ लाना पड़ेगा, उसको मिलाना पड़ेगा। हालाँकि गायन के लिए भी साज़ की आवश्यकता तो होती है, लेकिन अनिवार्यता नहीं है। लेकिन गायक भी हारमोनियम, तानपुरा, तबले की सहायता से ही गाते हैं, अकेले बैठकर कोई प्रोग्राम नहीं देता। ऐसा किसी गायक ने नहीं किया कि न हारमोनियम होगा, न तानपुरा और न तबला और ऐसे ही प्रोग्राम करेंगे, न मैं समझता हूँ कि कोई ऐसा करेगा। उसमें आवश्यकता है साज़ों की सहायता की। किन्तु फिर भी गायन उत्तम है, क्योंकि उसमें स्वतन्त्रता है। कहीं भी बैठकर आप अभिव्यक्ति कर सकते हैं। अपनी बात कह सकते हैं। शब्द वहाँ सहायक सिद्ध होते हैं। किन्तु, यदि आप संगीत को उसकी समग्रता में देखें-समझें तो वहाँ तान भी है। तान कौन-सा भाव है, उसमें तो भयंकर और रौद्र का भाव भी आ सकता है। तान का शब्दों के साथ कौन-सा ताल्लुक हो सकता है? हरकत का उसके साथ ताल्लुक हो सकता है, मुरकी का ताल्लुक हो सकता है किन्तु तान का शब्द के साथ ताल्लुक? नहीं के बराबर है। खयाल गायकी में तान बहुत बड़ी चीज है। आप जो आलाप कर रहे हैं, उसमें शब्द को कितना इस्तेमाल करेंगे। यदि किसी कलाकार को अपनी भावना व्यक्त करनी है और उसी भाव की बंदिश है, और वह शब्दों को सही बोल सकता

है, तब तो भावाभिव्यक्ति में शब्दों का अतिरिक्त लाभ हो सकता है। लेकिन एक सीमा तक। उसके बाद शास्त्रीय संगीत में तकनीकी बातें बहुत अधिक महत्त्वपूर्ण हो जाती हैं, जैसे लयकारी, तानें, तैयारी।"

शिव जी मानते हैं कि शब्दों का वास्तविक महत्त्व तो सुगम संगीत में है। जब गायक एक ठुमरी गाता है, भजन गाता है या खयाल की बंदिश ही गाता है, तो उसमें एक भावना होती है। लेकिन उतना ही तो नहीं गाता कि बंदिश की ही पुनरावृत्ति करता रहे। वह आलाप करता है, लयकारी करता है, तानें लेता है। फिर हर लय की अलग तानें होती हैं, शब्द होते हैं। इसका तात्पर्य है कि शब्द गायक के पास वह मंच है, जिस पर खड़े होकर वह अपने गायन को आगे बढ़ाता है। एक आवृत्ति है, परिधि है। शिव जी कहते हैं, "कई दफा मैं बंदिशें बजाता हूँ। तो जाहिर है कि उसमें यदि मेरे पास शब्द होते तो लोगों को समझ में आता कि मैं क्या कर रहा हूँ। लेकिन मुझे उसकी कमी नहीं महसूस होती, क्योंकि शब्द और लय को लेकर हम अभिव्यक्ति करते हैं। एक बात और है, कि जहाँ, जो लोग आपकी भाषा नहीं समझते, वहाँ शब्द एक बन्धन बन जाते हैं। वह बन्धन वादक के सामने नहीं है। हम फ्रांस में बजाते हैं, वहाँ हमारी भाषा नहीं समझते लोग। हम हिन्दी में गा रहे हैं, कहीं भी विदेश में, या भारत में ही दक्षिण में, वहाँ भाषा बन्धन बन जाती है, शब्द बाधा बन जाते हैं। वादक को यह बन्धन नहीं है। ऐसे स्थानों पर वादक और उसके संगीत के साथ श्रोताओं का सीधा तारतम्य बैठ जाता है। क्योंकि वहाँ स्वर और लय है, लोग उसी का आनन्द लेते हैं। हाँ, यदि शब्द को हम अपनी सीमा मानें, तो उसे हमने फिल्मों में संगीत देकर पूरा कर लिया है। वहाँ शब्द का भी महत्त्व है और लय तथा स्वर का भी। शब्द को यदि फिल्मी गीत से निकाल दीजिए तो गाना नहीं रह जाएगा। गजल में से शब्द निकाल दीजिए, केवल उसकी धुन बजाते रहिए, उसका कोई महत्त्व नहीं है। उसमें कविता का सबसे अधिक महत्त्व है। यह जो संगीत है, उनमें कविता का सर्वाधिक महत्त्वपूर्ण है, खयाल गायकी, या ध्रुपद गायकी में गायकी प्रधान है, लेकिन शब्द उसमें अतिरिक्त गुणवत्ता पैदा करते हैं, लेकिन तंत्रकार के पास यह शब्दों की विविधता बिल्कुल नहीं है।"

शिव जी यह तो मानते ही हैं कि संगीत का उत्तम प्रकार गायकी ही है। इसीलिए श्रोताओं को भी कई बार उनका संतूर-वादन सुनकर यह अभ्यास होता है कि उनका संतूर मानो गा रहा हो। उसका कारण यह है कि वे जो भी बजाते हैं, अपने मन में साथ-साथ उसे गा रहे होते हैं। "बजता तो वैसे भी है। शुरू-शुरू में जब मैंने संतूर बजाना शुरू किया,

तो कई बरसों के बाद लोगों ने कहा कि यह तो बड़ा आसान है! इसे ट्यून कर लीजिए, जहाँ पर भी कलम पड़ेगी, सुर में ही बोलेगा। और यदि लय पर आपकी पकड़ अच्छी है तो बजाते चले जाइए। तो ऐसा भी बजाना हो सकता है। एक बजाना वह है कि आप मानसिक रूप से हर चीज को गा रहे हैं। आपने जो आलाप बजाया जो जोड़ बजाया, छंद बजाया, तान बजायी, पहले उसे अपने मन में गाया। नी रे नी धा पा मा गा रे सा। नी रे नी धा (गाते हैं) यह मेरे दिमाग में पहले आया, मन में उसे गाया, फिर उसको बजाया। दूसरे यह भी हो सकता है कि कहीं पर भी बस बजा दिया। मुझसे पूछें कि कौन-सा स्वर बजाया, तो मुझे पता नहीं, मैंने कहा--बस बजा दिया, और स्वर तथा लय में बजाया। तो उसकी तासीर भी वैसी ही होगी। मैं यदि मन में पहले गा रहा हूँ, अपनी हर सूझ को, तो अन्तर केवल इतना है कि मैं उस सूझ को अपने संतूर के जरिए से गा रहा हूँ और एक गायक उसको अपने गले से गा रहा है।"

बात घूम-फिर कर उसी बात की पुष्टि करती है कि गाती वस्तुतः आत्मा है। वहाँ गायक का गला माध्यम बन जाता है, और यहाँ हाथ का कलम और संतूर के तार माध्यम बन जाते हैं। मुख्य उद्देश्य तो रस की अभिव्यक्ति है। केवल माध्यम अलग-अलग हैं।

अभिव्यक्ति चल रही है। वर्षों की यात्रा के पश्चात् भी शिव जी, अपने सभी साथी, समान्तर कलाकारों की तरह संगीत की सर्वोत्तम अभिव्यक्ति की खोज में रत हैं। यही कारण है कि कभी भी स्वयं बजाने पर उन्हें यह नहीं लगता कि अरे वाह! क्या खूब बजा दिया। अकसर यही लगता है कि क्या कमी रही गयी। लोग कहते हैं कि क्या कमाल कर दिया, ऐसा संगीत तो कभी सुना ही न था। किन्तु, "हमको मालूम है भैया, हमने अन्दर से गड़बड़ की है। ये चीज़ ऐसी कर सकते थे, क्षमता थी, नहीं हो पायी। खुद का विश्लेषण यही होता है। लेकिन जैसा मैंने पहले जिक्र किया, कभी-कभी बजाते हुए कुछ चीजें ऐसी बज जाती हैं जो न पहले कभी रियाज की थीं, न दूसरे किसी से सुनी थीं। और यदि उसको रिकॉर्ड कर लिया गया या घर में आकर उसे सुना तो लगा, कि अच्छा ये रास्ता भी है जो अभी तक पता नहीं था। लेकिन यह नहीं, कि मैंने कमाल कर दिया। यही लगता है कि उस रास्ते का अब तक पता ही नहीं था। कब से चल रहे हैं अनजाने रास्तों की तरफ। सोचते हैं कि अच्छा, जरा इसे भी खोजो। आज तक कैसे यह सूझा ही नहीं था यह भाव, जरा इस तरफ भी खोजना शुरू करते हैं। कई बार तो कोई सीडी रिकॉर्ड करते हैं। स्टूडियो में बैठ के सुना तो अच्छा लगा कि भई आज अच्छा हो गया। बाद में सीडी रिलीज हो गयी। उसको दो-चार मर्तबे सुना, पसन्द आया कि भई वाह, अच्छी बात बन गयी। छः-आठ महीने के बाद लगता है कि नहीं-नहीं, और अच्छा हो सकता था। उतना अच्छा नहीं है,

जितना कि होना चाहिए था।"

सही बात है, पंडित शिवकुमार शर्मा, अपने ही बजाये हुए संगीत से और अधिक अच्छा बजाना चाहते हैं। जहाँ तक कल्पना का विस्तार हो सकता है, वहाँ तक और बल्कि उससे भी अच्छा बजाना चाहते हैं। आत्मा के जिस संगीत की रूहदारी की जो बात वह कहते हैं, उससे भी कहीं अधिक वह परमात्मा के निकट जाकर उसे रिझाना चाहते हैं। उनके संतूर का सुरीलापन कानों को सुर देता है तो उनकी बातों की रूहदारी संगीत की रूह से परिचय करवाती है। उनके साज की स्वर माला ने कश्मीर की बर्फीली पहाड़ियों से बर्फ की सफेदी, शंकराचार्य के मन्दिर से घंटियों का नाद और अमरनाथ की गुफाओं से शिवलिंग के प्रसाद के रूप में संतूर के स्वर पाये हैं। इसीलिए तो आज संतूर की पहचान का मतलब पंडित शिवकुमार शर्मा हैं और पंडित शिवकुमार शर्मा की पहचान का मतलब है किसी संत का अपने रब से मिलन। और इन्हीं शिव जी से इस बातचीत होने का मतलब है एक पूरे राग का विस्तार और वह राग है—ईश्वर राग, वह राग है—अध्यात्म राग, वह राग है—संतूर राग!

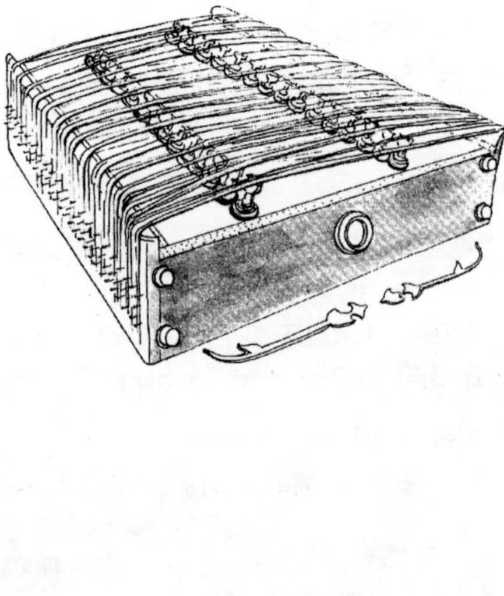

॥ पंडित बिरजू महाराज ॥

(ठुमरी) तीन ताल

मैं लाख मैंने मानूं मैं तो भूल गई तोरी
बात तोरी मोरी पकरी कलाई ॥

पनघट जात गगरिया फोरी
सारी भिगोई डारी चुड़ियां करकाई ॥

नित नित की चलै चाल निराली
ना माने ब्रज श्याम करत ढिठाई

– श्रद्धावनत

पं. – बिरजू महाराज

पंडित बिरजू महाराज

लखनऊ का एक भीड़ भरा मुहल्ला है—गोलागंज। उसके नुक्कड़ पर अमरूद का एक पेड़ है। एक ज़माने में उसके आस-पास कथक नृत्य देखने के लिए सैकड़ों लोगों की भीड़ जमा हुआ करती थी। जब अच्छन महाराज और शंभू महाराज की नाचने की इच्छा हुई तो तैयार होकर बाहर अमरूद के पेड़ के पास आ जाते। और जब इच्छा न हुई तो बड़े-बड़े लोग उनकी प्रतीक्षा में खड़े रह जाते। इस माहौल में एक छः-सात वर्ष का बालक छुप-छुपकर अपने पिता अच्छन महाराज और चाचा शंभू महाराज से मन ही मन टुकड़े, परन और अभिनय और अनौपचारिक दीक्षा लेता रहा और उन लोगों की पीठ पीछे अभ्यास करता रहा। वह बालक है आज का ख्याति प्राप्त, कथक का सबसे महत्त्वपूर्ण नाम, बिरजू महाराज।

उस बात को बहुत साल हो गये। कम-से-कम 55 साल। एक बड़ी महफ़िल लगी थी। उस्ताद बिस्मिल्लाह खाँ शहनाई बजाकर जा चुके थे। उसके बाद बिरजू महाराज को कथक करना था। शंभू महाराज दर्शकों में सबसे आगे की पंक्ति में बैठे पर्दा ऊपर उठने का इन्तजार कर रहे थे। ग्रीन रूम में किसी ने आकर बिस्मिल्लाह खाँ के कान में फुसफुसाया, 'अच्छन के लड़के का प्रोग्राम है।' अच्छन महाराज के साथ बिस्मिल्लाह खाँ की पुरानी दोस्ती रह चुकी थी किसी ज़माने में। अब दोस्त नहीं रहा, उसका लड़का नाच रहा है, तो वे भी जाकर शंभू महाराज की बगल में बैठ गये। बिरजू ने गुरुजनों को प्रणाम करके नाचना शुरू किया। 'वाह, सुभानअल्लाह', तालियों की गड़गड़ाहट के बीच वे एक-एक करके भाव दिखाते गये। कृष्ण का, राधा का, यशोदा मैया का, गोप और सखी का। वह नाचना ऐसा था कि उस्ताद बिस्मिल्लाह खाँ दाद देना ही भूल गये। आँखों से आँसुओं की झड़ी लग गयी। प्रोग्राम ख़त्म होने पर बिरजू ने आकर पाँव छुए। बिस्मिल्लाह खाँ शंभू महाराज के साथ तू-तड़ाक करके बात करते थे। बोले, 'अबे शंभू, नाचता तू तो भी अच्छा है। अच्छन भी नाचता था। मैंने तुम्हें दाद भी खूब दी है। मगर हमेशा मुँह से 'वाह' ही निकला। किसी का नाचना देखकर मेरी आँखों में आँसू नहीं आये। मगर इस लड़के ने तो मुझे रुला दिया। रुला दिया शंभू इसने मुझे। जीते रहो बेटा बिरजू। खूब नाम करो।' बिस्मिल्लाह खाँ की आँखों में आँसुओं से बड़ी

और कौन-सी दाद बिरजू महाराज को मिलती? उस बिरजू को, जिसके पेट में आते ही माँ बीमार रहने लगी थी। अच्छन महाराज की इस तीसरी बीवी को बड़ी तकलीफ़ थी इस बच्चे के पैदा होने से। जिस नम्बर पर इसे पैदा होना था, वह इस परिवार में अशुभ माना जाता था। लेकिन होनी को कुछ और ही मंजूर था। बड़ा भाग्यशाली था कि पैदा होते ही इसे मार नहीं डाला गया या परिवार से अलग नहीं कर दिया गया। जहाँ पैदा हुआ, उस वार्ड में सारी लड़कियाँ पैदा हुई थीं। चचा लच्छू महाराज के एक मुख़्तार थे—कल्लू भाई। आकर बोले, 'अरे, सभी गोपियों के बीच अकेला कृष्ण-कन्हैया पैदा हुआ है—बृजमोहन।' सबने सहमति जता दी, हाँ भई हाँ। बृजमोहन ही ठीक है। सो नाम रख दिया गया बृजमोहन नाथ मिश्र। राशि का नाम दुःखहरण नाथ मिश्र। मिश्र खानदान में छोटा होते-होते बृजमोहन नाथ, बृजमोहन, बृज रह गया। बाबूजी कहें (अच्छन महाराज), 'अमाँ यार यह नाम भी कैसे पुकारें, हमें तो बिरजू ही ठीक है।' बस, तभी से नाम पड़ गया—बिरजू।

बाबूजी अपनी शिष्याओं को जो कुछ सिखाते, 5-6 बरस के बिरजू उसे छुप-छुप कर देखते और याद कर लेते। बाबूजी की पीठ पीछे अभ्यास करते रहते। फिर थोड़ा-बहुत हाथ-पैर भी चलाने लगे। हिन्दुस्तानी म्यूजिक एंड डांस स्कूल में कपिला जी वगैरह अच्छन महाराज से नृत्य सीखती थीं। अम्मा से बिरजू ने बाबू जी के पास सिफ़ारिश करवायी कि वे उसका नृत्य भी देख लें। बाबूजी ने कहा कि क्या कहती हो, 5-6 साल का छुटका भी नहीं नाच सकता है। तो अम्मा कहें कि लड़का ज़िद कर रहा है, तुम देख तो लो कि उसने सीखा है। बाबूजी फिर भी कहें कि ऐसे भी कहीं नाचना सीखा जा सकता है! खैर, किसी तरह राज़ी होते तो पाते कि जो कुछ भी दिन में उन्होंने अपने शिष्यों को सिखाया था, बिरजू ने तो उसे जैसे अपने शरीर में, हाव-भाव में पूरी तरह से उतार लिया है। योग्यता केवल देने वाले की नहीं, लेने वाले की भी है, वैसे ही, जैसे अनाड़ी चुल्लू में पानी पिएगा, तो सारा पानी बिखर जाएगा। जिसे चुल्लू बाँधना आता है, पानी वही पी सकेगा। बिरजू पहले छुप-छुपकर देखते रहे और फिर पिता, चाचाओं का स्नेह मिलता गया। छोटे से बिरजू ने जब स्टेज पर पहला प्रोग्राम दिया, शंभू महाराज साथ में थे। वह बोले, अरे बिरजू तुझे नचाकर जाँघ में नील पड़ गये, इतनी ज़ोर से ताल देते थे वह।

लेकिन शुरू-शुरू में उँगलियाँ कहाँ रखनी हैं, अँगूठा कहाँ, इसकी तमीज़ नहीं थी। फिर भी उसी उम्र से

बाबूजी के साथ उनके प्रोग्रामों में भी घूमना शुरू कर दिया। कभी ज़ौनपुर तो कभी सीतापुर, बरेली और जाने कहाँ-कहाँ। बाबूजी के प्रोग्राम से पहले बिरजू उठकर खड़ा हो जाता और मुट्ठी तान कर कहता कि पहले मैं नाचूँगा। बाबूजी बड़े खुश हो जाते और कहते कि भई, पहले मेरा बेटा नाचेगा, उसके बाद मैं नाचूँगा। ख़ास बात यह कि बिरजू पहले देखता कि तबले पर कौन है। बाबूजी से कहता, बस मैं ऐसे नाचूँगा कि दंगल हो जाएगा। जीतूँगा मैं ही। बाबूजी कहते, कि अरे, क्या कहते हो? तुमसे बड़े हैं, चचा लगते हैं तुम्हारे। बिल्कुल शैतानी नहीं करना। सीधा-सीधा नाचना और चले आना। तबले पर चाहे जो भी कलाकार हों, बिरजू से जानबूझकर ही सही, लेकिन हार ही जाते। लय की बिरजू पर शुरू से ही कृपा रही। कभी-कभी तबले वाले परेशान भी हो जाएँ, लेकिन खुश भी होते कि इतना छोटा-सा बिरजू 'तमाशे' कर रहा है। इधर बिरजू नाचता और उधर साइड पर खड़े बाबूजी इससे कहते कि क्या कर रहा है, सीधा-सीधा नाच। आख़िर बाबूजी कहने लगे, 'मछली के बच्चे को भी कोई तैरना सिखाता है? वह तो पैदा होते ही तैरने लगता है।'

अच्छन महाराज नवाब रामपुर के यहाँ नौकरी करते थे। बिरजू साथ में जाने लगा तो उसकी भी तनख़्वाह बाँध दी। नवाब साहब जब बाबूजी को बुलाते तो बिरजू के लिए भी बुलावा साथ में आता। छः साल के बच्चे को रात में जगाकर अम्मा काजल लगा रही हैं, कंघा कर रही हैं, साफ़ा बाँध रही हैं। बिरजू को नींद से उठना नागवार गुज़रता और वह गुस्से में पैर झटकते हुए कहता, 'ये साला नवाब मर भी क्यों नहीं जाता है', हालाँकि हम सब इतने छोटे थे कि मरने का मतलब नहीं समझते थे। गुस्सा आता कि नवाब रात में ही क्यों बुलाता है हमेशा। रात में ही याद करता है! अम्मा समझाती, 'चुप-चुप-चुप। ये लोग कोई नवाब साहब से कह देंगे तो तुम्हें बहुत मार पड़ेगी।' बिरजू चुप हो जाता। आख़िर अम्मा ने नवाब साहब को बिरजू के लिए बाबूजी से अर्जी लिखवाई। नवाब साहब नाराज हो गये कि अगर लड़का नहीं कर सकता है तो तुम भी यहाँ नहीं रहोगे। बाबूजी ने हनुमान जी को प्रसाद चढ़ाया। 22 साल हो गये थे नवाब रामपुर के यहाँ नौकरी करते-करते। कुछ कह नहीं सकते थे। डरते थे कि कहीं चले जाएँगे तो पकड़वा के वापस बुला लिए जाएँगे।

नौकरी छूटने के बाद अच्छन महाराज बिरजू को लेकर दिल्ली आ गये। रीगल के पास हिन्दुस्तानी म्यूजिक एंड डांस अकादमी थी, संगीत भारती। वहाँ श्रीमती निर्मला जोशी थीं, मशहूर डॉ. जोशी की पत्नी। उन्हीं के कथक गुरु बन गये, अच्छन महाराज। बिरजू रोज बाबूजी के साथ तांगे में बैठकर संगीत भारती आता। दिन भर लड़कियों को नाच सिखाते हुए देखता। याद्दाश्त बहुत तेज़ थी। बाबूजी जो कुछ उन्हें सिखाते याद कर लेता। बाद में बाबूजी को खुद करके दिखाता। बाबूजी पूछते, 'अरे बिरजू, तूने यह कब

जागे हो कहीं रैन
अरे हाँ
अलसाने नैना
कलवाके
जागे लटपटी आये
हो
मैंने न काटे लख
लख लागे है
0 0 0
अंग पै मोरे लगाये
जो गुलाल
वो सखी मैं बावरी
होई
होरी में ऐसी ठिठोरी
कई राम
मैं ले हाय सखी
सोलह साल की होई
मैं तो खेलूँगी उन ही
से होरी गुइयाँ

सीख लिया? मैंने तो तुझे सिखाया नहीं।' बिरजू कहता, 'बाबूजी, जब आप कपिला दीदी वगैरह को सिखा रहे थे, मैंने तभी सीख लिया था।' कई बार बिरजू मुश्किल से मुश्किल परन भी सीख लेता। एक गणेश परन थी, जो बिरजू के घर में भी बहुत कम लोगों को याद थी। बाबूजी बता रहे थे कि इन्होंने भी इसे चार-पाँच दिनों में याद किया था उसे। बिरजू ने तुरन्त याद कर लिया, देख-देख के। 'दिख्या, सिख्या, परीख्या। इनमें दिख्या हमारे बहुत काम आयी,' बिरजू महाराज कहते हैं।

हड़िया गाँव में मिश्र परिवार के बहुत सारे घर थे। वहाँ ये मन्दिरों में जाकर पूजा करते थे—भागवत, रामायण की कथा कहते थे। कथा के साथ-साथ अंग-भाव भी था। ओंकार मामा को रीतिकालीन कवियों के कवित्त कंठस्थ थे। कथा के साथ-साथ उन्हें भी सुनाते तो कथा रोचक हो जाती थी। जब गाने के साथ-साथ भाव भी आ गये तो वाचिक अभिनय हो गया। नौटंकी की तरह लय बँधी। तब केवल दुपट्टे का प्रयोग काफी था। अब तो बिना दुपट्टे के ही अभिनय से प्रयोग दिखा देते हैं, तब सचमुच उसका इस्तेमाल करते थे। पानी भरने में उसी दुपट्टे का साफ़ा बना लेते। कृष्ण को बुलाकर बिठाना होता तो उसे बिछा देते, घूँघट भी बाकायदा खींचा जाता था। बिरजू महाराज के पिता अच्छन महाराज तो मूँछें रखते थे, लेकिन चचा शंभू महाराज ने मूँछें साफ़ करवा दीं और टोपी भी हटा दी, कहा कि हम नवाबों के गुलाम नहीं हैं कि टोपी लगाकर नाच करें। धीरे-धीरे ब्याह, शादी या किसी और उत्सव पर

जगह-जगह से बुलावा आने लगा। बुलावा औपचारिक होता था। एक पीले कपड़े में हल्दी, चावल, सिक्का आता था कि फलाँ दिन, फलाँ जगह प्रोग्राम तय है। यहाँ बुलावे के रुपयों पर शंभू महाराज और अच्छन महाराज में कई बार झड़प भी हो जाती। अच्छन महाराज 51 रुपये में नाचने को तैयार हो जाते तो शंभू महाराज कहते कि वह भी क्या नाचना हुआ जब कम-से-कम 500 रुपये भी न मिलें।

हड़िया गाँव में जब भयानक सूखा पड़ा तब सारे लोग वहाँ से भागे। कुछ लोग बनारस में पंडित शारदा सहाय का परिवार, और दुर्गा प्रसाद जी वाजिद अली शाह के दरबार में आ गये। वाजिद अली शाह ने दुर्गा प्रसाद जी को अपना मेहमानखाना भेंट कर दिया। लेकिन उनके वंशज बिन्दादीन महाराज, भैरों प्रसाद, कालका प्रसाद, उनकी अम्मा और एक मेहरी 1857 के गदर में भोपाल चले आये। भोपाल की बेगमों ने इस परिवार की बहुत ख़ातिर तवज्जोह की। उस ज़माने की टोपियाँ, बक्से, शृंगारदान, चादर, अतरदान, घोड़े की एक कलगी, कुछ ब्लाउज जो कालका महाराज और महाराज बिन्दादीन को मिले, अभी

भी बिरजू महाराज के पास सुरक्षित हैं। बिन्दादीन महाराज को ठुमरी, दादरा, भजन, कवित्त और तराना कहने का शौक था। उनके हाथ की लिखी कुछ पुस्तकें बिरजू महाराज के पास हैं। राग, ताल, नायिका का वर्णन भी उनमें है। कई पुस्तकें तो दीमक ने खा ली थीं जो बाद में गोमती नदी में फेंक दी गयीं। लेकिन, अभी भी कई लोग हैं जिन्हें वे कविताएँ और छंद याद हैं। बिरजू महाराज की दादी की आवाज़ अच्छी थी। मर्दाने-जनाने के बीच की खिड़की से आवाज़ आती थी सो दादी ने सुन-सुनकर सीख लिया और उनसे सीखा महाराज की अम्मा ने। कई ठुमरियाँ, दादरा, भजन, होरी को जैसे, 'जाने दे मैयका सुनो सजनवा', 'मेरी सुनो नाथ जैसे', 'छोड़ो-छोड़ो बिहारी-नारी', 'चलती बिरया नजर भर के देख ले', 'किसने चिलमन से सारा नजारा मुझे', 'अटरिया पे चढ़ गयी भयी बदनाम', को बिरजू महाराज ने अपनी अम्मा से सुन-सुनकर सीखा। महाराज बिन्दादीन की कंपोज़ीशन 'जागे हो नहीं रैन', 'देखो स्वप्न उषा अनिरुद्ध रूप' और 'झूलत राधे नवल किशोर' या 'कैसे खेलूँ मैं पिया घर नाहीं', 'जिन नहीं देखी मेरी परछाईं', 'कैसे पिया उनके सम्मुख होऊं', 'पूरे हिन्दुस्तान में प्रसिद्ध हो गयीं।'

अच्छन महाराज, लच्छू महाराज और शंभू महाराज तीनों भाई और अच्छन महाराज के बेटे, बिरजू महाराज। अच्छन महाराज लय के बादशाह थे। उपज और भाव में लच्छू महाराज बादशाह थे। कायिक अंग या शरीर पर उतारने में शंभू महाराज सिद्ध हस्त थे। तीनों की नृत्य-शैली अलग थी। शंभू महाराज जोश में भरकर नृत्य करते। जैसा नाम शंभू, वैसे ही नाम के अनुरूप शंभू। "एक 'धा' मारो, तो पूरी ज़मीन काँप जाए। लच्छू महाराज लास्य नृत्य पसन्द करते। कहते, नाच तो सुन्दर होना चाहिए। मैं यहाँ से सीखकर गया बम्बई, तो लच्छू महाराज ने देखा। कहने लगे, भौजी, (हमारी अम्मा को वे भौजी कहते थे), ये लड़का तो एकदम लट्ठबाजी करता है। उन्होंने हमें कुछ लास्य सिखाया। उनसे कुछ चीजें सीखकर लखनऊ आये और शंभू महाराज ने देखा। कहें 'भौजी, अंमा यह नाच है? एकदम ही मुलायम हो रहे हैं। न छोकरी, न छोकरा, अजीब है यह।' इधर शंभू महाराज कह रहे हैं, यह नाच है? उधर लच्छू महाराज कह रहे हैं, यह नाच है? हम चुपचाप अम्मा के कान में कहें, 'अम्मा, हम बड़े होकर बाबूजी की तरह नाचेंगे। ये दोनों तो मुझे बहुत परेशान कर रहे हैं। ये

कुछ और कह रहे हैं और वो कुछ और कह रहे हैं। हम परेशान हुए जा रहे हैं।' अम्मा कहें, 'चुप-चुप, सीख ले, नहीं तो मार पड़ेगी।'"

घर के बच्चों के लिए बाकी छात्रों की तरह नियमित शिक्षा नहीं थी। बस बैठ के देखो और सीखो। "शंभू महाराज महफ़िल में कभी भाव बताते थे। हम डर के पीछे बैठे रहते। शंभू महाराज कहें, अरे बिरजुवा कहाँ है? हम वाक़ई डर के मारे आगे नहीं बैठते कि गाली देंगे सबके सामने। गाली तो उनकी ज़ुबान पर चढ़ी रहती थी। मैं चुपचाप पीछे बैठता तो वे कहते, 'बिरजुवा कहाँ है साला, हरामजादा?' मेरी डर के मारे घिघ्घी बँध जाती। मैं पीछे से धीरे से बोलता, 'चचा जी, मैं यहाँ हूँ।' वे कहते, 'अबे, पीछे से क्या भाव देख रहा है, इधर आ।' महफ़िल में कह देते कि देख, ये तो सिर्फ़ देखने वाले बैठे हैं। ये थोड़े न कथक को आगे बढ़ाएँगे। तुझे अच्छी तरह देखना चाहिए। ये लोग तो देखकर चले जाएँगे, पर तुझे तो सँभालकर रखना है और आगे बढ़ाना है। मैं चुपचाप देखता रहूँ महाराज के कई अच्छे-अच्छे प्रोग्राम देखे और जो कुछ देखा, उसे अपने में उतार लिया।"

"मैं छोटा था, नाचता था। उन दिनों बड़े-बड़े उस्ताद थे। बड़े गुलाम अली खाँ साहब, फय्याज खाँ साहब, विलायत खाँ साहब, रविशंकर जी, बिस्मिल्लाह खाँ साहब, किशन महाराज जी। इन लोगों की जवानी थी और मेरे दूध के दाँत अभी टूटे थे। अकसर सुनने को मिलता था कि मेरे बाद उनका प्रोग्राम। मतलब कि आसपास महफ़िल, आगे की दो कतारें बड़े-बड़े उस्तादों से भरी रहती थीं। और वहाँ वे नीचे से आवाज़ देते थे, वाह बेटा, फिर से दुबारा! कभी रवि जी कह रहे हैं तो कभी बड़े गुलाम अली खाँ साहब। सभी खुश होकर दाद देते और मेरा हौसला बढ़ाते।"

इस बीच अच्छन महाराज इहलोक त्याग चुके थे। बाबूजी की मृत्यु के बाद चचा शंभू महाराज दिल्ली में थे और बड़े महाराज—लच्छू महाराज बम्बई में। "अकेला प्रोग्राम में जाता तो अम्मा से गले लिपट करके खूब रोता मानो मेरी विदाई हो रही हो। अम्मा कहें, भैया, सँभाल के जाना। जरा-सी दूर—मथुरा वृन्दावन जाना हो तो भी लगता जैसे सात-समुन्दर पार कर रहा हूँ। फिर नाच के आऊँ तो अम्मा खुश हो जाएँ। जब भी कोई भाव दिखाऊँ तो अम्मा से पूछता कि अम्मा तुम बताओ, जैसे मैंने हाथ उठाया है, जैसे मैंने ये टुकड़ा करके दिखाया है, ये छेड़छाड़ के भाव जो भी दिखा रहा हूँ, आपको कैसा लग रहा है कि बाबूजी के ढंग पर हूँ कि नहीं? अम्मा हमारी सबसे बड़ी जज थीं। अम्मा जब कह दें कि भैया, आज महाराज की याद आ गयी, तुम्हारा नाच देख के। तब मैंने कहा, मैं सही हूँ। मैंने गाँठ बाँध ली कि दुनिया चाहे बदल जाए, मेरा जो अपना स्टाइल है, उसे नहीं छोड़ूँगा। बल्कि उसमें चार चाँद लग

गये कि तीनों महाराज से थोड़ा-थोड़ा सीखा। उनका गंगा-जमुना और सरस्वती का मेल हुआ है। तीनों धाराओं का एक रूप। वे तीनों मेरे अंग में हैं।"

अच्छन महाराज की मृत्यु के बाद पहला प्रोग्राम था—कलकत्ते में। बिरजू को तो मेकअप करना भी नहीं आता था। दूसरे लोग उनका मेकअप करते (कौन-सा) कपड़ा पहनना है, यह भी मालूम नहीं था। जो कह दे, यह रंग अच्छा है, तो भई पिन्हा दो मुझे। अनुराधा जी एक डांसर थीं। कहने लगीं, मेकअप ऐसे थोड़े न करते हैं, यों करते हैं ताकि आँख बड़ी लगे। "मैंने कहा, कि बना दो। मुझे नहीं मालूम था, किधर से क्या लगाना है। यह प्रोग्राम इतना सफ़ल हुआ कि मैं आज तक यकीन नहीं कर पाता हूँ। लोगों की भीड़। एक तरफ़ सड़क पर ही अख़बार बिछाकर लोग बैठे थे कि अन्दर लय का जो कार्यक्रम चल रहा है, उसकी आवाज़ सुनकर ही हम तसल्ली कर लेंगे। आयोजकों ने आसपास स्पीकरों का इन्तज़ाम किया। लोग आवाज़ सुनते रहे। तब आज की तरह स्क्रीन वीडियो तो होता नहीं था। उन प्रोग्राम ने ऐसा उठाया कि सारे हिन्दुस्तान में चर्चे हुए।"

तब बिरजू की उम्र थी कुल साढ़े नौ साल। पता नहीं था कि मरना क्या होता है। बाबूजी चल बसे तो अम्मा को रोते हुए देखकर दुःख होता था। अम्मा से पूछें कि क्या हुआ है? अम्मा इन्हें गले से लगाकर और रोएँ। "बहुत दिन तक बाबूजी दिखाई नहीं दिये तो समझते रहे कि इस बार दूर कहीं लम्बे प्रोग्राम पर गये हैं और मुझे साथ में नहीं ले गये। धीरे-धीरे समझ में आने लगा। घर में पैसे की कमी हो गयी। महाराज पीते-पिलाते बहुत थे। थोड़ा-सा पैसा अम्मा को देते, बाकी खुद ख़र्च कर देते थे। बड़े जीजा नौकरी के लिए कानपुर में सुंदरलाल जी (जो संगीत विद्यालय के प्रिंसिपल थे) के पास ले गये? वे बोले कि ये खेलेंगे या सिखाएँगे? ये तो खुद ही छोटे हैं। इन्हें हम नौकरी कैसे दे सकते हैं? तब 25-25 रुपये की दो ट्यूशन की कानपुर में। हालाँकि साथ-साथ पढ़ने की भी कोशिश की कि किसी तरह पढ़ लें, लेकिन हाईस्कूल में फेल हो गये। ट्यूशन पढ़ाने जाते तो रास्ते में श्मशान पड़ता था। बिरजू डर के मारे अकेले रास्ता ही पार न कर पाएँ। रिक्शा लें, रिक्शा का किराया दें तो खाएँ क्या? रास्ता चलते किसी आदमी से मदद माँगते कि भैया, यह श्मशान का रास्ता पार करवा दो। आगे खुद चला जाऊँगा। सिर्फ़ पचास रुपये महीना कमाई। उसमें कपड़ा भी पहनना है, खाना भी खाना है, आठ-दस रुपये की कोठरी लेकर अम्मा के साथ रहते। कहाँ एक वक्त आठ-दस सिपाही घर के

बाहर पहरा देते थे और कहाँ यह स्थिति कि सुबह खाना बन गया है, शाम को बनेगा या नहीं, पता नहीं। अम्मा की पुरानी सच्ची ज़री की कुछ साड़ियाँ थीं, उन्हें जला कर ज़री निकाली जाती, तो उसे बेचकर कुछ पैसा घर आये तो घर का गुज़ारा चले।"

शंभू महाराज इस बीच दिल्ली आ गये थे। लच्छू महाराज बम्बई में फ़िल्मों से जुड़ गये थे और उनके अपने ही शौक थे। उनसे मदद की कोई उम्मीद नहीं थी। ऐसे में उसी ट्यूशन के 50 रुपये में पैसा-पैसा जोड़कर दिल्ली में साइकिल ख़रीदी। उसका नाम रखा—'राबिन हुड'। अभी भी वह साइकिल रखी है। राबिन हुड की कहानी सुनी थी कि वह जंगलों में भागता था, तेज़ था बहुत। बिरजू को भी बहुत तेजी से काम करना था। "साइकिल चलाने में बहुत डर लगता। साइकिल पर बैठकर चौराहा पार करना तो असम्भव। चौराहे पर साइकिल से उतर कर पैदल पार करे। शर्म भी आती थी कि कहीं कोई देख तो नहीं रहा है, लेकिन डर का कोई इलाज नहीं था। जब दिल्ली चले आये 14 साल की उम्र में तो वहीं संगीत भारती में नौकरी मिल गयी, जहाँ बाबूजी पहले काम कर चुके थे। पहले छः महीने की नौकरी मिली, ट्रायल पर। फिर, चूँकि काम अच्छा करते थे, इसीलिए आगे बढ़ गयी, साढ़े तीन-चार साल।"

उधर शंभू महाराज बड़े मूडी व्यक्ति थे। एक बार बलिया गये, मंगल पहलवान जी की भानजी की शादी में नाचने के लिए। लौटने में स्टेशन पर पहुँचे तो ट्रेन को आने में थोड़ी देर थी। वहीं टीन के बक्से पर बैठ गये, बस पहले गुनगुनाना और फिर गाना शुरू कर दिया। आडियेंस थी—स्टेशन के कुली, और दूसरी ट्रेनें आ रही हैं, लोग 'कुली-कुली' पुकार रहे हैं, लेकिन किसी को कुली नहीं मिल रहा। महाराज भाव बता रहे हैं। जिन्हें 'शंभू महाराज' भी ठीक से लिखने में कठिनाई होती है, वही शंभू महाराज सूर-मीरा के पदों की व्याख्या कर रहे हैं और कोई मार्मिक प्रसंग आता है तो सारे कुली रोने लगते हैं।

अभिनय, साहित्य नृत्य का यह तालमेल इस घराने की परम्परा रही, और इस घराने का उस पर एकाधिकार भी रहा। उपज के भावों की प्रस्तुति और किसी ने इतनी बढ़िया नहीं की—इस बात को सभी ने माना। बिरजू महाराज इसे संकोच, लेकिन गर्व के साथ बताते हैं। कुछ साल पहले बनारस गये—सुखदेव महाराज के पास (सितारादेवी जी के पिता) सुखदेव महाराज इनसे कहें—उतारो जूता, पैर ऊपर उठाओ। अरे भई, कोई थाली ले आओ, पानी ले आओ। अँगूठा धोया और गाली देकर बोले—ले साले, जिनकी बदौलत रोटी खा रहे हो उनका चरणामृत पियो। और पीकर बिरजू महाराज से कहें कि बिरजू, तुम हमारे लड़कवा से भी बहुत छोटे हो मगर हम तुम्हारा पैर इसीलिए धो रहे हैं कि तुम हमारे बड़े भाई साहिब अच्छन महाराज का खून हो

और तुम्हारा साहित्य, ताल और भाव, तीनों पर समान अधिकार है।

तीनों भाई–अच्छन, शंभू और लच्छू, एक-दूसरे से बहुत खुले थे। आपस में माँ-बहिन की गाली देते थे–फिर कभी-कभी यह भी कहते कि माँ एक ही है और हम गाली-गलौज कर रहे हैं, लेकिन आदत से लाचार थे। गाली देने से नहीं चूकते। शंभू महाराज अच्छन महाराज को बहुत मानते थे। जब शंभू केवल नौ वर्ष के थे, तब पिता का देहान्त हो गया था और अच्छन महाराज ने ही उन्हें पाला-पोसा। नृत्य की शिक्षा भी अच्छन महाराज से भी पाई। कई बार शंभू महाराज कहते, मैं तो अच्छन महाराज का लक्ष्मण हूँ। बड़े भाई के विरुद्ध कुछ भी नहीं सुन सकते थे। एक बार लखनऊ में एक तबला वादक, जो बजाते बहुत अच्छा थे, लेकिन अपने आपको मानते भी बहुत थे, मंच पर शंभू महाराज से कहने लगे, कि तुम क्या नाचोगे, तुम्हारे बड़े-बड़ों को भी क्या नाचना आता है? शंभू महाराज को क्रोध आ गया कि बड़े भाई का नाम क्यों लिया, सो उसी वक्त नृत्य शुरु कर दिया। जब लगभग आठ घंटों के नृत्य के बाद रुके तो तबला वादक ने आँसुओं में डूबे हुए उनके पैर पकड़ लिए।

अच्छन महाराज जर्राही लय की काँट-छाँट के माहित माहिर थे। जब गत निकास, गत भाव का जिक्र आता तब शंभू महाराज की ओर इशारा करते। मँझले, यानी लच्छू महाराज तो फ़िल्मों की तरफ़ रुख़ कर ही चुके थे। जब वह 70 वर्ष के हो गये, तब बिरजू महाराज उन्हें लखनऊ लेकर आ गये, परम्परा को जीवित रखने के लिए, उनसे सीखने के लिए।

अच्छन महाराज बहुत सरल मनुष्य थे। ट्यूशन करते तीस रुपये महीने की। कोई पूछे, कहाँ जा रहे हो? कहें, ट्यूशन पर। पूछने पर बताते कि तीस रुपया महीना लेता हूँ। यह कभी ध्यान ही नहीं दिया कि तांगे-रिक्शे पर आठ आने एक तरफ़ के ख़र्च हो रहे हैं। यानी आना-जाना रोज़ एक रुपया और तीस रुपये बराबर। वे भी स्वभाव के बड़े डरपोक थे, सामने से कोई शवयात्रा आ रही होती तो डरकर, बगल में जो भी मकान दिखाई देता, उसमें घुस जाते। (शायद यही डर बिरजू में भी उन्हीं से आया) दयाभाव से भरे थे। मुहल्ले में कोई लड़ाई-झगड़ा होता, लोग अदालत में न जाकर अच्छन महाराज के पास जाते। गलीचे बिछे रहते थे, उन पर चाँदनी बिछाकर नाचते थे, वही स्टेज था। कभी नवाब रामपुर के यहाँ से रात तीन-चार बजे हरकारा आता कि नवाब साहब को नाच देखने का मूड आ गया है। ये लोग शेरवानी, साफ़ा पहनकर तैयार हो जाते और फिर नवाब साहब के घर की ओर रुख़ करते।

बिरजू महाराज को आगे-पीछे की ढेर सारी घटनाएँ याद हैं और याद है बहुत सारे लोगों का अपरिचिमत स्नेह। उस्ताद अमीर खाँ, पंडित भीमसेन जोशी, डागर बंधु, उस्ताद मुश्ताक हुसैन, उस्ताद हाफ़िज़ अली खाँ, और कितने ही लोग। सबसे इन्होंने बहुत-बहुत प्यार पाया। बिरजू महाराज श्रद्धा से इनका नाम लेते हैं। इसी कोशिश में लगे हैं कि बुजुर्गों के प्रति जो ज़िम्मेदारी है, उसे पूरा करने में कहीं कसर न रह जाए।

'संगीत भारती' में आने के बाद तीन साल तक नियमित रियाज़ किया। तब हनुमान मन्दिर के पास कनाट प्लेस में रहते थे। सुबह चार बजे उठकर साढ़े चार बजे मद्रास होटल में पहली कॉफी पीते और संगीत भारती में 5 से 8 बजे तक रोज रियाज़ करते। उसके बाद घर जाकर चाय-नाश्ता होता। आँधी, पानी, बुखार में रियाज़ करना नहीं छोड़ा। वह रियाज़ अभी तक काम आ रहा है।

यह प्रयास रहा कि कथक से जुड़ी कोई भी चीज़ हो, उसे सीखें। कुछ बैले प्रापर्टीज के बिना किये और कुछ प्रापर्टीज के साथ। गाने का शौक था, लेकिन नियमित शिक्षा नहीं पायी। शंभू महाराज बहुत अच्छा गाते थे, पिता भी गाते थे, इसलिए गाने का माहौल ही था। लच्छू महाराज ने इनके लिए अंग्रेज़ी सिखाने के वास्ते एक टीचर रखी, टीचर होमवर्क के और बिरजू महाराज टुकड़े लिखते रहें। टुकड़े इस कदर याद हो गये थे कि कई बार संस्मरण बन गये। कुछ साल पहले बिरजू महाराज की मोटर चोरी हो गयी। थाने में रपट लिखाने पहुँचे तो वहाँ उनसे मोटर का नम्बर पूछा गया, बोले, नम्बर तो याद नहीं है, हाँ इसमें आगे के शीशे के पास एक गुड्डा लटक रहा है। इंस्पेक्टर भी रसिक था, कहने लगा, महाराज जी, अपनी ही गाड़ी का नम्बर तो याद नहीं है, फिर इतने लम्बे टुकड़े और परन कैसे याद कर लेते हैं?

बिरजू को फिल्में देखने का भी शौक था। थोड़ा-थोड़ा पैसा इकट्ठा हो जाता तो लाइन में खड़े होकर पाँच आने की टिकट ख़रीद कर फ़िल्म पर फ़िल्म देखी जाती। परम्परा में अकेले नाचना तो ठीक है, लेकिन समूह में खड़े होने से जैसे पंखुरियाँ खिल जाती हैं। एक-एक पांखुरी करके पूरी-की-पूरी फली खिल जाए जैसे, फुनगी में एक-एक पंख लगा है, वह विस्तार नहीं है उसका। पूरा खिलने के बाद ही उसमें विस्तार आता है। लच्छू महाराज कहते कि बम्बई आ जाओ, फ़िल्मों में काम करो। वे 'मुगले आज़म', 'पाकीजा' वगैरह में नृत्य निर्देशन कर चुके थे। वे तो ख़ैर 40 साल से वहाँ थे। "मुझे भी थोड़ा-सा चस्का था कि चचा का असिस्टेंट

बनकर फ़िल्मों में ही चला जाता हूँ। पर अम्मा ने और हमारे अच्छे मित्र भी कुछ थे जिन्होंने राय दी कि बेटा वहाँ चले गये तो पैसे तो खूब मिलेंगे, गाड़ियाँ ख़रीद लोगे, फ्लैट हो जाएगा, लेकिन महाराज (अच्छन महाराज) को कहीं खो न देना। परिवार का नाम न खो जाए कहीं। बस इसी आशंका से हमारा मन काँप गया। लच्छू महाराज से भी आग्रह किया कि बस, बहुत हो गयीं फ़िल्में, अब आप भी वापस आकर परिवार की कला परिवार में बाँटिए। मैंने तय किया कि जो मिल जाए उसी में खा लूँगा, गुज़ारा कर लूँगा, पर पिक्चर में नहीं जाऊँगा और भगवान की कृपा से अच्छी ही गुज़री है", बिरजू महाराज कहते हैं।

"लेकिन सत्यजित राय तो बड़े गुणी आदमी थे। बहावलपुर हाउस के उस छोटे से आठ बटा दस फुट के कमरे में कई बार आकर बैठ गये और मनाते रहे बिरजू महाराज को कि महाराज आप जो कथक करते हैं, उसी में से सजाइए। मुझे बिल्कुल कमर्शियल नृत्य नहीं चाहिए। तो बड़ी मुश्किल से 'शतरंज के खिलाड़ी' में नृत्य निर्देशन भी किया और गाना भी गाया। बाद में संजय लीला भंसाली के बहुत आग्रह पर माधुरी के लिए एक नृत्य का निर्देशन किया और ठुमरी भी गाई। वहीं से (शतरंज के खिलाड़ी) से नृत्य-नाटिकाओं का दौर चल निकला। 'कुमार सम्भव' लेकर रूस गये। नृत्य-नाटिकाएँ सुमित्रा चरतराम के यहाँ भारतीय कला-केन्द्र में शुरू हुईं।"

पहली बड़ी नृत्य-नाटिका 'मालती-माधव' के निर्देशन के लिए लच्छू महाराज को बुलावा गया और बिरजू महाराज बने उनके असिस्टेंट। बिरजू ने उसमें मकरंद नाम से माधव के दोस्त की भूमिका की। 'कुमार सम्भव', 'शाने-अवध', 'कृष्णलीला' और 'रामायण' जैसी नृत्य-नाटिकाओं में डागर साहब का संगीत-निर्देशन होता था। "फिर डागर साहब तो छोड़कर चले गये और संगीत-निर्देशन की ज़िम्मेदारी भी मुझ पर ही आ गयी। मेरा सपना पूरा हुआ कि मैं इशारा कर रहा हूँ और मेरे संकेत पर एक-एक करके पंखुड़ियाँ खुलती जा रही हैं। पुराने लोग कुछ गा चुके, बजा चुके, कुछ जवानी पर थे। नयी पीढ़ी आती हुई दिखाई दे रही थी। मैंने तो भाग्य से दोनों ही पीढ़ियों को देखा। पुराना वाला रूप, कि जो कह गये हैं, वही होना चाहिए। धा, तो धा यही लगेगी। कोशिश यही कि उस धा को अच्छी तरह कैसे प्रस्तुत करना चाहिए। जो लोग कथक को साधारण कहते थे, कि भई टुकड़े हैं, जहाँ हाथ-पैर चलाएँगे या ज़ोर से पैर पीटेंगे, घूमेंगे, तालियाँ लेंगे—इसके अलावा तो है ही नहीं कथक, लेकिन हमने ईश्वर की कृपा से कथक के प्रति आकर्षण और सम्मान पैदा कर दिया है। इतनी दिशाओं में हमने उसे विस्तार दिया कि लोगों को सचमुच सोचना पड़ा है थोड़ा-सा कि न मालूम कथक में क्या-क्या

है! और साहित्य तो घर में विरासत में मिला था। महाराज बिन्दादीन जी ने 5000 ठुमरी-दादरा-भजन लिखे ही थे। शंभू महाराज अभिनय और लय चक्रवर्ती, लच्छू महाराज का जवाब नहीं, उधर हमने बाबू जी लय के सम्राट्, साथ में गाते भी थे। बजाया भी खूब। हम भी बजाते हैं। शौक हो गया, बजाने का, सरोद भी, वायलिन भी सब वाद्य। मुझे लगता है, मेरे सारे रिश्तेदार हैं। घुँघरू का रिश्तेदार फिर तबला ही होगा", कहते हैं बिरजू महाराज।

फिर भी शुरू-शुरू में कथक में समूह-नृत्य करने में थोड़ी कठिनाइयाँ सामने आयीं। संगीत भारती में बिरजू महाराज कहें कि इसमें वैराइटी की जा सकती है, कुछ लड़कियाँ दे दें। लेकिन, उनकी बात कोई सुनता ही नहीं था। यह इच्छा भारतीय कला केन्द्र में पूरी हुई। यहाँ नृत्य-नाटिकाओं में बिरजू महाराज के पास पाँच-सात साल के बच्चों के क्लास थी। इन्हें बाबूजी की दी हुई तालीम थी, लेकिन सिखाएँ किसे? सबसे बड़ी एक ही लड़की थी, जो देखने में लम्बी थी—रश्मि जैन। वह बाद में रश्मि वाजपेयी हो गयी। "मैंने कहा, मैं इसे तैयार करूँगा। ज़िद के मारे मैंने उसे इतना तैयार किया कि महाराज की क्लास की सारी लड़कियाँ झाँक-झाँककर देखें और वे चोरी-चोरी मुझसे सीखने लगीं। खूब सिखाया मैंने। ईश्वर की कृपा है कि मेरी ज़िन्दगी में ही कम-से-कम 15-18 लोग इस तरह के हैं जो काम कर रहे हैं। बाबूजी, चाचा जी के ज़माने में सारे शागिर्द मस्ती करते थे कि लो बेटा, परसाद लो। 'जय गुरु की, जय गुरु की' करते रहे और फार्म में नहीं आये, जबकि बहुत गुणी लोग थे। कुछ ही लोग निकल कर आये। विक्रम भैया थे, चले गये। इतने बड़े दिग्गज लोग, सितारा जी, गोपीकृष्ण, रौशन, इनका फ़ील्ड में अच्छा नाम था। लेकिन, इन लोगों का किला इतना बड़ा कि उसमें से निकल कर लोग कम ही आ पाते थे। मैं तो कहता हूँ कि कृष्णमोहन या राममोहन या कृष्णमोहन या मेरा बेटा—भई आओ, मुझे पकड़ो तो मेरी छाती दुगनी हो जाए खुशी से। लेकिन काम में आलस्य नहीं। जवान होते हुए भी हमसे बीस-बीस साल पीछे हैं। काम में लिहाज नहीं चलता। बाकी जब ईश्वर की कृपा, अम्मा जी का आशीर्वाद और सब लोगों का स्नेह।"

बिरजू महाराज न अपने को गुरु समझते हैं, न मान-सम्मान को कुछ मानते हैं। जितने मान-पत्र मिलते हैं, उन्हें हाथ में पकड़ तो लेते हैं, लेकिन स्वयं चाकरी करते हैं—नृत्य की। सम्मान तो असली वह है जो उन्हें उनके शिष्य दिखाएँगे। यह मान नहीं

कि पद्मविभूषण है या कुछ और। न गाड़ी बदली है, न कपड़ों के पहनावे में कोई अन्तर आया है। न ही मंत्रियों के यहाँ चक्कर काट रहे हैं और उनके नाम पर नृत्य-नाटिकाएँ रच रहे हैं। जो ऊपर वाला दे देता है, उसे ही लेते हैं—तसल्ली से। वरना बड़े खुश हैं—ता थेई-ता थेई करते रहेंगे। उनके श्रोता-दर्शक और शिष्य उनके लिए सबसे बड़ा अवॉर्ड हैं। "जिस दिन कोई कह दे कि महाराज, आपने हमारे दिल को जीत लिया, शब्द को जीवित कर दिया, स्वर्ग का आनन्द है इसमें। वाह, अगर ऐसा है तो मैं बड़ा भाग्यशाली हूँ। नृत्य की उस देवी को, लय के देवता को मैं प्रणाम करता हूँ कि वे मेरे शरीर में प्रवेश करें, मेरी उँगलियों में, मेरी आँखों में, मेरी भौंहों में, मेरे हाथ-पैर में उतरें और मेरे शरीर को अभिव्यक्ति के माध्यम के रूप में इस्तेमाल करें। मेरे माध्यम से बड़ी-बड़ी चीजें होती हैं और दिखाई देती हैं। मैं तो साधारण ही हूँ। मेरा शरीर, मेरा कुछ भी असाधारण नहीं है। वह छवि, वह कल्पना, आकर मेरे इस तुच्छ शरीर के भीतर प्रवेश करती है और एक सुन्दर चित्र खींच देती है। उस आकार को, तीन-चार घंटे तक हज़ारों लोग बैठकर देखते रहते हैं। एक शरीर में भिन्न-भिन्न आकृतियाँ उतरती हैं और लोगों को मन्त्रमुग्ध कर जाती हैं! केवल ईश्वर की कृपा है। गुरु का आशीर्वाद है। बस एक लौ लगी है, लगी रहे, वरना तो घर में मैं बाप के नाम पर फ़ेल हूँ, भाई के नाम पर फ़ेल हूँ। न बाप हूँ, न भाई हूँ, न कोई रिश्ता न कोई व्यक्ति हूँ। बस लय और भाव के देव जो मुझसे चाहते हैं, मैं करके दिखा देता हूँ।"

बिरजू महाराज के लिए नृत्य का अर्थ है—सम्पूर्ण एकाग्रता, तन्मयता। नृत्य अपने हल्केपन के साथ वहाँ अर्थवान नहीं है। केवल भागमभाग नहीं। सन्तुलन, एकाग्रता—आँखों में, शरीर के अंग-अंग में, श्वास के अन्दर। "उस तन्मयता और सन्तुलन से तो छवि बनती है, उसकी चर्चा बहुत कम रह गयी है। पर आज सन्तुलन थोड़ा डगमगा गया है। भूकम्प वाला हो गया है। ज़मीन जहाँ ठहरे नहीं, काँपती रहे, वैसा नाच हो गया है। जबकि हम लोगों को सन्तुलन तो स्थायी भाव के रूप में समझाया गया था। थाट बाँधकर जब खड़ा होता हूँ, या नज़र, एक पलक उठती है ऊपर की ओर तो मुझे लगता है कि समन्दर की गहराई, लहरें अन्तहीन, दिशाएँ मेरी आँखों में बस गयी हैं, एक साथ। लोगों को रिझाने के लिए नहीं मटकाता हूँ, गर्दन नहीं हिलाता हूँ। वह तो एक नाच है। पर यदि मेरी भावों में एक सन्तुलन, पलकों में ज़रा-सी जुंबिश होती है तो उसमें एक भारीपन होता है। न जाने एक पूरी की पूरी सृष्टि इन पर बैठी दिखाई देती है। तो दोनों का हिलना तो वहीं है, वही भवें हिलाती हैं, गर्दन हिलती है, लेकिन उसे किस ढंग से इस्तेमाल करें कि समुद्र की गहराई का अहसास होने लगे।"

"नृत्य में तब ऐसी लय आ गयी कि सब कुछ भूल गये। कृष्ण को भी भूल गये। नृत्य तो ता थेई-ता-थेई पैदा ही हुआ कृष्ण की वजह से। न वह

वंशी बजाता, न गोपियों को रिझाता, न ता थेई-ता-थेई हाथ उठाता, न पैर से पद संचालन होता, तो हमारा गुरु कौन होता? हमारा आरम्भ क्या होता? दिन भर के थके-हारे सब वंशी की धुन पर झूम जाते थे। पाँव थिरकने लगते और दुनिया को भूल जाते। इतना बड़ा महामन्त्र है वह। वह महारास है। अभी भी उसको जपने में, अगर चुपचाप मनन कर रहे हों तो एक कंकड़ भी गिर पड़े, एक कौवा भी बोल दे तो सुनाई पड़ता है।"

"लो लोग डूबकर गाने वाले हैं, जैसे भीमसेन जी की आवाज़ है, जसराज जी हैं। बड़े गुलाम अली खाँ साहब सुबह चार बजे गाते, उनके कंठ से निकलता, 'हरि ओम्'। लगता था, 'ओम्' साकार यहीं दिखाई पड़ रहा है, एक आवाज़ के माध्यम से। साधारण व्यक्ति हज़ार बार 'ओम्' जपे, वह केवल बात ही लगेगी। पर संगीतज्ञ तो ध्यानस्थ होकर उसे स्वर में उतार देता है, और नर्तक आकृति खींचकर दृश्य में बाँध देता है। कृष्ण को देखा नहीं, लेकिन कृष्ण शायद इसी तरह रहे होंगे। ध्वनि देने वाला इस तरह की ध्वनि पैदा करे कि उसकी भूमिका बन जाए और नर्तक ऐसी आकृति खींचे कि वह साक्षात हो जाए, तभी तो सम्पूर्ण का दर्शन होता है। हमारे मन में नृत्य के प्रति यही भावना है। जो सही गाते हैं तो नाम उभरता है, मन से। उसकी एक बात अपनी ही है।"

बिरजू महाराज ने अपने सभी पात्रों को भरपूर जिया है। यही कारण है कि चरित्र चाहे किसी नवाब का हो या संस्कृत नाटक के नायक का, 'रामायण' के किसी चरित्र का हो या किसी आधुनिक कवि की कविता का, सभी पात्र उनके अभिनय का स्पर्श पाते ही जीवन्त हो उठते हैं। फिर भी बिरजू महाराज को सबसे अधिक प्रिय हैं—कृष्ण। "कृष्ण के बगैर मैं अपनी कल्पना ही नहीं कर सकता। उनकी मुस्कुराहट, उनकी आँखों का सन्तुलन, उनकी दृष्टि, चेहरे पर आभा। पूर्ण रूप से वही है, और वही अलग-अलग पात्रों के रूप में, अलग-अलग रूप में खिलते हैं। यहाँ तक कि एशियाड 1982 में 'कबड्डी' के पात्रों के रूप में भी वही प्रेरणा का स्रोत थे। मुझसे जब रस्सा-खिंचाई कंपोज़ करने को कहा गया तो मैंने कहा कि शंभू महाराज होते, बाबूजी होते तो दो थप्पड़ मारते कि नौटंकी करता है। हमारे बड़े लोगों ने एक परन को कहा—'तोप की परन'। अरे, न तोपें हैं, न हम लोहे के बने हैं, न हमारे अन्दर कोई तोप का गोला छूटता है, लेकिन उन्होंने तोप के ऊपर एक रचना कर दी। उसी लम्बाई की, उसकी गर्जना की, उसके पहियों की। उसके गोले से निकलने और गिरने

की। साधारण भाषा में नहीं, बल्कि नाद की भाषा में उसे बाँध दिया। ये हमारी कविताएँ हैं, जिनके आधार पर हाथों का, हस्तकों का संचालन है। ये लय की कविताएँ हैं। उनमें से आकृति निकल आती है। लय के पीछे जो स्वरूप है, उसके पीछे भावना छिपी हुई है। यह ज़रूरी नहीं है कि शब्दों द्वारा कहा जाए कि तुम वहाँ आ जाना। अगर एक नज़र उठी है, अगर गरदन से भी इरादा बता दिया, गरदन अगर ज़रा-सी हिल गयी, अगर आँख की पुतली हिल गयी, तो भी बात पूरी कही गयी। तुम वहाँ पर आ जाना, कहना ज़रूरी नहीं है। लगता है कि वहाँ पर गरदन हिली, यहाँ पर बात ख़त्म हो गयी। यह तो मोटी बात है, दुनियादारी की। अगर एक नज़र में साँस नीचे चली गयी और पलक झुक गयी, आँख बन्द हो गयी, लेकिन भावना एकदम उद्‌घाटित हो गयी, उसके प्रति।"

बिरजू महाराज की इस बात को सुनकर मैथिल कवि विद्यापति की पंक्तियाँ याद आती हैं–

नन्दक नन्दक कदम्बक तरुतर धिर-धिर मुरली बजाव।
समय संकेत निकेतन बइसल बेरि-बेरि बोली पठाव।।

नंद बाबा के बेटे कृष्ण कदम्ब के वृक्ष के नीचे खड़े होकर धीरे-धीरे मुरली बजा रहे हैं। यदि राधा को वे पहले से मिलने के स्थान की सूचना दे चुके हैं। तो बाँसुरी की टेर से मिलन के समय का संकेत दे रहे हैं, और यदि समय को पहले से नियत कर चुके हैं वो वंशी-धुन के माध्यम से मिलन स्थली का संकेत दे रहे हैं। लय की भाषा में कृष्ण को, गोपियों को या किसी भी वस्तु के आदि और अन्त के रूप को कहते हैं, सम। जहाँ कि सब बराबर हो जाते हैं, जैसे कि लीला-कृष्ण में समा गयी। हमने अपना जीवन लय को बना लिया। ताल की व्याख्या में मात्राएँ तो शक्तियाँ हैं, गोपियाँ हैं, अपने-अपने स्थानों से, अपने-अपने ढंग से। कोई गम्भीर है तो कोई चंचल है। उनकी अलग-अलग प्रकृति है, अपने-अपने स्थान से उठने की, किन्तु पहुँचती हैं वे सम पर। उनका किनारा वही सम है, क्योंकि वहाँ से फिर एक नया जन्म शुरू होता है। एक नया टुकड़ा शुरु होता है, एक नयी परन शुरू होती है। वह सम है, वह कृष्ण है। समाप्ति वही है। आरम्भ वही है। सम ही ईश्वर है। सम ही कृष्ण हैं। सम ही सबसे बड़ा सन्तुलन है। जो समझ सकते हैं, वे महान हैं। इसे केवल हल्के से शब्दों में ख़त्म न करके कलाकार इसके भीतर बड़ी गहराई तक पहुँच सकता है। अगर सम पर पहुँच जाता है तो ठीक, वरना जो चूक जाए, वह बेताला है। जो पहले पहुँच जाए तो कहते हैं

कि अरे, अरे थोड़ी दूरी पर तो सम था। क्यों चूक गया? "सम हमारी भाषा में कृष्ण है। मात्रा, गोप-ग्वाल गोपिकाएँ हैं, बार-बार सम के पास पहुँचते हैं, अठखेलियाँ करते हैं, फिर हट जाते हैं। जैसे समुद्र की अनन्त लहरें हैं, सम पर आकर टकराती हैं। वह किनारा सम है, फिर खेल-खाल के वापस आकर टकराती हैं। सम कभी समाप्त नहीं होता। सम आदि से है, अन्त तक रहेगा। वह अपनी जगह पर ही रहता है। मात्राएँ अपनी जगह बदलकर इधर-इधर से पहुँचती हैं—सम पर।"

सम, बिरजू महाराज की कथक-यात्रा का नाम है।

॥ पंडित हरिप्रसाद चौरसिया ॥

Padmavibhushan
HARIPRASAD CHAURASIA

At what step of the learning do I start to ask the students to emprovise? The students are like young children - when you teach them how to walk, you just hold their hands firmly and one day, they decide to manage alone .... some learn fast, some learn slowly, it doesn't matter.

In classical music, students imitate the Guru's music over many years ... its a normal step, but I am only fully satisfied the day they start to play from their inner self.

Savitri 19th Road Khar
Mumbai-400 052, India.

Tel: 26463535 ▪ Fax: 26493435

ABDU.

पंडित हरिप्रसाद चौरसिया

वह आसमान में कभी-कभी बादलों की परत की तरह गहरा जाती। कभी जिस्म को छूने लगती और कभी पूरी-की-पूरी वादी में कोयल की कुहुक की तरह सुनाई देती। कभी वह पपीहे की पुकार बन मन के दरवाजे दस्तक देती। तारों-भरी रात में कभी-कभी एकाकीपन का अहसास कराती और कभी मिट्टी के दीये की लौ बनकर घर की देहरी पर छा जाती। कभी वह नन्ही-सी गुड़िया की किलकारी बनती तो कभी खेतों की जगमगाती हरियाली का अनुभव कराती। कभी-कभी वह काले-घने आसमान में बिजली की कौंध की तरह चमक जाती। लेकिन अकसर वह यमुना की धारा की नीली रंगत बन जाती। वह किसी सुनसान पहाड़ी की वादी में प्रेमिका की उन्मत्त पुकार बनती। कभी-कभी वह वृन्दावन की कुंज-गलियों में धेनु के गले में बजती घंटी बनकर सुनाई देती। कभी वह ललिता सखी की व्याकुलता बनती, कभी वह महारास के क्षणों में गोपियों के कृष्ण-मिलन की आस बन जाती। कभी-कभी वह राधा जू के वियोग से जनित आँसू और कभी वह एक अनन्त-प्रतीक्षा की पहचान बन जाती। जिसने भी सुना है बाँसुरी की उस स्वर-लहरी को उसने एक बार नहीं, कितनी-कितनी ही बार उस स्वर-लहरी में अपने मन की सारी कोमल, समस्त उदात्त भावों की लहरी का अनुभव किया है। वह स्वर-लहरी पंडित हरिप्रसाद चौरसिया की बाँसुरी की है।

राधा जी के कृष्ण सखा तो जा चुके मथुरा को। पीछे छूट गयी है राधा के कानों में गूँजती बाँसुरी की धुन। कृष्ण के चले जाने के उपरान्त यमुना का प्रवाह भी धीमा हो गया है। राधा ठिठक कर कुंज-गलियों में भटक कर वापस लौट आती है। कानों में गूँजती बाँसुरी है कि हर समय राधा को कृष्ण की निकटता का आभास कराती है। वह कभी स्वरों को समय का संकेत समझ कर साँझ-ढले यमुना तट पर पहुँचती है तो पाती है कि न वहाँ कृष्ण हैं और न ही बाँसुरी बज रही है। पगलाई-सी वह कभी स्वरों को स्थान का संकेत समझ कर कदम्ब के निकट पहुँचती है, तो भी नहीं हैं वहाँ राधा के कृष्ण सखा। कदम्ब का वृक्ष अकेला यमुना के नीले प्रवाह को देख रहा है। राधा कदम्ब को छू-छू कर रोती है, जैसे किसी अनन्त का स्पर्श करना चाह रही हो। और अनन्त, वह पकड़ में आते-आते छूट जाता है। 'नन्दक नन्दन

कदम्ब तरुतर धिर-धिर मुरली बजाव। समय संकेत निकेतन बइसल बेरि-बेरि बोली पठाव।' कभी राधा को लगता है कि नंद बाबा के नन्दन कदम्ब के वृक्ष के नीचे बैठकर धीरे-धीरे मुरली की तान छेड़ रहे हैं। बाँसुरी के स्वरों में राधा को बता रहे हैं कि अमुक समय, अमुक स्थान पर आ जाना।

राधा को श्याम के चले जाने के उपरान्त भी बहते समीर में स्वयं को पुकारते हुए 'श्यामा' शब्द रुला जाते हैं।

'श्यामा-श्यामा' में वह ऐसे खो जाती है कि अपने आप को भूल जाती है। 'माई री श्याम श्याम श्याम रटत श्यामा श्यामा भई। अपनी सखिन्ह को पूछत है श्यामा कहाँ गयी।' श्यामा स्वयं श्याममय हो गयी है और अपने को ही श्याम-कृष्ण समझने लगती है। एक बार फिर श्याम पकड़ में आते-आते छूट जाते हैं। नहीं हैं आज श्याम और श्यामा, नहीं हैं आज कृष्ण और राधा, किन्तु, बाँसुरी के स्वर आज भी हैं। वे स्वर कभी राधा की भटकन बन जाते हैं, कभी उसकी अनन्त प्यास और कभी-कभी अनन्त के स्पर्श का अहसास। ये हैं पंडित हरिप्रसाद चौरसिया की बाँसुरी के स्वर।

न्यूयॉर्क में बहुत सर्दी है, लेकिन होटल के कमरे में हीटिंग चल रही है। ऐसे में हरि जी के हाथों में बाँसुरी है। इधर वे मुझसे बातें कर रहे हैं, उधर उनकी उँगलियाँ बाँसुरी के छिद्रों का स्पर्श कर रही हैं—निरन्तर। "आपने हाथ में बाँसुरी पकड़ी हुई है और आपकी उँगलियाँ भी निरन्तर उसके छिद्रों का स्पर्श कर रही हैं। किन्तु स्वर तो बाहर नहीं निकलता क्योंकि उसमें फूँक नहीं है। जब स्वर बाहर नहीं है, तो क्या वह स्वर आपके भीतर चल रहा है?" मैं पूछती हूँ।

मैंने हरि जी को उनके अनेक कार्यक्रमों से पहले ग्रीन-रूम में आँखें बन्द करके बैठे हुए देखा है। उनकी आँखें बन्द होती हैं, हाथों में बाँसुरी। तब भी उँगलियाँ बाँसुरी के छिद्रों को एक के बाद एक छूती हैं, होंठ बड़े फूँक वाले छिद्र पर होते तो हैं, फूँक देने की मुद्रा में, लेकिन उस फूँक में से आवाज नहीं आती, स्वर नहीं गूँजते, वे स्वर हरि जी के भीतर ही नहीं होते हैं। मेरे प्रश्न के उत्तर में हरि जी कहते हैं, "जैसे शरीर होता है न, और शरीर में श्वास की जगह होती है, जैसे आत्मा और श्वास के निवास से पूरा शरीर चलता रहता है, वैसे ही मेरे हाथ में यदि बाँसुरी न हो, और बाँसुरी पर उँगली न चल रही हो तो शरीर में शून्यता-सी आ जाती है। मेरा शरीर थोड़ा ठंडा-सा पड़ जाता है। आज मैं दिन भर प्रतीक्षा में था कि आप आएँगी, आप ही के साथ मैं अपनी पूजा करूँगा। तो यह मेरी पूजा है, मेरी आराधना है। आराधना का मेरा मतलब यह है कि आदमी जैसे कहीं भी बैठकर पूजा कर लेता है, क्योंकि पूजा उसके मन के भीतर चलती है। ऐसे ही मेरी पूजा मेरे मन के भीतर चलती है, चाहे मैं कहीं भी बैठा होऊँ, कुछ भी कर

रहा होऊँ। लेकिन आवश्यकता यह है मैं अकेले बैठा होऊँ या मेरा मन बहुत खुश हो, तब ही मैं पूजा कर सकता हूँ। इस समय मेरा मन बहुत प्रसन्न है क्योंकि आपके सामने बैठकर मैं आपसे अपनी आराधना और अपने आराध्य के बारे में बात कर रहा हूँ। यही मेरी पूजा है।"

स्वर तो हरि जी के भीतर चलता ही रहता है निरन्तर। जब वे बाँसुरी लेकर बैठते हैं तो स्वयं को पहले अन्तर्धान कर लेते हैं, आत्मलीन, क्योंकि बाँसुरी तो वाद्य भी ऐसा ही है। उसमें कोई तार नहीं है उसे सुर में नहीं मिलाना पड़ता।

"सुर में तो मिलाना है अपने आपको," हरि जी कहते हैं। "बाँसुरी को तो साधन नहीं है, साधना है अपने-आपको। स्वयं को सुर में मिलाना है। हम स्वर से तनिक भटके नहीं कि बाँसुरी का स्वर भी भटक जाता है। इसीलिए हमें अपने आप में लीन होना पड़ता है, ध्यानस्थ होना पड़ता है। और यह नहीं कि कभी-कभी। हर समय स्वर में उतरना पड़ता है। वह तो आत्मा का स्वर है। आत्मा की अनन्त से पहचान है।"

सम्भवतः यही कारण है कि यदि आप वृन्दावन जाएँ तो वहाँ की गलियों में कभी-कभी आज भी कृष्ण की राधा प्यारी भटकती हुई महसूस होती है। शायद इसी पहचान की तलाश में वह भटक रही है। वृन्दावन की धेनु में, वेणु में, रेणु में, वृक्षों पर, राधा के कृष्ण-सखा की छाप है। श्याम तो चले गये, लेकिन श्यामा वृन्दावन को छोड़कर कहीं नहीं गयी। सूरदास ने लिखा :–

"श्रीकृष्णचंद्र ने मथुरा तें गोकुल को आइबो छोड़ दियो।
तब तें ब्रजवासिन ए री सखी पनघट को जाइबो छोड़ दियो।
लता-पता सब सूखि गयीं जमुना ने किनारो छोड़ दियो।
मेवा को भोग लगावत हैं माखन को खाइबो छोड़ दियो।
कंस मार के राजा भये गइयन को चराइबो छोड़ दियो।
कुब्जा के रंग में राचि गये राधा गुण गाइबो छोड़ दियो।
बीन पखावज धरे रहे बंसी को बजाइबो छोड़ दियो।
सूरदास प्रभु निठुर भये हंसिबो इठलाइबो छोड़ दियो।।"

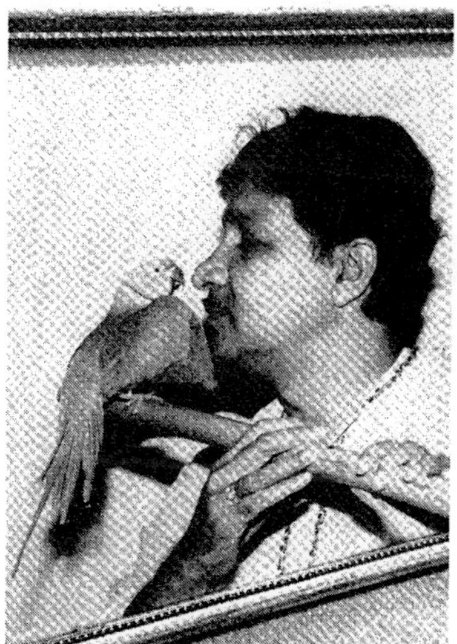

श्यामा की तलाश कभी समाप्त नहीं हुई। श्यामा कभी कदम्ब के वृक्ष के साथ अपनी तन्मयता का एकीभूत होना और कभी श्याम कृष्णचंद्र की बाँसुरी के साथ तादात्म्य होना देखती रही। न तो राधा के आँसुओं से कम्दब के वृक्ष की पत्तियाँ धुल पायीं और न ही यमुना का जल ही और अधिक भीग गया। भीगा तो वृन्दावन के ऊपर से बहती हुई हवा का स्पर्श जो कृष्ण की बाँसुरी के स्वरों को स्पर्श करके आया था और राधा के कपोलों को छू रहा था। बाँसुरी के स्वरों को स्पर्श करके आये उस हवा के छूने से राधा के कपोल और आँखें, दोनों ही भीग-भीग गये थे, राधा का आँचल उन आँसुओं को

पोंछ नहीं रहा था, कदम्ब के वृक्ष तले उन आँसुओं के गिरने से और भीग गया था, और उदास हो गया था।

पंडित हरिप्रसाद चौरसिया की बाँसुरी के स्वरों में वही भीगापन महसूस होता है। यही बाँसुरी तो है जिसके स्वर श्रोताओं में बैठे गोपिकाओं की आँखों को भी गीला कर जाते हैं। ऐसी स्थिति, ऐसे स्वरों का सृजन ही पंडित हरिप्रसाद चौरसिया के लिएं पूजा है। लेकिन उन्हें कब अहसास हुआ कि उन्हें अपनी पूजा के माध्यम के रूप में बाँसुरी का चयन करना है?

"जैसे-जैसे मैं इसके करीब आता गया, वैसे-वैसे एक धर्म हमारे बीच में बनता चला गया। मेरा धर्म इसके ऊपर और इसका धर्म मेरे ऊपर। या यूँ कहिए कि बाँसुरी के प्रति मेरा धर्म और संगीत के प्रति मेरा धर्म। तो यह मेरा धर्म ही बन गया कि हमें बाँसुरी को ही बजाना है। वैसे यदि ऐसा न भी करते तो सम्भवतः कुछ अन्तर नहीं पड़ता। किन्तु नहीं, अब स्थिति यह है कि अब मैं इसके साथ नहीं हूँ तो लगता है कि तबीयत कुछ ठीक नहीं है। अस्वस्थता सी होने लगती है। ऐसा नहीं है कि कोई परेशानी है, परेशानी तो कोई है नहीं। लेकिन जब ये कर लेता हूँ, यानी अपनी पूजा-आराधना कर लेता हूँ, बाँसुरी के छिद्रों पर हाथ फिराते-फिराते स्वयं को ध्यानस्थ कर लेता हूँ तो लगता है कि आज का मेरा सब काम निवृत्त हो गया। आज मैंने जो पाना था, वह पा लिया। अब मैं इसके निकट अपना मुख नहीं भी ले जाऊँ, तो भी आराधना तो मेरे भीतर चलती ही है।"

हरि जी के सामने अनेक रास्ते थे। पहला रास्ता तो था उनके पिताजी का, पहलवानी का, जो उन्होंने नहीं चुना। कुछ दिन तक पिताजी को खुश करने के लिए पहलवानी की तो, लेकिन फिर भाग गये घर से। उनके सामने बाँसुरी के अतिरिक्त भी अन्य कई रास्ते थे अवस्था में, यदि संगीत को उन्हें अपनाना था तो, और जो उन्होंने अपनाया। एक रास्ता था गाने का। क्योंकि

जब तक गला सुरीला नहीं हो, मन सुरीला न हो, तब तक फूँक भी सुरीली नहीं हो सकती। पंडित किशन महाराज तो मानते ही हैं 'हरि की फूँक बड़ी सुरीली है'। तो हरि जी के सम्मुख सितार, सरोद, सारंगी, तबला सभी माध्यम तो थे, फिर बाँसुरी ही क्यों?

"मुझे ऐसा लगा कि बाँसुरी में जो शक्ति है, इसमें जो भावना है, जो इसकी प्रकृति या टेंपरामेंट है, वह हमारी प्रकृति के लिए बहुत माफिक है। वह हमारे मिज़ाज के साथ बहुत मेल खाता है। और मेल इसलिए खाता है कि मैं जो गाना गाना चाहता था, उसमें अपनी आवाज़ की प्रकृति को उसमें भर सकता था। अन्य वाद्यों की तुलना में मैं और अधिक अपनी आत्मा को इसके निकट महसूस कर सकता था। जब भी मैं बाँसुरी में फूँक लगाता हूँ तो सोचता हूँ कि मैं इसमें गा रहा हूँ। मुझे ऐसा नहीं लगता कि मैं कोई वाद्य बजा रहा हूँ। तो

आप जब भी मुझे देखेंगे तो मैं आपको कभी भी चिंतित नहीं दिखाई दूँगा। मैं आँख बन्द करके अपने भीतर ही विचरण करता हूँ। मुझे ऐसा प्रतीत होता है कि यही एक वाद्य ऐसा है जिसके द्वारा मन के अन्दर की जो भावना है, उसे मैं अच्छी तरीके से जाग्रत कर सकता हूँ। वह इसी वाद्य के माध्यम से मैं कर पाऊँगा, अन्य किसी माध्यम से नहीं। तो जब मैं बाँसुरी को फूँकता हूँ तो मुझे लगता है कि मैं गा रहा हूँ। तब मैं गाना गाता हूँ।" गायन के सर्वोच्च सिंहासन पर भारत के जो कलाकार आज विभूषित हैं, वे पंडित जसराज हमेशा कहते हैं, "हरि ने स्वयं हरि को अपने प्रसाद के रूप में बाँसुरी दी है।"

सम्भवतः यही कारण है कि हरि जी प्रसाद के रूप में मिली उस बाँसुरी के स्वरों को अपनी फूँक से जाग्रत कर संगीत के आकाश में यज्ञ की सुगन्ध की तरह फैला रहे हैं। मुझे याद है कि लगभग 20 वर्ष पहले मैंने सुप्रसिद्ध पत्रकार खुशवंत सिंह जी को पंडित हरिप्रसाद चौरसिया की कुछ रिकार्डिंग्स के कैसेट और सी डी भेजे थे, उन दिनों, जब वे लिखने के लिए कसौली गये हुए थे। कसौली से लौटने के बाद खुशवंत जी ने किसी पत्र में अपने साप्ताहिक स्तम्भ में लिखा था कि उन्होंने पंडित हरिप्रसाद चौरसिया का नाम तो बहुत सुना था, लेकिन कभी उनके कार्यक्रम सुनने का अवसर उन्हें नहीं मिला। इन रिकार्डिंग्स को सुनकर उन्हें ऐसा आभास हुआ कि वे किसी और ही लोक में पहुँच गये हैं। "किताबों में पढ़ा है कि भगवान कृष्ण बहुत अच्छी बाँसुरी बजाते थे। उस बाँसुरी की तान को सुनकर ब्रजभूमि में गोप-गोपियाँ, गाएँ, सब उनके पीछे-पीछे चले आते थे। मुझे लगता है कि हरिप्रसाद चौरसिया की बाँसुरी भगवान कृष्ण की बाँसुरी से कुछ कम सुरीली नहीं होगी।"

"वाद्यों में सभी वाद्य इंसान के बनाये हुए हैं," हरि जी कहते हैं। "यह एक ही वाद्य है, और दूसरा शंख है, जो स्वयं भगवान का बनाया हुआ है। इसे कोई फैक्ट्री नहीं बना सकती। आज तक न किसी ने उस तरह से इसे बनाया और सम्भवतः सोचा भी नहीं। यह बाँस भी भारत के अतिरिक्त कहीं और नहीं मिलता। अमेरिका में यदि बाँस मिलता तो लोग बाँस की ही बाँसुरी बनाते, धातु की नहीं। यह वाद्य भगवान का बनाया हुआ है, इसलिए सारे संसार में अलग-अलग मेटिरियल का ही सही, मिलता अवश्य है। यह ईश्वर की सार्वभौमिक सत्ता होने का परिचय है। यही एक हिन्दुस्तानी वाद्य है जो सारे संसार में बनने लगा। फिर चाहे यह इस्पात का बना हो अथवा पीतल का, चाँदी का हो अथवा सोने का अथवा लकड़ी का। लेकिन यह

वाद्य हर जगह मिलता अवश्य है। अन्य कोई भी वाद्य न सारंगी, न सरोद, न सितार—कहीं भी नहीं मिलता", पंडित हरिप्रसाद चौरसिया कहते हैं।

हरि जी गायन को संगीत का सर्वोत्कृष्ट माध्यम मानते हैं। "हम क्या बजाते हैं वाद्य में? जो लोग गाते हैं, वही हम बजाते हैं। उसमें शब्द नहीं होते, संगीत होता है, स्वर होते हैं। गायक लोग जो गाते हैं, उसमें शब्द होता है। हमें शब्द नहीं चाहिए। गायक लोग शब्दों को गाते हैं, और हम स्वरों को गाते हैं। गायक हमारी तरह नाना या मामा या चाचा करके नहीं गा सकते। लेकिन हम गाते ही रहते हैं। वास्तव में कोई भी गायक हो, वह गाता ही रहता है। वह भावाभिव्यक्ति है। हमारी भावाभिव्यक्ति शब्दों के माध्यम से नहीं, स्वरों के माध्यम से है। जैसे बिस्मिल्लाह खाँ साहब शहनाई बजाते हैं, या बीन बजती है या नादस्वर बजता है, ये सभी फूँक के वाद्य हैं। यूँ तो हमने भी कोशिश की थी शुरू-शुरू में शहनाई बजाने की, क्योंकि जो हमारे पहले गुरु जी थे—पंडित भोलानाथ जी, वे बाँसुरी भी बजाते थे और शहनाई भी। तो हमने भी कोशिश की। लेकिन हमने पाया कि शहनाई बजाने में वोकल कॉर्ड यानी स्वर नली में थोड़ा-सा क्रैक आ जाता है। जितने भी जोर से फूँक मार कर बजने वाले वाद्य हैं जैसे नादस्वर या सैक्सोफोन या शहनाई, इन सभी में वोकल कॉर्ड में क्रैक आ जाता है। तो उनके वादक जब गाते हैं—जैसे बिस्मिल्लाह खाँ साहब जब गाते हैं तो थोड़ा नाक से गाते हैं, सीधा आ करके गाना सम्भव नहीं है। बहुत हाई नोट पर ही गा सकते हैं। तो जब मैंने चाहा कि मुझे तो संगीत-निर्देशन भी करना है, संरचना भी करनी है जिसके लिए मुझे गाना ही पड़ेगा तो यूँ सोचा कि मैं ऐसे वाद्य को लूँ जिसमें मैं अपने वोकल कॉर्ड को भी ठीक रख सकूँ और बाँसुरी भी बजा सकूँ।"

क्या यह सब हरि जी के सामने उस समय भी था जब उन्होंने संगीत के संसार में पहला कदम रखा? इस भविष्य की कल्पना क्या हरि जी ने पहले से ही कर ली थी, यह जिज्ञासा स्वाभाविक ही है। इस छुटपन में भी जबकि लोगों को यह भी पता नहीं होता कि रास्ता क्या होता है, ऐसे में सही या गलत रास्ते की पहचान तो बहुत बड़ी चीज है। पंडित भोलानाथ जी छोटे हरि को अपना परिवार ही मानते थे। उन्होंने विवाह तो किया नहीं था, लेकिन बच्चों से उन्हें विशेष स्नेह था, विशेष रूप से अपने छात्रों में हरिप्रसाद सबसे छोटे थे और गुरु जी के सामने लाड़ करते। आज उन्हें यह चीज चाहिए और कल वह मिठाई खानी है। भोलानाथ जी स्वयं रेडियो में नौकरी करते थे, तनख्वाह ज्यादा नहीं थी लेकिन नन्हे हरि की फरमाइशों को पूरा करने में कोई कसर नहीं छोड़ते। जो उन्हें चाहिए था, वह सब ला कर देते। भोलानाथ जी को खाना पकाने का भी बहुत शौक था। खुद अपने हाथों से खाना पकाते और हरि को खिलाते। हरि जब

खाने की तारीफ़ करते तभी उन्हें तसल्ली होती। गुरु का अप्रतिम प्रेम ही था कि हरि को सम्भवतः अपना जीवन-मार्ग चुनने में बहुत कठिनाई नहीं हुई। भोलानाथ जी को हरि ने बाँसुरी बजाते हुए भी सुना और शहनाई बजाते हुए भी। दोनों ही रास्ते हरि के सामने खुले थे, लेकिन 'मुक्ताहल मुक्ता चुगे' की भाँति उसमें 'मेरे लिए क्या अच्छा है', चुनने-सोचने की परख की दृष्टि आ गयी थी। दोनों ही वाद्य मीठे, लेकिन उन्होंने चुनी बाँसुरी।

"मैंने देख लिया था, लोगों को मैंने बजाते हुए देखा, उनसे बातें कीं तो मुझे लगा कि अन्य वाद्यों की अपेक्षा यही वाद्य मेरे लिए ठीक रहेगा। मैं चाहूँ तो वाद्य बजाऊँ अथवा कभी ऐसी स्थिति आये कि गाना भी चाहूँ तो गा सकूँ। तब ऐसा न हो कि कोई कहे कि आप बात करते हैं तो ठीक करते हैं, लेकिन गाना गाते समय 'ऐं ऐं' करते हैं। फिर मुझे यह वाद्य प्यारा भी बहुत है, क्योंकि यह भगवान का बनाया हुआ है," हरि जी कहते हैं।

बात को हरि जी आगे बढ़ाते हैं, "मैंने पहले तो नहीं सोचा था किन्तु बाद में देखा कि अच्छा ही हुआ कि मैंने एक ऐसे वाद्य को चुना जिसके लिए श्रोताओं के सम्मुख किसी भी तरह की व्याख्या करने की आवश्यकता नहीं है। यह जैसा है, वैसा ही है, एक बाँस का टुकड़ा। इसमें न तो कोई तार लगा हुआ है न चमड़ा। ऐसा वाद्य तो भगवान का बनाया हुआ ही हो सकता है, उन्हीं का सोचा हुआ हो सकता है। हालाँकि है यह केवल एक बाँस का टुकड़ा, वह भी बेजान, कोई स्वर नहीं, लेकिन जब फूँक मारिए तो इसमें स्वर आ जाते हैं, सारा ब्रह्मांड उन स्वरों में समा जाता है। दूसरे वाद्यों को जब ट्यून कर दें, या उसके स्वर मिला दे तो कोई बच्चा भी उन पर हाथ ही मार दे तो उनमें स्वर आ जाते हैं, वे साज़ बज जाएँगे। लेकिन बाँसुरी का क्या, इसे बजाने के लिए तो अपने-आपको स्वरमय करना बहुत आवश्यक है। उसका एक कारण यह भी है कि जो व्यक्ति इसे बजाता है या तो वही इस बाँसुरी को बना सकता है अथवा उसका कोई प्रिय मित्र ही इसे बना सकता है। मैंने यह समझ लिया कि यह वाद्य किसी फैक्ट्री में नहीं बनेगा। बाद में मुझे लगा कि मैं तो बहुत भाग्यशाली हूँ कि मैंने बाँसुरी को चुना क्योंकि आजकल की परिस्थिति में और कोई भी वाद्य या तो बहुत महँगा पड़ता, और फिर जो ईश्वरीय कृपा मुझ पर इस वाद्य को अपनाने से, बजाने से निरन्तर होती है, वह फिर कैसे होती? आजकल संगीत में जो जाता है, जो भी इस पथ पर चलता है, वह दो ही स्थितियों में सम्भव है कि या तो इस पर ईश्वरीय कृपा हो और या फिर वह बहुत पैसे वाला हो। क्या आपको किसी बड़े कॉरपोरेट उद्योगपति के घर में संगीत को अपनाने के इच्छुक बच्चे दिखाई देते हैं? न तो किसी राजनेता के घर में आपको अच्छा संगीत सीखने या उसमें रुचि रखने वाले बच्चे मिलेंगे न किसी शेख के घर में। इसीलिए मैं तो कहता हूँ कि अच्छा संगीतकार और अच्छा सुनकार, दोनों ही के लिए ईश्वरीय कृपा होना बहुत आवश्यक है। और

मेरे ऊपर तो ईश्वर की कृपा अनन्त है।"

इलाहाबाद में संगम के जल से न जाने कितनी आत्माएँ एक अनाम, अनन्त लम्बी यात्रा की ओर प्रवास करती हैं। कुछ यात्राएँ ऐसी भी होती हैं जो यहीं, इसी पृथ्वी पर की जाती हैं, लेकिन उनका परिणाम नैसर्गिक होता है। ऐसे अनुभव कभी-कभी किसी व्यक्ति का जीवन ही बदल देते हैं। 7-8 वर्ष के हरिप्रसाद को भी कुछ ऐसा ही अनुभव हुआ था उस बार इलाहाबाद में, संगम के तट पर। उस्ताद अब्दुल हलीम ज़ाफर खाँ साहब राग कीरवानी गा रहे थे कि उस गायन को सुनकर हरि सब कुछ भूल गये। न याद रहा कि अखाड़े में पिता कुश्ती की तैयारी करवाने के लिए प्रतीक्षा कर रहे हैं, न याद रहा कि इस रास्ते पर चलने की इच्छा जब उन्होंने अपने पिता के सम्मुख रखी थी तो पिता किस तरह से भड़क गये थे कि पहलवानों के खानदान का बेटा होकर 'मिरासी' बनना चाहते हैं। उसी समय उसी दिन से संगम के किनारे "हमें संगीत की ऐसी दुनिया दिखाई सी पड़ी कि ये कितनी सुनहरी दुनिया है। क्या संगीत ऐसा भी हो सकता है? कौन करेगा पहलवानी, वास्तविक दुनिया तो यही है, स्वरों की, जिसकी खोज हमें करनी है। बस, उसी दिन निर्णय हो गया, कि भगवान ने हमारे लिए यही संगीत का रास्ता नियत किया है। वरना हम तो पहलवान परिवार के थे, हमें संगीत के साथ क्या काम था," हरि जी बता रहे हैं।

हरि जी मानते हैं कि यह भाग्य की बात है कि एक पहलवान का लड़का पहलवानी न करे और बाँसुरी को साधने में जीवन लगा दे। बहुत सालों तक शरीर पर तेल चुपड़ करके नन्हा हरिप्रसाद अखाड़ों में दंड-बैठकें लगाता। पास बजते किसी रेडियो पर संगीत की कोई तान सुनाई पड़ती तो शरीर तो बैठकें लगाता रहता, लेकिन मन संगीत सुनने लगता। हाथ-पैर कभी शिथिल हो जाते। फिर पहलवान पिता की मार से शरीर पर निशान बन जाते। पहलवान का लड़का होकर औरतों की तरह गाना-बजाना करे, पिता को गवारा नहीं था। संगम-तट पर सुनी उस्ताद अब्दुल हलीम जाफ़र खाँ की 'कीरवानी' तो

यूँ भी कानों में गूँजती रहती थी, 5 साल का था कि माँ छोड़ कर चली गयी थीं। लेकिन गुरुमन्त्र की तरह हरि के कानों में उन्होंने लोरी के स्वरों को भर दिया था। वह उनकी संगीत की पहली शिक्षा थी। "संगीत का वही पहला स्वर मेरे कानों में हर समय गूँजता था, वरना पिता ने हमें पहलवान बनाने में कोई कसर नहीं छोड़ी। एक दिन हमारे मन ने विद्रोह कर दिया। मैं किसलिए ऐसा कर रहा हूँ, मार के भय से? किन्तु क्या मेरी अपनी इच्छा नहीं है? नहीं, मैं पहलवानी नहीं करूँगा, हमने तय किया। पहले छिप-छिपकर और फिर खुलेआम संगीत में डूब गये हम। एक दिन हम घर से भाग गये।" वो बचपन की मार हरि जी को अब भी याद है। लेकिन

जो कुछ पाना चाहें, उसे पाने के लिए कुछ तो तपस्या करनी ही पड़ती है न! उस तपस्या के बिना शक्ति कहाँ से आती इतने दुःसह मार्ग पर चलने की?

इलाहाबाद में एक गली के नुक्कड़ पर एक हलवाई की दुकान के बाहर कुछ हिन्दी के युवा लेखकों को कभी-कभी एक लड़का जलेबी खिलाता। किसी-किसी दिन लड़का दिखाई न देता। दुकान के किसी कोने में से उभरता उसका गुनगुनाता हुआ स्वर, कभी-कभी एक सस्ती-सी बाँसुरी को वह फूँक मारता। उस फूँक से निकले स्वरों को सुनकर जलेबी पकड़े हुए हाथ जलेबी को मुँह तक ले जाना भूल जाते। हिन्दी के उन लेखकों को कहाँ पता था कि यही जलेबी खिलाने वाला लड़का हरिया किसी दिन पंडित हरिप्रसाद चौरसिया बन जाएगा। किन्तु हरिया तो पंडित हरिप्रसाद चौरसिया बन गया। उसके 'मैं' ने निश्चय किया और संगीत की शक्ति मन्त्रमुग्ध-सी उसके पीछे चली आयी और आज तक उसी के साथ है।

"हम गरीबों के लिए भगवान ने कितना सुन्दर और अमोल वाद्य बनाया, " हरि जी कहते हैं। "यह वाद्य उस समय बहुत सस्ता बनता था। अच्छा सस्ता, यदि आप खुद इसे तैयार कर सकते हैं तो और भी बेहतर। जंगल में जाइए, बाँस काट लाइए, उसमें छिद्र कर लीजिए और बजाइए। (यह उतना सरल भी नहीं है जितना सरल कह कर हरि जी समझा रहे हैं)। लेकिन, दूसरे वाद्यों को आपको बहुत-सी दुकानों पर ढूँढ़ कर अपने सुर का वाद्य ढूँढ़ना होगा। फिर अपने हिसाब से तार लगाना, तार टूट जाए या उसमें जंग लग जाए, बड़ा ताम-झाम है। इसे तो आप सीधा जंगल से काटकर ला सकते हैं। तो मुझे लगा कि मेरे लिए यही वाद्य सबसे उत्तम रहेगा, क्योंकि हम लोग तो बहुत गरीब हैं, हम तो कोई रईस थे नहीं उस समय। और अब तो ऐसा लगता है कि हमारी जो आने वाली पीढ़ियाँ हैं, उनके लिए भी यह वाद्य बहुत उत्तम रहेगा।"

मुझे याद आ रही है 1995 की फरवरी की वह शाम जब विशाखापट्टनम के गंगावरम् तट पर आयोजित 'सागर-उत्सव' में पंडित हरिप्रसाद चौरसिया का बाँसुरी वादन हो रहा था। लगभग 20 हजार लोगों की भीड़ बाँसुरी-रस में खो गयी थी। पंडित जी ने बजाया राग वाचस्पति। उसके बाद पहाड़ी। उनकी छोटी बाँसुरी से निसृत स्वर न केवल उस बड़ी भीड़ को मन्त्रमुग्ध कर गये, बल्कि मैंने देखा कि मंच पर समुद्र-तट की रेत से निकल कर एक बड़ा-सा केकड़ा हरि जी की बाँसुरी के स्वरों पर थिरक रहा है। अगली सुबह लगभग 5 बजे हम लोग उठकर गंगावरम् तट पर जब सूर्योदय देखने गये तो हरि जी ने वहाँ समुद्र की लहरों के बीच खड़े होकर सूर्य देवता को अपनी बाँसुरी के स्वरों से अंजलि दी। ऐसा वातावरण था कि मानो सूर्यदेव उन स्वरों की ही प्रतीक्षा कर रहे थे कि कब हरि

जी वहाँ बाँसुरी बजाएँ और कब वे लहरों के पीछे क्षितिज के पार से निकल कर धीरे-धीरे सारे संसार को अपनी किरणों से ताप देने लगें।

बड़ी बाँसुरी, बड़े छिद्र। छोटी बाँसुरी, छोटे छिद्र। कभी-कभी बड़ी बाँसुरी के छिद्रों की दूरी कम और कभी अधिक। ये छिद्र किस आकार के होते हैं और एक दूसरे से कितनी दूरी पर हों, सम्भवतः इसका भी एक विज्ञान होता है। तभी तो उस पर हल्की और तेज, अथवा ज्यादा वज़नी फूँक मारने से, अँगुली को किस छिद्र पर कितना और कैसे रखना है, इससे सारे के सारे राग, मन की सारी की सारी भावनाओं को उतार के रखा जा सकता है।

"यह बहुत बड़ा विज्ञान है," हरि जी बता रहे हैं। "हम कभी आई.आई.टी. जैसे संस्थानों में वक्तव्य और कार्यक्रम के लिए जाते हैं। बड़े-बड़े इंजीनियरिंग के छात्र वहाँ रहते हैं। हम कई बार पूछते हैं कि कोई तो ऐसा बच्चा होगा जो हमें बता सकेगा कि सुर मिलाने के लिए बाँस में कहाँ छिद्र करने पड़ते हैं। लेकिन, वो तो बहुत परेशान हो जाते हैं। इसे प्रकृति ने बनाया था न! और वे सब लोग तो बड़ी-बड़ी अप्राकृतिक बातें सीखते हैं। कभी भी वे प्रकृति की कोई बात नहीं करेंगे। प्रकृति तो भगवान की ही बनाई हुई है। जब सारे बाँस ही एक जैसे नहीं होंगे तो किस आधार पर वे उसमें कोई तालमेल ला सकते हैं अथवा गणित ला सकते हैं। हर बाँस का आकार, उसकी चौड़ाई अलग-अलग होती है। कोई पतला है तो कोई मोटा, कोई लम्बा है तो कोई छोटा। किस आधार पर इंजीनियरिंग के छात्र उस पर कोई गणित दिखा सकते हैं। वे लोग परेशान हो जाते हैं कि आप इसे किस तरह तैयार करते हैं। हम चूँकि इसी को अपना जीवन बना चुके हैं तो इसलिए मालूम है कि किस लम्बाई अथवा मोटाई का बाँस होगा, उसमें कहाँ गाँठ होगी तो कहाँ काटना और कहाँ छिद्र करना पड़ेगा। कैसा करने से कौन-से स्वर बनेंगे! वह 'बी' स्वर का भी बन सकता है और 'सी' का भी। 'ए', 'डी', 'ई' और 'एफ' का भी बन सकता है। तब वह ज्ञान केवल अनुभव से मिलेगा। हरि जी अनेक बार जब बाँस ढूँढ़कर लाते हैं, जंगल में अपनी पसन्द का बाँस तलाश करते हैं, ऊपर से बहुत सुन्दर दिखाई देने वाला बाँस, लेकिन घर आकर देखते हैं कि उसे भीतर से कीड़े खा गये हैं। इस तरह बहुत से बाँस बेकार हो जाते हैं। अपनी तरफ से बहुत अच्छा बाँस लाये, लेकिन छिद्र करने बैठे तो देखा कि उसे कीड़े खोखला कर चुके हैं। बाँसुरी बनाते-बनाते कभी बाँस बीच में से ही चटख जाता है। इसलिए आप यदि केवल प्रकृति से ही बातें करें और या फिर इंजीनियरिंग ले के या गणित ले के बैठे रहें, इन दोनों स्थितियों में बहुत अन्तर है। हम बाँस को देखते हैं, उसकी लम्बाई, चौड़ाई, मोटाई—सभी कुछ भाँप कर शुरुआत पहले एक छिद्र से करते हैं। पहले एक फूँक मारने वाला छिद्र बनाते हैं। फिर देखते हैं कि इतनी दूरी पर

ऋषभ आ जाएगा तो फिर एक दूसरा छिद्र बनाते हैं। उसकी चौड़ाई से उसका सुर मिलाते हैं, फिर छिद्र की चौड़ाई को आहिस्ता-आहिस्ता बड़ा करते हैं। तो वह हमारी बाँसुरी की ट्यूनिंग होती है। तब जब ट्यूनिंग हो जाती है तो फिर उसे चार-पाँच साल तक सूखने के लिए छोड़ देते हैं। बाँस के सूखने में, उसके मेच्योर होने में, पकने में या कहिए बजाने के लिए तैयार होने में बहुत समय लगता है फिर जैसे-जैसे बाँस सूखता जाता है, उसके छेद भी छोटे होते जाते हैं। तब फिर से उन्हें हमें बड़ा करना पड़ता है, एक ही परिधि के आकार का, वरना वे फिर बेसुरे हो जाते हैं। तो हमें भी फिर उन्हें बजा-बजाकर स्वरों को सुन-सुनकर छिद्रों को ठीक करना पड़ता है।"

हरि जी जब कार्यक्रम में बाँसुरी बजाने बैठते हैं तो उनके पास बहुत सारी बाँसुरिया रखी रहती हैं, अलग-अलग आकार-लम्बाई, मोटाई की। 'क्या आप इन्हें ठाठ के हिसाब से बनाते हैं या रागों के हिसाब से बनाते हैं? ''कोई भी बाँसुरी पर कोई भी राग बज सकता है। मैं स्वरों के हिसाब से, जैसे पियानो में 'की' होता है– सी सी शार्प डी, डी शार्प ई, एफ, जी शार्प इसे बनाता हूँ। हर स्वर की बाँसुरी में बेस, मिडल और हाई–तीन पिच होते हैं। पियानों में वही सात 'की' इधर भी होते हैं, उधर भी होते हैं–लोअर 'की', मीडियम 'की', टॉप 'की' और अपर टॉप 'की'। यहाँ मंद्र सप्तक, मध्य सप्तक और तार सप्तक होते हैं। इसीलिए बाँसुरी में अधिक स्वर हो जाते हैं। सात स्वरों के साथ तो बाँसुरी हो गयी, फिर बीच के जो पाँच कोमल स्वर होते हैं, उनके साथ बारह। एक ही बाँसुरी पर कोमल और तीव्र स्वर हम बजा सकते हैं। इसका भी प्रकृति का हिसाब है। इसमें कोई वैज्ञानिक शोध नहीं है। और आदमी जो करता है, उसे उसकी विद्या आनी चाहिए। यदि कोई तार वाला वाद्य हो तो कोमल स्वर बजाने के लिए पर्दा है–उससे मालूम पड़ेगा। लेकिन बाँसुरी में कोमल बजाने के लिए हमारा कान बहुत शुद्ध होना चाहिए। शुद्ध से मेरा मतलब है–स्वरों से शुद्ध, स्वरमय। जब फूँक मारते हैं तो फूँक थोड़ा-सा कम कर देंगे तो थोड़ा-सा कम बोलेगा। जोर से फूँक देंगे तो जोर से बोलेगा। तो थोड़ा माइक्रोटोन तो उससे मिल जाता है, लेकिन आधा नोट करने के लिए हमने क्या सोचा कि आधा उँगली उठाई। लेकिन ऐसा नहीं है। एक पूरा स्वर है, उस स्वर को आधा करने के लिए यदि हम आधी उँगली उठाएँगे तो स्वर ही बन्द हो जाएगा। यह सारी प्रकृति की बात है, उसमें कोई गणित इस्तेमाल नहीं हो सकता।"

इस प्रकृति के लिए अनन्त अभ्यास और साधना की आवश्यकता है। शरीर का समूचा तन्त्र और मन्त्र बाँसुरी के साथ जुड़ा होना चाहिए। यह ऐसा

वाद्य है, जिसके साथ हरि जी को अपने सिर के बालों से लेकर पैर के नाखून तक, सबकुछ को एकाग्र करना पड़ता है। "यह ध्यान है। एकाग्रता ऐसी कि फूँक को कितना वजन चाहिए, वह ध्यान में रहे, जैसे कि हम लोग योग में करते हैं। योगी क्या करते हैं? कैसे श्वास को लेना और कैसे छोड़ना, समय का अनुपात वही ट्यूनिंग है न! हम तो रोज यही करते हैं। तो ऐसा कोई दूसरा वाद्य नहीं है। इसके लिए श्वास का, विचार का, सोच का, कान का, ध्यान का, उँगली का सभी का संन्यस्त होना जरूरी है। इसमें तो तार आदि कुछ है ही नहीं, इसलिए बाँसुरी में सुर अच्छी तरह निकालने के लिए आपकी फूँक भी सुरीली होनी चाहिए। ऐसा अंदेशा भी है कि आपकी फूँक बहुत कर्कश हो जाए। फूँक सुरीली भी हो सकती है। लेकिन, सुरीली ऐसी हो कि लोगों के दिल को छीन ले। लोगों के दिल को अपने हाथ में पकड़ के ऐसे बैठे कि कहें कि क्या बात है, क्या ध्वनि है ये। तो फूँक की भी वही बात है, वह तो प्राकृतिक है। यदि खाँसी आ गयी, या फिर सर्दी हो गयी तो फिर फूँक नहीं मिलेगी। इसलिए यह साज और इस साज का प्रभाव—ये दोनों ही प्रकृति से जुड़े हैं। साथ ही साथ इसका क्रियान्वयन भी प्रकृति से जुड़ा है।"

हरि जी अब बाँसुरी के जन्म के विषय में बता रहे हैं। "जब हम जंगल में जाते हैं देखिए, इसका भी क्या इतिहास है—हम जंगल में जाते हैं जहाँ बाँस के झाड़ होते हैं—जैसे पीलीभीत या आसाम। तो जब कीड़े बाँस को काटते हैं, उसे खोलते हैं, तो उसमें छिद्र रह जाते हैं। जब उनके बीच में से हवा निकलती है तो उससे स्वर निकलते हैं। एक ही बाँस में अलग-अलग स्थान पर छिद्र होने से अलग-अलग स्वर निकलते हैं। (बजा कर समझाते हैं।) तो ऐसा चलता रहता है। ऐसे ही लोगों को यह विचार हुआ कि क्यों न बाँसों को काट कर यदि उसमें छेद करके फूँक से बजाएँ तो उसमें एक अलग तरह की ध्वनि निकलेगी। तो एक वक्त ऐसा आ गया कि ऐसा फूँक कर बजाने से शास्त्रीय संगीत अथवा अन्य कोई भी संगीत इस पर बजाया जा सकता है। आज से हजार साल पहले या पाँच हजार साल पहले या पाँच सौ साल पहले, गाँव में जब भी कोई उत्सव होता था तो यह एक वाद्य बजाया जाता था, या फिर ढोल बजाये जाते थे। किसी के यहाँ बच्चा हुआ है या शादी है तो यह वाद्य बजता था, क्योंकि यह प्रकृति का वाद्य है। आज भी है। आज भी आप गाँव में जाएँगे तो हर अवसर पर आपको यह वाद्य बजता हुआ मिलेगा। पहाड़ी में जाएँ या नदी-किनारे, खेतों में जाएँ या खुली खिड़की से आसमान को ताकें, यहाँ तक कि जो मनुष्य की जात-प्रकृति है, प्रेम की अथवा वियोग की, उसमें भी आपको बाँसुरी के ही स्वर सुनाई देंगे। गायों को चराता

हुआ चरवाहा या पेड़ के नीचे बैठा प्रतीक्षा में आतुर प्रेमी, सभी बाँसुरी ही बजाते हैं। आपने कभी सुना है कि गायों को चराते हुए या वियोग में किसी ने सितार बजाया हो या सरोद बजाया हो! गाँव में जाएँगे तो खिलौना बेचने वाले के पास या पालने के झूले में बँधी हुई बाँसुरी आपको मिलेगी, लेकिन सरोद, सितार या वायलिन नहीं मिलेंगे। उसका कारण यह है कि यह बाँसुरी प्रकृति का बनाया हुआ वाद्य है, और बाकी सब मनुष्य के बनाये हुए वाद्य हैं। प्रकृति की बनाई चीज ही आपकी आदमी प्रवृत्तियों से मिल सकती है। इसीलिए इसे बजाने के लिए स्वयं को सुर में मिलाना पड़ता है और बाकी वाद्यों को बजाने के लिए उनके तारों को सुर में मिलाना पड़ता है। हाँ, गाना सबसे पहले आता है, क्योंकि वह भी प्रकृति का ही बनाया हुआ है, उसके लिए भी अपने-आपको सुरीला बनाना पड़ता है। उससे पहले और कोई वाद्य नहीं था, लोगों ने दूसरे देशों में अलग-अलग वाद्य ला कर उन्हें अलग-अलग स्वरूप दे दिए और फिर लोग अपने हिसाब से उन्हें बजाने लगे।"

पंडित हरिप्रसाद चौरसिया के लिए संगीत समर्पण भी है और आराधना भी है। समर्पण इसलिए है कि जो कुछ भी वह करते हैं, उसे श्रोताओं को समर्पित करना चाहते हैं। आराधना इसलिए कि उसी की खुशबू तो स्वरों में जादू-सी छा जाती है। आराधना जितनी अधिक होगी, उतनी ही अधिक खुशबू होगी, उतना ही मजबूत स्वरों का जादू होगा। वह आराधना एक घंटे या एक दिन की बात नहीं है, चौबीसों घंटे स्वयं को उसमें उतारने की बात है।

"प्रार्थना संगीत की आराधना नहीं है। प्रार्थना अपने मन की शान्ति के लिए है। अपने आप को भूल जाने के लिए है। अपने दर्द को भूल जाने के लिए है। जब भी स्वयं को भूलकर ध्यानथ हुए, प्रार्थना आराधना बन जाती है। अध्यात्म के साथ गहरा सम्बन्ध है क्योंकि यह प्रकृति से जुड़ा हुआ वाद्य है। यह भगवान का वाद्य है। यदि आप आध्यात्मिक नहीं होंगे तो इस वाद्य को आप छू भी नहीं सकते। हर व्यक्ति इसे साध नहीं सकता। जो व्यक्ति अध्यात्म से दूर है, या उसको आध्यात्मिकता मालूम नहीं है, वह उसमें कभी फूँक देके स्वर ही नहीं निकाल सकता। और चलिए निकाल भी दिया तो कभी सुरीले स्वर तो निकाल ही नहीं सकता, जब तक कि उसको भगवान का आशीर्वाद नहीं होगा। बाकी सब साजों में सभी धर्म-सम्प्रदायों के लोग हैं, उन्हें विद्वत्ता हासिल है, लेकिन बाँसुरी, उसके लिए तो भगवान का ही आशीर्वाद चाहिए। क्योंकि, यदि आपको अध्यात्म मालूम नहीं है तो आपको भगवान का आशीर्वाद भी कहाँ है कि आप स्वयं उनका वाद्य बजाएँ?

"अध्यात्म तो सबके हाथ नहीं लगता और बाँसुरी भी सभी को प्रसाद के रूप में प्राप्त नहीं होती। क्योंकि यह भगवान की बनाई हुई है।" हरि जी को अपने इस अध्यात्म में ही भगवान की शक्ति अनुभव होती है। "प्रश्न है कि आप उस शक्ति को बनाये रखने के लिए और अपने-आप को ट्यून करने के

लिए क्या करते हो? दूसरे वाद्यों में आप देखेंगे कि लोग कमरा बन्द करके उन्हें स्वरों में मिलाते रहते हैं। आधे-आधे घंटे तक यह मिलाना चलता रहता है। चाहे तबला हो या सितार हो, सरोद हो, संतूर हो अथवा सारंगी हो, पहले कमरे के भीतर और फिर बाहर, स्टेज पर भी लगे रहते हैं। गायन के लिए भी तानपुरा होगा या स्वर-मंडल होगा, उसे स्वरों को मिलाना है, ट्यून करना है। बाँसुरी को ट्यून नहीं करना है, बाँसुरी के सुरों को नहीं मिलाना है। इसको ट्यून नहीं करना है, सुरों में नहीं मिलाना है का मतलब अपने आप को ट्यून करना है, स्वयं को स्वरों में मिलाना है और यही अध्यात्म है। जैसे कोई योगी है, वह योग में बैठेगा तो उसे कितना कुछ करना है, कितने नियमों का पालन करना है। वह ट्यून करता है अपने आपको। वही नियम है उसका। वह सुबह पहले स्नान करेगा, पूजा करेगा, फूल चढ़ाएगा, प्रसाद चढ़ाएगा, फिर बैठता है वह तपस्या में। फिर तपस्या में भी क्या-क्या करना है, वह सब करता है। इसका अर्थ यह है कि वह स्वयं को ट्यून कर रहा है, अपने आपको ईश्वरीय सत्ता के स्वरूप में ढाल रहा है, अपने को माँज-चमका कर समर्पित हो रहा है। हम लोग यही देखते हैं। हम दूसरे वाद्य को नहीं देखते। हम इसको ट्यून नहीं करते। हम इसे छूते भी नहीं। अपने आपको इसके योग्य बनाते रहते हैं। और कहीं कोई कार्यक्रम हो अथवा हम कहीं अभ्यास के लिए बैठे हों जब अपने आपको सुरमय कर लेते हैं, अपनी श्वास-प्रक्रिया को, कानों को और मन को सुरमय कर लेते हैं, तब वहीं जाकर लगता है कि अब हम इसकी पूजा-अर्चना के लिए, इसे बजाने के लिए तैयार हैं। फिर इस वाद्य में कुछ नहीं, इसका मतलब है कि हम बाँस के छिद्रों के माध्यम से गा रहे हैं। जितने सुरीले हम होंगे, जितना सुरीला हमारा मन होगा, जितनी सुरीली हमारी आत्मा होगी, जितना पवित्र हमारा अध्यात्म होगा, उतनी ही सुरीली हमारी फूँक होगी, उतने ही सुरीले होंगे हमारी बाँसुरी के स्वर।"

सुरीलेपन को सिद्ध करने के लिए पंडित हरिप्रसाद चौरसिया को बहुत साधना करनी पड़ी। गंगा-तट पर बनारस में, या फिर इलाहाबाद में संगम के किनारे एक पवित्र स्थान को चुनकर हरि जी वहाँ बैठ जाते। मन-ही-मन ईश्वर को प्रणाम करके मन को गंगा की लहरों की पवित्रता में डूबने-उतरने

के लिए छोड़ देते। मन स्वरों की शीतलता का अनुभव करता और शरीर जल की शीतलता का। स्वरों की वह शीतलता होते-होते उष्णता में परिवर्तित हो जाती और फिर उनकी फूँक से बाँसुरी पर जो भी स्वर उपजते, उन्हें सुनने के लिए तट पर आये स्नानार्थी, भक्तजन, सभी एकत्रित हो जाते। इधर हरि की आँखें बन्द करके उन स्वरों को अपनी ध्यान अवस्था में अनुभव करते और मन्त्रमुग्ध श्रोता, जिन्हें हरि जी जानते भी

नहीं थे, उन स्वरों को अपने कर्णेन्द्रिय से समूचे शरीर की रोमावली का स्पर्श करते हुए अनुभव करते। और यह साधना वर्षों तक चलती रही और किसी एकान्त कोने में आज भी चलती है।

सुबह से ही कि आज शाम को आधा घंटा या दो घंटा या पाँच घंटा बजाना है, हरि जी अपनी ट्यूनिंग में खो जाते हैं। यह मानसिक ट्यूनिंग होती है। अपने मन मस्तिष्क को तैयार करके एक योजना, एक खाका तैयार कर लेते हैं कि क्या कुछ किस तरह से प्रस्तुत किया जाएगा। मंच पर साथ में बैठे हुए सहयोगी कलाकार किस तरह से तालमेल करें, यद्यपि मानसिक रूप से एक योजना, एक व्यवस्था तो सभी कलाकार बना लेते हैं, लेकिन ट्यूनिंग सभी लोग ग्रीन रूम में या मंच पर आकर ही करते हैं। हरि जी की ट्यूनिंग चूँकि स्वयं अपनी ट्यूनिंग है, इसलिए हरदम चलती रहती है।

"अपनी ट्यूनिंग भी तो बहुत बड़ी साधना हो गयी न आपके लिए! क्योंकि आपको साज़ नहीं मिलाना है, अपने-आपको मिलाना है। वह आपने कैसे सीखा? कब करना शुरू किया? उस तपस्या का भी तो एक सिलसिला रहा होगा?" मेरे प्रश्न हैं।

"दूसरे कलाकारों को शायद इसकी जरूरत नहीं है। हमारे लिए तो वह सिलसिला अभी भी चल रहा है," हरि जी बताते हैं। "इस वाद्य को जिस दिन से हमने अपनाया तो हमें पता लग गया कि अब हमें इसकी सेवा करनी है। यह लँगड़ा है—इसके पैर नहीं हैं। इसकी आँख नहीं है—यह अन्धा है। तो मैंने इसकी सेवा की। मैंने इसे प्यार किया। और जब मैंने इसे प्यार किया है तो मैं दिखाना चाहता हूँ कि इसकी चार आँख हैं, यह अन्धा नहीं है। दूसरों को तो दो आँख हैं, मैं लोगों को दिखाना चाहता हूँ कि इसकी चार आँख हैं, क्योंकि मैंने इसे प्यार किया है। तो हमें लोगों को बताना है कि यह लँगड़ा नहीं है, इसके चार पैर हैं, यह तुमसे ज्यादा तेज दौड़ सकता है। न इसमें तार है, न इसके लिए गज है, न मिज़राब है, न पर्दा है, तो हमें लोगों को बताना ही है कि यह तुमसे अधिक देख सकता है, तुमसे तेज दौड़ सकता है, तुमसे अधिक काम कर सकता है। इसीलिए जबसे हमने इसे अपनाया, तभी से हमारी ट्यूनिंग होती गयी कि कहाँ तक हम इसको ले जाएँ कि यह दुनिया में सबसे आगे दिखाई दे जाए। जैसेकि लोग रेस के घोड़े ले जाते हैं कि हमारा घोड़ा सबसे अच्छा है, हमारा घोड़ा सबसे आगे जाए। इसलिए हम चाहते हैं कि बाँसुरी में कुछ न होते हुए भी हम कुछ इस तरह से करें, कुछ ऐसा काम करें कि लोगों को महसूस हो कि भगवान कृष्ण ने क्या सोचकर अपनाया था इसे! उनकी याद तो आनी ही चाहिए। आज उनका कोई रिकॉर्डिंग या टेप तो है नहीं, किसी ने उनकी बाँसुरी को बजाते हुए तो सुना नहीं है, फिर भी हमारी इच्छा है कि लोग

जब भी हमारी बाँसुरी की ध्वनि को सुनें तो उन्हें ऐसा महसूस हो कि भगवान कृष्ण की बाँसुरी के स्वर भी शायद कुछ ऐसे ही रहे होंगे। आज जो भी बज रहा है—कोई हरिप्रसाद बजा रहा है तो कोई शिव प्रसाद बजा रहा है या कोई राम प्रसाद बजा रहा है। लेकिन, इस बाँसुरी में इतनी शक्ति कैसे आ गयी कि यह बजने लगी? इसमें कोई तार नहीं लगा, यह तो सूखा-सा एक बाँस का टुकड़ा है। तो जब हमने इसे अपनाया, जबसे हमने इसे बजाना शुरू किया, तभी से हमारा प्रयास यही रहा कि लोग कहें कि सबसे सुन्दर यही लगता है। आज यह हम नहीं कह रहे हैं, दुनिया कह रही है। जहाँ बाँस नहीं होता, वहाँ इसे इस्पात का बना लेते हैं, कोई तार इसमें नहीं लगा है। इस्पात का बनाने से यह चटखता भी नहीं है। लेकिन हमने जबसे इसे अपनाया है, तभी से इसी सोच में हैं कि इसे सबसे अच्छा रूप कैसे देना है। हम अपने अन्तर में बस यही संघर्ष कर रहे हैं। गाँव से निकलकर यह वाद्य शहरों में आया। फिर एक शहर से दूसरे शहर में जाने लगा। दूसरे देशों में जाने लगा। पूरे संसार का भ्रमण कर रहा है यह। तो सारे संसार में इसे सबसे ऊँचा स्थान कैसे दिलाएँ, यह संघर्ष तो जारी ही रहेगा न! इसके पैर न होते हुए, हाथ न होते हुए, आँख न होते हुए भी सबको दिखाई पड़े तो भई इसमें कमाल है," हरि जी कहते हैं।

पंडित हरिप्रसाद चौरसिया के लिए यह साधना, यह तपस्या कई तरह की थी। "तो उसको करने के लिए हमें बहुत सारी साधना करनी पड़ी। बहुत सारी साधना माने-मन की साधना, फूँक की साधना, जो योगी लोग करते हैं। उसके अलावा यह साधना कि फूँक जहाँ भी मारो वहीं स्वर में लगे ऐसा नहीं कि कहीं और चला जाए। तो इस सब पर सिद्धहस्तता पाने के लिए बहुत समय देना पड़ता है। उसके पास कुछ न होते हुए भी कैसे इसे रूप देना है, क्योंकि यह हमारा बच्चा है, यही हमारे मन-मस्तिष्क में चलता रहता है। बहुत कम लोग इसको अपनाते हैं, लेकिन जो लोग इसको एक बार अपना लेते हैं, उन्हें बहुत संघर्ष करना पड़ता है। वह लड़का हो, चाहे लड़की हो (कलाकार)। जीवन में कई चीजें भूल भी जानी पड़ती हैं। भूलने का मतलब यह नहीं कि एक घंटा रियाज कर लिया और फिर कहीं मैदान में चला गया, क्रिकेट खेल लिया या फुटबॉल खेल के आ गया। कलाकार के लिए तो यह चौबीस घंटे का रियाज है और सारी उम्र का खेल है। तो हमारे मस्तिष्क में यही विचार चलता रहा कि हमारे वाद्य का जैसा स्वरूप है, उसके चलते हमें ऐसा क्या करना चाहिए कि यह सर्वश्रेष्ठ बन जाए। बस, इसी में सारा समय चला जाता है।"

हरि जी मानते हैं कि बाँसुरी के हाथ नहीं हैं, आँख नहीं हैं, अर्थात् इसमें तार नहीं है, और फिर भी इससे ध्वनि की उपज होती है। इसमें चमड़ा नहीं लगा हुआ है और फिर भी इसमें माधुर्य है। क्योंकि यह बाँस है, तो इसे बहुत सँभाल के रखना है। "कहीं चटख जाए तो हम क्या करेंगे? हम तो

बेकार हो गये। तबला तो हमें फिर भी मिलेगा, सितार फिर भी दुकान में मिल जाएगा, बाँसुरी को कहाँ से लाएँगे? इसे तो स्वयं बनाना है इसका तात्पर्य है कि सालों-साल की तपस्या और फिर प्रतीक्षा। अगर इसकी जान में कुछ आ गया, तो मेरी तो जान ही निकल गयी। बाकी दूसरे साजों में जान नहीं निकलती क्योंकि बाकी दूसरे साज ढूँढ़ने पर आराम से, या थोड़ी मेहनत से, मिल जाते हैं बाजार में।"

पंडित हरिप्रसाद चौरसिया भगवान कृष्ण को बहुत प्रेम करते हैं। इतना प्रेम कि उनके साथ उनका गुरु-शिष्य का सम्बन्ध भी है और मित्र का भी। यह सम्बन्ध की प्रगाढ़ता ही है कि हरि जी उनके सम्बन्ध में चाहे जैसे भी बात कर सकते हैं। बहुत प्यार से, बहुत बेबाक साफ, बिना किसी बोझ या आवरण के। वे कहते हैं, "भगवान बहुत चालाक थे। कृष्ण भगवान! बहुत सारे भगवान थे, या कहिए कि हैं। इतना बड़ा परिवार है भगवान का जिसमें शिव भी हैं, राम भी हैं, गणपति भी हैं। लेकिन ये कृष्ण जी इतने चालाक भगवान थे कि उन्होंने ऐसा वाद्य बनाया कि अगर तुमको अपने आपको संगीत को अर्पण करना है और संगीत में कोई वाद्य अपनाना है तो यही एक वाद्य है—बाँसुरी, जो तुम्हें सही मायने में साधक बना सकता है। तभी तुम साधना का अर्थ समझोगे। इसलिए नहीं कि मैं यह बजाता हूँ, बल्कि इसलिए कि मुझे इस अपंग साज़ को वहाँ तक ले जाना है जहाँ तक आज दूसरे सभी साज़ बहुत ऊँचे-ऊँचे चले गये हैं, बल्कि मुझे तो इसे सबसे ऊपर लाना है। यदि मुझे ये दुनिया के सामने नहीं लाना होता तो मैं भी गाँव में खेती-बाड़ी कर सकता था या अपने पिताजी की इच्छानुसार अखाड़े में कुश्ती लड़कर बड़ा पहलवान बन सकता था। लेकिन, जिन वाद्यों के आँख भी हैं, हाथ भी हैं और पाँव भी हैं, मुझे तो अपने वाद्य को उन सबसे ऊपर ले जाना था। और एक नेत्रहीन, अपंग वाद्य को शिखर तक ले जाना बहुत कठिन है। तो भगवान कृष्ण ने एक ऐसा वाद्य बनाया, कि उसके लिए सभी कुछ समर्पित करना है। सभी कुछ भूल जाना है। उन्होंने कहा कि यदि तुम सब कुछ भूल सकते हो, त्याग कर सकते हो, तभी तुम जीवन में कुछ पा सकते हो।"

हरि जी आगे कहते हैं, "बहुत ज्यादा बाँसुरी वादक भी नहीं हैं। हमारे पास भी बहुत युवा कलाकार आते हैं सीखने के लिए। लेकिन क्या इन्होंने भी इतना ही समर्पण किया है? मुझे नहीं लगता कि कोई इतना समर्पण करेगा। और इतना निश्चित है कि यदि करेगा तो दुनिया में हमेशा पहले स्थान पर रहेगा। लेकिन मुझे तो ऐसा कुछ दिखाई नहीं पड़ता।"

गुरु के प्रति भी समर्पण पूरी तरह होना चाहिए। संगीत तो समर्पण माँगता ही है, लेकिन गुरु उँगली

पकड़ कर चलना सिखाता है। जो भक्ति भगवान के प्रति आवश्यक है, वही भक्ति और आदर उस गुरु के प्रति भी होनी चाहिए। वहाँ हरि जी को पंडित भोलानाथ जी का प्यार मिला, वहीं अन्नपूर्णा जी का प्यार और उनकी मार दोनों ही मिलीं। "अन्नपूर्णा जी हमें बहुत प्यार करती हैं। एक बार वो हमें सिखा रही थीं कुछ। मैंने कहा कि राग क्या ऐसा ही है? इसका रूप वैसा भी तो हो सकता है! ऐसे हो जाए तो कैसे रहेगा मेरा सुझाव था। अन्नपूण र्ा जी तानपुरा बजा रही थीं—ऐसा जोर से दे मारा उसे गुस्से में कि तानपुरा ही टूट गया। जैसे बम फट गया हो। मैंने एक-एक टुकड़ा जोड़ा। मैंने माफी माँगी। वो इतनी नाराज हो गयी थीं मेरे सुझाव देने से कि सारा गुस्सा उन्होंने तानपुरे पर निकाल दिया। बस, फिर अगले ही क्षण हँसने लगीं। दिल तो उनका नारियल की तरह था, ऊपर से सख्त, भीतर से नरम बिल्कुल अपने पिता उस्ताद अल्लाउद्दीन खाँ साहब की तरह। तो गुरु के प्रति भी एक समर्पण भाव की आवश्यकता है। जो भी कुछ गुरु सिखाएँ, बताएँ, उसे बिना किसी प्रश्न के, बिना किसी सन्देह के उसे सम्पूर्ण भाव से, समग्र रूप से ग्रहण करना पड़ता है। यह बड़ी कठिन तपस्या है। अन्नपूर्णा जी को मनाने में कि वे मुझे अपने शिष्य के रूप में स्वीकार करें। मुझे अनेक वर्ष लग गये। हम पहले से बहुत साल तक बजाते रहे थे। लेकिन वे कहें कि तुम तो सीख चुके हो। इतनी साधना है, हमसे सीखोगे तो तुम्हें वह सब भुलाना पड़ेगा। बस हमने सब भुला दिया, उसे उल्टा दिया। बाँसुरी को ही उल्टा पकड़ लिया (हरि जी उल्टे हाथ से बाँसुरी पकड़ कर बजाते हैं) तो हो गयी शुरू हमारी साधना, नये सिरे ये। यह था हमारा समर्पण। आज अन्नपूर्णा जी का स्थान हमारे जीवन में सबसे ऊपर है।"

हरि जी उदाहरण देते हैं—समर्पण का। "जैसे बिस्मिल्लाह खाँ साहब शहनाई बजाते हैं। उनके परिवार में सब शहनाई बजाते हैं। मैं किसी को बुरा नहीं कहता। लेकिन, बिस्मिल्लाह खाँ साहब के एक स्तर नीचे भी कोई है? शायद 10 स्तर नीचे भी कोई नहीं है। क्यों? क्या कारण है? या तो उन लोगों में आत्म-समर्पण की शक्ति नहीं है, खो गयी है, और यदि है तो हो सकता है कोशिश करेंगे। शायद आज से 10 साल के बाद कोई दिखाई पड़े, या 50 साल के बाद कोई उस शिखर पर दिखाई पड़े। हो सकता है यदि किसी में वह साधना, वह आत्म-समर्पण न आया, तो लोग भूल भी सकते हैं कि शहनाई नाम का कोई वाद्य भी था। हो सकता है कि हमारी पीढ़ी के बच्चों के बच्चे कहें कि बिस्मिल्लाह खाँ कौन थे? क्या करते थे? अच्छा शहनाई बजाते थे? शहनाई क्या होता है? यह भी हो सकता है। बाँसुरी भी एक ऐसा ही वाद्य है।"

मैं हरि जी की सपाटबयानी पर हैरान भी हूँ और चिन्तित भी। क्योंकि वह जो कुछ भी कह रहे हैं, उसमें एक बहुत बड़ी सच्चाई

की किसी हद तक मैं भी मूकदर्शक हूँ। ''हो सकता है कि भगवान कृष्ण के बाद किसी में स्वयं को इतना समर्पित करने की इच्छा शक्ति न रही हो, या और कोई कारण रहा हो। किन्तु देखिए न, देखने में यह सबसे साधारण वाद्य है, लेकिन बजाने में सबसे मुश्किल, क्योंकि इसमें ट्यून करने को कुछ है ही नहीं, केवल, और केवल अपने आप को ट्यून करना है। केवल, और केवल अपने-आपको साधना है, स्वरमय बनाना है। अपने आपको ट्यून करने के लिए खुद को किस तरह सँभालना है, किस तरह से अपना जीवन-क्रम रखना पड़ेगा, अपने नियम बनाने होंगे, पर बहुत ध्यान देने योग्य बात है। इसमें अपनी फूँक कैसी रखनी पड़ेगी, अपना श्वास कैसा रखना होगा, अपनी निद्रा, खान-पान कैसा रखना होगा, अपना दृष्टिकोण कैसा रखना पड़ेगा, यह सब बहुत महत्त्वपूर्ण है। इसीलिए यह वाद्य प्रकृति से बहुत जुड़ा है। बहुत शुद्ध, बहुत पवित्र रखना पड़ेगा अपने-आपको। नहीं तो जब हम बजाएँगे तब दिखाई पड़ेगा कि कहीं कुछ कमी है,'' हरि जी कहते हैं।

पंडित हरिप्रसाद चौरसिया मानते हैं कि यदि कलाकार अपने वाद्य को अपना लेगा और उसके प्रति मनसा-वाचा-कर्मणा समर्पित हो जाएगा तो वह तो सभी के सामने आ ही जाएगा। "यदि मैंने एक ऐसे बच्चे को अपनाया है जो अपने आप में अन्य बच्चों की तुलना में कमजोर है तो यदि फिर उसे यदि प्यार नहीं दूँगा या फिर उसकी तरफ ध्यान नहीं दूँगा तो दिखाई देगा न! यदि इसे बहुत बहुत प्यार दूँगा तो वह भी दिखाई पड़ेगा कि वाह इसको क्या सजा के रखा है—वाह, वाह, वाह! वह तो लोगों की नजर में आ ही जाएगा क्योंकि लोगों के बीच जाना चाहता हूँ न, इस बच्चे को ले के। और दिखाना चाहता हूँ कि बच्चा सबसे सुन्दर है। तो हमने अपने-आपसे कहा कि हमें अपने को पूरी तरह इसी बच्चे की देख-रेख में, इसे प्यार करने में समर्पित कर देना है, तभी हमारा यह बच्चा सबको दुनिया का सबसे सुन्दर बच्चा दिखाई देगा, वरना नहीं। तो यह बच्चा यह वाद्य स्वयं भगवान कृष्ण का बनाया हुआ है, यदि हम इस बच्चे को प्रेम करेंगे तो स्वाभाविक रूप से हम भगवान से भी प्रेम करेंगे। दो ही वाद्य स्वयं भगवान कृष्ण के बनाये हुए हैं—एक तो शंख, जिसे किसी ने संगीत के लिए प्रयोग नहीं किया, हालाँकि मन्दिर में यह रोज बजता है, हर उत्सव पर बजता है, लेकिन संगीत में उसे नहीं बजाया गया, और दूसरा वाद्य है—बाँसुरी।"

हरि जी यह नहीं जानते कि शंख को संगीत में किसी ने भी क्यों नहीं अपनाया। यदि बाँसुरी की तरह उसे भी बजाया जाएगा तो सम्भवतः सम्पूर्ण रूप से आत्म-समर्पण से उसमें भी सफलता मिल जाएगी। यदि सीटी को कलाकार शास्त्रीय संगीत में अपना सकते हैं तो फिर शंख को क्यों नहीं? और फिर शंख

बहुत सुन्दर भी है, और बाँसुरी तथा शंख दोनों ही फूँक के वाद्य हैं और दोनों ही प्रकृति की देन हैं, मनुष्य के बनाये हुए नहीं हैं।

"मैंने शंख बजाने की कोशिश नहीं की, बस इसी के पीछे पड़ा रहा। एक ही बच्चा जब ऐसा मिला है तब उसी की परवाह करें। यदि मैं इसकी परवाह न करता तो शायद दूसरे वाद्य को छू सकता था लेकिन बच्चा भी तो देखता है न कि उसे कोई प्यार करता है या नहीं, उसकी कोई ठीक से परवाह करता है या नहीं। यदि ऐसी स्थिति हो तो बच्चा भी मेरी परवाह नहीं करेगा," हरि जी बता रहे हैं।

संगीत में सबसे अधिक महत्त्व है प्रेम का, साधना का, आत्म-समर्पण का। संगीत को पूजा की तरह जीना पड़ता है। स्वरों की आराधना की तरह निभाना पड़ता है। बहुत सारे गायक हैं। बहुत सारे वाद्य हैं और उनके शिखर पर पहुँचने वाले कलाकार भी बहुत हैं। "गायकों में पुरुषों को ही ले लें तो भीमसेन जी हैं, जसराज जी हैं। दोनों ही सर्वोच्च सिंहासन पर आसीन हैं। महिलाओं में भी अनेक कलाकार हैं। लेकिन ऐसा कोई-कोई ही तो वाद्य है, जिसके शिखर पर बहुत लोग पहुँचे हों। बिस्मिल्लाह खाँ साहब का मुझे इतना अफसोस है कि उनके बाद कोई भी नहीं। दूसरे वाद्यों को लीजिए—सितार है, सारंगी है। संतूर तो बहुत ही कठिन वाद्य है। उसमें शीर्षस्थ होना बहुत कठिन है। इतना बड़ा वाद्य है, सौ तार हैं, वे सबके सब सुर में हों, और वे सौ के सौ तार सुर में होने के लिए आवश्यक है कि आदमी खुद कान से बहुत सुरीला हो। लेकिन यदि एक बार आप खुद सुरीले हो जाएँ और साज सुर में मिल जाए तो जब भी आप कुछ भी बजाएँगे तो वह सुर में ही होगा। आप राग वगैरह न बजा सकें, यह दूसरी बात है, लेकिन आप बजाएँगे सब कुछ सुरीला ही! आपको वे स्वर प्रसन्न भी कर देंगे। लेकिन आज के लोगों के पास संतूर को अपनाने के लिए समय नहीं है एक तो इतने बड़े साज को सुर में मिलाना और फिर ईश्वर की कृपा और गुरुजनों का आशीर्वाद भी चाहिए। इतने तारों को लगाना, मिलाना और बनाना, बहुत धैर्य की आवश्यकता है।

फिर भी यदि कोई चाहे तो उसमें संगीतमय स्वर तो मिलेंगे ही। बाकी साजों के विषय में भी यही बात सत्य है। उन्हें एक बार स्वर में मिला लिया तो कुछ भी आघात या प्रयास करने से सुरीलापन तो आएगा ही ध्वनि में। किन्तु बाँसुरी में तो कुछ भी मिलाने के लिए है ही नहीं। जब तक आप खुद को ट्यून न कर लें, तब तक आपको कोई ध्वनि नहीं मिलेगी। उस

ध्वनि को मधुर बनाना तो बहुत दूर की बात है, पहले तो ध्वनि निकालना ही बहुत कठिन है।''

अब पंडित हरिप्रसाद चौरसिया कोई ऐसा नाम तो है नहीं कि उसके समकक्ष बहुत सारे नामों को रखा जाए। इसलिए जैसे श्याम की बाँसुरी के साथ राधा एकाकार हो गयी, वैसे ही हरि जी भी अपनी बाँसुरी के साथ तदाकार हो जाते हैं। ''जब मैं बाँसुरी लेकर बैठता हूँ तो स्वयं को उतना अन्तर्धान कर लेता हूँ कि न माइक्रोफोन देखता हूँ, न यह कि मेरे सामने कौन बैठा है, मेरे पास कौन बैठा है। किन्तु एक चीज जरूर देखता हूँ कि मेरे और श्रोता के दरम्यान कोई शक्ति होती है, जो सामने होती है और सुनना चाहती है। मैं उसे खुश करने के लिए बहुत तपस्या करता हूँ और कभी-कभी बहुत खुश कर लेता हूँ। कभी-कभी थोड़ा अन्यमनस्क भी हो जाता हूँ कि आज उस देवी को मैं खुश नहीं कर सका। कहाँ से आयी होगी, किस तरीके से आयी होगी। वह मेरे और श्रोताओं के बीच में है। जब वह प्रसन्न होती है तब श्रोता भी प्रसन्न हो जाता है। अनेक बार ऐसा भी होता है कि मैं उसे प्रसन्न नहीं कर पाता, किन्तु श्रोता फिर भी आनन्दित होते हैं कि वाह, बहुत अच्छा बजाया है। किन्तु मैं प्रसन्न नहीं होता भीतर से! मेरा मन मुझे कचोटता है कि स्वर की देवी को आज मैं आनन्दित नहीं कर पाया। तो हम जब भी वाद्य लेकर बैठते हैं, तब सब भूल जाते हैं, अन्तर्धानस्थ हो जाते हैं। हमें महसूस होता है कि हमारी एक धरती और है, हमारा आकाश कोई और है। हम कोई अलग ही इंसान हैं। हम सभी सीमाओं के पार कहीं चले गये हैं। मृत्यु के बाद का आसमान किसी ने नहीं देखा। उसकी व्याख्या करना बहुत कठिन है। वह आकाश अनन्त सत्ता के साथ संलाप का है, उसके स्पर्श का है। मैं खो जाता हूँ, आँख खुलती है तो देखता हूँ कि सामने श्रोता बैठे हैं।''

सम्भवतः यही कारण है कि आँखें बन्द करके बाँसुरी वादन सुनें और पंडित हरिप्रसाद चौरसिया अथवा अन्य कोई बाँसुरी वादक बाँसुरी बजा रहे हों तो स्वतः पहचान हो जाती है कि यह बाँसुरी वादन हरि जी का है अथवा नहीं। उनकी एक अपनी ही शैली है, अपनी ही स्वरों की समाधि है। "वह तो सुन-सुनकर अपने कानों में ध्वनि बैठ जाती है। जैसे कोई भाषा होती है। यदि आप बंगलौर में हैं और आपको कन्नड़ सुनने की आदत हो गयी है, कोई व्यक्ति कन्नड़ बोल भी रहा है तो आपको मालूम हो जाएगा कि यह मूलतः कन्नड़भाषी है अथवा तमिलनाडु का है या आन्ध्र प्रदेश का। इसी तरह स्वरों के लिए भी होता है। जो ध्वनि दिल में बैठ जाती है तो उसकी पहचान तुरन्त हो जाती है। किसी मित्र की आवाज यदि आप भली-भाँति पहचानते हैं तो सौ लोगों में भी आप तुरन्त उस आवाज को पहचान लेंगे, चाहे कितना ही शोर क्यों न हो रहा हो। बिना देखे हुए भी आप पहचान लेंगे कि आपके मित्र आ गये हैं। तो स्वर तो कानों में छिपा रहता है। उसे आप दूर से भी

सुन लेते हैं, उस शैली को कहीं से भी पहचान लेते हैं जैसे आप कुछ लोगों की गन्ध से उन्हें पहचान लेते हैं। अब आप बाँसुरी ही नहीं, कोई भी वाद्य ले लीजिए संतूर ही ले लीजिए। संतूर बजाने वाले भी कई कलाकार हैं, लेकिन आप आँख बन्द कर बता देंगे कि शिव कुमार जी संतूर बजा रहे हैं अथवा कोई और। तो वह ध्वनि आपके कान में छुपी हुई है, उसमें बस गयी है," हरि जी आगे बढ़ते हैं।

यूँ तो अनेक बाँसुरी वादक हैं, तबला वादक हैं, संतूर वादक हैं, लेकिन जैसा उस्ताद अल्ला रक्खा जी या पंडित सामता प्रसाद जी तबला बजाते थे, जैसा किशन महाराज जी या आज के कलाकारों में उस्ताद जाकिर हुसैन तबला बजाते हैं, अथवा पंडित शिवकुमार शर्मा संतूर बजाते हैं, वैसे अन्य लोग क्यों नहीं हैं? यह प्रश्न मुझे बार-बार बाँधता है। हरि जी के पास इसका उत्तर है जो मुझे बार-बार अपने आप से प्रश्न करने को, अपने भीतर झाँकने को बाध्य कर देता है। "क्योंकि लोग सीखते नहीं हैं, वे केवल नकल करना चाहते हैं। किशन महाराज जी तिलक लगाकर ऐसे बैठते हैं और वैसा बजाते हैं तो हम भी वैसा ही करें। शिव जी का कुर्ता ऐसा है या जाकिर का मेकअप ऐसा है तो हम भी वैसा ही करें। जो संतूर बजाएगा, वह शिवकुमार जी की नकल करेगा ही। संतूर और तबला क्या इन लोगों से पहले नहीं बजता था? लेकिन इन लोगों ने अपने वादन की एक पहचान बनाई, उसमें नयापन लाये। शिव जी ने तो अपने वाद्य की ही पूरी पहचान, उसके समूचे स्वरूप को ही बदल डाला। उन्होंने अपनी ही नहीं, अपने वाद्य की भी अस्मिता को ऊँचा उठाया।

लेकिन, आजकल लोग मेहनत नहीं करना चाहते। ऐसा बजाने से ध्वनि ऐसे निकलती है, तो ऐसा ही बजाएँगे। वैसा बजाने से साउंड ऐसा निकलता है तो वैसा ही बजाएँगे। देखेंगे भी नहीं कि आपके संतूर का स्वर शिव जी की तरह या आवाज लता मंगेशकर जी की तरह है या नहीं। यदि यही आपकी सीखने की परिभाषा रही, तब तो आपका जीना ही बेकार है। आपकी थोड़ी-सी तो अपनी पहचान होनी ही चाहिए। जब तक आप अपना कुछ चिह्न, अपनी नयी परिभाषा नहीं बनाएँगे, तब तक आप चाहे लाख कोशिश कर लें, आप शिवकुमार या जाकिर हुसैन या हरिप्रसाद नहीं हो सकते।

"किसी भी कलाकार को संगीत के क्षेत्र में, अथवा अन्य किसी भी क्षेत्र में अपना स्थान यदि बनाना है तो उसके लिए यह नितान्त आवश्यक है कि वह अपनी कोई पहचान बनाएँ, अपनी कला में ऐसी कोई नवीनता लाएँ जो अन्य कलाकारों में नहीं है। परम्परा

का निर्वाह करते हुए भी अपनी अस्मिता बनाना यह एक अति विशिष्ट गुण है जो कलाकार में होना चाहिए। और मुझे तो लगता है कि न केवल संगीतकार में, बल्कि चित्रकार, अभिनेता, लेखक, सभी में यह होना चाहिए, तभी संसार में अपना कोई स्थान बना पाएगा।" हरि जी इसे समझाते हैं, "आप इसे यूँ समझिए। कोई एक साज़ है, यदि सब कलाकार उसे एक ही तरह से बजाएँ और अपने बजाने को दूसरों से किसी भी तरह भिन्न न करें तो फिर इतने बजाने वालों की जरूरत क्यों हो और कहाँ हो? एक ही रिकॉर्ड को रिपीट पर न चला दें। सब लोग लेकिन नकल करते हैं अकसर, क्योंकि उनमें से किसी में भी स्वयं को सम्पूर्णतः समर्पण करने की शक्ति नहीं है। तो उनमें से कोई भी कहीं नहीं पहुँचेगा। यदि मेहनत करेंगे और अपनी कोई पहचान बनाएँगे, तभी तो कहीं पहुँचेंगे! भगवान ने भी सबको अलग-अलग पहचान दी है। ऐसा क्यों है? भगवान भी तो सबके चेहरे एक जैसे बना सकता था? और तो और देवताओं में भी सबका स्वरूप अलग-अलग है। शंकर जी के गले में नाग है, हाथ में त्रिशूल और डमरू है। गणपति जी की सूंड और बड़े कान हैं। रामचन्द्र जी के हाथ में धनुष है। विष्णु जी शेषशैया पर लेटे हैं। सरस्वती जी के हाथ में वीणा है। हनुमान जी के हाथ में गदा और पर्वत है। कृष्ण जी के माथे पर मोर-मुकुट और अधरों पर बाँसुरी है। कितनी भिन्नता है सबमें! यदि भिन्नता नहीं हुई, तो फिर पूजा कौन करेगा? तो फिर संगीत में सब कुछ एक जैसा करने से अपनी पहचान अलग-से कैसे बनेगी? उसके लिए बड़ी तपस्या की जरूरत है। यह कौन-सी फैक्ट्री है भगवान की बनाई हुई कि माता-पिता अलग-अलग हैं। बच्चे एकदम ही अलग हैं। और सबका चेहरा ही नहीं, स्वभाव भी अलग-अलग है। यह काम करने के लिए भगवान ने भी सोचा, कितनी भिन्नता दे दी, लेकिन हम केवल नकल करते जाते हैं और फिर भी चाहते हैं कि हमें सब कुछ वैसा ही प्राप्त हो जाए, तो नहीं, वह नहीं होगा। आजकल के बच्चे सबकुछ जल्दी चाहते हैं कि सबकुछ अभी मिल जाए। दो-दो करने के लिए भी उन्हें कैलकुलेटर चाहिए। वह शक्ति नहीं है उनके पास। इसलिए बिस्मिल्लाह खाँ साहब या हमारी पीढ़ी के लोग और हम जाएँगे, तो हमारे साथ हमारा साज़ भी चला जाएगा। ऐसे होंगे तो बहुत सारे, लेकिन आने वाले सालों में, कम-से-कम एक-दो पीढ़ियों तक तो यही नाम याद रह जाएँगे, वही दिमाग में रह जाएँगे कि बाकी सब तो भजिया बेचने वाले हैं।"

यह होता है एक कलाकार का दर्द, उसका अफसोस। यूँ हरि जी को स्वयं हमेशा मुस्कराते हुए ही देखते हैं हम। लेकिन, जब यथार्थ से उनका सामना होता है, भविष्य के यथार्थ के साथ उनकी मुलाकात होती है, तो उसकी

सत्यता उन्हें दुखी कर जाती है। हवाओं में जिसकी बाँसुरी के स्वर उड़ते हैं, आकाश में जिसकी बाँसुरी के स्वर विचरण करते हैं, वही हरिप्रसाद चौरसिया धरती पर पैर टिकाने के लिए जगह ख़ोजते हैं, ऐसी जगह जहाँ रेतीले सन्नाटे, तपती लू न हो बल्कि जंगल की हरियाली और उसमें चहकने वाले पक्षी हों। याद आती है मुझे अपनी ही वह कविता–

सन्नाटा, हमेशा शान्ति नहीं होता
सन्नाटा हमेशा अशान्ति भी नहीं होता
कभी-कभी
हम रेत पर अपना नाम लिखते हैं
कभी-कभी
हम रेत पर लिखे अपने नाम को मिटा देते हैं।

बगीचे में कोपलें खिलती अवश्य हैं लेकिन बीच में ही सिर झुका लेती हैं, उचककर खिल नहीं पाती क्योंकि सम्पूर्ण खिलने के लिए जो भक्ति जो चेष्टा चाहिए वह उनमें नहीं है।

गुरु गोविन्द दोउ खड़े काके लागूँ पाय
बलिहारी गुरु आपने जो गोविन्द दियो मिलाय।

कलाकारों के नाम आज भी याद नहीं होते, पता नहीं होते याद, क्योंकि शायद गुरु के प्रति वैसी भक्ति भी उनमें नहीं रही।

"कैसे पता होगा जी," हरि जी कहते हैं। "आज फिल्म में इतने गायक हैं, लता मंगेशकर की तरह का कोई नाम आपको मालूम है? ये जो चले गये। वे चले गये। अब वहाँ नहीं हो सकता दूसरा, क्योंकि मन में वह भावना, वह शक्ति नहीं रही। साधना और तपस्या कहीं खो गयी। वह सतयुग था, आहिस्ते-आहिस्ते हम कलियुग की तरफ आ गये हैं, तो कैसे वही बात होगी। वह रोशनी ही नहीं रही, चेहरे पर वह कान्ति ही नहीं रही क्योंकि हमारी सोच, हमारा खान-पान, हमारी जीवन-शैली, सब कुछ बदल गयी। सब कुछ अलग हो गया। हमारी गुरु-भक्ति अब कहाँ है? कितने लोगों के पास वह अलग हो गया। हमारी गुरू-भक्ति है कि गुरु के चरणों में घंटों, दिनों, महीनों, सालों बैठकर एक ही स्वर को मिलाए जा रहे हैं। आजकल शिष्य यही सोचते हैं कि आज बजाना शुरू किया तो कल कोई कंसर्ट मिलना ही चाहिए। महीने में 10 राग तो सीखने ही चाहिए। और जाके कहीं-न-कहीं प्रोग्राम तो देना ही चाहिए। तो वो भक्ति कहाँ गयी? कहाँ गायब हो गई? आज दूसरा भीमसेन जोशी क्यों नहीं हो रहा है? बिस्मिल्लाह खाँ क्यों नहीं हो रहा है? दूसरा रविशंकर या किशन महाराज क्यों नहीं हो रहा है? बताइए, जब ये लोग गायब हो जाएँ, या हमारी पीढ़ी काल कवलित हो गयी, तब ये सब हमारे भगवान होंगे। इन महान कलाकारों का स्थान भगवान की ही तरह होगा। हम अपने बच्चों को बताएँगे या हमारे बच्चे अपने बच्चों को बताएँगे कि ऐसे

भी कलाकार होते थे, कला का स्वरूप यह भी था। तब वे लोग विश्वास नहीं करेंगे। सोचेंगे कि वाह, कैसे लोग थे ये? इन्हें सुनते हैं तो वाह! ऐसा संगीत अब क्यों नहीं है? लेकिन कैसे होगा? संगीत के प्रति वह भक्ति ही नहीं है। गुरु के प्रति वह समर्पण ही नहीं है। वह जो भावना होती थी, वह भी नहीं रही। दिमाग पर धूल जम गयी है।"

हरि जी मानते हैं कि इसमें बहुत बड़ा दोष माता-पिता का भी है। बच्चा कमाऊ होना चाहिए। मुहल्ले भर में उसके पास सबसे ज्यादा पैसा कमाने का साधन होना चाहिए। उसे इंजीनियर बनना चाहिए, डॉक्टर बनना चाहिए, क्योंकि उसमें ज्यादा पैसा है, ज्यादा इज्ज़त है। बच्चे में यदि कला के प्रति रुझान है तो उस रुझान को मृत्यु-दंड दे देना चाहिए क्योंकि बिना वैसा किए, बच्चा पैसा कैसे कमाएगा? वह कितना भी बड़ा खिलाड़ी या कलाकार बनने वाला हो, लेकिन उसकी रुचि को मार देंगे अपनी नाक ऊँची रखने के लिए, क्योंकि उसे पैसा कमाना है। तो पूर्वजों की ओर से संगीत और गुरु के प्रति भक्ति गायब हो गयी, फिर बच्चों की तरफ से भी भक्ति गायब हो गयी।

पंडित हरिप्रसाद चौरसिया की मान्यता है कि हमारे हर काम में भक्ति होनी चाहिए। तभी उसमें शक्ति आएगी। "कभी-कभी इसके बावजूद यदि मैं श्रोताओं के मन तक न पहुँच जाऊँ तो वह भाग्य है," हरि जी कहते हैं। "संगीत के आराधना बन जाने के उपरान्त भी अनुभव होता है कि 'मैं' बजा रहा हूँ। मैं तो बजा रहा हूँ। अगर मैं न बजाऊँ तो उसमें खूबसूरती आएगी ही नहीं। जब आप सोचेंगे कि कोई और कह रहा है, कोई दूसरा कर रहा है, तो किसी को रिझा कैसे पाएँगे? बाँसुरी में फूँक लगाता हूँ–'मैं' लगाता हूँ। स्वरों को सुनता हूँ–'मैं' सुनता हूँ। यह समझूँ कि 'मैं' नहीं, कोई और कर रहा है। तो स्वयं को साध नहीं पाऊँगा। जब स्वयं को सन्तुष्ट करूँगा तभी तो आपको सन्तुष्ट करूँगा! हमारा संगीत सही है, क्योंकि इसे हम खुद करते हैं, खुद उससे संतुष्ट हैं। यदि हम स्वयं सन्तुष्ट नहीं हैं तो न हमारा संगीत सही होगा, न ही सुनने वाले को ही वह प्रभावित कर पाएगा। यह मुझे तय करना है कि मैं क्या करूँगा। मैं कैसे बताऊँगा? उसके बाद की स्थिति भाग्य की है। उसके बाद की अवस्था भगवतकृपा की है, किन्तु भगवतकृपा तो तभी होगी न जब मैं मेहनत करूँगा, मैं आराधना करूँगा!"

अपने पिता से जिसने विद्रोह करके नाता तोड़ लिया था, वही बालक संगीत की परम्परा को बहुत मानता है। मैहर घराने के

सभी कलाकारों की यह विशेषता है। "परम्परा को यदि नहीं मानेंगे तो किसी चीज का विकास नहीं कर सकते। यदि पहले परंपरा की पूजा नहीं करेंगे, मूल ढाँचे को ही भूल जाएँगे तो संगीत के स्वरूप को विकसित कैसे करेंगे? ऊपर के स्वरूप को आप बना सकते हैं, किन्तु मूल ढाँचा होना तो आवश्यक है न? परम्परा तो मूल ढाँचा है। यदि आप भूल जाएँ कि आकाश में सूर्य और चन्द्र हैं, तब घर में चाहे कितने ही बल्ब से रोशनी कर लें, असली प्रकाश का अनुभव होगा ही नहीं।" यह है हरि जी का परम्परा में विश्वास।

मुझे याद आ रही है डॉ. जगदीश गुप्त की यह कविता—

"परम्परा व्यर्थ का बोझ है
दे दूँ इसे
किसी योग्य याचक को
देने के लिए दान
अँधेरे में बढ़ाया ज्यों-ही मैंने अपना दायाँ हाथ
सहसा याचक कुछ पहचाना-सा लगा
रोशनी में देखा
अरे! वह तो मेरा ही अपना
बायाँ हाथ था।"

गुरु अपने गुरुजनों से प्राप्त विद्या को अपने शिष्य को परम्परा के रूप में देते हैं। यदि स्वच्छ और समर्पित मन से उसे ग्रहण किया जाए तो किसी भी भाँति वह विद्या स्वयं गुरु की अपनी विद्या और ज्ञान से कम नहीं होते। लेकिन, उसके लिए एक ग्राह्य मन चाहिए, समर्पण बुद्धि चाहिए। "हमारी परम्परा इतनी बड़ी है कि उसके बिना तो धरती पर अँधेरा-ही-अँधेरा है, इतना अँधेरा कि हम कुछ देख ही नहीं पाएँ। फिर परम्परा की पहचान हुई नहीं कि इतना उजाला हो जाता है कि आँख ही नहीं झपकती। आगे बढ़े, इसके लिए परम्परा क्या है, यह तो मानना ही पड़ेगा न? वह तो गूढ़ रहस्य है, उस रहस्य को पहले समझें, तभी आगे चल पाएँगे। मैहर घराने के सभी शिष्यों ने यही किया है—पंडित रविशंकर, उस्ताद अली अकबर खाँ या—स्व. निखिल बनर्जी, गुरु माँ अन्नपूर्णा जी। सभी ने परम्परा को आगे रखकर ही यह सोचा कि कहाँ बैठे हैं, किस वातावरण में बैठे हैं, क्या बजा रहे हैं। संगीत का दर्शन करना है तो पहले आत्मसात करना होगा। वही परम्परा भक्ति देती है। इसीलिए चाहे कोई भी देश या समय हो, हमारे घराने के सभी शिष्यों के संगीत को सुनकर श्रोताओं में तन्मयता की,

भक्ति की लहर छा ही जाती है। वे स्वयं को भूलकर संगीत में लीन हो जाते हैं। अनेक बार श्रोता यह तो नहीं समझते कि आलाप क्या होता है, तान क्या होती है, लेकिन वे भक्ति को समझते हैं, तन्मयता को समझते हैं, आनन्द को समझते हैं। आँखों से बहने वाले आँसुओं को समझते हैं। हमने परम्परा को बहुत सँभाल के रखा है।''

कृष्ण और राधा रास-लीला में तन्मय थे। धीरे-धीरे सारे वृन्दावन से गोपियाँ आती गयीं और सभी को अपने हृदय में, अपने समीप कृष्ण दिखाई देने लगे। हर गोपी कृष्णमय हो गयी। एक लयबद्धता ने सभी के पैरों को यंत्रवत् कर दिया। फिरकनी-सी नृत्य करती गोपांगनाएँ। उनके मन के संगीत से लय को अलग कर पाना असम्भव था। “असम्भव है लय और संगीत को अलग-अलग करके देखना। ईश्वर के बनाये हुए स्त्री-पुरुष के युग्म की तरह। दोनों की अपनी-अपनी पहचान है। अपना अलग-अलग जादू है, लेकिन जब एक-दूसरे के साथ सामंजस्य हो जाता है, तब जो सृजन होता है वह अमूल्य है। लय यदि न होती तो स्वर का कोई मूल्य ही न होता। स्वर यदि न होता केवल लय होती तो उसका भी कोई अर्थ न होता। यह ईश्वर की सृष्टि है। नाद भी ईश्वर की सृष्टि है। पक्षी लय में बोलते हैं, स्वर में बोलते हैं तो रस का आभास होता है। सभी रचनाओं में लय और स्वर का सामंजस्य है।”

झरने के बहने में, नदी के बहाव में, पारिजात के झरने में, पत्तियों के हिलने में, फूल के खिलने में, सभी में संगीत का अनुभव होता है। किन्तु विधाता की इस समूची देन से बड़ी संगीतमय जो देन है—मनुष्य, उसके हर कर्म में, हर शब्द में तो संगीत नहीं है। वह बोलता है तो हर समय ऐसा नहीं लगता कि फूल झर रहे हैं, या वातावरण को स्वर माला सुगंधित कर रही है। “इसीलिए तो मनुष्य बनाये हैं कि वे सीख सकें। पशु-पक्षियों को जन्मजात स्वर प्राप्त है। वे स्कूल-कॉलेज में जाकर संगीत नहीं सीख सकते, यद्यपि वे अत्यन्त-संगीतमय स्वर उत्पन्न करते हैं। मनुष्य जो सीख सकता है, संगीतमय स्वर पैदा कर सकता है, उसमें उतनी निष्ठा नहीं है।”

वृन्दावन में स्वामी हरिदास सम्मेलन की वह रात। हरि जी का बाँसुरी वादन है। किसी कारणवश उनके संगतिकार तबला वादक नहीं आए। और हरि जी मंच पर केवल आलाप बजाते हैं। खुले में, शामियाने और कपड़े के तंबू लगाकर एक बृहद् सभागार तैयार किया गया है। सितम्बर की गर्मी, हवा के आर-पार जाने का कोई मार्ग नहीं है। आलाप बजाते-बजाते पसीने में हरि जी का नीला रेशमी कुर्ता तर-बतर हो गया है, और नीचे बैठे हजारों श्रोता भी उसी तरह पसीने में नहाये हुए हैं। लगभग डेढ़, पौने दो घंटे आलाप बजाने के बाद हरि जी मंच से उठना चाहते हैं लेकिन श्रोता उस अवस्था में भी उन्हें और-और सुनने की गुहार लगा रहे हैं। उस दिन न तबले पर कोई विलंबित मध्य या द्रुत लय की संगति हुई, न ही साथ में बजने वाली तालियों की बरसात। श्रोताओं ने उस असली संगीत को सुना, उस सच्चे संगीत को मन

से सराहा, जिसे सुन कर मन आनन्द से भर आता है, गद्गद हो जाता है कंठ और हम दाद देना भूल जाते हैं। यह है हरि जी की पहचान, उनकी अस्मिता की उनकी बाँसुरी को सुन कर श्रोता दाद देना भूल जाते हैं।

आनन्द और अस्मिता ये दोनों ही संगीत के अंग हैं। वह संगीत जो हमारा है, वह संगीत जो हमसे है, वह संगीत जो हमें ईश्वरीय वरदान है, पंडित हरिप्रसाद चौरसिया उस आनन्दमय संगीत को मनुष्य की सहज प्रकृति के रूप में स्वीकार करते हैं। "भगवान ने मनुष्य को ऐसा बनाया है जो कि अन्य सब प्रेमियों से अलग है। उसे बुद्धि दी है, वह सीख सकता है, वह जिज्ञासु है। वह सीखकर सभी को आनन्द दे सकता है। मनुष्य को ही नहीं, पशु-पक्षियों को भी, सभी को आनन्द दे सकता है। किन्तु उसने, भगवान ने–सभी को एक-दूसरे से भिन्न कर दिया। सभी के गुण-कर्म स्वभाव को अलग कर दिया। कलाकारों के भी गुणों को ईश्वर ने अलग कर दिया। इसलिए यदि सभी कलाकार एक जैसा गाने लगें या बजाने लगें, तो भी अच्छा नहीं लगेगा। सब कुछ अच्छा इसलिए लगता है क्योंकि सबमें विभिन्नता है। जब ईश्वर ने एक की पहचान दूसरे से अलग कर दी, इसलिए क्या चल रहा है मेरे मन में, अन्य कोई नहीं जानता। हम स्वयं शान्त हों, आनन्दित हों और दूसरे को भी आनन्दित करें, यह भगवान का वरदान है और किसी-किसी को ही मिलता है। कभी-कभी भीतर से खालीपन महसूस होता है। यदि दूसरे को आनन्दित रंच मात्र भी न किया हो और चल बसें, तो किसी को मालूम भी नहीं पड़ेगा। अभी हम हैं, यह सच है, वरना तो अकेले ही हैं। आया तो मैं अकेला ही हूँ, इसीलिए मुझे सबसे भिन्न तो होना ही चाहिए।"

हरि जी के लिए कलाकार तो सभी अच्छे हैं, एक से एक अच्छे हैं क्योंकि उनकी एक अपनी अलग अस्मिता है, अलग ही पहचान है, चाहे वे शास्त्रीय संगीत से सम्बन्धित हों अथवा सुगम संगीत से। "हमें सभी बहुत प्यार करते हैं। मैं एक ऐसा कलाकार हूँ जिसे सभी लोग, सभी गायक बहुत पसन्द करते हैं। और अपने साथ जोड़ने के लिए सदा तैयार रहते हैं। जैसे जसराज जी, बालमुरली जी, किशोरी जी, लता जी। अपने साथ इन सभी ने मुझे जोड़ा है, ऐसा प्यार-मुहब्बत के कारण ही होता है और प्यार-मुहब्बत होता है अपने सुरीलेपन के कारण, आपकी अपनी अलग पहचान के कारण।"

यदि कलाकार दूसरों से भिन्न है, उसकी वह पहचान है तो अपने पीछे वह अपने संगीत की एक खुशबू-सी छोड़ जाता है। फिर वह खुशबू ही उसकी पहचान बन जाती है। यह पहचान उसके स्वर उसे देते हैं, उसकी एकाग्रता उसे देती है।

"वह एकाग्रता ही दूसरों का संस्पर्श करती है। उन्हें प्रभावित करती है। बहुत से लोग कहते हैं कि हम तो संगीत को समझते नहीं हैं। हमें मालूम नहीं कि दरबारी क्या है, यमन क्या है, किन्तु स्वरों को सुनकर लगता है कि

हम किसी दूसरी दुनिया में हैं। एक बहुत बड़े सर्जन हैं। वे कहते हैं कि मैं बड़े-बड़े ऑपरेशन करते समय आपका कैसेट साथ में ले जाता हूँ और कई बार यदि नर्वस हो जाता हूँ तो हैड़फोन लगाकर बाँसुरी के स्वरों में उतर जाता हूँ। मन तुरन्त शान्त हो जाता है। एकाग्रता हो जाती है और मैं सफलता से ऑपरेशन कर लेता हूँ। युवा लड़के-लड़कियाँ अपनी मोटी-मोटी किताबों के बोझ के बीच में स्वरों को सुनकर शान्त हो जाते हैं। तब मुझे लगता है कि अपनी एकाग्रता के कारण ही मैं उनके हृदय तक पहुँच पाया हूँ और उन्हें भी एकाग्र कर पाया हूँ। संगीत की एकाग्रता उसकी अभिव्यक्ति के तरीके में नहीं है। उसे बजाने वाले के अपने ही मन की एकाग्रता में है। मैं खुद ही एकाग्र रहता हूँ। श्रोताओं और हमारे बीच जो तारतम्य होता है, उसी में मैं उन्हें संगीत को अर्पित करने लगता हूँ। और हमारे बीच जो अर्पण होता है, वह हमारे और उनके बीच की शक्ति की होता है। श्रोता उसे स्वीकार करें तो, न करें तो।"

ऐसा ही एक अर्पण, एक तारतम्य हो गया हरि जी और अनुराधा जी के बीच भुवनेश्वर रेडियो स्टेशन के उस छोटे-से स्टूडियो में जहाँ हरि जी स्टाफ आर्टिस्ट थे और अनुराधा जी गाती थीं। एक-दो पल नहीं, पूरे सात वर्ष तारतम्य जो चला तो फिर जीवन भर का बन्धन बन गया उन दोनों के बीच।

कभी-कभी हरि जी की बाँसुरी को सुनते-सुनते लगता है कि वह बहुत उदास हो गयी है—अचानक। बाँसुरी तो उनकी अपनी आत्मा ही है। बाँसुरी उनका मन है, उनका अपना प्रतिरूप है। मन जब उदास होता है तब अभिव्यक्ति चाहे शब्दों में हो, रंगों में या संगीत में, सभी में उदासी होगी। तब हवा उदास हो जाएगी। झरती हुई पत्तियाँ उदास हो जाएँगी। ओस की बूँदों में उदासी दिखाई देगी। खिलती हुई कली भी उदास होगी। पूरा का पूरा वातावरण ही उदासी से भरा होगा। "बात तो मनःस्थिति की है। बाँसुरी तो मन की ही अभिव्यक्ति है। आलाप में भी उदासी होती है, कभी चंचलता भी होती है। मन के अनेक रूपों के साथ सब कुछ तदाकार हो जाता है। बाँसुरी का स्वर भी। इसलिए मन जब बहुत उदास होता है। बाँसुरी भी उदास होती है।" मन की उदासी, स्वर की उदासी और वातावरण की उदासी में इसीलिए बहुत तालमेल है, क्योंकि जब तक तालमेल नहीं होगा, तब तक एक रूप तैयार नहीं होगा। "वैसे शरीर और आत्मा में जब तक तालमेल नहीं होगा, तब तक दोनों का कोई एक रूप नहीं होगा। आत्मा अलग हो जाएगी तो शरीर का कोई अस्तित्व नहीं होगा। और शरीर के बिना आत्मा को भी किसने देखा है? जब शरीर और आत्मा मिलते हैं, तभी एक रूप बनता है। वातावरण भी मन की अवस्था के साथ एकाकार हो जाता है। हर आदमी चाहता है कि कलाकार से अच्छा-से-अच्छा ही सुनते जाएँ। परन्तु कार्यक्रम में

कुछ श्रोता ऐसे भी बैठे होते हैं जिन्हें संगीत की समझ नहीं होती और वे कुछ समझना भी नहीं चाहते। एक अजीब-सा वातावरण बन जाता है। कलाकार की मानसिक अवस्था कोई नहीं समझना चाहता। वातावरण, कलाकार और श्रोता के बीच तारतम्य होना बहुत आवश्यक है। कई राग भी ऐसे होते हैं जिनके स्वरूप में बहुत फेर-बदल कर दिया जाए, तो भी अच्छा नहीं लगेगा। 'दरबारी' में अगर बहुत भाग-दौड़ करने लगे तो वातावरण कभी अच्छा नहीं बनेगा।" हरि जी के साथ इस चर्चा में बात घूम-फिर कर फिर वहीं आती है कि वातावरण का अच्छा बनना या न बनना, कलाकार की मनःस्थिति, और श्रोता की मनस्थिति के तारतम्य पर पूरी तरह निर्भर करता है।

पंडित हरिप्रसाद चौरसिया, जो अपनी बाँसुरी की स्वर-मंजरी से लोगों के मन के तार जोड़ देते हैं, कभी-कभी अपने ही मन के तार नहीं जोड़ पाते और बाहर की भीड़-भाड़ के बावजूद अकेले हो जाते हैं। सब-कुछ खाली-खाली महसूस होता है। अकेलापन कई बार उदासी का घेरा बना देता है। कभी-कभी इच्छा होती है कि किसी से बात करें, किसी को छेड़ें, न हो तो किसी को परेशान ही करें। लेकिन सब कुछ तो जैसे एक गहरा समुद्र है, जिसमें लहरें गिरती हैं, उठती हैं। उनके पास तट पर रुकने का समय ही कहाँ है? समुद्र की लहरों ने कभी सोचा भी कि किनारा भी अकेला हो सकता है। उस किनारे की बात कौन जानता है? लोग लहरों के शोर को सुनते हैं, रेत को रौंदते हुए चले जाते हैं। वह तो है अकेलापन और लाखों-करोड़ों के मन का स्पर्श करने वाला भी कभी-कभी अपने मन के एकाकीपन को दूर नहीं कर पाता। हरि जी का सबसे बड़ा दुःख यह है कि भगवान ने यूँ तो सब कुछ दिया है। किसी चीज की कमी नहीं है। फिर भी जो कम है, वह है स्वर। अभी भी स्वरों की सम्पूर्ण उपलब्धि की तलाश है उन्हें, वही एक प्रतीक्षा बाकी है। हरि जी की उदासी के उन क्षणों में कभी-कभी लगता है कि वह प्रतीक्षा बहुत लम्बी हो गयी है।

इसीलिए तो विशाखापट्टनम के गंगावरम् तट पर आयोजित उस संगीत-उत्सव में सहसा लगने लगा कि हरि जी की बाँसुरी कुछ उदास हो गयी है। उनसे बातचीत का जो सिलसिला समुद्र-तट पर उगते सूरज के सामने शुरू हुआ था, वह एक लम्बी यात्रा के बाद कई शहरों में भी जारी रहा। उसी सिलसिले में एक वह शाम बंगलौर में की वह शाम भी थी जो हम लोगों ने बेगम अख़्तर जी की गायी हुई ठुमरियों और ग़ज़लों को सुनने और उनके बारे में बातें करने में गुजार दी।

"हमरी अटरिया पे आवो रे साँवरिया, देखा-देखी बलम हुई जाए।
प्रेम की भिक्षा माँगे भिखारिन लाज हमारी रखियो साजन
आओ बलम तुम हमारे द्वारे सारा झगड़ा खतम हुई जाए।"

हरि जी बता रहे हैं उन अपने दिनों की बेगम अख़्तर को ले के उनकी दीवानगी की बात। कैसे उनके कपड़े, उनके जेवरात, उनकी नाक की हीरे

की लौंग की सतरंगी चमक, उनका सोने के वरक में लिपटा हुआ पान और गोली के आकार का तंबाकू किमाम, कैसे इन सबके नशे में युवा हरिप्रसाद बेगम अख़्तर की बैठक के दरवाजे के पीछे छिप-छिप कर उन्हें देखते थे। एक बार जब बेगम अख़्तर ने उन्हें देख लिया और सामने बुला लिया तो इनकी सिट्टी-पिट्टी गुम। बस यही कह पाये कि बस, आपका पान एक बार खाना चाहते हैं, और उन्होंने कैसे इन्हें समझाया कि बेटा अभी तुम्हारी उम्र इस तरह के पान को खाने की नहीं है।

हरि जी को उन दिनों की भी याद है जब 30-40 साल पहले उनके कार्यक्रम में उस्ताद अमीर खाँ, कुमार गंधर्व जी या बेगम अख्तर आकर बैठ जाते और शाबाशी देते। इन्हें शर्म आती कि ऐसे महान कलाकारों के सामने कैसे बजाएँगे, लेकिन वे लोग इन्हें भरसक प्रोत्साहन ही देते।

इन यादों के बीच पुराने दिनों और परम्परा की उँगली पकड़े हरि जी को वापस एक बार आज में लाना है। स्वरों और यादों की यह यात्रा न्यूयॉर्क के सर्द-गर्म कमरे की चहारदीवारी में अपने उस पड़ाव पर पहुँचती है जहाँ से यह इन पृष्ठों पर उतरी है। बातचीत का मिजाज कभी खुश कभी बहुत खुश, कभी उदास और कभी बहुत उदास होता गया है। ऐसे ही किन्हीं क्षणों में हरि जी अपने मन की परतों को थोड़ा-थोड़ा खोलकर रखते गये हैं। उन्हीं परतों में से एक वह भी परत थी जब उनकी खामोश उदासी बाँसुरी के छिद्रों का स्पर्श करती हुई आँखों से बह निकली। कभी आँसुओं के साथ और कभी बिना आँसू बहाये। किन्तु वह उदासी हमेशा अकेलेपन की उदासी नहीं होती।

सचमुच कभी-कभी वे रो लेते हैं। बिना आँसू बहाये भी रो लेते हैं। किसी माँ को स्नेह से अपने बच्चे को दुग्धपान कराते हुए देखते हैं तो आँखें आँसुओं से भर जाती हैं। उनकी माँ तो बचपन में ही छोड़ कर चली गयीं। कल्पना में ही अपनी माँ को देखते हैं, उसकी पुचकार को देखते हैं, तो भी आँखें आँसुओं से भर जाती हैं। "बच्चे को उसकी माँ छोड़कर चली जाए तो पिता को पता भी नहीं चलता कि बच्चे का क्या कुछ छिन गया। क्योंकि वह प्यार ऐसा है, जिसे और कोई महसूस कर ही नहीं सकता। माँ नहीं है, शायद इसीलिए मैं जिन्दगी की लू के थपेड़े भी झेल गया, क्योंकि उनके न होने ने मुझे सहना सिखा दिया। आज मैं सूरज और चाँद के साथ बातें कर सकता हूँ।"

जिसके पैर धरती पर हों, वह तो सूरज और चाँद के साथ बातें कर सकता है। पंडित हरिप्रसाद चौरसिया अपने संगीत की धरती पर खड़े होकर न केवल स्वयं, बल्कि अपने आस-पास के हर एक प्राणी को भी अपनी बाँसुरी के स्वरों से उस अनन्त आकाश तक पहुँचा देते हैं जहाँ केवल प्रकाश-ही-प्रकाश

है, असंख्य-असंख्य सूर्य हैं, असंख्य-असंख्य चाँद हैं।

हरि जी जो अपने साज़ को इतना प्यार करते हैं, ऐसा नहीं कि केवल उस साज़ को ही बहुत प्यार करते हैं। उनका वह प्रेम उनके सम्बन्धों से भी छलकता है। उनके आस-पास के लोग बहुत महत्त्व रखते हैं उनके लिए, इतना कि इन लोगों को अकसर अपने और हरि जी के सम्बन्ध पर गर्व होने लगे। उनकी बाँसुरी की मिठास के साथ-साथ उनके स्नेह की मिठास ने भी मुझे कितना कुछ दिया है, इसके थोड़े से प्रसंग यदि आपके साथ नहीं बाँटूँगी तो स्वयं को आपकी गुनहगार समझूँगी क्योंकि हरि जी की बाँसुरी, उनकी साधना जो समर्पण माँगती है, ये प्रसंग भी उसी भाव के परिचायक हैं।

वृन्दावन के स्वामी हरिदास संगीत समारोह के मंच पर हरि जी के सम्बन्ध में परिचय देते समय बीसियों वर्ष पहले एक बार मैंने कहा था, 'वृन्दावन वहाँ होता है, जहाँ पंडित हरिप्रसाद चौरसिया बाँसुरी बजाते हैं।' तब उसी मंच से हरि जी ने कहा कि "सुनीता जी हमसे बहुत स्नेह करती हैं, इसलिए ऐसा कह रही हैं। लेकिन ये हमें बहुत कठिनाई में डाल देती हैं। उसका कारण है कि हमें वैसा बनने की कोशिश करनी पड़ती है, जैसा इन्होंने हमारे बारे में कहा है। हमें अपने को उस स्तर तक उठाना पड़ता है ताकि हम अपने को आपके सम्मुख उस स्तर का कलाकार सिद्ध कर सकें, जैसा वर्णन इन्होंने हमारे सम्बन्ध में किया है।" परिचायक को ऐसा मान देने वाले कलाकार बहुत कम हैं, बहुत ही कम। मंच पर ऐसा मान तो बस हरि जी ही दे सकते हैं। यह है उनका प्रेम भाव, उनका समर्पण। उनका यह समर्पण अपने बाँसुरीवादन के समय, अपने आस-पास के सम्पूर्ण वातावरण के प्रति भी होता है।

दिल्ली विश्वविद्यालय के वाइस रीगल सभागार में उस दिन पंडित हरिप्रसाद चौरसिया का बाँसुरी वादन था। मैं भी सुनने पहुँच गयी। बस जाकर हज़ारों की भीड़ में सबसे आगे-आगे जाकर वहाँ बैठ गयी जहाँ उनका माइक रखा था। हरि जी को जब मंच पर आमंत्रित किया गया तब उन्हें पता नहीं था कि श्रोताओं में मैं भी बैठी हूँ। लेकिन जब गुलाब के फूलों से उनका स्वागत किया गया तब उनकी दृष्टि मुझ पर पड़ी। बस हरि जी ने वह फूलों का गुलदस्ता मेरे हाथ में थमा दिया कि यह आपके लिए है। राग हेमवती में आलाप बजाकर हरि जी ने बजाया राग बिहाग और फिर श्रोताओं से पूछा कि अब कौन-सा राग बजाएँ। स्वाभाविक है कि बहुत सारे श्रोताओं ने अपनी-अपनी फ़रमाइश उनके सामने रख दी। किसी ने कहा कीरवानी, किसी ने यमन, किसी ने दरबारी। मैंने भी आग्रह किया पंडित जी, झिंझोटी सुनाएँ। पंडित जी ने थोड़ा-थोड़ा करके यमन और कीरवानी बजाया। जब और रागों की फ़रमाइश आने लगी तो बोले, "अब हम झिंझोटी

सुनाएँगे। क्योंकि इसकी फ़रमाइश जिन्होंने की है, यदि हम उनका आग्रह नहीं रखेंगे तो हमें बहुत पाप लगेगा। आप जानते हैं कि ये बहुत अच्छी मंच संचालक हैं और बहुत ही अच्छी लेखिका हैं। आप इन्हें पढ़िए। तो हम पाप नहीं करना चाहते। हम अब झिंझोटी ही बजाएँगे।" हरि जी यदि केवल राग झिंझोटी बजा देते तो मैं बहुत प्रसन्न हो जाती। लेकिन मंच पर आसीन होकर वह मेरा ऐसा परिचय देंगे, ऐसी तो मैंने कल्पना ही न की थी। वह है उनका स्नेह, जिसे एक बार जान गये, पहचान गये, फिर आजीवन उसे मान देंगे, ऐसे हैं हरि जी। ऐसा है उनका स्नेह।

मेरी वर्षगाँठ पर एक बार हरि जी हैदराबाद में बजा रहे थे। मैं उन दिनों हैदराबाद में ही रहती थी। मैंने पहले से ही फोन पर उनसे आग्रह किया था कि पंडित जी कार्यक्रम के बाद भोजन मेरे घर में ही करें। 'अवश्य', उन्होंने मान लिया। बताया नहीं था उन्हें कि मेरी वर्षगाँठ है। स्वाभाविक था कि मैंने और भी कुछ मित्रों को बुला लिया था रात्रि भोज के लिए कि पंडित हरिप्रसाद चौरसिया आ रहे हैं। घर में बहुत सारे लोग होने वाले थे तो उन्हें लेने जाना मेरे लिए सम्भव नहीं हो पा रहा था। मैंने फिर फोन करके कहा कि पंडित जी मैं नहीं आ पा रही हूँ क्योंकि आपके दर्शनों को बहुत सारे मित्र मेरे घर में जमा हो रहे हैं। मैं अमुक मित्र को आपको लिवाने भेजूँगी। मैं घर में उनके आने की प्रतीक्षा कर रही थी। पंडित जी आये और उनके हाथों में थी मेरे कद जितनी लम्बी फूलों की माला। घर मैं प्रवेश करते ही उन्होंने मुझे जन्मदिन की बधाई दी, हाथ में दिया मिठाई का डिब्बा जिसे वे न जाने कहाँ रास्ते में गाड़ी रुकवा कर लाये थे और मेरे गले में फूलों की वह माला पहना दी। सारे मित्र भौचक और तालियाँ बजा रहे हैं। और मैं आँखों में आँसू लिये, सोच रही हूँ, कैसा है यह इंसान, सारी दुनिया इसके गले में माला पहनाती है और ये मुझे माला पहना रहे हैं। हरि जी की बात मन में घुमड़ रही है—जिस साज़ को अपनाओ, उसे महसूस करवाना पड़ता है कि हम उससे बहुत प्रेम करते हैं। हरि जी अपने साज़ तो क्या अपने आस-पास की हवा तक को भी महसूस करवाते हैं कि वे उससे कितना प्रेम करते हैं।

ऐसे ही एक और शाम थी, बंगलौर में। प्रसिद्ध तबला वादक योगेश सम्सी और मेरी वर्षगाँठ एक ही दिन पड़ती है। मैं कार्यक्रम का संचालन कर रही थी और योगेश जी हरि जी के साथ तबला बजा रहे थे। कार्यक्रम के पहले काफी देर तक हरि जी से मेरी मुलाकात, बातचीत होती रही थी, हरि जी को पता था कि योगेश जी और मेरी वर्षगाँठ है, लेकिन हमसे कोई ज़िक्र ही नहीं किया कि जैसे भूल गये हों। कार्यक्रम प्रारम्भ होने से पहले मैं उनका और उनके बाँसुरी वादन का यथायोग्य परिचय देकर सभागार में आकर बैठ गयी और आनन्द लेने लगी उनके बाँसुरी वादन का। आज की शाम इससे अधिक खूबसूरत और कैसे होती कि पंडित हरिप्रसाद चौरसिया के बाँसुरी वादन को

सुनकर गुज़ारी जाए। हरि जी ने शायद भूप बजाया और फिर जोग। अन्त में लोगों की फ़रमाइश पर पहाड़ी। पहाड़ी की धुन अपने चरमोत्कर्ष पर बज चुकी थी कि हरि जी ने बजाना शुरू कर दिया, 'धुन', 'हैप्पी बर्थ डे टू यू, हैप्पी बर्थ डे टू यू'। चौडिया मेमोरियल हॉल जो तालियों की गड़गड़ाहट से गूँज रहा था, उसमें लोग एक-दूसरे की ओर देख रहे हैं कि ये क्या हुआ? हरि जी ने उस धुन को पूरा किया और हाथ की बाँसुरी नीचे रखते हुए कहते हैं, 'आज बड़ा शुभ दिन है। आज हमारे दो प्रियजनों की वर्षगाँठ है—योगेश जी जिनके बिना हमारी बाँसुरी भी कभी-कभी अधूरी हो जाती है, और सुनीता जी, जो जब हमारा परिचय देती हैं तो उनकी वाणी से ही भगवान कृष्ण से परिचय हो जाता है। हमारी और आप सब लोगों की ओर से हम ईश्वर से प्रार्थना करते हैं कि वे इन्हें सब कुछ दें। सुनीता जी, आप कुछ कहना चाहेंगी? कहिए न।'

मेरी आँखों से बहने वाले आँसू थम ही नहीं रहे। मैं नीचे हॉल में से उठकर मंच पर जाती हूँ। माइक हाथ में लेकर कुछ भी बोलना सम्भव नहीं है, लेकिन हरि जी का आदेश है और मैं कहती हूँ आज के दिन मैं ईश्वर से क्या माँग सकती थी। उन्होंने पहले ही मेरे दिन को इतना सुरीला बना दिया था। लेकिन जो भेंट आज हरि जी ने हमें दी है, उसकी कल्पना तो स्वप्न में भी सम्भव नहीं थी। पंडित जसराज अकसर कहते हैं कि हरि ने हरि को प्रसाद के रूप में बाँसुरी दी है, आज उसी प्रसाद को हरि जी ने योगेश जी और मेरे साथ ऐसा बाँट लिया है कि अब और कुछ इच्छा ही न रही। हरि जी, यह बाँसुरी आपके होठों पर सदैव विद्यमान रहे और हमें भगवान कृष्ण का परिचय करवाती रहे। यही कामना है।

श्यामा जू को राज हमारे माई श्यामा जू को राज!

हरि जी की बाँसुरी को सुनकर लगता है, भगवान कृष्ण अपने वृन्दावन में अपनी गोपियों के पास, अपनी कुंज गलियों में, अपने निधि वन में वापस आ गये हैं। हरि जी की बाँसुरी को सुनकर लगता है कि राधा की प्रतीक्षा समाप्त हो गयी है। फिर भी उस बाँसुरी को सुनकर जाने ऐसा क्यों लगता है कि बजते-बजते वह बाँसुरी, सहसा उदास हो गयी है। वह उदासी, कृष्ण के चले जाने के बाद की, शायद राधा जी की उदासी है। 'श्यामा जू को राज हमारे माई श्यामा जू को राज।'